ZAUBERSPIEL

Shirley MacLaine · Zauberspiel

Shirley MacLaine

ZAUBERSPIEL

Goldmann Verlag

Aus dem Amerikanischen von
Traudi Perlinger
Die Originalausgabe erschien unter dem Titel
»It's all in the playing«
bei Bantam Books, Inc., New York

Der Goldmann Verlag
ist ein Unternehmen der Verlagsgruppe Bertelsmann

1. Auflage

Printed in Germany · Mohn, Gütersloh
ISBN 3-442-30340-0

Mein Dank gilt:

Colin Higgins ○ Bella Abzug ○ Stan Margulies
Thomas Sharkey ○ John of Zebedee ○ Tom Mc Pherson
Lazaris ○ Charles Dance und John Heard,
denn jeder von ihnen ließ mich einen Aspekt
meines Wesens erkennen.

Wenn der Adler des Nordens
mit dem Kondor des Südens fliegt –
werden sie den Geist des Landes erwecken.

Peruanische Inka-Prophezeiung

Erstes Kapitel

Ich reckte die Arme in den Himmel und holte tief Luft. Ich brauchte den Sauerstoff. Die Hochgebirgskette der Cordillera Blanca in den peruanischen Anden ist an manchen Stellen bis zu 7000 Metern hoch. Ich stand in einer Höhe von 4000 Metern, doch mein Herz hämmerte hart und schnell. Ich hatte Lust, in dieser extrem dünnen Luft für eine neue Show zu trainieren; danach würden mir zwei Vorstellungen pro Abend in Meereshöhe wie ein Waldspaziergang erscheinen.

Von meinem Standort überblickte ich das Rio Santa Tal, das die Andenbewohner Callejón de Huaylas nennen. Eine Landschaft von atemberaubender Schönheit – vielleicht war ja dies der eigentliche Grund dafür, daß es mir den Atem verschlug. Der Versuch einer Landschaftsbeschreibung kann nur eine Ahnung geben von der Pracht der wogenden Getreidefelder, der stillen, türkisgrünen Seen und der kristallglitzernden Wasserfälle, die sich in das fruchtbare Tal ergießen. Dahinter erheben sich die schneebedeckten Gipfel der Berge in endloser, eisiger Pracht. Ich liebe die Berge, sie geben mir Frieden und versetzen mich in eine euphorische Stimmung, ein Gefühl der Erregung, als müsse gleich etwas Wunderbares geschehen – und auch wenn dann nichts geschieht, ist jeder Augenblick von einem seltsamen Zauber erfüllt. Wie würde Gerry wohl dieses uralte Land der Inkas, dieses geheimnisvolle, mystische Land erleben? Ich zupfte an der zarten Rinde des Quenualesbaumes, die sich wie Seide anfühlte. Gerry sagte, die Momente des höchsten Glücks würden sich bei ihm mit dem Erlebnis der Natur verbinden, doch er hätte nie genügend Zeit für die Natur. Der Duft nach Ginster und Eukalyptus mischte sich in der Gletscherluft. Seltsam, wie sehr Gerry mir fehlte; wir hatten seit langem keinen persönlichen Kontakt zueinander.

Unsere problembeladene Liebesbeziehung hatte mich vor zehn Jahren dazu gebracht, meine eigene Identität zu suchen; ich schrieb *Zwischenleben*, und die Arbeit an diesem Buch führte mich zum ersten Mal in diese Hochgebirgslandschaft. Wir mir schien, lag nun genügend Zeit dazwischen, so daß ich mir zutraute, eine objektive Darstellung von Gerry in dem Film zu geben, den ich jetzt nach dem Buch drehte. Ich hatte guten Grund, Gerry für seine unnachgiebige Skepsis gegenüber spirituellen Werten dankbar zu sein; sie hatte mich gezwungen, tiefer in die Materie einzudringen – alleine und mit meinem Freund David. David... sehr verschiedene Personen, die mir geistige Helfer waren, hatten sich in ihm zu einer Figur verdichtet, die auf dem Bildschirm zum Leben erweckt wurde. Würden all die Menschen, deren unterschiedliche Wesenszüge in der Figur Davids vereint worden waren, und die in den verschiedensten Winkeln der Erde lebten, die Möglichkeit haben, den Film zu sehen? Und würden sie sich in ihm wiedererkennen? In David – meinem Geschöpf, dem bezaubernden, schrulligen, sanften und starken Freund, der mich zum Labyrinth meines Selbst führte und es mir überließ, meinen eigenen Weg zu finden. Ich hatte David erschaffen – und ich hatte mich selbst erschaffen. War das Leben nur ein Traum – so wie der Film?

Ein frischer, kühler Windhauch, der zugleich weich wie Balsam war, strich über meine nackten Arme. Tief unten im Tal lagen Zuckerrohrfelder. In der klaren Luft sah ich in weiter Ferne Schafe und Kühe in der zerklüfteten Gebirgslandschaft weiden, sah rote Pfefferbäume, die den in bunte Ponchos gehüllten Bergbewohnern Schatten spendeten. Sie trugen bunte Kleidung, um die Leute aus dem Nachbarort zu erkennen, denn jedes Dorf hatte seine eigenen Farben.

Die Bauern kümmerten sich sehr intensiv um die Schafe, die ihnen die wertvolle Wolle liefern. Bei den Andenbewohnern ist es üblich, daß die Schweine auf die Kleinkinder aufpassen; Tier und Mensch leben in harmonischer Einheit miteinander. Als ich einmal fragte, warum man in diesem Teil der Anden keine Lamas, Alpakas oder Vicunas zu Gesicht bekäme, wußten die Leute darauf nur eine Antwort: »Sie sind nie bis in diese Gegend gekommen.«

Ich setzte mich unter den Quenualesbaum und biß in einen mitgebrachten Apfel. Die überwältigende Landschaft und ihre furchtbaren Naturkatastrophen hatten die Menschen, die hier lebten, tief geprägt. Die Kultur dieses Volkes wäre nicht verständlich ohne die duldsame, fatalistische Einstellung der Menschen, die in ständiger Bedrohung durch Sturmflut, Erdbeben und Vulkanausbrüche leben.

Die Bergstadt Huarás, mit 50 000 Einwohnern das Handels- und Kulturzentrum dieser Region, wurde am Nachmittag des 31. Mai 1970 von einem heftigen Erdbeben heimgesucht, das die Stärke 7,8 auf der Richterskala erreichte. Etwa 67 000 Menschen fielen der Katastrophe zum Opfer, nahezu jede Ansiedlung im Callejón de Huaylas wurde zerstört. Es war die seit Menschengedenken schlimmste Naturkatastrophe Nord- und Südamerikas. Das Hauptbeben dauerte etwa fünfzig Sekunden, die Nachbeben hielten die ganze Nacht an. Noch zwei Tage danach lag eine so dichte Staubschicht über dem Katastrophengebiet, daß an manchen Stellen keine Hubschrauber landen konnten. Hätte sich das Beben an einem Wochentag und nicht am schulfreien Sonntag ereignet, wäre die Zahl der Todesopfer noch höher gewesen.

Kurze Zeit später, im Jahre 1972, verschüttete ein furchtbarer Erdrutsch die schöne Bergstadt Yungay. 18 000 Bewohner wurden unter den Schlamm-Massen begraben. Noch heute sprechen die Menschen von den riesigen Granitbrocken, die aus der Westflanke des Nordgipfels des Nevado Huascaran herausbrachen. Drei Millionen Kubikmeter Eis und Schlamm schoben sich in nur drei Minuten mit einer Geschwindigkeit von 300 Kilometern pro Stunde auf Yungay und den Santa-Fluß zu. Die 240 Überlebenden waren nur deshalb verschont geblieben, weil sie einen Zirkus besucht hatten, dessen Zelte außerhalb der Rinne der Schlammlawine lagen. Die Leute konnten sich auf einen Hügel flüchten.

Gerry war damals entsetzt, daß ich nach Peru reiste. Wir hatten über das Schicksal der 240 Menschen gesprochen. Wieso waren sie verschont geblieben? Er meinte, es sei Zufall, ich meinte, es sei Karma.

Ich aß meinen Apfel und überlegte, wie ich mich im Falle einer Naturkatastrophe von diesem Ausmaß verhalten würde. Und noch schlimmer – wie wäre mir zumute, wenn ich überlebte? Würde ich den Grund kennen? Zugleich mit diesem Gedanken kam die Erinnerung, daß ich ja viele Male in solche Katastrophen verwickelt war – nicht in diesem Leben, sondern in vergangenen Leben. Noch heute habe ich beklemmende Angst vor hohen Wellen. Ich »weiß«, daß ich einmal starr vor Entsetzen beobachtete, wie ein Gebirge aus Wasser sich vor mir auftürmte, über mir zusammenbrach und mich verschlang. Meine grauenhafte Erinnerung bezieht sich weniger auf die Wassermassen, die über mich hereinbrachen, als auf die gewaltige Unterströmung, die mich ins offene Meer hinausriß. Ich weiß, daß ich in diesem Augenblick starb, irgendwie erleichtert, daß irdische Angst und Schrecken ein Ende hatten.

Ich bin überzeugt, daß ich früher bereits gelebt habe, »gestorben« bin und wieder leben und sterben werde.

Und ich begann, die Erlebnisse, die erst kurz hinter mir lagen, an mir vorüberziehen zu lassen. Ich war ausgelaugt von den Dreharbeiten zu einer fünfstündigen Fernsehserie, die nach meinem Buch *Zwischenleben* entstanden war und in der ich mich selbst darstellte. Durch meine erste Begegnung mit Peru wurde ich angeregt, mir Gedanken darüber zu machen, ob die Realität des Lebens andere Dimensionen habe als die, die wir sehen, erfassen oder beweisen können. Ob nicht nur wirkliches Leben aus einer Folge von einzelnen Leben bestand, die durch den sogenannten Tod beendet wurden. Das Leben war ohne Ende und dauerte ewig – dies wurde meine feste Überzeugung.

Ich begann mich mit der Vorstellung zu befassen, daß alles, was in meinem Leben passierte, nur deshalb geschah, weil *ich* es erschuf, um daraus zu lernen. Die Dreharbeiten zu *Zwischenleben* führten mir diese Wahrheit tagtäglich vor Augen.

Mein Blick wanderte über die Hochgebirgslandschaft, und ich

fragte mich, was mich diese Erfahrung gelehrt hatte. Wenn ich davon ausging, daß ich in jedem Lebensbereich meine eigene Realität erschuf, dann bedeutete das, daß ich allein für alles, was geschah, verantwortlich war. Das wäre ein Thema, worüber es sich zu schreiben lohnte, dachte ich. Aber sollte ich es wagen, zum Ursprung meiner Erlebnisse in Peru zurückzukehren, um die Illusion innerhalb der Illusion meines Lebens zu erfassen? War das nicht die äußerste Form von Egozentrik? Sicher. Doch je besser ich mein Ego verstand, desto weiter näherte ich mich meinem Zentrum an – und desto besser könnte ich andere verstehen. Darum ging es. Alles beginnt mit dem eigenen Selbst.

Das Leben ist wahrhaftig eine Bühne, auf der wir alle als Schauspieler auftreten. Wir wählen unsere Rollen selbst. Wichtig ist im Prinzip, wie wir diese Rollen spielen. Zuweilen beklagen wir uns über die Rollen, die wir uns selbst geschrieben haben; wir möchten sie mit anderen tauschen. Wir kritisieren unser Auftreten nicht weniger streng als das der anderen. Wir wissen, ein »Stück« braucht Helden und Gegenspieler, um Farbe und Dramatik, Humor und Spannung zu erhalten. Ohne diese Spannung von Positivem und Negativem ist die Sache uninteressant. Warum aber wehren wir uns dagegen, genau diese widerstreitenden Elemente, die Farbe, Spannung und Differenziertheit vermitteln, in dem großartigen Stück mit dem Titel *Leben* zu akzeptieren?

Davon handelt dieses Buch. Das Leben wurde für mich zum Theaterstück. Und dies war nicht nur ein Stück, das ich täglich aufs neue für meine Person schrieb – ich spielte auch die Hauptrolle darin. Demnach waren alle anderen darin auftretenden Personen von mir erschaffen, gleichgültig, ob sie auf dem Bildschirm erschienen oder nicht; und sie waren wichtig, weil ich sie amüsant, interessant, ärgerlich, unangenehm, störend, abstoßend, unterhaltend, liebenswürdig oder erbauend fand. Personen, die mich emotional nicht berührten, kamen in meinem Stück nicht vor. Ich hatte keine Verwendung für sie. Mir fiel auf, daß in meinem Stück nur Personen agierten, die mir die Möglichkeit gaben zu lernen und die mir halfen, einen tieferen Zugang zu meinem Selbst zu finden. Über die Existenz anderer war ich mir kaum bewußt. Die Personen in meinem »Lebensstück« agierten in direktem Verhältnis zu dem, was ich über die Welt und mich selbst lernen mußte oder wollte. Und wenn ich begriffen hatte, was zu einem bestimmten Zeitpunkt meine Aufgabe war, zogen sich die Personen, die mir als Spiegel gedient hatten, unmerklich zurück, und andere Darsteller traten an ihre Stelle, die mir neue Themen und Perspektiven eröffneten. Nicht alle meine Darsteller hatten also einen Vertrag für die gesamte Spielzeit des Stückes; ich wollte das nicht. War diese Haltung unmenschlich und gefühllos? Nein, sie war einfach angemessen. Ich verfuhr mit den Darstellern meines Stückes so, *wie sie mit mir in ihrem Stück verfuhren*. Wir existierten gleichzeitig auf mehreren, voneinander getrennten Ebenen der Realität. Mit anderen Worten, die Lebewesen, Personen und Ereignisse meiner Realität führten ein Eigenleben – wie alles Leben in der gesamten Schöpfung.

Ich erinnere mich an einen Kindheitstraum – einen Traum, der mir im Rückblick geradezu prophetisch erscheint.

In diesem Traum wurde ich von einem Gorilla verfolgt. Ich rannte bis an den Rand eines Abgrunds. Dort hatte ich die Wahl, mich dem Ungeheuer zu stellen oder aus Angst zu springen. Ich drehte mich um und fragte den Gorilla: »Was soll ich jetzt tun?« Der Gorilla breitete die Arme aus und antwortete: »Das weiß ich nicht, Kind. Es ist dein Traum.«

Das entspricht genau meiner heutigen Sicht der Dinge: Es ist alles mein Traum. Ich erschaffe alles, was geschieht – Gutes *und* Böses. Und ich entscheide, wie ich damit umgehe.

Auch andere Menschen erschaffen sich ihre Träume und besetzen sie mit ihren eigenen Darstellern. Die Realitäten überschneiden sich in komplexen Zusammenhängen, und die Dynamik ihrer Verflechtungen wirkt sich schließlich auf die eigene Realität aus. Damit stellt sich die Frage: »Was mache *ich* daraus, oder was will *ich* davon haben?« Womit wir ohnehin bei der entscheidenden Frage wären. Was ergibt sich aus all dem? Vielleicht sagen wir alle die Wahrheit – *unsere* Wahrheit, wie wir sie sehen (möglicherweise verstecken wir uns auch davor). Vielleicht hat jeder seine eigene Wahrheit, und Wahrheit als objektive Realität existiert ganz einfach nicht.

Um die Schlüssigkeit dieses Gedankens zu beweisen, gibt es nichts Besseres, als einen Film zu drehen, denn hier ist die Möglichkeit gegeben, alles, was man möchte, Wirklichkeit werden zu lassen. Noch dazu, wenn es sich bei dem Filmstoff um das eigene Leben handelt. Mir wurde »hochgradige« Anmaßung vorgeworfen, *Zwischenleben* zu verfilmen, aber indem ich mich selbst im Film darstellte, hatte ich die Möglichkeit, die Illusion innerhalb der Illusion genau zu erforschen. Es begann in Peru und endete in Peru – zehn Jahre später. Die Stationen auf diesem Weg aber waren die eigentliche Geschichte.

Zweites Kapitel

ABC Television war mit dem Vorschlag an mich herangetreten, aus meinem Buch *Zwischenleben* eine Fernsehserie zu drehen. Metaphysische Themen seien momentan gefragt. Lange Zeit nahm ich diesen Vorschlag nicht ernst. Ich betrachtete das Schreiben als einen Bereich, der nicht direkt mit meiner Arbeit als Schauspielerin zusammenhing. Es dauerte eine Zeitlang, bis ich begriff, daß diese beiden Aspekte meiner Kreativität *einer* Quelle entsprangen und wieder in diese eine Quelle mündeten.

Etwa zu dieser Zeit erzählte mir mein Freund Roddy McDowall ganz »zufällig«, daß der Autor und Regisseur Colin Higgins *(Harold und Maude, Warum eigentlich ... bringen wir den Chef nicht um?, Eine ganz krumme Tour, Das schönste Freudenhaus in Texas) Zwischenleben* für einen guten Filmstoff halte. War es wirklich der Stoff für einen Film? Oder war er nicht eher für eine Fernsehserie geeignet? Für ein interessiertes Publikum, das bereit war, pro Kopf 5 Dollar 50 auszugeben oder für ein Wohnzimmerpublikum, das zwischendurch aufstand, um sich ein frisches Bier aus dem Kühlschrank zu holen? Nach einiger Überlegung kam ich zum Schluß, daß zwei Stunden nicht ausreichten, um die Geschichte zu erzählen. Dann beschloß ich, Colin anzurufen.

»Hören Sie«, fing ich an, »ich denke, das Fernsehen wäre das natürliche Medium (die Doppeldeutigkeit war nicht beabsichtigt) für die Schilderung meiner reinkarnierten Liebesaffäre mit einem britischen Parlamentsabgeordneten und einer Begegnung mit einem Mann, der behauptet, er habe Beziehung zu einer Außerirdischen von den Plejaden gehabt. Wie sehen Sie die Sache?«

»Das scheint mir einen beachtlichen Unterhaltungswert zu haben«, meinte Colin. »Schon das, was Sie eben sagten, klingt komisch.«

Auf dem Gebiet der Komödie war Colin Higgins wahrhaftig ein Experte. Ich fragte mich, ob er auch Fernsehhonoraren eine komische Seite abgewinnen könnte. Besser gesagt, wie komisch sein Agent – ein Spitzenmann Hollywoods – es fände, wenn Colin sich in die Niederungen des Fernsehens begeben würde.

Das war jedoch kein Diskussionspunkt, denn Colin war, wie sich herausstellte, ebenfalls ein Suchender. Er hatte ebenso viele metaphysische Seminare wie ich besucht und stellte mich einem Trance-Medium vor, das selbst ich noch nicht kannte. In Colin lernte ich einen wertvollen Menschen kennen, wie ich ihn in zwanzig Jahren künstlerischer Begegnungen nicht getroffen hatte. Bei meinem Urteil über Menschen war und ist für mich ein Gesichtspunkt entscheidend. Übertragen die Menschen ihr spirituelles und metaphysisches Wissen auf die Rollen, die sie im Leben spielen? Colin tut dies – auf exemplarische Weise.

Somit begann eine kreative und persönliche Freundschaft, die uns beide bis heute fordert und die mit Sicherheit der Zeit und den künstlerischen Konflikten standhalten wird. Uns war beiden klar, daß richtig verstandenes spirituelles Wissen dazu beiträgt, Arbeit und persönliche Beziehungen freizuhalten von negativen Einflüssen wie Machtstreben, Egotrips, Wutanfällen, Schreibblockaden und Ängsten vor der Reaktion der Zuschauer.

Colin ist um die einsneunzig groß und ein Bild von einem Mann mit brünetter Lockenmähne, so daß es mich bei unserer ersten Begegnung geradezu in den Fingern juckte, ihm durchs Haar zu fahren. Vor allem aber hat Colin eine interessante Art zu gehen: In seiner Gangart drückt sich seine jeweilige Gemütsverfassung aus. Wenn man ihn gekränkt hat und er sich wehrlos fühlt, hängen ihm beim Gehen die Arme schlaff an den Seiten herunter, und er macht so kleine Schritte, daß man das Gefühl hat, er trete auf der Stelle. Das Kinn hält er nach vorne gereckt, als erwarte er einen Schlag ins Gesicht, und um seine Lippen spielt ein Lächeln ironischer Resignation. Wenn er sich ausgeglichen fühlt, schlenkern seine Arme beim Gehen unternehmungslustig hin und her, seine Augen blitzen, er spricht schneller, seine Stimme klingt klar und kräftig. Manchmal steckt er sich sogar eine Zigarette in den Mund, »um erwachsen zu wirken«. Und immer feilt und poliert er an seinem Witz – bis alles blitzt und funkelt. Die wahrhaft schöpferischen Experten der Komödie haben meiner Erfahrung nach nie das Bedürfnis, sich zu produzieren. Sie sind viel zu sehr damit beschäftigt, zu beobachten oder zu analysieren, warum etwas oder jemand »echt komisch« ist – bei »beißendem« Humor verhält sich das wieder anders. Aber wenn ihre komische Ader mal angetippt wird, gehen sie voll aus sich heraus. Colin gerät hin und wieder in diesen Zustand, der ihn in einen einzigartigen scharfsinnigen und wortwitzigen Kobold verwandelt. Daher fing ich an, ihn Harold zu nennen – nach der Figur, die er für *Harold und Maude* erschuf. Mich selbst sehe ich dann zuweilen als Maude (die achtzigjährige komische Alte). »Harold« nenne ich ihn vor allem in Momenten, in denen ich ihn besonders liebe, oder in Situationen, in denen er meiner Meinung nach besser zuhören sollte.

Harold und ich begannen also, potentielle Drehbuchautoren für *Zwischenleben* anzusprechen. Er wollte sich um den dramaturgischen Rahmen kümmern, und ich sollte auf die Authentizität und den Wahrheitsgehalt achten, da es sich ja bei dem Stoff schließlich um mein Leben handelte.

Nach einigem Hin und Her faßten wir aber doch den Entschluß, das Drehbuch selbst zu schreiben, kannten wir die Materie doch besser als irgendein anderer. Obwohl ich noch kein Drehbuch verfaßt hatte und Colin mit all seiner Erfahrung als Drehbuchautor noch keine fünfstündige Fernsehserie mit pointiert gesetzten Pausen für Werbe-Einschaltungen gemacht hatte, setzten wir uns unverdrossen und zuversichtlich an die Arbeit. Ein Drehbuch für einen Zweistunden-Spielfilm zu schreiben, dauert etwa ein Jahr. Demnach würden wir zweieinhalb Jahre an unserer Fernsehfassung sitzen. Wenn wir uns solange Zeit ließen, würden in der Zwischenzeit vermutlich ein paar UFOs landen.

Ich hatte mich bereits an einem 500seitigen Fernseh-Treatment über ein anderes Thema versucht. Colin hatte das Ergebnis einige Monate zuvor begutachtet und fand meinen »Fleiß« lobenswert.

Ich nahm mir die Drehbücher für *Zeit der Zärtlichkeit* und *Willkommen, Mr. Chance* noch einmal vor (beide hatten mir sehr gut gefallen) und arbeitete sie als Autorin durch – nicht als Schauspielerin. Auf diese Weise gewann ich einen besseren Einblick in das subtile Metier des Drehbuchschreibens. Die ersten drei Stunden der Fernsehfassung von *Zwischenleben* schrieb ich gewissermaßen als praxisbezogene Übung. Colin meinte, »immerhin wissen wir jetzt, wie es geht.«

Also verfaßten wir ein »Treatment« – eine Inhaltsangabe mit szenischen Höhepunkten und der Beschreibung der Hauptfiguren – für eine fünfstündige Fernsehfassung auf der Grundlage meines Buches. Eigentlich gab es nur vier Hauptpersonen: meinen Liebhaber, den englischen Parlamentsabgeordneten Gerry, Bella Abzug, bei der Leben und Freundschaft für sich selbst stehen, meinen hochgeschätzten Freund David, der mich in spirituelle Dinge einweihte und mir in Peru zur Seite stand, und schließlich mich selbst. Unser Ansprechpartner war vorerst Stan Margulies, ein erfahrener Fernsehproduzent (*Roots, Dornenvögel*), bis Stan eines Tages meinte, unser Projekt sei soweit gediehen, daß man es Brandon Stoddard, dem Unterhaltungschef von ABC, vorlegen könne.

Meine Achtung für Fernsehproduzenten hält sich in Grenzen; die kollektive Intelligenz dieser Sorte Mensch findet meiner Ansicht nach auf einem Stecknadelkopf Platz – und dann bleibt immer noch ein Plätzchen frei, wie Oscar Levant einmal meinte. Mike Nichols war jedoch der Ansicht, daß dies auf Brandon Stoddard nicht zutraf; und er mußte es schließlich wissen, da er *Silkwood* für ABC gemacht hatte.

Und Mike hatte recht. Mit zwangloser Geste bat Brandon uns in sein Büro (er sieht aus wie ein verschmitzter, großer Junge mit wachen, klugen Augen in einem Gesicht voller Sommersprossen) und hörte sich höflich unsere schwärmerischen Schilderungen an. Natürlich übertrieben wir ordentlich.

Stan erinnerte mich in seiner gelassenen Ruhe an einen unergründlichen Weisen des Talmud, der weiß, daß die Dinge nach seinem Willen geschehen. Er hatte sich den Respekt so vieler Menschen verdient, daß er nicht die geringste Veranlassung hatte, den Vorgesetzten herauszukehren. Er wußte, die Serie würde gut werden.

ABC hatte Brandon eine leitende Redakteurin zur Mitentscheidung an die Seite gestellt: eine Frau im Hosenanzug, deren Selbsteinschätzung sich in dem Satz »Von mir könnt ihr was lernen, Jungs; ich hab's weit gebracht« zusammenfassen ließ. Anscheinend begriff sie sich als eine Art Advocatus Diaboli im Morast mystisch-spiritueller Ekstase. Bei einer früheren Gelegenheit hatte sie Colin einem wahren Verhör unterzogen. Nun machte sie etliche unbezahlbare Vorschläge zur Figur Shirley. Etwa: »Die Frau wird zu erfolgreich gezeigt, ihr Leben verläuft zu glatt, sie hat keines der Probleme, mit denen das Fernsehpublikum sich identifizieren kann. Man sollte ihr vielleicht eine ernsthafte Beinverletzung mitgeben, durch die sie gezwungen ist, das Tanzen aufzugeben.« Oder: »Die Liebesbeziehung zu Gerry bringt Shirley vor Verzweiflung an den Rand des Selbstmordes, und dies ist der Grund für ihre spirituelle Suche.« Auf meinen Einwand, diese Vorschläge hätten nicht das Geringste mit meiner Lebensgeschichte zu tun, konterte sie: »Wir müssen nun mal an die Zuschauerzahlen denken.« Mir war ihre Argumentation doppelt peinlich, weil sie von einer Frau kam. Doch ihr Drang, ihre Befähigung unter Beweis zu stellen, machte sie unzugänglich, und wir mußten eben sehen, wie wir mit ihr zurechtkamen.

Brandon besaß glücklicherweise die Fähigkeit, eigene Entscheidungen zu treffen. Er begriff, worauf ich mit meinen Antworten auf derart fragwürdige Vorschläge hinauswollte, und ließ Colin und mir bei der Erstellung des Drehbuchs völlig freie Hand. ABC sei seit Jahren an einem metaphysischen Stoff interessiert, meinte er, es sei ihnen jedoch bisher nichts Interessantes vorgelegt worden. Ihm war bewußt, daß das Interesse an spirituellen Dingen in den USA ständig wuchs, und er wollte gerne als derjenige gelten, der den Mut besaß, diesem Bedürfnis gerecht zu werden.

Colin und ich waren stark beeindruckt. So begann die Zusammenarbeit zwischen Harold und einer etwas verjüngten Maude.

Im Juni 1985 besuchte Colin mich in meinem Haus in Pacific Northwest, ohne daß sein Agent den Grund seines Aufenthalts kannte. Wahrscheinlich würde er, wenn ihm nichts Besseres einfiel, eine kurze Hollywood-Liebesaffäre vermuten. Diese Annahme war bei Harold und mir allerdings völlig fehl am Platz. Er hatte eine feste Freundin, und ich hatte den Männern für eine Weile völlig abgschworen. Besser gesagt, nicht ich entsagte dem »Gefühl« – das »Gefühl« entsagte mir. Wir gaben jedoch reichlich Stoff für die Klatschspalten ab, was uns außerordentlich amüsierte.

Wir lebten gemeinsam in meinem Haus. Es liegt mitten im Wald auf einer Bergkuppe mit Ausblick auf den Mount Rainier und einem reißenden Sturzbach zu Füßen. Der Swimmingpool ist geheizt; daneben gibt es ein kleines Heißwasserbecken. Beim Baden hat man einen herrlichen Rundblick auf die Landschaft.

Dieses Haus ist mein Paradies, das ich mir mit zwei Bühnenshows pro Abend über Jahre hinweg verdient habe – mit meiner Beinarbeit, die eine Fernsehredakteurin wegen der »Zuschauerzahlen« zu sabotieren gedachte! (Ich lebe seit jeher nach der Maxime, daß es am besten ist, stets die Wahrheit auszusprechen; und ebenso bin ich der Ansicht, daß jeder einen Anspruch auf die materiellen Dinge hat, die er sich verdient.)

Mein Assistent Thomas Sharkey, von seinen Freunden und mir liebevoll Simo genannt (eine Anspielung auf eines seiner vergangenen Leben), führt mir den Haushalt und versorgt die Hunde: Hot Fudge Sultan, den schokoladebraunen Labrador und den später dazu gekommenen schneeweißen amerikanischen Schlittenhund Shinook. Außerdem pflegt Simo unseren großen Gemüsegarten und den Blumengarten und füttert die Hühner, die von den Hunden mit gleichbleibendem Vergnügen belästigt werden. Simo ist auch ein ausgezeichneter Koch, was insofern bedeutsam war, da Harold und ich sehr gerne aßen. Normales, geregeltes Essen ist eine Sache, Essen als Belohnung künstlerischer Arbeit eine andere. Es ist schwer zu erklären, mit welchem Genuß man einen halben Kokosnußkuchen ißt, nachdem man eine gute Szene geschrieben hat. Und umgekehrt schrieben wir manchmal eine gute Szene nur deshalb, weil wir wußten, daß am Ende des Tunnels ein Kokosnußkuchen auf uns wartete. So unwahrscheinlich das klingen mag – bei Harold und mir war es so.

Deshalb richteten wir uns in einem Raum neben der Küche ein. Wir hätten überall im Haus schreiben können, aber wir suchten die Nähe zum Gastronomischen: das spornte uns an. Und wenn Simo in der Küche hantierte, wetteiferten wir um unterhaltsame Einfälle. Der Duft von gegrillten Krabben, hausgemachter Linsensuppe mit Knoblauch, selbstgebackenem Brot und frischem Apfelkuchen hätte uns beflügelt, den zweiten Teil von *Citizen Kane* zu verfassen.

Colin begann als Schauspieler, daher besitzt er eine sensible Antenne für Schauspielerprobleme. Bevor wir also eine Szene zu Papier brachten, spielten wir sie durch. Abwechselnd übernahmen er und ich die Rolle der »Shirley«; manchmal tauschten wir mitten in einer Szene die Rollen. Simo war völlig irritiert. Er hatte gehört, daß Autoren *schreiben*. Also steckte er die meiste Zeit den Kopf ins Backrohr und übergoß den Braten, um unsere künstlerischen Auseinandersetzungen nicht mitanhören zu müssen. Dann brachen wir mitten im hitzigsten Gezänk ab, und einer sagte: »Nein, so geht's nicht. Probier's doch mal damit.« Und schon waren wir wieder zugange. Eine Weile glaubte Simo, wir hätten eine typische New-Age-Zweierbeziehung, in der alles aufs Tapet gebracht und durchdiskutiert wird. Zu seinem Trost verschlangen Harold und ich in den ersten Tagen drei Kuchen, Unmengen von Krabben und Jakobsmuscheln, ein paar Hühner, Salatmengen, die für eine vielköpfige Hasensippe ausgereicht hätten, und Berge von Eiscreme. Der Umfang des Drehbuchs und unserer Bäuche nahm zu. Wir arbeiteten und aßen dreizehn Stunden täglich; nur zum Schwimmen oder Spazierengehen legten wir kurze Pausen ein. Wir kapselten uns völlig ab und gingen nicht einmal ans Telefon; kurz, wir dachten und lebten nur in unserer Geschichte. Nach zehn Tagen stand die Rohfassung der ersten drei Stunden.

An dieser Stelle möchte ich etwas näher auf die Bedeutung einer beruflichen Beziehung zu einem Menschen eingehen, der sich selbst ernsthaft mit spirituellen und metaphysischen Perspektiven beschäftigt. Der Ausgangspunkt ist dabei stets die Erkenntnis, daß wir alle unsere eigene Realität erschaffen. Daher kommt man nicht auf den Gedanken, die Schuld bei anderen zu suchen. Colin und ich wußten beide, daß jeder von uns für seine positiven und negativen Erlebnisse selbst verantwortlich war. Diese klare Perspektive ermöglichte uns, ehrlich zu uns selbst und den anderen zu sein. Diese Aufrichtigkeit in der Zusammenarbeit mit einem anderen Menschen läßt eine Menge Sperren verschwinden, da man offen darüber diskutiert. Indem man ein Hindernis erkannt hat, ist es bereits beseitigt; es hat seinen Zweck erfüllt, da man »alles, was man daraus lernen konnte, gelernt hat.«

Colin und ich waren der Ansicht, daß das Leben an sich eine Situationskomödie war, in der wir immer wieder die gleichen Drehbücher inszenierten und spielten, wobei wir jedesmal eine andere Lehre daraus zögen. Jeder von uns erarbeitete sich sein Manuskript, das uns die Möglichkeit bot, uns besser kennenzulernen. Kreativität war für uns eine notwendige Ausdrucksform des Lebens – beinahe in dem Sinn, daß Leben zwangsläufig Kreativität bedeutete. Kreativität bedeutete für uns auch, Gott oder dem Universalgeist – oder wie immer man das Phänomen benennen will – näher zu sein. Wir spürten, daß wir Kräfte zur Entfaltung brachten, die sonst außerhalb unserer Reichweite, außerhalb der Sphäre des empirischen Begreifens lagen.

Colin und mir war der Vorgang der Trance-Vermittlung vollkommen vertraut: Ein Mensch mit parapsychologischen Fähigkeiten wird zum Medium für Wesenheiten, die den Menschen auf Erden als Helfer und Ratgeber (man kann sagen, als Freunde) zur Seite stehen wollen. Dieser Vorgang, den ich zum ersten Mal in *Zwischenleben* beschrieben habe, sollte natürlich eines der Hauptthemen des Films werden. Uns beiden war dabei von Anfang an klar, daß wir das Thema unbedingt wahrheitsgetreu zu behandeln hatten.

Trance-Vermittlung ist ein vieldiskutiertes, umstrittenes

Thema, das sich in der New-Age-Bewegung großer Beliebtheit erfreut. Neben den Vermittlern, die reine Medien sind, gibt es auch solche, die eine so starke emotionale »Eigenladung« haben, daß die Botschaften aus dem »Jenseits« verstümmelt oder sogar verfälscht ankommen. Ich kenne beide Arten von Vermittlern und finde beide gleichermaßen faszinierend.

Viele Menschen sind jedoch der Überzeugung, daß alle Medien Theater spielten, daß sie sich mit einer Art Selbsthypnose in einen Trancezustand versetzen könnten und den Zuhörern weismachten, großartige metaphysische Wahrheiten zu enthüllen.

Aus diesem Grunde hatte ich die emotionale Sprache dieser Trance-Vermittlungen sorgfältig und ernsthaft studiert. Bis zu diesem Zeitpunkt hatte ich an Seancen von mehr als zwanzig verschiedenen Trance-Medien teilgenommen. Sie alle hatten die gleichen Erfahrungen gemacht: Während einer Meditation oder eines ähnlich entspannten Zustands begann ein Geisthelfer zu ihnen zu sprechen; zunächst geschah dies nur in ihren Gedanken (weshalb sie anfangs glaubten, geistig erkrankt zu sein); dann aber, nachdem sie sich gewissermaßen an dieses Phänomen gewöhnt hatten, begann die geistige Wesenheit den Körper des Mediums und dessen Ausdrucksmöglichkeiten zu benutzen, um Botschaften zu verkünden. In allen Fällen veränderte sich bei den Trance-Vermittlern die Wahrnehmung der Realität; dies hatte zur Folge, daß sich auch ihre Lebensweise änderte. Bei allen zeigte sich ein gesteigertes Bedürfnis nach Erkenntnis, das auch ihren Mitmenschen auffiel, und alle versicherten mir, daß sie glücklicher lebten, seit sie wußten, daß der Tod nicht das Ende bedeutete – daß das Leben ewig war, wie ihnen die Helfer bestätigten, die nun in geistigen Dimensionen existierten, Persönlichkeitsmerkmale und Emotionen besaßen und die zur Entwicklung des Verständnisses für spirituelle Dinge hier auf Erden beitrugen.

Ich interessierte mich mehr dafür, *wie* die geistigen Helfer den Körper des Mediums benutzten. Jeder Vermittler gab mir die gleiche Erklärung. Die Wesenheiten ergreifen nicht Besitz vom Körper des Vermittlers. Sie »überschatten« ihn. Das Medium versetzt sein eigenes Bewußtsein in einen Trancezustand und gestattet der spirituellen Wesenheit, es zu überschatten, es mit seiner Energie zu erfüllen, die sich Zugang zu Kehlkopf, Händen, Gesicht und Körper verschafft.

Einige Trance-Medien haben tatsächlich das Gefühl, ihren Körper zu verlassen (außerkörperliche Erfahrung), andere versetzen ihr Bewußtsein einfach in einen unbewußten Zustand. Alle bestätigen, daß sie sich nicht erinnern können, was im Zustand der Trance geschieht; die meisten fürchten, die spirituelle Wesenheit könne sie erniedrigen oder sich sonst irgendwie unanständig benehmen. Manche Vermittler, mit denen ich gesprochen habe, waren beim späteren Abhören von Tonbandaufzeichnungen zutiefst erschrocken über die Botschaften, die durch sie verkündet worden waren. Andere zeigten eine tiefe Abneigung gegen die Informationen, die sie übermittelt hatten. Oft herrschte keine Übereinstimmung zwischen den Überzeugungen des Mediums und denen der geistigen Wesenheit. In allen Fällen jedoch hatte die Wesenheit den Körper des Mediums mit dessen Zustimmung benutzt.

Colin hatte mich inzwischen seinem geistigen Lehrer vorgestellt, einer Wesenheit namens Lazaris, die durch das Trance-Medium Jach Pursel aus San Francisco Botschaften verkündet. Jach ist ein stiller, umgänglicher, bescheidener Mensch, der direkt neben der Kunstgalerie Illuminarium in San Francisco lebt und arbeitet. Er liebt Schönheit und gutes Essen, das wir häufig gemeinsam genießen, und ist wie geschaffen für stille, erholsame Stunden. Eines Tages, als Jach sich in tiefer Meditation befand, meldete sich Lazaris. Anfangs reagierte Jach unangenehm berührt und verständnislos. Doch zu gegebener Zeit überzeugten ihn seine engen Freunde, daß die Botschaften des Lazaris hilfreich und liebevoll seien. Er sprach von der unsichtbaren göttlichen Realität, die uns allen zugänglich sei, wenn wir sie uns nur bewußt machten. Er lehrte, daß das Universum ein wunderbarer Ort sei und daß die Wahrnehmungen der Menschen einen Schleier über die Wahrheit gelegt hätten. Lazaris erläuterte weiterhin, der natürliche Seinszustand der Menschen sei die Harmonie, in der Pflanzen, Säugetiere, Fische und Vögel zusammenlebten. Lediglich das *Sein* sei das Ziel und der Schlüssel zum Glück, und daher sei die Natur unser bester Lehrer.

Colin und ich begannen zu begreifen, daß Streit und Ehrgeiz für den kreativen Prozeß nicht nötig sind. Der Kampf gegen Unannehmlichkeiten im Leben war uns bald nicht mehr wichtig – es gab für uns nichts Feindliches mehr, das wir bekämpfen mußten. Negatives kommt ohnehin nicht von außen, sondern wird von uns selbst erzeugt, da wir glauben, es müßte so sein. Warum sollten wir also weiterhin Störungen und Hindernisse in unserem Leben aufbauen, wenn wir es doch mittlerweile besser wußten?

Damit bin ich bei der Situation angelangt, als Colin und ich Stan Margulies bei ABC das Drehbuch für die ersten drei Stunden unserer Serie vorlegten.

Die Reaktion war lauwarm. Selbstverständlich waren noch einige Feinheiten herauszuarbeiten, aber ich wußte, daß wir ein gutes Drehbuch geschrieben hatten, und begriff nicht, wieso ABC nicht positiver reagierte.

Ich rief Jach Pursel an. Er versetzte sich in Trance, und Lazaris sprach durch ihn. Jach vermittelt für seine Kunden häufig per Telefon. Ich fragte, was geschehen sei. Lazaris antwortete ohne Umschweife: »In deinem Unterbewußtsein hast du Bedenken, dich den fünfzig Millionen Menschen mitzuteilen, die deine Fernsehserie möglicherweise sehen werden; das ist eine andere Größenordnung, als die wenigen Millionen, die den gleichen Stoff *gelesen* haben. Folglich stehst du einer erfolgreichen Verwirklichung des Projekts selbst im Wege.«

Ich war erstaunt: Dies war eine neue Erkenntnis über die Mechanismen, die wirkten, wenn ich meine eigene Realität erschuf. *Intellektuell* hatte ich die Tiefgründigkeit eines solchen Konzepts begriffen, doch ich hatte sie nicht mit dem Herzen erfaßt. Lazaris stieß mich jetzt mit der Nase darauf.

»Heißt das, *ich* habe die kühle Reaktion auf das, woran ich so fleißig gearbeitet habe, selbst verursacht?«

»Richtig«, antwortete Lazaris. »Du hast verborgene Ängste vor der Kritik einer breiten Öffentlichkeit aufgebaut. Dieser Wahrheit mußt du dich stellen; erst wenn du die Bereitschaft hast, deine Angst zu überwinden, wird sich die Energie dieses Projekts klären und du wirst feststellen, daß die Realisierung ziemlich reibungslos abläuft.«

»Warum habe ich meine eigene Angst nicht erkannt?« fragte ich.

»Weil du noch immer nicht begriffen hast, daß du in jedem Augenblick deines Lebens deine Realität selbst erschaffst.«

Um mich zu vergewissern, daß ich ihn richtig verstanden hatte, wiederholte ich: »Willst du damit sagen, *ich* habe die reservierte Reaktion auf mein Manuskript selbst erschaffen?«

»Genau das. Es geschah in deinem Traum.«

»Ja. Aber dann ist dieses ›Gespräch‹ auch nur ein Traum.«

»Richtig. Du hast auch mich erschaffen, damit ich dir das erkläre.«

»Du meinst also, alles Wissen ist vorhanden, wenn wir uns ihm nur öffnen.«

»Ja. Wir in der geistigen Dimension sehen manches klarer, weil uns die Enge der Körperlichkeit nicht behindert. Andererseits fehlt uns die reichhaltige Lebenserfahrung, das Abentuer des Lebens, das ihr in eurer Körperlichkeit erfahrt.«

»Verspürst du manchmal den Wunsch nach Verkörperung?« fragte ich.

»Wäre dieser Wunsch bei mir stark genug, würde er zur Realität werden. Im Augenblick macht es mich glücklich, dir und anderen Menschen, die unsere Dienste in Anspruch nehmen, beizustehen und euch zu lieben.«

Ich dachte lange nach, bevor ich die letzte Frage stellte.

»Meinst du denn, ABC und Stan ändern ihre Meinung über das Drehbuch, wenn *ich* meine Ängste überwinde?«

»Das ist unsere feste Überzeugung«, antwortete er. »Versuche es.«

Ich legte den Hörer auf. Es war für mich nichts Neues, mich per Telefon mit körperlosen, geistigen Wesenheiten zu unterhalten.

Ich hatte gelernt, Rede und Antwort im Telefongespräch als selbstverständlich hinzunehmen, so als spreche ich mit einem Freund aus Fleisch und Blut. Und jedesmal, nachdem ich den Hörer aufgelegt hatte, fragte ich mich eindringlich, ob ich das Gespräch auch richtig verstanden hatte. Ich hatte längst begriffen, daß ich selbst mein bester Kritiker war.

Unsichtbare, geistige Helfer, die durch Trance-Medien sprechen, haben nicht immer recht, vor allem dann nicht, wenn es sich um Begriffe wie Zeit oder um mathematische Größen handelt. In ihrer Bewußtseinsebene existiert Zeit nicht als lineare Einheit (Vergangenheit, Gegenwart und Zukunft). Alles Leben und alle Erfahrung findet für sie gleichzeitig in einem ganzheitlichen Hologramm statt – ungefähr so, wie es Einstein sinngemäß formuliert hat: »So etwas wie Zeit als lineare Realität gibt es nicht. Zeit ist eine Erfindung der Menschen.«

Ich habe das Glück, in meinem Leben anerkannte Trance-Medien zu »erschaffen«, deren Angaben die meiste »Zeit« über korrekt sind. Mein Urteil richtete sich stets nach den *Gefühlen*, die ihr Rat und ihre Zukunftsprojektionen bei mir erweckten. Das Verhalten des Trance-Mediums ist für mich ebenso wichtig wie die überbrachte Information. Damit komme ich zu der Frage, wie man Trance-Medien bezahlt, zu einem Thema also, das nicht nur für den Personenkreis von Interesse ist, der sich mit dem Geist des New Age befaßt, sondern auch für die Presse.

Jeder von uns muß sich mit Materialismus auseinandersetzen, gleichviel, ob er arm oder reich ist oder ob er sich mit spirituellen Dingen beschäftigt. Materielle Habgier findet man überall: in der Kirche, in der Regierung, an der Börse. Selbst wenn Geld in unserem Leben nicht die wichtigste Rolle spielt, selbst wenn uns klar ist, daß Habsucht falsch ist und nichts mit Spiritualität zu tun hat, heißt das noch lange nicht, daß wir begreifen, daß Überfluß etwas mit Spiritualität zu tun haben kann. Spiritualismus und Materialismus sind zwei höchst komplexe Themenkreise.

Sollen spirituelle Ratgeber für ihre Dienste entlohnt werden? Jesus und seine Jünger erhielten ihren Lohn in Form von Nahrung und Unterkunft. Ihre menschlichen Grundbedürfnisse wurden befriedigt, sie bekamen das, was für ihr Wohlbefinden auf ihrer Wanderschaft erforderlich war. Zu jener Zeit erfolgte die Bezahlung durch Tauschmittel, nicht durch Geld. Heute ist Geld das allgemein übliche Tauschmittel. Für jede Dienstleistung, die wir erbringen – ob in der Schauspielerei, in der Medizin oder Psychiatrie – verlangen wir heute die Geldsummen, die wir für angemessen erachten, und bezahlen unsererseits für Dienstleistungen anderer Art. Wenn jeder Austausch in gegenseitiger Zustimmung erfolgt, so findet ein gleichwertiger Energieaustausch statt. Dienstleistung ist Energie, die abgegeben wird, Geld ist Energie, die aufgenommen wird.

Menschen, die in metaphysischen Berufen tätig sind und Dienstleistungen auf spirituellem Gebiet erbringen, haben meiner Meinung nach das gleiche Recht auf Bezahlung wie jeder andere, der eine Dienstleistung erbringt. Wenn der Preis zu hoch ist, wird die Nachfrage nach der Dienstleistung zurückgehen. Wenn der Trance-Vermittler durch Habgier motiviert ist, wird er nur verstümmelte Botschaften übermitteln können. Ein Medium, das nicht frei von Eigenladung ist, kann keine klare Botschaft überbringen.

Ich bin für mich selbst zum Schluß gekommen, daß ich mir – wie jeder Mensch – klar darüber werden muß, welchen Stellenwert das Materielle und das Spirituelle für mich einnehmen, um von diesem Gesichtspunkt die Bedeutung eines spirituell-materiellen Austausches beurteilen zu können.

Menschen in metaphysischen Zirkeln, deren Leben überwiegend von materiellen Motivationen besetzt ist, sind negative Beispiele dafür, daß wir nur aus der Gnade GOTTES leben. Wenn man wirklich in Einklang mit der Gotteskraft lebt, kann es gar nicht zu Habgier und übersteigertem Gewinnstreben kommen. Wahrer Reichtum bringt die eigene Lebensrealität in Einklang mit der Gnade der göttlichen Energie und macht angstfrei. Habsucht entsteht meiner Ansicht nach aus der Angst vor Armut und einem Mangel an Selbstachtung.

Nach meinem Gespräch mit Lazaris versuchte ich mir über die Gefühle klar zu werden, die die Reaktion von ABC auf unser Drehbuch in mir ausgelöst hatte. In der Tiefe meines Herzens war ich mir nicht sicher, ob ich meine Suche nach dem Spirituellen wirklich vor einem amerikanischen Fernsehpublikum ausbreiten wollte – vor allem, wenn ich dabei auch noch mich selbst spielte. Es war anzunehmen, daß jeder, der mein Buch kaufte, ein Interesse daran hatte, es auch zu lesen; dieses Interesse aber konnte ich nicht bei jedem Fernsehzuschauer voraussetzen.

Ich entspannte mich und ließ meine Gedanken dahintreiben, mochten sie nun verschwommen oder klar sein. So überließ ich es meinem Geist, in die wahren Quellen seiner Kraft einzutauchen, um meine Empfindungen zu erforschen (die alte Redewendung »Befrage dein Herz« drückt das sehr schön aus). Erst nach harten Kämpfen war ich fähig gewesen, mich von Gefühlen leiten zu lassen, nachdem mir all die Jahre von der Gesellschaft eingetrichtert worden war, daß man sich niemals und unter keinen Umständen von Herz und Gefühlen leiten lassen durfte. Mein Verstand hatte sich auf das Risiko eingelassen – aber war auch mein Herz dazu bereit? Möglicherweise war das Herz doch nicht impulsiver und spontaner als der Verstand. Vielleicht war ich ja nur in meinen Gedanken dazu bereit?

Ich redete mit Colin darüber. Er begriff sofort, was ich meinte, denn er hatte mit ähnlichen Bedenken kämpfen müssen. Wenn auch sein Gesicht nicht über die Bildschirme von halb Amerika flimmerte, so wurde doch sein Name im Vorspann genannt. Bislang hatte seine spirituelle Suche im Schutze der Privatsphäre stattgefunden. Gewiß, Begriffe wie spirituelle Vermittlung, alternative Medizin, Trennkost, metaphysische Seminare, Rückführung in vergangenes Leben, Wiedergeburt, Feuerlaufen und spirituelle Meisterprogramme zur Bewußtseinserweiterung erfreuten sich zunehmender Popularität; und Colin hatte an vielen Veranstaltungen dieser Art mit großem Interesse teilgenommen. Doch es war ein Schritt, der viel Mut erforderte, die neu gewonnenen spirituellen Einsichten, die bislang nur in kirchliche Zuständigkeitsbereiche fielen oder ihren Platz in der Verschwiegenheit enger zwischenmenschlicher Beziehungen hatten, an die Öffentlichkeit zu bringen. Colin war natürlich durchaus meiner Meinung, daß sich unsere Hemmung auf die »Universalenergie« auswirkte und wir uns eine Realität erschufen, die unter Umständen verhinderte, daß unser Drehbuch angenommen wurde. Daher diskutierten wir auch nicht darüber, was wir hätten ändern können. Wir *wußten*, daß wir die Absage für unser Projekt herausforderten.

Nachdem wir das geklärt hatten, sprachen wir darüber, wie die für unser Leben wichtigen Erkenntnisse und Wahrheiten darzustellen seien. Mochten sie noch so verstiegen und phantastisch wirken – sie entsprachen unserer Überzeugung; und wenn wir einen Beitrag zur Bewußtseinserweiterung der Gesellschaft auf dem Unterhaltungssektor leisten wollten, gab es kein besseres Forum als eine Serie, deren Inhalte nicht aus Vergewaltigung, Verfolgungsjagden, Bullen, Kriminalität und der Unmoral reicher Leute bestanden.

Nach einer nicht allzusehr ausgedehnten Diskussion waren alle Gründe für unbewußte, persönliche Widerstände ausgeräumt. Ich war mir darüber bewußt, daß es meine Aufgabe war, das, was ich in meinen Büchern mitgeteilt hatte, emotionell auf den Bildschirm zu übertragen. Nachdem wir zu dieser Klarheit gelangt waren, dauerte es nur wenige Tage, bis ABC anrief und uns wissen ließ, daß wir den zweiten Teil der Drehbücher schreiben sollten. Wenn man die Ängste losläßt, lösen sie sich in nichts auf, und das, was wir uns vorgenommen haben, nimmt den erwünschten Verlauf.

Die zweite Folge schrieben wir nach dem gleichen Muster – in rapidem Tempo und mit vielen kulinarischen Genüssen. Wir brauchten dazu genau fünf Tage. Wenn es länger gedauert hätte, hätten die Dreharbeiten in einer Abspeck-Klinik stattfinden müssen.

Wir lieferten die letzten zwei Folgen ab und warteten darauf, daß Brandon Stoddard sie während eines Fluges zwischen New

York und L. A. lesen würde. In den Weiten des Himmels spielt sich schließlich bei Fernsehmanagern ein Großteil des kreativen Denkens ab.

Brandon rief eine Woche später Stan Margulies an.

»Ich erwarte Sie um zehn Uhr in meinem Büro«, sagte er.

Stan schluckte, verständigte Colin und mich, und wir bereiteten uns auf das vor, was wir zu erwarten hatten – auf das Beste (nicht auf das Schlechteste!).

Wir waren alle da, nur Colin nicht. Dabei gehört er keineswegs zu jenen Individualisten, die sich darin gefallen, zu einer Besprechung zu spät zu kommen, und so fragte ich mich, was passiert sein mochte. Mitten in den Annehmlichkeiten eines Geschäftsfrühstücks kam er schließlich, ohne auch nur ein Wort über seine Verspätung zu verlieren.

Brandon schien von einem gefragten Spielfilmautor und -regisseur nichts anderes zu erwarten.

Er räusperte sich, schlug die Beine übereinander und begann: »Nach dem Lesen Ihres Drehbuchs hatte ich ein gutes Gefühl. Ich werde es machen.«

Wir lächelten zuversichtlich und warteten auf weitere Ausführungen.

»Ich verlange lediglich eine Garantie von Ihnen, daß die Zuschauer Wendungen wie ›kosmische Gerechtigkeit‹ und ›wir alle sind für unsere eigene Realität verantwortlich‹ auch verstehen.«

Ein wichtiges Thema unserer Fernsehserie war die Erforschung von Karma. Der Leitgedanke dabei lautet: »Was immer wir auch tun – Gutes oder Böses –, es wird sich auf *uns* auswirken.« Karmische Gerechtigkeit ist die Erweiterung von Ursache und Wirkung; der Same, den wir in einer Lebensspanne säen, wird möglicherweise in einer späteren Lebensspanne heranreifen. Dies ist karmische, kosmische Gerechtigkeit. Brandon, der stets mit Interesse und Aufgeschlossenheit die Entwicklung des Bewußtseins in den USA verfolgte, war gewillt, einen Beitrag zur sinnvolleren Gestaltung der Welt zu leisten.

»Die Dreharbeiten beginnen am 15. November«, fuhr er im Befehlston fort, »weil ich wahrscheinlich einen Sendetermin im Mai 86 kriegen kann.«

Stan verschluckte sich an dem Bissen, den er im Mund hatte.

»Brandon«, gab er in seiner bewährten Talmud-Stimme zu bedenken, »daß bedeutet, daß wir jeden Tag 22 Stunden arbeiten müssen.«

Brandon lächelte. »Richtig. Das ist nicht zu ändern. Machen Sie die Kalkulation; zwölf bis fünfzehn Millionen sind drin. Wir landen damit hoffentlich einen Hit. Was die beiden geschrieben haben, gefällt mir. Im übrigen würde meine Schwester mich umbringen, wenn ich die Serie abgelehnt hätte. Es befassen sich mehr Leute mit dem Zeug, als Sie sich vorstellen können. Und ich will, daß ABC die Nase vorn hat.«

Stan, Colin und ich schauten uns gegenseitig an. Am besten wir stiegen jetzt aus, solange noch Zeit dafür war.

Brandon fuhr fort: »Ich weiß, es gibt eine Menge zu tun – Drehbuch, Besetzung, Vorbereitung, Motivsuche und so weiter – also macht euch an die Arbeit. Ihr bekommt, was ihr braucht. Ich gehe in Urlaub.«

Er stand auf, schüttelte uns die Hände, lächelte, zwinkerte uns zu und ging.

Stan schnallte sich den Gürtel enger, breitete die Arme aus, hob den Blick zu einem Punkt an der Zimmerdecke und sagte: »Wesenheiten, jetzt sind wir auf eure Hilfe angewiesen.« Im Hinausgehen warf er uns über die Schulter zu: »Welche Realität haben wir uns da eigentlich streßmäßig eingebrockt!?!«

Ich sammelte meine Unterlagen ein, stand auf und mein Blick fiel auf Colin. Ich sah Tränen in seinen Augen. Irgendwie hatte ich so etwas erwartet.

»Heute morgen ist meine echte Maud, Ruth Gordon, gestorben«, sagte er. »Daher meine Verspätung. Vermutlich beschloß sie, jetzt zu gehen, um sich das Ganze von oben ansehen zu können – als reine Komödie eben.«

»Das tut mir leid, Harold«, sagte ich. Ihr Tod – gerade an diesem Tag! – hatte für ihn gewiß eine starke symbolische Bedeutung.

»Sie will bestimmt, daß du auf deinem spirituellen Weg weitergehst. Und von dort, wo sie jetzt ist, kann sie dir sicher wesentlich besser helfen.«

Colin nickte mit einem trüben Lächeln. Es ist gut und schön zu wissen, daß Freunde im Geiste bei uns sind, aber welch ein schwacher Trost ist das in einem solchen Moment!

Ich nahm seine Hand, und wir verließen gemeinsam das Büro.

Drittes Kapitel

Es war Ende August, und die Dreharbeiten sollten in achteinhalb Wochen beginnen. Wir hatten weder eine Besetzung noch einen Regisseur. Colin fand das beim Fernsehen übliche Arbeitstempo entsetzlich. Mindestens siebzehn Einstellungen (Kamerapositionen) pro Tag – das führt bei einem kreativen Künstler zu ernsthaften Frustrationen. Denn da bleibt keine Zeit zum Nachdenken, keine Zeit, um aus Fehlern zu lernen – die Uhr tickt unbarmherzig und die »Spione« vom Sender registrieren unbarmherzig jedes Anzeichen künstlerischer Unschlüssigkeit und berichten haarklein über jede temperamentvoll ausgetragene Meinungsverschiedenheit. Colin würde in der Hälfte der Zeit einen Spielfilm drehen müssen.

Auf diese Weise unter Druck gesetzt, lehnte Colin den Regieaufrag für einen fünfstündigen Fernsehfilm ab. Der Luxus, einen Spielfilm zu drehen, übte schon genügend Druck aus.

Ich fand es vollkommen richtig, daß Colin die Regiearbeit ablehnte. Wir stellten dieses Problem vorübergehend zurück und widmeten uns erneut unserer ersten Drehbuchfassung. Es war aufregend mitanzusehen, wie die weißen Seiten unserer Rohfassung nach und nach alle Regenbogenfarben annahmen: denn jede überarbeitete Szene wurde auf andersfarbigem Papier gedruckt, um sie als Neufassung auszuweisen.

In L. A. arbeiteten wir in Colins Haus, das in der Nähe des Benedict Canyon lag. Sein Büro war außerordentlich komfortabel: holzgetäfelte Wände, Plüschsofas und ein Bild des Kosmos über dem Kamin. An einem winzigen Punkt in der Galaxis steckte eine Nadel mit dem Hinweis SIE BEFINDEN SICH HIER. Damit war eigentlich alles gesagt. Dieses Bild rückte unsere Arbeitssitzungen immer in die richtige Perspektive.

Colins Haushälterin Alice nannte mich »Honey«, während sie zu Colin »Mr. Higgins« sagte. Ich weiß bis heute nicht, wieso ich mir gerade diese Realität erschaffen habe. (Natürlich weiß ich es: Ich sehe mich gern als Durchschnittsmensch.)

Alices gebratene Hühnchen schmeckten gut, und sie verstand es, gute Kekse und Eiscreme einzukaufen. Sie ging nie ans Telefon, weil sie wußte, daß »Mr. Higgins« in seiner unersättlichen Neugier ihr ohnehin den Hörer aus der Hand nehmen würde. Das machte mich rasend. Er unterhielt sich stets höflich und liebenswürdig am Telefon, während ich gerade darüber nachdachte, wie man einem Trance-Medium humoristische Züge verleihen könnte. In solchen Situationen pflegte ich meinen Bleistift so lange und so geräuschvoll zu spitzen, bis er auflegte und ich meine Idee anbringen konnte. Dann lachte er nur und sagte in gedehntem Ton »okay« – so als habe er die Szene längst ausgearbeitet.

Wir hatten beide nie zuvor in Teamarbeit geschrieben. Ich arbeitete schneller, disziplinierter und mit mehr Elan. Er war sehr gewissenhaft und penibel. Ich mußte mich mehr anstrengen, während ihm alles leichter aus der Feder floß. Beide arbeiteten wir sehr konzentriert. Auch bei der letzten Fassung setzten wir unsere improvisierten Streitgespräche fort.

Colin gefiel eine Dialogstelle nicht, bei der Shirley in die Sterne schaute und sie als Zikonpflanzen bezeichnete, die »zum Pflücken nahe« seien. »Das klingt so gekünstelt«, meinte Colin. »Viel zu poetisch für eine kalte Nacht in den Anden. Wieso sollte Shirley so etwas sagen?«

Ich zuckte die Schultern. »Ganz einfach, weil ich eine Schauspielerin bin. Und die sind zu allem fähig.«

Colin brummte sarkastisch: »Diese Antwort hast du immer auf Lager.«

»Na ja«, stimmte ich ihm zu, »so ist das Leben.«

Als die Frage nach dem Regisseur aufkam, nannte Brandon Stoddard Robert Butler als seinen Favoriten; er hatte die Pilotfilme für *Hill Street Blues* und *Moonlighting* gedreht. Falls er frei sei – was ein Glücksfall wäre –, sollten wir unbedingt zuschlagen.

Butler war frei – doch das hieß noch lange nicht, daß er bereit war, die Regie für unsere Serie zu übernehmen. Welcher Regisseur wußte schon etwas über Außerirdische, spirituelle Wesenheiten und reinkarnierte Liebesbeziehungen? Nun, bald darauf wußten wir mehr.

Meine Tochter Sachi hat am 1. September Geburtstag. Aus diesem Anlaß wollte ich eine kleine Party in Malibu geben und Kevin Ryerson dazu einladen, das Trance-Medium, über das ich in *Zwischenleben* geschrieben habe. Wir standen nämlich vor der Frage, ob Kevin sich selbst im Film spielen sollte, oder ob wir einen Schauspieler engagieren sollten, der fähig war, Trance-Vermittlung darzustellen. Um Kevins Arbeit zu beurteilen, lud ich neben dem möglichen Regisseur Robert Butler unseren Produzenten Stan Margulies ein, außerdem Colin, meinen Agenten Mort Viner und ein paar von Sachis Freunden. Außer Colin hatte keiner der Mitarbeiter an der geplanten Serie Erfahrungen mit dem Phänomen der Trance-Vermittlung. Sachi war selbstverständlich darin bewandert und freute sich darauf, wieder einmal Kontakt mit einigen Wesen aufzunehmen, mit denen sie schon seit längerer Zeit nicht gesprochen hatte. Der Abend versprach also für alle Beteiligten interessant zu werden.

Einige von Sachis Freunden, die nicht in der Filmbranche arbeiteten, hätten keinen Unterschied zwischen einer spirituellen Wesenheit und einem Exorzisten gemacht – er war ihnen auch völlig egal. Da es in meinem Denken das Wort Zufall nicht gibt, ging ich von dem Gedanken aus, daß jeder der Anwesenden aus gutem Grund gekommen war. Ich erhielt durch sie die Möglichkeit, die ganze Spannbreite von Skepsis und Ablehnung kennenzulernen, mit der ich auch bei einem breiten Fernsehpublikum zu rechnen hatte. Nicht wenige würden annehmen, daß wir mit gezinkten Karten spielten.

Nach Abendessen, Geburtstagskuchen und Bescherung löschten wir die Lichter (spirituelle Wesenheiten haben mich wissen lassen, daß sie unsere Lichtschwingungen besser wahrnehmen, wenn kein elektrisches Licht auf die Augen des Mediums fällt) und machten es uns für eine Trance-Sitzung bequem. Von draußen drang das gedämpfte Geräusch der Wellen, die an den Strand schlugen. Ich schaltete das Tonbandgerät ein und wartete, bis Kevin sich in Trance versetzt hatte. Meine Gäste verfolgten die Verwandlung voller Spannung. Die Versenkung in Trance ist gewöhnlich sehr aufschlußreich. Dies wäre der Moment, in dem die Zuschauer auf den Gedanken kommen könnten, das Medium »spiele Theater«. Ich verfolgte den Vorgang unter rein technischen Aspekten. Mir war klar, daß die Szene weder gekürzt noch unterschnitten werden durfte, da sonst der Eindruck entstünde, wir hätten mit Tricks gearbeitet.

Nach ungefähr vier Minuten meldete sich die erste Wesenheit – John. Konnte man eine einzige Einstellung vier Minuten auf dem Bildschirm stehen lassen?

»Heil!« meldete sich John – wie gewöhnlich. »Ich grüße euch. Nennt den Zweck der Zusammenkunft.«

Alle horchten auf. Welch eigentümliche, biblische Sprechweise? Sachi erwiderte Johns Begrüßung. Sie sagte, wir seien versammelt, um ihren Geburtstag zu feiern. Es seien zwar auch Leute da, die John nicht kennen würde, aber wir alle seien Freunde, auch die Fremden.

John antwortete ohne Zögern: »So etwas wie ›Fremde‹ gibt es nicht, es gibt nur Freunde, die man noch nicht kennt.« Einige der Anwesenden blinzelten und lehnten sich zurück, um diesen Satz zu verdauen.

»Aha. Entschuldige«, sagte Sachi.

Die entstandene Pause nutzte John, um ihr herzlich zum Geburtstag zu gratulieren und sie zu ihrem Entschluß, »in der heutigen Zeit« eine irdische Inkarnation gewählt zu haben, zu beglückwünschen. Sachi bedankte sich. Dann forderte er uns auf, Fragen zu stellen. Niemand reagierte. Es entstand nur eine leichte allgemeine Unruhe; peinlich berührte Blicke ließen wissen, daß einige der Anwesenden Schwierigkeiten hatten, sich mit dieser neuen Form der Kommunikation anzufreunden; anderen war die ganze Szene einfach unangenehm, manche hatten wohl auch Hemmungen, »öffentlich« zu sprechen – obschon es sich nur um einen kleinen Kreis von Personen handelte, die sich zum großen Teil kannten. Aber vermutlich hatte sich niemand eine wirkliche Vorstellung von der Situation gemacht, einem körperlosen Wesen gegenüberzusitzen...

Ich spürte, wie die Gedanken von Bob Butler und Stan um dieses körperlose, geistige Wesen namens John kreisten, das sich im Film selbst spielen sollte – falls wir uns dafür entschieden, das Trance-Medium Kevin tatsächlich einzusetzen. Sie gaben sich zwar den Anschein der Gelassenheit von Profis, doch ich spürte ihre heimliche Neugier. Ich beschloß das Schweigen zu brechen und fragte John, ob er bereit sei zu proben und ob er sich an den Text im Drehbuch halten würde, den wir für ihn schrieben.

Seine Antwort war klar und eindeutig: »Darin sehe ich kein Problem, solange der Text meinen philosophischen Grundgedanken entspricht und sich an den Originaltext unserer ersten Begegnung lehnt.«

Stan und Bob sahen mich an. Mort hüstelte verlegen – sicher wollte er irgendeine witzige Bemerkung machen, wie »Haben Sie denn auch Fenster im Himmel?« Mit solchen Witzen pflegte Mort Spannungen bei sich und anderen abzubauen.

Ich stellte weitere Fragen zum technischen Ablauf.

»Bist du damit einverstanden, eine Szene zu wiederholen und sie vielleicht schneller zu sprechen, wenn man dich darum bittet?«

»Einverstanden«, antwortete er.

»Prima. Noch etwas anderes: Können an der Kamera Funktionsstörungen auftreten wegen der elektromagnetischen Schwingungen?«

»Ja, das wäre möglich«, antwortete John. »Ich werde jedoch versuchen, meine Schwingungen durch das Instrument zu verringern, um Störungen an eurer hochempfindlichen Kameraausrüstung zu vermeiden.«

Stans Augen strahlten vor Begeisterung. Bob Butler blinzelte. Mort sah aus, als befinde er sich selbst in einem Zustand der Entrückung. »Schwingungen verringern«, um Störungen an der Kamera zu vermeiden? Er hatte schon genug damit zu tun, sich an den Gedanken zu gewöhnen, daß ein anderer ihn im Film darstellen sollte. Er hatte sich in den Kopf gesetzt, daß es Paul Newman sein mußte.

Ich fragte weiter: »John, wird es Probleme mit den Leuten von der Crew geben, die noch nie zuvor mit der Materie zu tun hatten?«

John legte den Kopf schief. »Nein. Wir spüren, daß das Arbeitsverhältnis zwischen allen Beteiligten auf gegenseitigem Respekt beruhen wird. Die Zusammenarbeit wird auf bewußter und unbewußter Ebene stattfinden. Jeder wird sich darauf einstellen.«

Stan beugte sich lächelnd vor. »Bei den Dreharbeiten kommt es häufig vor, daß wir eine Szene einige Male wiederholen. Wird es Ihnen möglich sein, Ihren Text jedesmal wortgetreu zu wiederholen, oder werden Sie bei der Wiederholung improvisieren?«

John schien in sich hineinzulächeln. »Seit tausenden von Jahren wiederhole ich die gleichen Lehren. Da dürfte mir die Wiederholung einer Filmszene nicht sonderlich schwerfallen.«

Alles lachte.

»Von kleinen sprachlichen Abweichungen abgesehen, werde ich den Wortlaut genau wiederholen.«

»Sprachliche Abweichungen«, wiederholte ich in Gedanken. Wie negativ Worte im Zusammenhang mit metaphysischen Phänomenen doch klingen können! Ich hatte eine Art *déjà-vu*-Erlebnis: Ich mußte an eine Zeit denken, als ich zum ersten Mal auf Worte mit der Assoziation »verrückt« gestoßen war. Stan achtete nicht auf so etwas, ihm ging es um praktische Dinge. Er beugte sich noch weiter vor.

»Wie Sie wissen, John, drehen wir in Peru, wo sich ein Großteil dieser Geschichte zugetragen hat. Die extreme Höhe wird allen zu schaffen machen. Außerdem werden viele Mitglieder der Crew zum ersten Mal mit Themen dieser Art konfrontiert sein, wie Shirley bereits andeutete; und ich denke dabei nicht nur an außerirdisches Leben. Liegt eine besonders schwere Zeit vor uns oder werden die Dreharbeiten einigermaßen glatt verlaufen?«

John wandte den Kopf, und Kevin durchfuhr ein leichtes Zittern.

»Pause«, sagte John. »Andere Wesenheit meldet sich zu Wort.«

Die meisten waren etwas verblüfft; eine leichte Unruhe entstand. Jeder spürte, wie Kevins Körper von einer neuen Energie durchdrungen wurde. Dann begriff jeder, was vor sich ging. Kevins Gesichtsausdruck veränderte sich vollkommen.

»Hallo, ihr da draußen«, meldete sich ein neues Wesen. »Ich bin McPherson. Tom McPherson. Wie gehts euch allen?«

»Uns gehts gut, Tom«, begrüßte ich ihn.

»Wie ich höre, gibt es eine Anfrage über mögliche künstlerische und gesundheitliche Probleme in großer Höhe, stimmt das?«

»Ja, das ist richtig«, sagte Stan.

»Zuerst einmal tun Sie gut daran, Ihre Mannschaft mit großer Sorgfalt auszuwählen. Ihr seid euch bereits darüber im klaren, daß niemand aus Zufall an eurem Projekt beteiligt ist. Einige von euch sollten sich vor Antritt der Reise wegen Herzbeschwerden und Blutdruck ärztlich untersuchen lassen. Abgesehen von diesen geringfügigen Problemen werdet ihr die Dreharbeiten als Abenteuer empfinden; sie werden für euch nicht mehr und nicht weniger anstrengend sein als Dreharbeiten zu anderen Projekten.«

Ich hätte gerne gewußt, welche Teammitglieder gesundheitliche Beschwerden haben würden.

»Wie sieht es mit dem Wetter aus?« fragte ich.

»Zuerst einmal: das Wetter kann durch das eigene Bewußtsein beeinflußt werden. Aber das weißt du ja bereits.«

Einige der Anwesenden räusperten sich peinlich berührt.

»Meiner Meinung nach«, redete Tom unbeirrt weiter, »wäre die beste Drehzeit zwischen dem 11. Januar und dem 24. Februar.«

Ich sah, wie Stan in seinem Taschenkalender blätterte. Er lächelte in sich hinein.

»Eine andere Frage, Tom«, meldete ich mich wieder. »Was hältst du von besonderen Sicherheitsvorkehrungen wegen dieser linken Guerilla-Gruppe, die sich ›Leuchtender Pfad‹ nennt?«

Tom machte eine kurze Pause.

»Ich halte es für unwahrscheinlich, daß die Guerillakämpfer, um euch zu belästigen, in das Gebiet vordringen werden, in dem eure Dreharbeiten stattfinden. Es ist allerdings ratsam, die Öffentlichkeit so wenig wie möglich von eurem Vorhaben zu informieren. Aufzeichnungen über die Dreharbeiten für spätere Veröffentlichungen sind ebenfalls ratsam.«

»Warum? Geschehen möglicherweise unerwartete Dinge?«

»Es wird einige Überraschungen geben, auf die ich allerdings nicht näher eingehen möchte. Achtet während euer Arbeit auf ungewöhnliche Phänomene spiritueller Natur.«

Stan setzte sich kerzengerade hin und kratzte sich den Kopf. Ich lachte.

»Sprechen Sie von Ufos, Tom?« fragte Stan.

Tom hielt den Kopf schief. »Das würde Ihnen gefallen, nicht wahr?«

»Na und ob«, antwortete Stan grinsend und zog die Nase kraus bei dem Gedanken an die damit verbundene Publicity.

»So etwas liegt immerhin im Bereich des Möglichen... Lassen Sie es mich mal so ausdrücken«, fuhr Tom fort.

Bob Butler schmunzelte. Anscheinend hatte er begriffen, daß diese spirituellen Dreharbeiten doch interessanter sein würden, als er ursprünglich angenommen hatte.

Ich holte tief Luft – denn ich dachte daran, wie wir das Drehbuch umschreiben müßten, wenn Toms Andeutung eintreffen würde.

»Tom«, mahnte ich, »wir alle hir sind Zeugen. Hast du das, was du gesagt hast, ernst gemeint?«

»Selbstverständlich«, antwortete er.

»Und *wie* meinst du das?«

»Es wäre doch eine wundervolle Demonstration kollektiver, karmischer Schwingungen, die jeder von euch bei einem solchen Phänomen hätte. Vielleicht fände eine Zusammenarbeit zwischen euch und den Wesenheiten, die euch helfen wollen, statt. Außerdem ist für die Erde eine weitere Informationsquelle fällig, für ein neues Ufo-Fieber sozusagen. Solche Begegnungen wären denkbar.«

Alle schauten einander an. Keiner wußte, was mit dieser ungeheuerlichen Aussage anzufangen war. Stan und Bob hoben die Schultern, Colin und ich lächelten, Mort blinzelte entrückt. In Sachis Gesicht zeigte sich ein Ausdruck völligen Erstaunens. Die übrigen Gäste rutschten unruhig hin und her und brachten so zum Ausdruck, daß dies die sonderbarste Geburtstagsparty war, die sie je erlebt hatten.

»Denkt daran«, fuhr Tom fort, »das kollektive Bewußtsein des Teams wird der ausschlaggebende Faktor sein. Jeder Mensch hat die Chance, so etwas wie ein Ufo-Erlebnis zu haben. Das Kollektiv ist so empfänglich wie die Summe seiner Mitglieder. Jede gestörte oder benachteiligte menschliche Seele wirkt sich auf die Gesamtheit aus, nicht nur auf so simple Dinge wie Begegnungen mit Ufos, sondern auf entscheidende Ereignisse in eurem Leben. In der Dynamik der Menschheitsgeschichte findet ihr doch die Geschichte der menschlichen Rasse, oder?«

Wir nickten ernsthaft, als verstünden wir, was er meinte. Bob Butler nahm einen tiefen Schluck Wasser. Ich spürte, daß er das Gespräch wieder auf praktische Dinge lenken wollte.

Und prompt fragte er: »Wieviele Einstellungen können wir mit Ihnen hintereinander drehen, Tom? Oder sollen wir die Szenen mit Ihnen und Kevins anderen Wesen mit mehreren Kameras drehen? Sind Sie bereit, Ihren Text zwanzig- oder fünfundzwanzigmal zu bringen – so wie ein gelernter Schauspieler?«

Tom zögerte. Ich kam ihm erläuternd zu Hilfe.

»Ich glaube, Bob möchte gerne wissen, wie lange ihr geistigen Helfer in Kevins Körper bleiben könnt, ohne seine Energie zu sehr zu beanspruchen, das heißt, ohne ihn zu stark zu belasten. Das ist ein wichtiger Gesichtspunkt für den Produktionsablauf.«

»Ich verstehe«, sagte Tom. »Das Medium Kevin kann gewöhnlich drei- bis viermal pro Tag circa zwei Stunden in Trance bleiben. Das hängt davon ab, wer durch ihn spricht. Meldet sich ausschließlich John, kann er ohne weiteres zwei Stunden wegbleiben, da Johns Schwingungen höher als unsere und daher weniger belastend für das Instrument sind. Nach einer Erholungspause von etwa dreißig Minuten kann das Medium sich für weitere zwei Stunden abschalten. Wäre das für eure Dreharbeiten günstig?«

Wir sahen einander an und nickten: »Ja. Ja, das würde genügen.«

Ich stellte eine weitere technische Frage: »Können die elektromagnetischen Schwingungen von drei oder vier gleichzeitig laufenden Kameras Kevin oder sonst jemandem Schaden zufügen?«

»Nein«, antwortete Tom. »Wenn überhaupt, müssen *wir* unsere Frequenz reduzieren, um eure Ausrüstung nicht zu beschädigen. Möglicherweise leidet das Medium Kevin unter der Einwirkung der Scheinwerfer, da er bei zu großer Hitze zu Erschöpfungszuständen neigt. Allerdings ist dies gewöhnlich nur bei Sonneneinwirkung der Fall und nicht bei Kunstlicht.«

Tom machte stets eine Pause zwischen seinen Antworten, die er in der seltsam distanzierten Art gab, in der spirituelle Wesenheiten sich durch Klang- und Lichtfrequenzen mitteilen. Stan fragte, ob wir in Peru aus gesundheitlichen Gründen besondere Vorkehrungen zu treffen hätten. Tom riet uns, unser eigenes Essen und so viel Wasser wie möglich mitzubringen. Auch er warnte Mitarbeiter mit Herz- und Kreislaufbeschwerden. Da wir die Motivsuche noch vor uns hatten, fragten wir, ob wir unser Hauptquartier in Huancayo aufschlagen sollten, dem Ort, wo sich damals mein Erlebnis abgespielt hatte. Tom riet zu genauen Überlegungen, da es vermutlich Schwierigkeiten mit der Unterbringung geben würde.

Butler gab dem Gespräch nun noch einmal eine Wendung ins Metaphysische. Er fragte, welche Art spiritueller Phänomene wir während der Dreharbeiten zu erwarten hätten. Peru und Kevins Wesenheiten stellten ja nicht die einzigen Ausflüge in diese Materie dar. Wir hatten auch vor, mit einem schwedischen Medium in Stockholm zu drehen, einem Mann, durch den die Wesenheit Ambres sprach und der im übrigen das erste Trance-Medium war, das mir begegnet war. Nun erläuterte Tom, daß wir während der Dreharbeiten mit Ambres einige interessante Erscheinungen zu erwarten hätten, da einzelne Mitarbeiter – einschließlich meiner

Person – über besondere mediale Fähigkeiten verfügten. Er sagte, daß wir alle auf hohen Energiefrequenzen schwingen würden – eine Information, die mir besonders bedeutsam erschien. Danach stellte Sachi einige persönliche Fragen, unter anderem, wieso sie ständig von Nacken- und Rückenschmerzen geplagt sei. Tom antwortete in seiner humorvollen, hintergründigen Art und erläuterte karmische Blockaden. Sachi und Tom waren enge karmische Freunde aus der Zeit seiner Inkarnation als schottisch-irischer Taschendieb. Die beiden hatten in der Elisabethanischen Zeit Straßentheater gemacht, und da sie aus armen Verhältnissen stammten, besserten sie ihr Einkommen auf, indem sie »die Beutel derer plünderten, denen es besser ging«. Tom verarbeitete einiges von dem Karma, das er sich in jener Zeit aufgeladen hatte, indem er nun anderen Menschen half und ihnen Ratschläge erteilte – allen voran Sachi, denn schließlich hatte er ihr das Klauen beigebracht! Sie unterhielt sich gern mit ihm und befolgte meist seinen Rat.

Ich bat meine Gäste um Geduld und fragte Tom, was ich von der Veröffentlichung von *Tanz im Licht* zu erwarten habe. Er antwortete, manche von denen, »deren Kunst es ist zu fragen«, würden nunmehr eher Zugang zu metaphysischen und spirituellen Themen finden, seit ich in *Zwischenleben* zum ersten Mal in diese Materie eingedrungen sei, vor der »Narren« Angst hätten. Er meinte, *Tanz im Licht* würde noch umstrittener sein, da es noch persönlicher sei und den Leser zur Entscheidung zwinge, ob ich tatsächlich verrückt geworden sei oder ob eventuell doch etwas an dem Zeug mit der spirituellen Dimension dran sei, das allem Anschein nach ein Bestandteil meines Lebens geworden war, an den ich unerschütterlich glaubte. Weiterhin meinte er, daß ich mich lange genug der öffentlichen Diskussion gestellt hätte und jeder sich davon hätte überzeugen können, daß ich nicht verrückt sei; die Leute befänden sich daher in der unerquicklichen Situation, sich entweder zu distanzieren und in ihrer Voreingenommenheit zu verharren oder sich dem zu öffnen, was ich zu sagen hatte. Wozu sie sich auch entschieden, beide Haltungen würden das Unbehagen steigern, bis die Menschen bereit seien, ihr eigenes spirituelles Bewußtsein anzuerkennen und es in ihr Leben zu integrieren. Mit anderen Worten, spirituelles Bewußtsein greife immer weiter um sich, und dieser Prozeß würde sich letztlich gesellschaftsverändernd auswirken.

Ich blickte in die Runde meiner Gäste. Diejenigen, die nie zuvor von spiritueller Kommunikation gehört hatten, bekamen glasige Blicke oder zeigten eine argwöhnische Abwehrhaltung. Es gab aber auch einige, denen das Gehörte zwar neu war, die sich aber in Konfliktsituationen befanden und nach Antworten suchten. Jeder von uns mußte sich doch in irgendeiner Form mit Schmerz, Enttäuschung, Wut oder Minderwertigkeitsgefühlen herumschlagen. Die Fragen, die nun folgten, drehten sich um derartige persönliche Faktoren. Die Antworten schienen dazu beizutragen, Ängste abzubauen. Schließlich fragte jemand nach AIDS; er wollte wissen, was nun wirklich der Auslöser für diese Krankheit sei. Tom antwortete bedächtig: »Zunächst möchte ich einmal betonen, daß die spirituelle Ursache, die freilich hinter allen Zusammenhängen zu suchen ist, eine einfache Erklärung hat. Die Krankheit wütet vorwiegend in Kreisen, die einen Sonderstatus einnehmen, das heißt, von der Gesellschaftsnorm abweichen. Wie Sie feststellen können, steht AIDS im direkten Verhältnis zur Homosexuellen-Phobie in eurer Gesellschaftsordnung und ist eine Krankheit des gesellschaftlichen Bewußtseins.«

»Was können wir daran ändern?« fragte ein junger Mann, dessen Freunde Angst vor AIDS hatten.

»Hier kann eine Umkehrung von Karma stattfinden. Würden alle Menschen sich um das Wohlergehen der anderen bemühen, würden sie aufgrund dieser geistigen Harmonie höhere Ansprüche an die AIDS-Forschung stellen und somit Karma vermindern. Fragt nicht danach, wem die Stunde schlägt, sie schlägt euch allen. Der Tod macht keine Ausnahme. Eure Behörden ergreifen in dieser Hinsicht halbherzige Maßnahmen, weil sie die Krankheit als sogenannte Schwulenpest betrachten. Erst wenn sie auf alle Bevölkerungsschichten übergreift, wird die Forschung intensiviert werden.«

»Hat diese Krankheit auch positive Aspekte?« fragte ich.

»Selbstverständlich«, antwortete Tom. »Sie läßt euch erkennen, daß jede Krankheit eine Frage des menschlichen Bewußtseins ist. Der Körper folgt dem Geist. Ist der Geist schwach oder falsch ausgerichtet (wie wir es ausdrücken würden), spiegelt sich dieser Geisteszustand im Körper wider. Epidemien befördern die Erkenntnis dieser fundamentalen Wahrheit. Eure Ärzte und Psychiater beginnen allmählich zu begreifen, welche Rolle das Bewußtsein bei Krankheiten spielt.«

»Wollen Sie damit sagen, Krankheit oder Gesundheit sei eine Frage der jeweiligen Einstellung?«

»Ja. Reine positive Energie regt den Heilungsprozeß an. Die Krankheit AIDS tauchte in eurer Gesellschaftsordnung auf, um euch auf die Probleme der Belastung des Immunsystems aufmerksam zu machen. Ein Immunsystem, das spirituell nicht in Einklang mit den positiven Universalkräften steht, wird zusammenbrechen. Ein Mensch am Rande der Gesellschaft kann sich kaum in Einklang mit ihr fühlen. Legt eure Vorurteile ab, dann wird die Krankheit abklingen.«

Dieser radikalen Aussage folgte eine tiefe Stille. »Ich muß mich bald zurückziehen«, sagte Tom schließlich, »um die Energie des Mediums nicht zu sehr zu belasten. Eine Frage kann ich noch beantworten.«

Stan beugte sich vor.

»Mr. McPherson«, begann er, »in diese Produktion wird eine Menge Energie geleitet werden. Meine Frage lautet: Haben einige von uns diese kreative Energie bereits in der Vergangenheit gemeinsam erlebt? Wird bei unserer Zusammenarbeit vielleicht eine gemeinsame Erfahrung aus einem früheren Leben wieder aufleben?«

Eine solche Frage hätte ich vom Produzenten von *Roots* und *Dornenvögel* keineswegs erwartet. Aber es gibt eben auch hier Unterschiede. Toms Antwort überraschte mich noch mehr.

»Mit absoluter Gewißheit«, entgegnete er. »Die ganze Gruppe kennt sich aus der Amarna-Zeit im alten Ägypten, als unter der

Regierung von König Echnaton der erste radikale Umbruch in Kunst und Kultur nach 2000 Jahren stattfand. Ihr habt bereits damals als Erneuerer der visuellen Kunst gewirkt.«

Ich sah auf Stan: Er hörte gebannt zu. Und zu meinem Erstaunen traten ihm Tränen in die Augen.

»Ich muß jetzt gehen«, sagte Tom. »Die Heiligen mögen euch beschützen. Gott segne euch.«

Kevins Körper durchlief ein Zittern: Johns Energie kehrte zurück.

»Heil«, sagte er. »Seid bestrebt, mit den Dingen in Frieden zu leben, die ihr im Geist empfangt, und ihr werdet feststellen, daß sie das Werk eurer Väter fortführen, denn ihr seid dieses Werk. Ihr werdet feststellen, daß ihr zwar viele Gedanken, aber nur einen Verstand habt – so wie es viele Seelen, aber nur einen Gott gibt. Jeder von euch ist ein Teil des Universalgeistes, den ihr Gott nennt. Begebt euch in dieses väterlich-mütterliche Licht Gottes. Gott segne euch. Amen.«

John verließ Kevins Körper. Einen Augenblick schien es, als sei in diesem Körper keine Seele mehr, am allerwenigsten die von Kevin, der nur allmählich das Bewußtsein wiedererlangte. Er rieb sich die Augen und streckte sich.

»Hallo? Hallo?«

Er hielt die Handflächen von sich gestreckt.

»Hier sind wir«, sagte ich beruhigend.

Kevin öffnete die Augen. »Und? Wie wars?« fragte er.

Stan erhob sich. »Danke, Kevin.«

Mehr wollte er anscheinend nicht sagen. Ich blickte in die Runde. Niemand hatte ein großes Bedürfnis zu reden. Manche fragten sich zweifellos, ob das alles nicht eine Art Zaubertrick gewesen sei. Andere schienen zu überlegen, was für Konsequenzen es hätte, falls Kevins Wesenheiten tatsächlich echt seien. Die Party löste sich auf. Ich bedankte mich bei Kevin und wandte mich den Resten des Geburtstagskuchen zu. Stan folgte mir.

»Es ist verblüffend«, begann er, »zwei Jahre habe ich in besessener Leidenschaft an einer Fernsehserie über das Leben von Echnaton gearbeitet. Bis heute fragte ich mich vergeblich, woher diese Besessenheit kam. Ich glaube, Tom hat recht: wir haben alle in dieser Zeit zusammengelebt.«

Ich schaute ihm in die Augen. »Wirklich?«

Er tätschelte seinen Solarplexus. »Ich spüre es hier drin.«

»Wo werden wir da hineingeraten, Stan?« wollte ich wissen.

»Wenn du mich fragst«, antwortete er, »so sind wir bereits mittendrin.«

Stan ging zu Butler hinüber, der mich vom anderen Ende des Zimmers her ansah und unschlüssig die Schultern hob. Sein Vertrag war noch nicht unterzeichnet. Wie würde dieser Abend sich wohl auf dieses Problem auswirken?

Colin gesellte sich zu mir.

»Meinst du, Kevin kann sich selbst spielen und die Wesenheiten imitieren?« fragte er. »Tom sagt, er habe schon mal Theater gespielt. Glaubst du, er wird sich als Possenreißer produzieren?«

Ich lachte. Seine Frage traf den Nagel auf den Kopf, und ich wagte nicht, an die Folgen zu denken. Wenn das Publikum die Glaubwürdigkeit der Trance-Sitzungen anzweifelte, war der Film gescheitert. Ein Großteil der Menschen wollte schon nicht glauben, daß das Medium nicht Theater spielte. Jetzt kamen wir daher und sagten: »Er *spielt* zwar, aber er spielt nicht Theater – das, was er tut, ist echt...« Ich sollte mich selbst darstellen – er sollte sich selbst darstellen. Dazu kamen noch die Wesenheiten, die sich selbst ebenfalls darstellten. Ich mußte an Pirandello denken und kam zu dem Schluß, daß er zu früh geboren worden war.

Die Entscheidung, wer Kevin spielen sollte, hing davon ab, wer ihn am glaubwürdigsten darstellen konnte. War das im Leben nicht ebenso? Ahmte die Kunst das Leben nach oder ahmte das Leben die Kunst nach? Oder war das Leben einfach die Kunstform, die sich jeder von uns für sich selbst erschuf?

Mort flüsterte mir kuchenkauend ins Ohr: »Bis heute habe ich eigentlich nie recht begriffen, womit du dich beschäftigst. Jetzt, da ich es begreife, bin ich mir nicht sicher, ob mir die Sache gefällt. Gott sei Dank habe ich meine Orchideen, mit denen ich reden kann. Muß ich damit rechnen, daß sie mir demnächst antworten oder gar widersprechen?«

Lachend klopfte ich ihm auf die Schulter.

»Hör mal«, fuhr er fort, »mach dir bloß keine Sorgen wegen der Besetzung für Kevin. Überlege dir lieber, wer mich spielen soll. Newman ist ausgebucht; wie wäre es mit Clint Eastwood? Dann müßte die Rolle allerdings weniger Text haben.«

Dann umarmte er Sachi, gratulierte ihr zum Geburtstag und riet ihr, sich von Miniröcken und dem Sunset Boulevard fernzuhalten. Stan verkündete, er würde jetzt nach Hause gehen und seiner Frau erzählen, daß er in Wahrheit ein ägyptischer Pharao sei. Harold starrte in seine Teetasse und dachte vermutlich an Ruth Gordon. Bob Butler ging auf und ab und knurrte: »Ich unterschreibe alles.«

Ich stellte mich ans Fenster, schaute auf die Brandung hinab und holte tief Luft. Dabei versuchte ich mir darüber klarzuwerden, welche Tragweite die Verfilmung von *Zwischenleben* für ein breites Publikum hatte.

Mochte unser Film künstlerisch noch so wertvoll werden – würde die den Menschen eigene Skepsis nicht verhindern, daß er ihnen unter die Haut ging? Die Leute berührte das, womit sie sich identifizieren konnten. Wie viele Menschen konnten sich mit körperlosen, spirituellen Wesenheiten identifizieren, die »Shirley« auf ihrem spirituellen Weg beistanden? Wie viele interessierten sich überhaupt für spirituelle Fragen?

Mir persönlich war die Existenz körperloser, spiritueller Helfer der Beweis dafür, daß wir niemals starben, sondern lediglich die Form veränderten und in andere Dimensionen eingingen, daß alle Seelen weiter existierten und anderen beistanden. Das leuchtete mir sowohl in wissenschaftlicher wie auch in spiritueller Hinsicht ein. Ich kenne viele Menschen, die meine Überzeugung teilen. Aber wie verhielt es sich bei einem Massenpublikum? Ich war mir meiner Sache keineswegs sicher.

Ich schob die Glastür beiseite und trat auf den Balkon. Und was würden die Kritiker sagen? Die meisten Leute messen Fernsehkritiken zwar keine große Bedeutung zu; dennoch, wie würden sich die Herrscher über den breiten Publikumsgeschmack verhalten, wenn es galt, die autobiographischen, spirituellen Erfahrungen einer Person, die tatsächlich existierte, zu besprechen? Laut den jüngsten Umfragen hatten 67% der amerikanischen Bevölkerung Erfahrungen mit »der anderen Welt«. Falls nun die Kritiker nicht zu diesen 67% zählten, wie sollten sie beurteilen, ob ich mir das alles aus den Fingern gesogen hatte oder nicht? In diesem Fall bestünde keine gemeinsame Basis der Identifikation, das einzige, was dann zu erwarten war, war Hohn und Spott. Und würde ein Kritiker, der tatsächlich ein spirituelles Erlebnis gehabt hatte, nicht letztlich davor zurückschrecken, dies in seiner Kritik einzugestehen?

Wie würde ich als Kritikerin eine Fernsehsendung besprechen, die meiner Ansicht nach in der Randzone von Hokuspokus angesiedelt war? Ich würde sie, wenn ich mich mit der Thematik nicht näher befaßt hätte, als unverschämtes Machwerk abtun. Wenn ich hingegen eigene religiöse Überzeugungen hätte und Metaphysik als Angriff auf meine Glaubenssätze betrachten würde, so wäre es mir vermutlich unmöglich, meine künstlerische Objektivität zu bewahren. Wäre ich schließlich ein intellektueller, eloquenter, zynischer Skeptiker mit der unbeirrbaren Überzeugung, Gott und kosmische Gerechtigkeit seien nur Mythen und die Menschheit befände sich in einer hoffnungslosen, tragischen Situation und könne sich jeden Augenblick selbst in die Luft jagen – dann würde ich eine spirituelle Sicht der Dinge vermutlich zornentbrannt ablehnen, denn sie böte mir eine Erklärung für die Situation der Menschheit, die mir keinen Raum für Identität ließe – eine Identität, die von Empfindungen wie dem Gefühl der Einschränkung, Zorn und Verzweiflung geprägt war, nicht von idealistisch gesinnter Hoffnung und dem Gefühl positiver Eigenverantwortlichkeit, die auf dem Gesetz von Ursache und Wirkung (Karma) beruhte.

Lange blickte ich so auf den Ozean hinaus. Waren meine Bedenken berechtigt? Sollte ich mich im Verborgenen halten? Was spielte es denn für eine Rolle, wie die anderen dachten? Die eigene

Überzeugung existierte doch unabhängig von der Anerkennung durch die Öffentlichkeit und der Meinung der Kritiker.

Ich beugte mich über den Balkon, blickte auf die Schaumkronen der steigenden Flut und hörte mich sagen: »Du hast dein ganzes Leben in der Öffentlichkeit gestanden. Willst du jetzt kneifen?« Damit ging ich wieder ins Zimmer zurück.

Viertes Kapitel

In der folgenden Woche probierten wir mit Kevin und seinen Wesenheiten. Ich hatte Kevin das Script gegeben, damit er seinen Text lernen konnte. Die Wesenheiten Tom und John würden sich in Kevins Unterbewußtsein einschalten, um auf diese Weise ihren Text zu lernen.

Colin und ich verabredeten uns mit Kevin in meiner Wohnung in Malibu.

Gemeinsam machten wir unter Kevins Anleitung eine Meditationsübung, in der wir uns in jede einzelne der sieben Chakras (Energiezentren entlang der Wirbelsäule) versenkten. Bei der Konzentration auf den jeweiligen Punkt summten wir den entsprechenden Ton der Tonleiter. Die Tonleiter besteht aus sieben Tönen, das Farbspektrum aus sieben Farben und der menschliche Körper hat sieben Hauptchakras. Jeder Grundton hat eine Schwingungsfrequenz, die auf die entsprechende Farbe im Spektrum abgestimmt ist. Wenn man »OM« (die Silbe, die in den alten Schriften des Hinduismus als erster Laut jeder Form von Sprache gilt) summt und sich dazu die entsprechende, jedem Chakra zugehörige Farbe vergegenwärtigt, so findet ein vollkommener Energieausgleich im menschlichen Körper statt. Kevin meinte, es sei einfach, drei Personen in der Meditation in Einklang zu bringen, da sie die Dreieinigkeit von Verstand, Körper und Geist darstellten.

Nach der Meditation trafen wir Vorkehrungen für unsere erste improvisierte Probe mit Kevin und seinen Wesenheiten. Colin und ich waren beide der Meinung, ich solle direkt in die Szene meiner ersten Begegnung mit den Wesenheiten einsteigen.

Kevin versetzte sich in Trance. Wir warteten. Kurze Zeit darauf meldete sich John und sagte: »Heil. Nennt bitte den Zweck der Zusammenkunft.«

Ich sprach meinen Drehbuchtext, stellte mich also vor, als seien wir uns noch nie begegnet. Wir probten die gesamte Szene unserer ersten Zusammenkunft. Ich hatte das Drehbuch vor mir liegen. John schwang sich in Kevins Unterbewußtsein ein und lieferte seinen Text fehlerfrei ab, wobei er noch mehr biblische Würde als gewöhnlich an den Tag legte. Genau auf Stichwort sagte John »Pause. Eine andere Wesenheit meldet sich zu Wort.«

Ich wartete, wie es im Drehbuch vorgesehen war, und einen Augenblick später war Tom McPherson da.

»Ich ziehe meinen Hut vor euch. Wie geht's euch da draußen?« begann er munter.

»Ich lachte – genau so, wie ich bei einer ersten Begegnung mit Tom gelacht hatte –, und er sagte – wie damals –: »Eine so prompte Reaktion hätte ich eigentlich nicht erwartet.«

Wie im Drehbuch vorgesehen, lachte ich abermals. Tom begann drehbuchgetreu zu hüsteln. Er bat um einen Becher; ich holte ihn und drückte ihn ihm in die Hand. Er führte den Becher zum Mund und sagte: »Wenn wir die Szene wirklich spielen, ist doch hoffentlich was zu trinken drin, oder?«

Ich lachte. Er hatte die Szene geschmissen – wie ein ganz normaler Schauspieler.

»Tut mir leid«, setzte er hastig hinzu. »Ich habe nicht vor, meine Rolle auszudehnen – so wie das Medium (Kevin) seinen Leibesumfang ausgedehnt hat!« Kevin hatte nämlich inzwischen fünfzehn Pfund zugenommen.

Wieder lachte ich. Auch ich war unterdessen völlig aus der Rolle gefallen. Besser gesagt: Ich war in der Rolle, die ich in der Gegenwart spielte und nicht in der, die ich vor zehn Jahren verkörperte. Es war ein seltsames Gefühl, so zwischen einzelnen Phasen des Ichs hin- und herzuspringen.

»Hoffentlich spielst du deine Rolle bei den Probeaufnahmen wahrheitsgetreuer«, tadelte mich Tom. »So warst du bei unserem ersten Zusammentreffen nicht.«

»Du aber auch nicht«, konterte ich.

»Das stimmt«, gab Tom zu.

Ich wartete darauf, daß er einen imaginären Schluck aus dem Becher nahm, damit ich meine nächste Textzeile sagen konnte, die sich darauf bezog. Aber er ließ mich hängen.

»Trink deinen Tee, Tom, damit ich meinen Text bringen kann.«

»Es gibt keine Regieanweisung, daß ich an dieser Stelle Tee trinken soll«, antwortete er.

»Doch. Schau in dein Drehbuch.«

»Das kann ich nicht. Ich kann nur den Speicher des Mediums abfragen. Es scheint nicht besonders viel von Regieanweisungen zu halten.«

»Na schön«, sagte ich, »machen wir weiter.«

Ich ging zur nächsten Dialogpassage über, und Tom lieferte den Rest der Szene tadellos. Er traf stets den richtigen Ton und schmückte seine Rolle noch ein wenig aus. Am Ende der Szene klatschten Colin und ich Beifall. Tom bedankte sich und meinte, zu seiner Zeit habe er nicht nur als Taschendieb, sondern auch als Darsteller von Straßentheatern Erfahrungen gesammelt. Doch heute mache es ihm mehr Spaß, in den Köpfen der Menschen herumzustöbern als in ihren Taschen, und dies sei schließlich auch in karmischer Hinsicht besser für ihn. Nach der Probe unterhielten wir uns noch eine Weile.

»Hör mal, Tom«, sagte Colin, »wirst du dich an das Drehbuch halten, auch wenn es dich langweilt, immer wieder dasselbe zu sagen?«

»Ja«, meinte Tom. »Ich habe ja meinen neuen Akzent, der mein Interesse wachhält. Wie findet ihr ihn eigentlich?« Colin und ich schauten einander augenzwinkernd an. Tom benahm sich wie jeder Schauspieler, der unbedingt sein Bestes geben will. Er war sich bewußt, daß er seine Karten auf den Tisch legte und daß es eine völlig Blamage bedeuten würde, wenn er durchfiel.

»Diesen Akzent habe ich mir im Alter von fünfundzwanzig Jahren zugelegt. Seine Schwingungen sind viel lebendiger. Ich möchte in eurer Sendung lustiger wirken und werde daher nicht wie sonst im Tonfall eines Fünfunddreißigjährigen sprechen. Habt ihr was dagegen?«

»Nein, das ist okay«, erwiderte Colin, »wenn du nur nicht zu sehr in den Ton eines Possenreißers verfällst. Klar?«

»Klar«, meinte Tom. »Die kamen ohnehin viel später auf.«

»Hast du sonst noch Vorschläge?« fragte ich. »Wir wollen deine Kreativität nicht einschränken.«

»Was haltet ihr davon, wenn ich zwischendurch einmal aufstehe und den Körper des Mediums bewege? Ich könnte euch einen irischen Jig vortanzen. Wir beide haben in meiner Taschendieb-Inkarnation mehr als einen Jig auf die Planken etlicher Schiffe gelegt. Du erinnerst dich nicht daran, aber wir hatten ziemlich wilde Zeiten miteinander.«

»Waren wir damals befreundet?«

»Ja.«

»Wieso hast du mir das nicht früher erzählt?«

»Du hast mich nie danach gefragt«, entgegnete Tom.

»Ja, richtig«, fiel mir ein. »Du antwortest nur auf das, wonach wir dich fragen.«

»Genau«, sagte Tom. Ich lächelte ihn an. Die Neugier hatte mich gepackt.

»Okay. Kannst du denn Kevins Körper so führen, daß er einen Jig tanzt?«

»Na klar«, sagte Tom.

Er beugte sich vor und schaute auf meinen Teppich.

»Harte Holzbohlen wären mir natürlich lieber als dieser Teppich. Der behindert meine Beinarbeit. Soll ich es mal versuchen?«

»Ja. Wir sind sehr gespannt.«

Tom bewegte den Kopf von einer Seite zur anderen. Dann stand er auf. »Es dauert eine Weile, ich muß erst meine Schwingungsfrequenz genauer auf die des Mediums einstellen.«

Er entfernte einen Stuhl.

»Verbindest du mir bitte die Augen? Durch die Helligkeit der Sonne kann ich die Lichtfrequenz auf dem Fußboden schlecht erkennen.«

Tom blieb stehen. Ich holte ein Tuch und verband Kevins Augen.

»Aha«, sagte Tom aufgeräumt, »so ist es wesentlich besser.«

Dann führte Tom Kevins Körper durch mein Wohnzimmer. Er legte die Hände an die Hüften, sprang auf und ab, kreuzte die Beine und tanzte einen perfekten irischen Jig. Währenddessen berichtete er von Inkarnationen, in denen Sachi und ich ihm begegnet waren. Er erzählte unter anderem aus unserer gemeinsamen Piratenzeit, berichtete, wie er in einer anderen Inkarnation Sachi als Mündel zu sich genommen hatte. Er tanzte, lachte und spielte und beendete seine Vorstellung schließlich mit der letzten Zeile meines Buches *Tanz im Licht* (das Kevin gar nicht gelesen hatte!).

»Ja, das ist es«, rief er laut. »Tanz und Tänzer sind eine Einheit!«

Tom machte mir wirklich Spaß. Als der Tanz und die Vorstellung zu Ende waren, setzte er sich wieder auf seinen Stuhl.

»Wie fandet ihr das?« fragte er außer Atem. »Könnt ihr so etwas gebrauchen?«

Colin und ich klatschten Beifall.

»Die Entscheidung liegt eigentlich bei Bob Butler.« (Am Ende drehten wir die Szne dann doch ganz so, wie sie sich ursprünglich abgespielt hatte – ohne Toms Faxen.)

»Ja, natürlich«, sagte Tom. »Euer Mr. Butler hält sich für den einzig Normalen bei der ganzen Sache. Zu meiner Zeit als Taschendieb war er Richter in England. Übrigens«, fügte er hinzu, »kam das mit Echnaton bei diesem Stan auch richtig an? Ich dachte mir, es würde Eindruck auf ihn machen.«

Ich lachte ironisch. »Natürlich Tom, und das weißt du auch. Wieso fragst du überhaupt?«

»Du hast ja recht«, antwortete er. »Aber ich höre eben auch mal gern ein Kompliment. Gibts noch irgendwelche Fragen, bevor ich verschwinde?«

»Nein, danke«, antwortete ich.

Und dann durchfuhr mich ein Gedanke, der mich seit Wochen beschäftigte: ich hatte das Gefühl, daß mich irgend jemand dazu anleitete, diese oder jene Szene ins Drehbuch zu nehmen. Irgendein »Helfer« (wer immer da sein mochte) war anscheinend der Ansicht, das Drehbuch müsse spannender werden. Ich schilderte Tom dieses Phänomen und fragte, ob hier wirklich ein Helfer am Werk sei oder ob das Gefühl aus mir selbst käme.

»Also, wenn du es wirklich wissen willst«, sagte Tom und sah mich an, »dieses Gefühl vermittelt dir dein alter Freund Alfred Hitchcock.«

»Hitch?« rief ich aufgeregt.

»Richtig«, sagte Tom. »Hitchcock hat sich vorgenommen, dir jetzt zu helfen, weil ihm bewußt ist, daß er sich bei eurer Zusammenarbeit nicht gerade von seiner nettesten Seite gezeigt hat, stimmt's?«

»Das kann man wohl sagen, Tom. In gewisser Weise war er sehr streng mit mir.«

»Ja. Das will er jetzt wieder gutmachen, und deshalb hilft er dir, Spannung in die Drehbücher zu bringen. Er arbeitet in einem Dreißig-Jahres-Zyklus mit dir. Vor dreißig Jahren, als du zum Film gingst, bist du ihm zum ersten Mal begegnet – es war ein Wendepunkt in deinem Leben. Jetzt kommt er zurück, da du mit deiner Fernsehsendung in eine neue Phase deiner Ausdrucksmöglichkeiten eintrittst. Allerdings knirscht er im Augenblick ziemlich mit den Zähnen.«

»Wieso?« fragte ich.

»Die Vollkommenheit des karmischen Gesetzes will, daß Schauspieler, die er in seiner letzten Inkarnation beschimpft, schlecht behandelt oder gequält hat, heute einige seiner Klassiker für eine neue Hitchcock-Fernsehserie inszenieren – Regie-Arbeiten, die seiner Meinung nach nicht besonders gelungen sind. Wenn er Haare auf dem Kopf hätte, hätte er sie sich bereits einzeln ausgerauft.«

Colin und ich schlugen uns vor Vergnügen auf die Schenkel; wir kannten beide die Anekdoten über Hitchcocks Verachtung für Schauspieler, die er wie Vieh behandelte. Und siehe da: Tony Perkins und Burt Reynolds, um nur einige zu nennen, inszenierten jetzt Remakes siner Filme. Hitch drehte sich also nicht im Grabe herum – er knirschte auch auf astraler Ebene mit den Zähnen, während er bei seinen Schauspielern Karma abtrug!

»Natürlich sieht er die Ironie, die dahintersteckt«, sagte Tom. »Schließlich war er einer eurer großen humoristischen Begabungen und ein Meister der witzigen Anekdote. Und nun hat Gott selbst eins draufgesetzt.«

»Sag Hitch, es täte mir leid, daß ich nicht auf seinem Begräbnis gewesen bin.«

»Ach, das ist ihm gar nicht aufgefallen. Er war ja selbst nicht dabei. Du kennst doch sein Verhältnis zu Beerdigungen.«

Ich grübelte unterdessen darüber nach, wie ich den Inhalt dieser Sitzung in unsere Serie einbauen könnte. Darauf wollte ich keinesfalls verzichten. Da kam mir ein anderer Gedanke.

»Noch etwas, bevor du gehst, Tom. Ich nehme an, du willst im Titelvorspann genannt werden.«

»Das versteht sich wohl von selbst«, sagte er. »Ich bin Profi. Wird nicht jeder, der an dem Film mitarbeitet, im Vorspann erscheinen?«

»Natürlich.«

»Nun denn«, sagte Tom würdevoll, »dann soll es bei mir heißen: Tom McPherson als Tom McPherson.«

»Schön«, sagte ich. »Und wie steht es mit John?«

»Einen Augenblick, bitte«, sagte Tom.

Er war gleich wieder da.

»John möchte als Jakobus, Sohn des Zebedäus aufgeführt werden.«

»Aha«, sagte ich, »gut.«

Dann fiel mir etwas ein.

»War nicht Jakobus von Zebedäus Jakobus der Geliebte?«

»Richtig.«

»Schrieb der nicht Enthüllungen?«

»Genau«, sagte Tom. »Du kannst meinetwegen auch sagen, wir Geistwesen spielen uns selbst. Jetzt muß ich gehen. Die Heiligen werden euch beschützen.«

Und fort war er. Kevin kam wieder zu Bewußtsein, und wir drei stellten uns auf den Balkon und schauten in die Wellen. Kevin wunderte sich über die Schmerzen in seinen Waden. Ich erzählte ihm, daß er einen irischen Jig getanzt habe.

Am nächsten Tag parkte ich auf dem Parkplatz von ABC Circle Films. Beim Aussteigen fiel mir ein Mann auf, der ein rosarotes Drehbuch unterm Arm trug. Das Gesicht kam mir bekannt vor.

Es war Tom Hulce, der für den Oscar nominiert worden war, den dann sein Kollege F. Murray Abraham für seine Rolle in *Amadeus* bekam.

»Hey Tom«, hörte ich mich sagen, »du bekommst ihn ein anderes Mal.« Tom umarmte mich lächelnd. »Was machst du mit diesem rosa Drehbuch?« wollte ich wissen. (Als Stan mich gefragt hatte, welche Farbe unser Script haben sollte, hatte ich mir Rosa gewünscht.)

»Es ist deins, meine Liebe. Erkennst du dein eigenes Drehbuch nicht wieder?«

Ich war verdutzt.

»Aber was machst du denn damit, Tom?«

»Ich habe es gelesen und es hat mir gefallen. Mein Agent meinte, ich sollte einfach mal mit ein paar Kollegen eine Leseprobe machen, nur so zum Spaß. Hast du Lust, sie dir anzuhören?«

Und ob ich Lust hatte. Ich hätte nie erwartet, daß ein Schauspieler von Toms Format nur zum Spaß eine Leseprobe machen würde.

Arm in Arm betraten wir das ABC-Gebäude. Und dann hatte ich eines der wirklich aufregenden Erlebnisse meines Lebens, ein Erlebnis, das die gleiche Bedeutung für mich hatte wie die Geburt meines Kindes, der Augenblick, als ich den Oscar in Empfang nahm, und meine erste Begegnung mit Clark Gable. An der Tür zum Probenraum hing ein Schild:

LESEPROBE: ZWISCHENLEBEN.

Ich öffnete und trat ein. Ich sah Colin, Stan, Dean O'Brian, den Produktionsleiter, zwei Regie-Assistenten und eine Menge

Schauspieler, die das nachspielen sollten, was ich erlebt und worüber ich geschrieben hatte. Die letzten fünf Jahre rollten noch einmal vor mir ab. Niemand, der es nicht selbst erlebt hat, kann verstehen, was es bedeutet, wenn das eigene Leben und die darin auftretenden Personen in der künstlerischen Darstellung von Profis noch einmal zum Leben erweckt werden sollen. Einen Augenblick lang kam ich mir vor wie Sally Field. »Ihr nehmt mich wirklich ernst – ihr habt mich gern. Ihr habt mich wirklich gern«, wollte ich herausplatzen. Aber es war viel mehr als das: in diesem Raum saßen Menschen, die zur Leseprobe eines Drehbuchs gekommen waren, das sich allen Ernstes und voller Respekt mit Trance-Medien beschäftigte, mit Außerirdischen, körperlosen Geistwesen und Ufos, mit einer Realität, die ganz anders war als die uns vertraute. Das war keine Spielberg-Phantasie – es war Wirklichkeit, es geschah mit mir. Und plötzlich wurde mir klar: Brandon Stoddard und ABC hatten dreizehn Millionen Dollar in die Glaubwürdigkeit meiner spirituellen Suche investiert.

Wir setzten uns und stellten uns gegenseitig vor. Tom war der einzige Kollege, den ich kannte, doch auch alle anderen Schauspieler waren erfahrene Profis.

Für mich war die Lesung ein ungeheures Erlebnis, ganz unabhängig von der persönlichen Befriedigung. Zum ersten Mal *hörten* Colin und ich den Rhythmus, den versteckten Humor, die Spannung der Liebesgeschichte und das Zusammenspiel der einzelnen Figuren. Es gab noch einige Feinheiten herauszufeilen – aber im großen und ganzen war alles da. Eine Liebesszene mit einem Schauspieler zu spielen, der die Rolle eines Mannes spielte, den ich tatsächlich einmal geliebt hatte – das brachte mir eine doppelte Erkenntnis. Mir wurde klar, daß ich in der Lage war, ohne Schwierigkeiten meine eigenen Gefühle nachzuvollziehen, daß ich dabei aber auch einem Kollegen die Freiheit gewähren konnte, einen Menschen aus meinem Leben darzustellen. Von diesem Tag an wußte ich, daß es mir möglich sein würde, am Drehort in die Figur zu schlüpfen, die ich vor zehn Jahren gewesen war. Das war sehr bedeutsam für mich, denn ich mußte ja eine »Shirley« mit der ganzen Skepsis und der verwirrten Ungläubigkeit spielen, mit den Empfindungen eben, die mich zu Beginn meines spirituellen Lernprozesses vor zehn Jahren erfüllt hatten.

Bald nach dieser Erkenntnis machte ich Probeaufnahmen mit Kevin – und verpatzte die Szene, was unangenehme Folgen hatte.

Fünftes Kapitel

Kurz nach dem Lunch betraten Kevin und ich das Studio, wo uns Blumensträuße von Stan und der Produktion erwarteten.

Kevin ging in die Maske. Anfangs wußte die Maskenbildnerin nicht, daß sie ein Trance-Medium schminkte. Ich glaube, sie wurde erst stutzig, als Kevin bemerkte, daß Tom McPherson möglicherweise sein Augen-Make-up mit einer Binde verschmieren würde. Auf ihre Frage, wer denn dieser Tom McPherson sei, erklärte Kevin ihr den Zusammenhang. Sie war so fasziniert, daß seine Maske drei Stunden dauerte – obwohl es sich dabei lediglich um eine leichte Grundierung handelte!

Das gesamte Studioteam war auf Besucher aus dem Weltall gefaßt – zumindest auf einen Spuk aus *Poltergeist*!

Es war jedenfalls das erste Mal, daß mir diese respektvolle Stille auffiel, die sich jedesmal über den Set senkte, wenn Wesen aus dem Jenseits erwartet wurden. Diese Situation, die sich noch oft wiederholen sollte, hatte etwas liebenswert Rührendes an sich, denn so ablehnend manche Miglieder des Teams auch sein mochten, alle hatten einen tiefen Respekt vor der Vorstellung, daß doch etwas an der Sache sein könnte. Vielleicht aber war auch etwas anderes der Grund: ein Verhalten, auf das man sich in Hollywood bestens versteht – das Bestreben, nirgends anzuecken. Schließlich wollte man sich seine Brötchen verdienen, also hielt man sich lieber zurück...

Das Team war bereit. Ebenso Kevin: er hatte fleißig seinen Text gelernt und war davon überzeugt, daß dies auch für Tom und John gelte. Noch wußte das Team nicht, was ihm bevorstand...

Bob Butler fühlte sich in dem elektronischen Studio in seinem Element. Ich fragte mich, ob er sich bei Außenaufnahmen mit einem Filmteam auch so sicher fühlen würde. Er gab seine Anweisungen aus der Bildregie, und Kevin gewöhnte sich relativ schnell daran, daß er auf eine Stimme über seinem Kopf hören mußte und dabei nicht das dazugehörige Gesicht vor Augen hatte.

Alles war auf Position. Kevin übte ein paar Bewegungen mit Hut und Mantel, da er einen Auftritt durch meine Haustür in Malibu spielen sollte. Es war amüsant und liebenswert zu sehen, wie eitel selbst ein Medium ist, das schließlich anderen Wesen Zugang zu seinem Körper gestattet, ohne sich dabei Gedanken zu machen, wie es dabei aussieht.

Bob gab Anweisungen, die Elektronik in Gang zu setzen, und wir fingen an. Kevin trat durch die Tür und begann mit seinem Text. Er wirkte ziemlich nervös, wurde aber sicherer, als ich ihm soufflierte. Er erläuterte »Shirley«, was sie zu erwarten habe, erklärte ihr, daß er den körperlosen Wesenheiten, die durch ihn sprächen, eigentlich nur als Telefon diene. Hin und wieder beobachtete ich das Team aus den Augenwinkeln. Nicht einer verzog das Gesicht: Hollywood-Filmteams sind eben abgebrüht. Dann blieb ich hängen: ich hatte meinen Text vergessen. Jemand hielt mir das Drehbuch hin, doch ich war völlig »aus der Rolle«.

Kevin begab sich drehbuchgemäß in Trance. Das Team wußte nicht, was jetzt kommen würde. Man wartete ab. Lichtkorrekturen wurden gemacht.

Dann meldete sich Jakobus von Zebedäus und sagte: »Heil. Ich grüße euch. Nennt den Zweck der Zusammenkunft.«

Die Umstehenden traten unmerklich einen Schritt näher. Ich mußte innerlich lachen. John lieferte seinen Text wortgetreu – ohne übertriebene Betonungen und mit absoluter Präzision. Und als er sich mit dem Satz »Pause, eine andere Wesenheit meldet sich zu Wort«, verabschiedete, spürte ich förmlich, wie sich eine tiefe Betroffenheit im Team ausbreitete. Irgend jemand murmelte: »Hat es der Junge auf den Oscar abgesehen, oder ist das echt?« Ich war hin- und hergerissen zwischen meiner Rolle und der Spannung, mit der ich die Reaktion des Teams auf eine echte Trance-Vermittlung beobachtete. Es kostete mich Mühe, die nötige Konzentration für meinen Text aufzubringen.

Tom McPherson meldete sich mit dem Charme seines irischen Dialekts. »Ich ziehe meinen Hut vor euch«, begann er, stellte sich vor und lieferte seine Szene ab. Ebenso wie John beherrschte auch er souverän seinen Text. Nur Kevin hatte Probleme damit, seinen Text zu bringen – den Wesenheiten fiel das überhaupt nicht schwer. »Irdische Hemmungen«, meinte Tom später. »Wenn der Regisseur das Wort *Action* ruft, kommt es bei jedem zu einer Eintrübung der Aura. Wovor haben die Leute solche Angst? Das ganze Leben ist ein Film – wie der, den ihr gerade dreht.« Sicher trägt auch Tom den Button IT'S ONLY A MOVIE.

Tom schmückte seine Rolle etwas aus: er wandte sich ans Team und sagte: »Ich möchte euch alle da draußen ermuntern, Spaß an eurem Körper zu haben. Ich habe seit vierhundert Jahren keinen Körper mehr gehabt und er fehlt mir sehr. Wenn man hier oben so herumschwebt, kommt man sich irgendwie vor wie ein Heiliger. Man kann nur gut, besser, am besten sein.« Einige lachten.

Tom erzählte, wie es im Drehbuch stand, daß er ein irischer Taschendieb gewesen war und anderes mehr. Das Team reagierte verblüfft. Wie konnte ein Taschendieb ein spiritueller Helfer sein? »Er trägt sein Karma ab«, sagte ein langhaariger Typ mit einem Ohrring. Ich wollte ihn mir merken: Den mußten wir unbedingt nach Peru mitnehmen, dachte ich.

Wir waren mitten in der Szene, als Tom die Arme ausstreckte und meine Hände ergriff. Ich spürte, wie eine warme, flüssige Strömung durch meine Arme in meinen Körper floß.

»Möchest du einen irischen Jig mit mir tanzen, Schatz?«

»Oh –«, sagte ich verdattert und war wieder völlig aus der Rolle.

»Dann hilf einem alten Taschendieb auf die Beine. Darin hast du mir hier oben etwas voraus. Stell mich hin, den Rest kann ich dann alleine.«

Ich half Tom von seinem Stuhl. Er schaute auf die Erde.

»Guter Boden«, sagte er. »Zwar keine Holzplanken wie auf einem Schiff, aber immerhin.«

Damit begann Tom mich im irischen Jig herumzuschwenken. Er hielt mich locker an den Händen und erzählte von unseren gemeinsamen Piraten-Inkarnationen. Ich fragte mich, wieviel Karma er wohl abtragen mußte, bevor er davon frei sein würde.

Ich lachte, als Tom immer neuen Text improvisierte. Dann begann mir schlecht zu werden. Die Übelkeit kam nicht von der körperlichen Anstrengung, es war etwas anderes. Ich fühlte mich entsetzlich und hätte mich am liebsten auf der Stelle übergeben.

»Tom«, sagte ich, »mir wird schlecht. Ich muß mich setzen.« Ich schaute auf die Leute vom Team, doch die dachten alle, das gehöre zur Szene und rührten sich nicht.

»Tja, Mädchen, dann müssen wir uns eben setzen.« Mit diesen Worten führte mich Tom zu meinem Stuhl. Das Team beobachtete uns gebannt. Einer sagte »Die beiden sind wirklich gut.«

Mein Atem war jetzt ziemlich flach.

Tom setzte sich mir gegenüber.

»Wie fühlst du dich, mein Mädchen?« fragte er besorgt.

»Miserabel. Aber wieso eigentlich? Was ist denn los?«

»Na schön. Wenn du es wirklich wissen willst – ich ging davon aus, daß du die Rolle in deiner emotionalen Verfassung von vor zehn Jahren spielst. Deine Frequenz war damals weniger hoch. In der letzten Viertelstunde warst du jedoch nicht in deiner Rolle, und ich habe meine Frequenz nicht rechtzeitig zurückgenommen. Ich dachte, du kämst beim Tanzen wieder in die Rolle zurück, aber es klappte nicht, und deshalb hast du direkten Kontakt mit meiner Frequenz bekommen. Das war zu stark für dich. Tut mir leid.«

Die Mitglieder des Teams schüttelten ungläubig die Köpfe.

»Aha«, ich begriff, was er meinte. »Mir tut es auch leid.«

»Ja, Mädchen«, sagte er. »Ich war der Meinung, daß wir uns hier um eine ernsthafte schauspielerische Leistung bemühen. Wenn du in deiner Rolle geblieben wärst, wäre das nicht passiert.«

Einer der Männer zündete sich eine Zigarre an.

»Ist ja in Ordnung«, sagte ich. »Das weiß ich selbst. Du mußt mich nicht vor dem Team demütigen.«

»Och«, meinte Tom, »ein wenig Demut hat noch niemandem geschadet. Dadurch bleibst du wenigstens auf dem Teppich. Das kriege ich auch dauernd zu hören.«

Ich knuffte ihn in die Seite, zog aber schleunigst meine Hand zurück. Im Augenblick wollte ich keinen weiteren Körperkontakt mit ihm riskieren.

»Soll ich jetzt gehen?« fragte Tom. »Oder wollen wir die Szene noch einmal von vorne probieren?«

Mir war jetzt endgültig übel. »Ich denke, wir lassen es besser, Tom. Falls wir die Szene noch mal brauchen, bespreche ich das mit Kevin.«

»Die Heiligen werden dich beschützen«, sagte Tom und weg war er.

Die Scheinwerfer in der Dekoration wurden ausgeschaltet. Die Leute vom Team standen unschlüssig herum. Schließlich kam Kevin wieder zu Bewußtsein. »Wie war's?« fragte er in seiner gewohnten Neugier.

Der Typ mit der Zigarre ging auf ihn zu und fragte höflich: »Verzeihen Sie, Mister, wo waren Sie denn die ganze Zeit?«

»Wo ich war?« fragte Kevin unbefangen.

»Ja.«

»Ich habe geschlafen, könnte man sagen.«

»Geschlafen?«

»Ja. So fühle ich mich jedenfalls immer danach. Mein Bewußtsein macht dem Bewußtsein anderer Persönlichkeiten Platz, die sich durch mich mitteilen. Deshalb nennt man mich ein Medium.«

Der Typ paffte nachdenklich an seiner Zigarre.

»Ich gehöre wohl zu den wenigen Menschen«, fuhr Kevin fort, »die dafür bezahlt werden, daß sie während der Arbeit pennen.«

Kevin und ich verließen das Studio. Die Aufzeichnung wurde auf einen anderen Termin verschoben. Wir gingen essen; ich hatte zwar keinen Appetit, wollte aber über das reden, was mit mir geschehen war. Anschließend fuhr Kevin mich zu meinem Wagen, und ich vergaß meine Blumen in seinem Kofferraum.

Beim Betreten meiner Wohnung in Malibu empfing mich starker Blumenduft. Ich ging ins Wohnzimmer, ins Eßzimmer, um zu ergründen, woher der Duft kam, doch ich konnte keine einzige

Blume entdecken. Leicht verwirrt setzte ich mich. Ich hatte allerlei Geschichten über Blumendüfte im Zusammenhang mit spirituellen Erscheinungen gehört; unter anderem berichteten manche Menschen von Ufo-Erscheinungen, die mit starkem Blumenduft verbunden waren. Die hohe Frequenz der Schwingungen soll einen solchen Duft hervorrufen. Ich konnte mir keinen Reim darauf machen. Da klingelte das Telefon; es war Kevin.

»Ich sitze hier und zerbreche mit den Kopf, wie du an deine Blumen kommst. Du hast sie in meinem Kofferraum vergessen. Ich habe sie ins Wasser gestellt, und da ich nicht weiß, wann ich wieder nach Malibu rauskomme, versuche ich sie dir telepathisch rüberzuschicken.«

»Wie bitte?« Jetzt erst fiel mir ein, daß ich den Strauß in seinem Wagen vergessen hatte.

»Ja, und ich würde gern wissen, ob irgend etwas Ungewöhnliches im Zusammenhang mit Blumen bei dir angekommen ist.«

Ich schluckte. »Stell dir vor, meine ganze Wohnung ist von einem starken Blumenduft erfüllt, obwohl ich außer Seidenblumen keine Schnittblumen im Haus habe.«

»Aha. Ich mache also Fortschritte«, war seine sachliche Feststellung. »Das ist gar nicht ungewöhnlich, wenn zwei Menschen aufeinander eingestimmt sind. Das bestätigt auch, was McPherson über die Entwicklung deiner medialen Fähigkeiten sagt.«

»Ich will auf gar keinen Fall ein Medium sein, Kevin«, sagte ich mit großer Besorgnis. »Ich möchte immer wissen, was mit mir geschieht.«

»Keine Bange«, beruhigte er mich. »Das würde ja dein Einverständnis voraussetzen, daß Wesenheiten dich als Medium benutzen dürfen. Ich hab' dir schon oft gesagt, vermutlich ist es mein Karma, in diesem Leben ein menschliches Telefon zu sein, und dazu habe ich gewiß meine Einwilligung gegeben.«

Einen Augenblick dachte ich über die Ereignisse des Tages nach und an die verständliche Skepsis des Teams. Spielte Kevin nur Theater oder drang etwas von seinem eigenen Unterbewußtsein nach außen? Schließlich fiel mir eine Frage ein, die vielen Menschen als Beweis für die medialen Fähigkeiten dienen könnte – wenn er sie richtig beantwortete. Also fragte ich: »Kevin, bist du das einzige Meldium, das Tom McPherson vermittelt?«

Zu meinem Erstaunen antwortete Kevin: »Nein. Es gibt auf jeden Fall noch einen zweiten Mann, den ich bereits kennengelernt habe, und möglicherweise noch einen dritten, dem ich jedoch noch nicht begegnet bin. Wenn du mit Tom durch ein anderes Medium sprechen willst, brauchst du es mir nur zu sagen.«

Ich nahm mir vor, ihn beim Wort zu nehmen. Ich bedankte mich für den telepathischen Blumengruß und hoffte schlafen zu können.

Das Telefon klingelte. Es waren die beiden Partner von Jach Pursel aus San Francisco. Jach war das Medium, das Lazaris vermittelte – eine Wesenheit auf hoher Ebene –, der, wie er sagte, noch nie eine Inkarnation erlebt hatte. Daher spricht er nicht von irdischen Erfahrungen, was aber sein Verständnis für Verkörperung keineswegs schmälert. Michael und Peny wollten wissen, wie die Probeaufnahmen mit Kevin gelaufen seien. Ihre Neugier war der Ausdruck eines freundschaftlichen Konkurrenzdenkens unter Trance-Medien. Ich erzählte, wie mir plötzlich übel wurde, als Tom mit mir tanzte. Es entstand eine lange Pause.

»Wir finden das aber nicht sehr fortschrittlich von McPherson«, meinte Michael. »Wieso mußte er dich in diese Situation bringen?«

»Na ja«, antwortete ich etwas betreten, »natürlich war das nicht notwendig. Es war eben ein Fehler – meiner ebenso sehr wie seiner.«

»Ihm hätte dieser Fehler aber nicht passieren dürfen«, beharrten beide.

»Es ist ja nichts passiert«, versuchte ich sie zu beschwichtigen. »Keiner ist dabei zu Schaden gekommen.«

»Was soll das denn heißen?« fragte Peny. »Bist du darüber nicht wütend oder empört?«

»Ich?« fragte ich erstaunt über ihre Heftigkeit. »Ganz und gar nicht. Wieso sollte ich wütend sein?«

»Weil McPherson es übertrieben hat«, fuhr sie fort, »und er kein Recht dazu hatte.«

»Aber Peny, er meinte es doch nicht böse. Er hat sich auch entschuldigt. Und außerdem habe ich eben meine Rolle nicht auf der emotionalen Frequenz wie vor zehn Jahren gespielt.«

»Diese Haltung ist deiner unwürdig. Du mußt deine Wut und deinen Ärger zulassen.«

»Aber ich empfinde keine Wut.«

»Weil du sie verdrängst. Deshalb verspürst du keinen Schmerz. Aber dadurch behinderst du deine Entwicklung.«

Ich dachte über die Worte von Peny und Michael nach. Was sie da sagten, klang ein wenig nach den Anfängen der Psychoanalyse und nach *est*-Training.

Ich versuchte Wutgefühle zu entwickeln, aber es gelang mir nicht; ich konnte McPherson einfach nicht böse sein.

»Nun hört mal zu«, sagte ich schließlich. »Ich bemühe mich wirklich, wütend zu werden und mich gekränkt zu fühlen, aber ich schaffe es nicht. Daher muß ich annehmen, daß *ihr* wütend oder gekränkt seid. Vielleicht habe ihr beide ja ein Problem mit McPherson, und das kann ich sehr gut verstehen. Schließlich möchte jeder, daß *seine* spirituelle Wesenheit die beste ist.«

Bald danach verabschiedeten wir uns höflich und legten auf. Dies war nur der erste Vorgeschmack auf Auseinandersetzungen, die sich bald zu einem Konkurrenzkampf der Wesenheiten entwickeln sollten, einem »Kampf der Götter«, wie jemand treffend formulierte. Und weil ich im Mittelpunkt sich rasch entwickelnder metaphysischer Bewegung stand, wurde ich natürlich besonders heftig umworben. Diese Vorgänge spielten sich tatsächlich ein wenig nach Hollywoodmanier ab. Alle diese Kampfhähne waren kreativ, verfügten über fundierte Kenntnisse, waren vielseitig und jeder arbeitete mit dem Stoff, aus dem die Träume sind. Und ich? Ich liebte sie alle.

Bob, Colin, Stan und ich hatten immer noch nicht entschieden, ob Kevin und seine Wesenheiten wirklich sich selbst spielen sollten. Wir hatten leise Bedenken, daß »sprechende Köpfe« langweilig wirken könnten. Die direkte Begegnung mit ihnen war ein faszinierendes Erlebnis, doch würde sich diese Atmosphäre in einem Film vermitteln lassen? Die Wesenheit John machte uns besondere Sorgen, weil ihm »das gewisse komödiantische oder dramatische Flair fehlte, das beim Fernsehpublikum so gut ankommt«.

Wir saßen gerade im Probenraum und diskutierten über dieses Problem, als prompt das Telefon klingelte und Kevin sich meldete. Der Junge mußte wirklich einen heißen Draht zum lieben Gott haben.

»Hör mal«, sagte Kevin ohne Umschweife, »John wird aller Wahrscheinlichkeit nach am ›Tag X‹ als ›erdbezogeneres‹ Wesen erscheinen; sein Auftritt wird also mehr auf der Wellenlänge des heutigen Fernsehpublikums liegen.«

Ich gab die Botschaft wortgetreu und ohne die Spur eines sarkastischen Untertons an die Jungs weiter. Ich hoffte, sie würden verstehen, was gemeint war, doch sie himmelten nur. Vermutlich verstanden sie gar nichts. Ich wandte mich wieder an Kevin.

»Du meinst also, John wird sich einer modernen Sprechweise bedienen?«

»Ja«, sagte Kevin. »Glaubt eigentlich Butler immer noch, er sei der einzig Normale in der ganzen Produktion?«

Ich lachte.

»Er kommt doch gerade von einer Motivsuche aus Peru zurück, nicht wahr?«

»Ja«, antwortete ich und spitzte die Ohren.

»Na dann laß ihn mal erzählen, was ihm dort passiert ist.«

Kevin legte auf, und ich blickte in die Runde. Stan, Bob, der Produktionsleiter Dean O'Brien und der Ausstatter waren seit unserem letzten Zusammentreffen auf Motivsuche gewesen. Wir hatten noch keine Zeit gehabt, uns darüber zu unterhalten.

»Wie war's denn eigentlich in Peru?« fragte ich.

»Setz dich«, sagte Stan.

Ich setzte mich.

»Also, das war so«, fing er an. »Wir vier fuhren mit dem Organisator der Motivsuche, der gleichzeitig als Übersetzer für uns arbeitete, durch die Gegend, und suchten nach dem Schild »UFO-KONTAKTSTELLE«, das du in deinem Buch beschreibst. Wir hatten bereits alles, was du dir nur vorstellen kannst, fotografiert: Dörfer, Lamas, kleine Kinder, Berge und jeden Felsbrocken, der uns im Weg lag; uns fehlte nur noch das Ufo-Schild.«

Ich wußte nicht, worauf er hinauswollte.

»Ja und?« fragte ich.

»Dann plötzlich schliefen wir alle vier gleichzeitig ein, so, als hätten wir das Bewußtsein verloren. Und als wir eine Stunde später aufwachten, fragten wir unseren Dolmetscher und Fahrer, wann denn nun endlich dieses verdammte Schild käme. Er sah uns komisch an und fragte: ›Wie meinen Sie das?‹ Ich wiederholte meine Frage, und er entgegnete: ›Aber Mr. Margulies, Sie haben das Schild doch gesehen. Sie sind doch ausgestiegen und haben es fotografiert. Dann haben Sie miteinander darüber geredet. Erinnern Sie sich denn nicht?‹ Keiner von uns konnte sich daran erinnern. Es war, als sei die Erinnerung daran einfach ausgelöscht. Keiner von uns kann sich bis heute an die geringste Kleinigkeit erinnern; und auf unserem Film ist auch nichts drauf.«

Ich starrte Stan entgeistert an.

»Seither hält Mr. Butler sich nicht mehr für den einzig normalen Menschen bei diesem Filmprojekt. Entweder wir sind alle nicht mehr ganz dicht, oder es ist etwas anderes im Spiel. Hat Tom McPherson nicht gesagt, daß wir möglicherweise bei den Dreharbeiten Ufos zu sehen bekämen, sofern das kollektive Bewußtsein dafür bereit sei?«

»Ja«, antwortete ich.

Stan und die anderen sahen sich an.

»Vielleicht bedeutet das, daß wir noch nicht bereit sind.«

»Vielleicht«, meinte ich enttäuscht.

»Aber das ist noch nicht alles«, sagte Stan.

»Was ist denn noch passiert?«

»Nach unserer Rückkehr ins Hotel schickten wir jemand von unserem peruanischen Büro an die Stelle, um Fotos von dem Ufo-Schild zu machen.«

»Und?«

»Auf seinen Fotos ist nur das halbe Schild zu sehen. Es ist, als würde es für uns nicht als Ganzes existieren.«

Ich dachte einen Augenblick nach.

»Vielleicht stimmt das ja«, sagte ich.

»Mein Gott, Shirley«, seufzte Stan. »Wie können wir alle vergessen, wo wir waren und was wir getan haben?«

»Ich weiß es nicht. Vermutlich versucht jemand euch etwas zu sagen.«

Stan hob die Augen zum Himmel. »Die Frage ist bloß: *wer?*«

Sechstes Kapitel

Mitte September erschien *Tanz im Licht*. Ich hatte meinem Verlag Bantam Books zugesagt, eine Promotiontour durch verschiedene Städte zu machen. Mitten in den Produktionsvorbereitungen zu *Zwischenleben* stürzte ich mich also in das Getriebe amerikanischer Großstädte, um an Diskussionsrunden über die Anfänge meiner spirituellen Suche teilzunehmen. Diese Reise unterschied sich vollkommen von der, die ich zwei Jahre zuvor unternommen hatte. Ich weiß nicht, ob die Redakteure der Zeitungen und Illustrierten mich mittlerweile ernster nahmen oder ob die Journalisten, die mich interviewten, danach ausgesucht waren, wie offen sie spirituellen Themen gegenüberstanden. Ich weiß nur, daß die meisten von ihnen zu meinem Erstaunen auf metaphysischem Gebiet ziemlich belesen waren.

Sie wußten Bescheid über Past-life-Therapie und Past-life-Trauma, über den Ursprung der Chakra-Energien, die Wirkung von Karma und anderes mehr. Manche hatten eigene Erfahrungen mit Trance-Medien gesammelt und wußten zu berichten, daß wirklich gute Medien enorm rasche Fortschritte in ihren paranormalen Fähigkeiten und Techniken machten, daß sie höchst wissenswerte, geistig anspruchsvolle Denkkonzepte und Botschaften vermittelten und ihre Informationen in der Mehrheit der Fälle absolut korrekt seien. Selbst in den Reihen der schärfsten Skeptiker unter den amerikanischen Journalisten fanden sich etliche, die auf dem Gebiet spiritueller Forschung eigene Wege beschritten; und häufig entspann sich aus dem Frage- und Antwortspiel des Interviews ein angeregtes Gespräch. Dennoch stellte ich fest, daß gerade in den Artikeln dieser Journalisten die Skepsis am größten war. Das war o. k. Sie mußten auf ihre Bosse Rücksicht nehmen und sich um besondere Objektivität bemühen.

Die Hörfunk- und Fernsehsendungen mit direktem Telefonkontakt waren für mich sehr beeindruckend, allen voran die Larry King Show. Ich habe wohl mit rund dreihundert Anrufern spontan gesprochen. Und abgesehen von einer Frau in der Phil Donahue Show, die meinte, ich betreibe Hexerei, äußerte niemand Ansichten wie »die redet verrücktes Zeug« oder ähnliches. Ganz im Gegenteil. Ich wunderte mich, wieso ich nicht häufiger auf Ablehnung stieß. Auch die Talkmaster hatten dafür keine Erklärung. Vielleicht spürten die Menschen doch, daß es auch in ihrem Leben unsichtbare Realitäten gab. Sie riefen während der Sendung an, um über Rückführung in vergangenes Leben zu diskutieren oder zu berichten, was in ihnen während der Meditation vorging. Sie fragten nach der Heilwirkung von Farbtherapie und wollten wissen, welche Trance-Medien und welche Bücher ich empfehlen könne. Sie berichteten von Erscheinungen, die sie nach dem Tode geliebter Menschen gehabt hatten. Und sie erzählten natürlich von Ufo-Begegnungen – dieses Phänomen trat zunehmend in Erscheinung. Sie spielten in diesen Gesprächen eine besondere Rolle, da die Anrufer sich darüber im klaren waren, daß die Basis des von Außerirdischen überbrachten Wissens sowohl in wissenschaftlicher als auch in spiritueller Hinsicht das Wissen um die Gotteskraft ist. Die Insassen der Weltraumfahrzeuge hatten gelernt, sich der unsichtbaren Energien des Kosmos zu bedienen und sie praktisch anzuwenden. Aus diesem Grund konnten sie sich mit so hohen Geschwindigkeiten fortbewegen, daß die lineare Zeitmessung für sie keine Bedeutung hatte. Deshalb verstanden sie sich auf Dematerialisation und Rematerialisation und kannten die subatomare Molekularstruktur jedes Lebewesens. Daher rührte auch ihr Interesse für das Leben auf der Erde und für die Menschen. Der Grund, warum sie sich nicht deutlicher zu erkennen gaben, war nicht nur die Furcht, daß ihr Erscheinen eine Panik auslösen könnte (was eher fraglich erschien); sie befürchteten vielmehr, daß die Menschen dazu neigen würden, sie als Götter zu verehren und die Eigenverantwortung für ihre persönliche Entwicklung vernachlässigen würden.

Die Lehre der Außerirdischen geht davon aus, daß jedes Menschenwesen eins mit der Gotteskraft sei und die Fähigkeit besitze, alles zu tun, zu lernen und zu verstehen, daß also jeder von uns zu allen Zeiten im Besitz aller Wahrheit sei – vorausgesetzt, daß er dies anerkennen würde. Der Unterschied zwischen uns und ihnen sei, daß sie sich dessen *bewußt* seien und wir nicht. Sie akzeptierten ihre Göttlichkeit, während wir dies nicht einmal in Worten vermochten. Sie würden nicht als unsere Lehrer auftreten, um nicht gegen das kosmische Gesetz zu verstoßen, das ihnen verbot, beschleunigend in die Entwicklung der Menschheit einzugreifen. Denn damit würden sie eine schwere karmische Schuld auf sich laden. Wieso sollte man also Ufos und Außerirdische fürchten? Ich denke, wir haben nur dann Angst vor ihnen, wenn wir uns unserer eigenen Göttlichkeit zu wenig bewußt sind.

Wie dem auch sei, es waren jedenfalls ungewöhnliche Themen für Talkshows und Hörfunksendungen mit Call-ins. Diese Gesprächsrunden hoben sich erheblich von den üblichen seichten Plaudereien ab.

Parallel zu meiner Tour nahm ich per Telefon an den Vorbereitungen zu unseren Dreharbeiten teil.

Am wichtigsten war die Frage, wer Gerry spielen sollte, denn die Dreharbeiten sollten mit »seinen« Sequenzen beginnen. Im Buch war Gerry Engländer, ein gebieterischer, hochintelligenter Mensch mit starkem humanistischen Engagement, politisch links stehend, charmant und gutaussehend – mit einer widerspenstigen Locke, die ihm ständig in die Stirn fiel.

Unabhängig davon, wie der echte Gerry aussah, hatten Colin und ich beim Schreiben Albert Finney vor Augen. Doch Albie war gerade vergeben. Wir mußten uns also auf die Suche nach einem Ersatz machen.

Richard Harris kam möglicherweise in Frage. Sein Agent, dem sehr daran gelegen war, seinen Schützling einem breiten Fernsehpublikum zu präsentieren, fand Gefallen am Drehbuch und wollte ihn für die Rolle gewinnen. Richard lehnte ab. In einem Brief an mich erörterte er seine eigenen tief empfundenen spirituellen

Überzeugungen; durch sie habe er gelernt, andere milder zu beurteilen. Er lehne es ab, Gerrys Unfähigkeit, *meine* spirituelle Suche zu verstehen, vor aller Welt auszubreiten, schließlich würde niemand die wahre Identität dieses Mannes kennen.

James Fox war eine weitere Möglichkeit. Doch sein Agent rief mich an und sagte, er betrachte sich seit kurzem als Wiedergeburt Christi und lehne es ab, einen Ehebrecher zu spielen.

Gabriel Byrne hatte ich in *Christoph Columbus* gesehen und war tief beeindruckt gewesen. Doch einen Tag, bevor er unser Drehbuch erhielt, unterschrieb er einen Vertrag für einen anderen Film.

In dieser Zeit sprachen Colin und ich oft darüber, wie wenig männliche Stars es in England gab. Wo war der Mann mit erotischer Ausstrahlung, bei dessen Anblick dem Publikum sofort klar würde, warum Shirley sich so sehr in ihn verlieben mußte – obwohl sie wußte, daß er verheiratet war.

Mit welchem Engländer würde eine Frau gerne ins Bett gehen – abgesehen von Leslie Howard (das lag ja nun immerhin eine Weile zurück) oder mit einem um fünfzehn Jahre jüngeren Richard Burton? Denn genau das tat Shirley – spontan und ohne an die Folgen zu denken.

Dann erinnerte ich mich an *Juwel der Krone*. Charles Dance hatte einen starken Eindruck bei mir hinterlassen: ein völlig neues Gesicht; relativ wenig Filmerfahrung, aber eine packende, sehr selbstbewußte Ausstrahlung – auch wenn er in einer Szene gar nichts zu tun hatte.

Wir zogen Erkundigungen über ihn ein und erfuhren, daß er gerade frei war und das Buch gerne lesen wollte.

Unterdessen flogen Stan, Colin und ich nach London, um uns vor dem Treffen mit Charles noch weitere Schauspieler anzusehen.

Ich wohnte im Hotel Britannia in einer Maisonette-Suite mit einer spiralförmigen Wendeltreppe und verfügte über eine Hausbar mit allen erdenklichen Schnapssorten, wie ein guter Engländer sie sich nicht besser wünschen kann. Außerdem standen Nüsse,

Chips, Schokolade, Obst, Blumen, Tee und warmes Buttergebäck bereit – und ein Telefon, das immer in der Etage klingelte, in der ich mich gerade nicht aufhielt.

Mir fiel auf, daß die Nummer meiner Suite entfernt worden war. Als ich den Hotelmanager nach dem Grund fragte, ließ er mich diskret wissen, man habe vernommen, ich würde auf »falsche Zahlen« negativ reagieren. Da man nicht gewußt habe, welche Zahlen für mich »falsch« seien, habe er vorsichtshalber alle entfernen lassen.

Ich befestigte ein Pappschild mit der Zimmernummer an der Tür, um für Besucher auffindbar zu sein.

Die Vorstellungsgespräche der Schauspieler fanden alle in meiner Suite statt. Ich war in meinem Leben selten gezwungen gewesen, mich selbst so erniedrigen zu müssen, wie viele Schauspieler, die verzweifelt eine Rolle suchen. Doch ich erinnerte mich an meine Anfänge, an die Grausamkeit der Auswahlkriterien, an die Kälte, mit der einem gesagt wurde: »Seien Sie jetzt mal furchtbar traurig und fangen Sie an zu weinen.«

Einer nach dem anderen standen sie an der Tür meines Hotelzimmers. Mit jedem von ihnen trank ich zuerst einmal eine Tasse Tee, um das Eis zu brechen, bevor wir uns in eine Liebesszene stürzten – im Beisein von drei fremden Männern und einer kaltschnäuzigen Besetzungsdame. Mir krampfte sich jedesmal das Herz zusammen, wenn ich die Unsicherheiten der Vorsprechpartner spürte. Dadurch scheiterte jeder meiner Versuche kollegialer Hilfestellung. Ich überlegte, wie sie sich auf die Szene vorbereitet haben mochten, wie beklemmend es für sie sein mußte, einen Mann darzustellen, über den ich nicht nur geschrieben hatte, sondern der auch noch eine wichtige Rolle in meinem Leben gespielt hatte. Da gab es eine Menge gekünsteltes Lachen, nervöses Kettenrauchen, ruhelose Blicke und manchen heimlich weggewischten Schweißtropfen.

So ging das tagelang – jedenfalls, wenn unbekannte Größen vorsprachen. Berühmtheiten oder »mittlere« Berühmtheiten waren ein Mittagessen wert. Die Selbstbewußteren fanden nichts dabei, über das Buch zu diskutieren, die Unsicheren verlangten gleich ein Angebot. Erst dann wollten sie es lesen. Ich ging davon aus, daß ein gemeinsames Essen (ohne Angebot) mir Aufschluß darüber geben würde, wie sich eine Zusammenarbeit mit dem jeweiligen Kandidaten atmosphärisch gestalten würde. Ich wollte einfach wissen, ob es irgendwelche Gemeinsamkeiten gab, ob der Mann sich gelöst oder verkrampft gab, ob er fotogen war und ob ich mir vorstellen konnte, mit ihm im Bett zu liegen.

Natürlich hatten sie alle das Buch gelesen, ob sie sich nun dazu bekannten oder nicht. Kein Schauspieler trifft sich zu einem Rollengespräch beim Lunch, ohne zu wissen, was die Rolle von ihm verlangt. Irgendwann zwischen Kaffee und Dessert kam ich genau auf diesen Punkt zu sprechen. Wenn dann die Rechnung kam (auf ABC-Spesenabrechnung) war der Fall für mich klar: Es war nicht unser Mann. Ich wußte nicht, wie es weitergehen sollte.

Schließlich wandte ich mich noch einmal an meinen Freund Albert Finney. Er lud mich zu einem Dinner ein, das mich völlig verwirrte, mir jedoch wegen seiner unglaublich theatralischen Momente unvergeßlich bleiben wird. So manche Filmszene verblaßt neben dem, was einer unserer bedeutendsten zeitgenössischen Schauspieler im täglichen Leben aufführt.

Ich näherte mich gerade dem Restaurant, in dem wir uns verabredet hatten, als er in schwarzem Mantel und mit sturmzerzauster Mähne einem Londoner Taxi entstieg. Sein Auftritt glich dem von Orson Welles in *Jane Eyre*. Er schloß mich in die Arme.

»Wie wundervoll, dich zu sehen, meine Liebe! Wir werden vorzüglich speisen. Doch zuvor möchte ich dir zeigen, was Londons Haute Couture zu bieten hat.«

Damit nahm Finney meinen Arm, führte mich an Schaufenstern entlang und hielt mir einen Vortrag, warum bestimmte Farbkombinationen fürs Auge angenehm seien und daß politische Trends meist den Modetrends folgten – »ein bißchen mehr nackte Haut bedeutet im allgemeinen ein bißchen mehr Liberalität in der Politik. Siehst du das auch so?«

Albie »präsentierte« ständig etwas – vor allem sich selbst.

Durch die Art, wie er meinen Arm hielt, spürte ich mich mit dem Magnetstrom seiner kraftvollen Energie verbunden, die er in theatralischen Ausdruck umformte. Sein Auftreten verlieh dem Begriff »Präsenz« eine neue Bedeutung.

Dann führte er mich in »sein« Lokal, das er offenbar seit dreißig Jahren frequentierte. Er stellte mir die Ehefrau des Besitzers als seine Freundin vor; auch die Tochter der Ehefrau war seine Freundin und ebenso jede Kellnerin, der wir auf dem Weg zu unserem Tisch begegneten. Und jede dieser Frauen errötete, wenn er sie so nannte, als sage er damit endlich die ersehnte Wahrheit. Alle Playboys Hollywoods konnten sich mit ihren Maschen hinter diesen zur Kunstform stilisierten theatralischen Flirts verstecken – Finney war eine Klasse für sich. Später, nachdem er mehrere Sorten Wein und ein Menü aus sieben Gängen bestellt hatte, schlenderte er plaudernd von Tisch zu Tisch, so daß ich fast glaubte, was er mir mit großer Geste eröffnete: »Meine Liebste, all die Gäste habe ich dir zu Ehren bestellt. Dieses wunderbare ›Trio de Paraguay‹ hat die weite Reise aus seiner Heimat nicht gescheut, nur um dir ein Ständchen zu bringen. Sie sind alle gekommen, um ein rauschendes Fest mit dir zu feiern. Und nun wollen wir genießen, was die Tafelfreuden uns zu bieten haben.«

Er war unerhört charmant in seiner frechen Leichtfertigkeit. Beim Essen ähnelte er einer Figur aus *Le Grand Bouffe* – er schwelgte in einer Orgie epikuräischer Sinnesfreuden. Die Serviette unters Kinn gestopft, schlürfte er die verschiedenen Sorten Wein und bewies dabei, daß beim Weintrinken geschmatzt werden mußte. Er schwelgte in Bergen von Essen, kostete hingebungsvoll jeden neuen Wein und machte auf diese Weise deutlich, daß jede Nuance weniger ein hoffnungsloser Mangel an Lebenskunst sei. Sein sinnliches Vergnügen war hohe Schauspielkunst und ich ein dankbares Publikum. Er überzeugte mich einfach – obwohl ich keine Ahnung hatte, wie wir Finneys markante Eigenschaften in die Rolle Gerrys einbauen sollten – vor allem, weil der wirkliche Gerry diese Eigenschaften gar nicht besaß.

Während die Speisen auf- und wieder abgetragen wurden,

stellte ich fest, daß Finney sich wirklich für Metaphysik interessierte. Ich wußte, daß ihm *Zwischenleben* gefallen hatte, aber ich war mir nicht sicher gewesen, ob er in die von mir geschilderten verborgenen Realitäten tatsächlich eingedrungen war. Dies aber war tatsächlich der Fall. Zuerst einmal erzählte er mir, daß ihm eines Nachts ein verstorbener Verwandter im Schlafzimmer erschienen sei. »Danach erkannte ich, daß es noch eine andere Dimension der Realität geben muß.«

Vielleicht sollte er den Gerry tatsächlich spielen – obwohl der echte Gerry bei Besuchen von Verstorbenen bestimmt ausgeflippt wäre und auf gar keinen Fall mit irgendeiner Menschenseele darüber gesprochen hätte. Während ich Finney beim Essen zusah, überlegte ich, wie wir die Badeszene auf Hawaii spielen würden. Vielleicht unter einem Badetuch?

Dann erzählte mir mein Gastgeber von der herrlichen Zeit, die er in Cuzco und Machu Picchu in Peru verbracht hatte und geriet über Berichte von Ufo-Begegnungen in den Anden ins Schwärmen.

»O ja, wir Schauspieler sollten in solchen Raumschiffen schweben und uns unser eigenes Improvisationstheater erschaffen, um die Wirkung der Schwerelosigkeit auf menschliche Emotionen studieren zu können.«

Albie erhob sich und spielte eine kleine Szene aus dem Stegreif, die reif für das National Theatre war. Alsdann schlenderte er erneut von Tisch zu Tisch und bedankte sich bei den Gästen, daß sie ihre Zeit geopfert und sich als Komparsen zur Verfügung gestellt hatten – und das alles ohne Gage. Mit großen Gebärden in meine Richtung gab er dem Publikum zu verstehen, daß die Party mir galt. Ich verneigte mich und klatschte Beifall, während sie mich in England willkommen hießen. Kein Mensch wußte, was das Ganze sollte, doch alle schienen Spaß daran zu haben und sich geschmeichelt zu fühlen.

Finney brachte die Gitarristen aus Paraguay an unseren Tisch. »Spielt ein Lied für meine Lady«, wies er sie an.

Sie spielten Latin: liebestrunken, laut und lang. Albie setzte sich und widmete sich wieder mit Genuß seinem Essen. Während die letzte Liebesweise erklang, überschlug ich, wieviel Zeit mir noch blieb, um ihn auf den eigentlichen Zweck dieses Abendessens anzusprechen. Ich hatte mit Colin vereinbart, daß er zum Nachtisch zu uns stoßen sollte. Mir blieben noch zehn Minuten.

Das Trio aus Paraguay zog sich zurück. Ich setzte mich auf meinem Stuhl zurecht und begann meine Rede. Auf Albies Gesicht zeigte sich ein Ausdruck des Erschreckens. Realität – harte Geschäfte, Showbusiness, Vertragsstreß – welch häßlicher Kontrast zu den Genüssen eines erlesenen Abendessens. Genau in diesem Moment trat Colin an unseren Tisch. Sein miserables Timing warf mich vollkommen aus dem Konzept. Ich hatte Albie darauf vorbereitet, daß Colin zu uns stoßen würde – was er kaum registriert hatte. Jetzt spiegelte sich in Finneys Gesicht eine Mischung aus Schreck und Erleichterung. Mit großer Geste hieß er Colin, Platz zu nehmen und Kaffee sowie ein opulentes Dessert zu bestellen. Colin lehnte ab.

Nach dem Austausch von Höflichkeiten – ein paar Sätzen über John Hustons *Unter dem Vulkan*, über Shakespeare und die »sogenannte« Hollywood-Kultur – entschuldigte sich Albie, stand auf, plauderte erneut mit Gästen an den benachbarten Tischen und verschwand.

»Wie ist es gelaufen?« wollte Colin wissen.

»Das siehst du doch«, antwortete ich. »Ich wünschte, das hätte ich auf Video aufzeichnen können. Der Mann ist ein Selbstdarsteller per excellence. Das könnte natürlich Probleme geben; aber vielleicht probt er ja ständig, einfach, damit er weiß, was er zu tun hat, wenn das Rotlicht brennt.«

Colin nickte weise.

»Habt ihr über das Drehbuch gesprochen?«

»Genau in dem Moment, als ich davon anfangen wollte, bist du hereingeplatzt. Einen ungünstigeren Zeitpunkt hättest du dir nicht aussuchen können.«

»Soso«, meinte Colin, »was meinst du, was das in karmischer Hinsicht bedeutet?«

»Ich habe keine Ahnung«, antwortete ich. »Es war beinahe so, als *müßtest* du in diesem Moment auftauchen, um jedes Gespräch abzuwürgen. Es war wirklich seltsam. Weißt du, was ich meine?«

Colins Gesichtszüge zeigten nicht die Spur von Sarkasmus.

»Hmhm«, antwortete er. »Ich spürte so etwas... als sollte es einfach nicht weitergehen.«

»Mal sehen, was als nächstes passiert.«

Als nächstes stand Finney an unserem Tisch. In heller Aufregung lieferte er folgenden Text ab:

»Freunde, ich muß euch verlassen. Ein anderer Freund ruft mich, dem ich beistehen muß.«

Mit einer Flut von Abschiedsküssen verließ er uns, verabschiedete sich gestenreich von dem Rest der »bestellten« Komparserie und verschwand in der stürmischen Londoner Nacht (Vorbild: der Abgang des Schloßherrn).

Colin und ich starrten einander an.

»Meinst du, er denkt, daß Metaphysik ganz einfach totale Scheiße ist?« fragte Colin.

Ich ließ das extragavante Dinner mit Albie noch einmal Revue passieren.

»Nein«, sagte ich überzeugt, »das ist es glaube ich nicht. Ich habe eher das Gefühl, er möchte einfach nicht an einem Film wie diesem mitarbeiten.«

»Hm. Es gibt eben einfach keine Zufälle«, sagte Colin.

»Hm. Und was bedeutet das?«

Colin dachte einen Augenblick nach. »McPherson oder Lazaris würden sagen, Finney habe uns zu verstehen gegeben, daß er in diesem Stück nicht mitspielen will«, meinte Colin bedächtig, »aber vielleicht tanzt sich schon ein anderer hinter den Kulissen warm und wartet auf seine Chance.«

Mir fiel die Gabel aus der Hand. »Hast du eben *tanzen* gesagt?«

»Ja.«

»Kann es sein, daß du von Charles Dance sprichst?«

Colin lachte. »Siehst du, wie alles paßt, wenn wir uns die Zusammenhänge nur bewußt machen.«

Ich schluckte.

Wir saßen zu viert in meiner Hotelsuite und warteten auf Charles Dance. Rose Tobias Shaw, die englische Castingchefin, hatte schon seit einiger Zeit das Telefon in Beschlag genommen. Schließlich wandte sie sich an uns.

»Charles sitzt seit einer Stunde in der Hotelhalle. Da muß wohl was schiefgelaufen sein.«

So etwas war mir äußerst unangenehm.

Ich überlegte, wie lange Charles vom Lift bis zu meiner Tür brauchte, und stand auf. Wenn *ich* ihn zwanglos begrüßte, würde er vielleicht weniger verärgert über dieses Mißverständnis reagieren. Ich öffnete die Tür und sah den hochgewachsenen, rothaarigen Darsteller aus *Das Juwel der Krone* mit energischen Schritten den Flur entlangeilen.

»Hallo«, rief ich ihm munter entgegen.

Er lächelte nicht und meinte: »Wieso läßt man mich eine Stunde warten? Ein Profi scheinen Sie gerade nicht zu sein.«

Peng! dachte ich. Der fackelt nicht lange. Obwohl mir der Vorwurf ein wenig zu hart schien.

»Tut mir furchtbar leid«, sagte ich. »Ich habe keine Ahnung, wie das passieren konnte. Aber jetzt sind Sie ja hier.«

Als er vor mir stand, errötete er.

»Ach so. Ich wußte nicht, daß Sie das sind. Ich dachte, ich spreche mit Rose.«

Ich hätte gerne gefragt, wieso Rose diesen harten Vorwurf verdiene, wollte unser bevorstehendes Gespräch jedoch nicht noch weiter belasten.

»Ich freue mich sehr, Sie kennenzulernen«, sagte ich und bedeutete ihm einzutreten. Er trug einen Cordanzug. Seine Gesichtsfarbe war pfirsichrosa unter den Sommersprossen. Selbst sein Haar wirkte sommersprossig. Er sah blendend aus: wie ein griechischer Gott, der sich ein wenig ungelenk bewegte. Ich fragte mich, mit welchen Hanteln er seine Figur trimmte. Er drehte sich nach mir um, als ich die Tür hinter ihm schloß. Ich musterte ihn eingehend, denn als Profi interessiere ich mich stets dafür, wie sich ein Gesicht, das ich von der Leinwand her kenne, im Alltag darstellt. Auf dem Bildschirm hatte Charles Dance eine völlig andere Ausstrahlung als auf der Kinoleinwand (in *Plenty*). Ich hätte gern gewußt, ob er den abwesenden Blick in diesem Film bewußt einsetzte, um die mangelnde Sensibilität des unnahbaren Ehemanns darzustellen, der seine Frau immer tiefer in ihre Geisteskrankheit trieb. Ich blickte ihm wieder ins Gesicht. Er warf mir einen unsicheren Blick zu und zwinkerte.

Wir schüttelten uns die Hände. Charles stand da und wartete.

»Tja, also«, begann ich, um das Eis zu brechen, »wie fanden Sie denn die Arbeit mit meiner Lieblingsschauspielerin Meryl Streep? Sie ist ein Genie, das muß ihr der Neid lassen.«

Er zwinkerte wieder und schluckte. Was ihn wohl bedrückte? Ich hatte die Fernsehinterviews über seine Arbeit mit Meryl nicht gesehen.

»Ähm«, sagte er, »nicht besonders«. Und gedehnt fügte er hinzu: »Ziemlich schwierig.«

Aha, dachte ich. Er ist sauer, weil er so lange warten mußte, und die Arbeit mit einer der kooperativsten Kolleginnen unserer Branche fand er schwierig. Immerhin ist er ehrlich. Vielleicht wäre er als Gerry nicht übel.

Ich ging nicht näher auf das Thema Meryl Streep ein. Unter diesen Umständen wäre das nicht fair gewesen.

Charles setzte sich, holte eine Packung Zigaretten aus der Tasche und fragte: »Wollen Sie, daß ich vorlese?«

Wenigstens ist er nicht eingeschnappt. Entweder er ist sehr selbstsicher oder er will die Rolle um jeden Preis.

Wir fingen an. Colin und Stan lasen die anderen Rollen, und ich spielte mich selbst. Während wir Szene für Szene durchgingen, tastete sich Charles feinfühlig an die Figur heran. Mittlerweile hatten mir an die fünfundzwanzig Schauspieler jede einzelne Passage vorgespielt. Welch ein Vergnügen zu sehen und zu hören, daß ein Schauspieler wirklich der Rolle entsprach – im Aussehen und in der Auffassung.

Als die Lesung zu Ende war, zündete Charles sich eine Zigarette an.

Stan und Colin bedankten sich bei Charles und unterhielten sich leise darüber, wie sie die Rollen gelesen hatten. Da ich mit Charles geprobt hatte, hatte ich das Gefühl, daß ich in diesem Augenblick auf der anderen Seite des Richtertischs stand. Die Situation war nicht sonderlich angenehm, da mir überdies die Frage auf der Zunge lag, ob Charles als Partner nicht zu jung für mich sei. Er war immerhin erst neununddreißig. Gerry war im Buch fünf Jahre älter als ich, und ich war damals fünfundvierzig gewesen. Ich mußte also dieses Thema ansprechen.

»Wie sieht es mit dem Altersunterschied aus, Stan?« fragte ich.

Stan fragte knallhart: »Charles, können Sie auch einen etwas älteren Mann spielen?«

Charles antwortete ebenso knallhart: »Nein. Da bin ich der Falsche.«

Ich schaute von einem zum andern. Wirkte er wirklich soviel jünger als ich, oder bildete ich mir nur etwas ein?«

»Shirley«, meinte Stan, »vom Aussehen her paßt ihr altersmäßig großartig zusammen. Das Publikum wird sich keine Sekunde Gedanken darüber machen. Ihr seid ein gutaussehendes Paar.«

Charles nickte ohne zu lächeln. Na schön, dachte ich. Wenn es ihm und den anderen nichts ausmacht.

Ich sah Charles an. »Wollen Sie Gerry spielen?« fragte ich.

»Sehr gern«, antwortete er. »Ich wäre ziemlich sauer gewesen, wenn ihr einen anderen genommen hättet.«

Na schön, das wärs also, dachte ich. Wir hatten unseren Gerry. Ich mußte nur aufpassen, daß ich ihn nicht noch einmal warten ließ.

Wir machten noch einige Proben mit Charles, um seine Anregungen zum Drehbuch zu hören. Ich bevorzuge einen demokratischen Arbeitsstil, jeder kann seine Meinung über meine Arbeit frei äußern. Er lieferte außerordentlich wertvolle Beiträge, vor allem gab er uns Informationen zu englischen Klassensystemen und Anregungen zu der Rede, die Gerry im Unterhaus über die Armut in der Dritten Welt halten würde. Dance, der selbst aus kleinen Verhältnissen stammt, hatte sich nach oben gearbeitet, ohne dabei die weniger Privilegierten zu vergessen, mit denen er sich auch heute noch identifizierte. Gerry hatte aus ähnlichen Beweggründen seine ganze Begabung und Energie eingesetzt, um in eine Position zu gelangen, die es ihm ermöglichte, die Lebensbedingungen der Menschen zu verbessern und zu verändern. Bislang hatte Dance keine Frage nach Gerrys wahrer Identität gestellt. Er hatte das englische Feingefühl für Diskretion, und außerdem interessierte ihn das wohl nicht sonderlich. Mich hingegen interessierte sehr wohl, ob er durch die englische Presse erfahren würde, daß Charles Dance ihn spielen würde.

Wir vereinbarten, daß Dance zu Kostüm- und Maskenproben und Rollenbesprechungen nach Amerika kommen würde. Ich hätte gern gewußt, ob er sich je dafür interessierte, wer denn nun dieser Gerry war.

Siebtes Kapitel

Colin, Stan und ich kehrten nach Amerika zurück, um einen Darsteller für David zu suchen. Diese Rolle war umfangreicher als die von Gerry, doch wir hatten uns noch nicht näher mit ihr befaßt. Man mußte meiner Meinung sehr überlegt an die Frage der Besetzung dieser Rolle herangehen, denn sie verlangte eine spezifische Art von Sensibilität: die Fähigkeit und Bereitschaft, eigene Wege zu finden. Andererseits erforderte die Rolle große innere Stärke. Diese Ansprüche waren nicht unbedingt leicht zu erfüllen. Unser Glück war nur, daß die Sequenzen von David erst sieben Wochen nach Drehbeginn dran waren. Wir diskutierten alle möglichen Vorschläge durch. Mir lag die Besetzung des David besonders am Herzen, da er für mich eine Schlüsselfigur war. Schließlich hatte ich mich halbwegs entschieden – zumindest »im Kopf«.

John Heard ist einer jener Schauspieler, die einem breiten Publikum unbekannt sind, denen Branchen-Insider jedoch eine hohe Achtung entgegenbringen. Er ist ein wirklicher Vollblutschauspieler. Ich spreche nicht von John Hurt und auch nicht von William Hurt. Es handelt sich um John *Heard* – einen Mann, dessen Familienname treffend zum Ausdruck bringt, daß man ihm zuhören muß. Sein Lebensstil ist ebenso ungewöhnlich wie sein Talent – und seine Intelligenz. Als er meine New Yorker Wohnung mit nur fünfundvierzig Minuten Verspätung betrat, fühlte ich mich geehrt. Colins Reaktion – er erlebte John zum ersten Mal – amüsierte mich.

Privat sieht John aus wie ein Bostoner Handelsvertreter. Im Film könnte er alle möglichen Typen spielen. Er wirkt auf der Leinwand viel größer als einsfünfundsiebzig und viel massiver, als er in Wirklichkeit ist. Er präsentierte sich uns mit angehendem

Bartwuchs (um lässiger zu wirken?) und dem Script von *Zwischenleben* unter dem Arm. Mit hängenden Schultern schlurfte er in den Raum und warf verstohlene Blicke um sich, ohne einen von uns direkt anzusehen. Er knallte das Drehbuch auf den Tisch, ließ sich in einen Sessel fallen, schlug die Beine übereinander und fing an zu lachen, als hielte er uns für absolute Vollidioten, weil wir ihn für unseren Film gewinnen wollten. Colin schnaubte, während mich Johns Respektlosigkeit amüsierte.

»Also John, ich bin eine aufrichtige Verehrerin Ihrer Kunst«, sagte ich.

Abermals wollte er sich ausschütten vor Lachen, so als hätte ich mich erneut zum Trottel gemacht. Kein »Dankeschön«, keinerlei Kommentar – er lehnte sich bloß zurück und lachte leise glucksend in sich hinein.

»Okay«, sagte ich. »Ich verstehe. Wie finden Sie denn unser Drehbuch?«

»Ich habe es nicht gelesen«, antwortete er. Colin schnaubte abermals.

»Warum nicht?« fragte ich.

Wieder Johns leises Glucksen. »Weil es mir zu schwer zum Tragen war.«

Colin lief rot an. Mir gefiel der Junge immer mehr.

»Und warum sind Sie dann gekommen?« fragte ich.

»Weil mein Zahnarzttermin geplatzt ist«, antwortete er.

O Mann, dachte ich, das kann ja heiter werden.

»Ich bin fett und aufgedunsen«, setzte er hinzu, »Sie wollen mich sicher gar nicht.«

Ich ging auf seinen Ton ein. »Warum lassen Sie sich eigentlich von Ihrem Zahnarzt nicht den Mund vernähen?« fragte ich.

John warf mir einen erschrockenen Kinderblick zu – so, wie wenn ein Spieler den anderen früher als erwartet durchschaut. Colin war völlig irritiert.

Dann beschloß er, auch etwas zu sagen. »John – sind Sie zu uns gekommen, weil Sie an der Rolle interessiert sind?«

John gluckerte wieder.

»Wissen Sie, worum es bei dem Stoff geht?« fragte Colin weiter. »Kennen Sie die Figur des David? Hat Ihr Agent das Buch gelesen?«

»Meinen Agenten hab' ich gefeuert«, sagte John.

»Aha«, konstatierte Colin. »Und Ihr Manager?«

John lehnte sich zurück und blickte aus dem Fenster. »Wenn ich sagen würde, auf dem Fenstersims liegt eine fliegende Untertasse, würden Sie nicht mal den Kopf drehen, wenn ich aber sagte, da schwebt so eine komische Scheibe mit Mickey-Maus-Ohren, dann würde Sie das vom Stuhl reißen, nicht wahr?«

»Nicht unbedingt«, entgegnete ich.

Colin und ich blickten einander an. Was meinte er damit? War unser Drehbuch nicht komisch genug? Hatte er es doch gelesen?

John lachte wieder leise glucksend. Colin packte den Stier bei den Hörnern.

»Okay«, sagte er. »Ich finde, wir sollten mal lesen. Kann sein, daß Sie dabei erfassen, worum es geht.«

John zuckte die Achseln. »Okay, Mann. Aber mir tun die Zähne so weh.«

»Dann hätten Sie doch lieber zum Zahnarzt gehen sollen«, riet ich ihm.

»Das ist es nicht«, widersprach John. »Meine Freundin kocht so schlecht. Für meine Mutter macht sie Karottensalat, um sich bei mir einzuschmeicheln.«

O Gott, dachte ich. Diese Art von Humor mochte Woody Allen oder meinetwegen auch Albert Brooks verstehen. Oder der Typ hatte nur die Hosen voll und demonstrierte dies auf eine besonders originelle Weise... Ich wußte nicht, ob ich diese vedrehte Denkweise nachvollziehen und mich mit ihm verständigen konnte – wogegen Colin augenscheinlich gar nicht damit zurechtkam – aber schließlich war er nicht der Regisseur.

Mühsam nahm John das Drehbuch vom Tisch, so als sei es tonnenschwer. Dann gluckste er wieder und schlug die erste Seite auf.

»Es gibt Regisseure, die sagen, ich lache wegen meiner Unsicherheit so dämlich.«

Seine unkonventionelle Offenheit hatte es mir wirklich angetan. Selbst Colin war einen kurzen Augenblick entwaffnet. Wir nahmen uns Davids erste Szene vor, und er begann die Rolle zu lesen und zu spielen. Ein leichter Schauer rieselte mir den Rücken hinunter und warnte mich. Ich kannte Schauspieler, die bei »kalten« Leseproben wirklich gut sind – während die wirklich guten oft weniger brillant sind. Hier bekamen wir die Leseprobe eines Schauspielers zu Gehör, die tief empfundenes Verständnis und darüber hinaus die Vertrautheit mit metaphysischen und spirituellen Zusammenhängen verriet. Hatte er uns zum Narren gehalten? Ich sagte nichts und machte einfach weiter, obwohl es mir schwerfiel, mich auf meine Rolle zu konzentrieren, da er so unerwartet brillant war. Schließlich hielt ich es nicht länger aus. Ich unterbrach die Lesung und sah ihn an. Dann boxte ich ihn in den Arm. Er hob den Kopf.

»Sie sind ein verdammter Lügner, John.«

»Wirklich?«

»Ja. Sie haben sich intensiv mit dem Buch befaßt, nicht wahr? Sonst könnten Sie nicht so gut sein.«

»Keine Bange«, unterbrach er mich, »so gut bin ich nie wieder. Ich bin ein Schaumschläger. Wissen Sie, ich schlängle mich durch den Regen, ohne naß zu werden.«

»Haben Sie es nun gelesen oder nicht?«

»Nein«, sagte er, »denn dann hätte ich Ihnen die Wahrheit sagen müssen, wenn es mir nicht gefallen hätte – und ich wollte nichts falsch machen.«

Ich schaute ihm tief in die Augen. Er lachte abermals.

Da klingelte es an der Tür. Durch Johns Verspätung kam es zu Überschneidungen mit anderen Besucherterminen, was ihn jedoch keineswegs zu jucken schien.

»Das ist Bella Abzug«, sagte ich. »Sie kommt, um ihre Rolle zu lesen. Würden Sie so lange ins Nebenzimmer gehen und das Script lesen?«

John hob die Schultern. Er stand auf, wiegte sein Gewicht auf den Fersen hin und her, schob die Hände in die Hosentaschen und fuhr sich mit der Zunge über die Lippen. Dann strich er sich mit einer fahrigen Handbewegung durchs Haar, um seinen unfrisierten Wuschelkopf noch ein wenig zu zerzausen. Was für ein schwieriger, interessanter und verrückter Mensch! Er schlurfte ins Nebenzimmer und machte es sich mit dem Drehbuch bequem. Ich schloß die Tür, um mich mit all der Aufmerksamkeit Bella widmen zu können, die sie so sehr verdiente.

Bella wußte, daß wir auf der Suche nach einer »Bella« waren und Vorstellungsgespräche mit Schauspielerinnen führten, doch sie war der Ansicht, sie könne sich selbst am besten spielen. Ich war von ihrer Idee nicht sehr begeistert, da ich wußte, wieviel technische Disziplin es von ihr – wie von jeder Schauspielerin auch – forderte, Szenen mehrmals zu wiederholen.

Seit dem Wahlkampf für McGovern war ich eng mit Bella befreundet. Es gab gelegentliche Meinungsverschiedenheiten, doch sie war stets eine wirkliche Freundin für mich und wird es wohl immer bleiben. Sie ist derb, witzig, hat ein großes Herz und ist blitzgescheit. Außerdem ist sie pragmatisch, ehrgeizig und steht gern im Mittelpunkt des Interesses. Das macht ihr Charisma aus.

Sie betrat mein Wohnzimmer in einem rot-weiß-blauen Kostüm. Patriotismus war bei ihr im Moment angesagt, da sie sich mit dem Gedanken trug, noch einmal für den Kongreß zu kandidieren.

»Also? Was wollt ihr?« fragte sie, während sie auf Colin und mich zuging. »Ihr wolltet mich sprechen, nicht wahr?«

»Ja«, antwortete ich. »Wir möchten gern, daß du uns vorliest.«

Sie bemerkte das Drehbuch auf dem Tisch, nahm es zur Hand und blätterte darin. »Das soll alles ich lesen?«

»Na ja«, sagte ich, »wir möchten gerne, daß du vorsprichst. Du sagtest doch, du hättest Zeit.«

»Und wenn ich nun rot werde«, meinte sie, »und dann die ganze Nacht nicht schlafen kann, weil ich mir den Kopf zerbreche und mich frage, ob ich die Rolle nun kriege oder nicht?«

»Tja, das gehört nun mal zum Showbusiness«, versetzte ich.

Colin lächelte über unser Intermezzo. Zugleich registrierte er jede Nuance, die sich möglicherweise für den Film eignen konnte.

»Du lieber Himmel«, meinte Bella und drehte sich vor dem großen Wandspiegel. »Ich soll also meine eigenen Sätze vorlesen?«

»Genau das«, sagte ich. »Und du hast bereits dein Okay zum Drehbuch gegeben und kannst nicht mehr am Dialog rummekkern.«

»Mein Gott«, lachte sie, »du schüchterst mich ja noch mehr ein als sonst.«

»Dann begreifst du endlich, wie es anderen Leuten mit dir ergeht«, feixte ich.

»Sei bitte nett zu mir.« Sie machte eine Pause. »Du weißt, wie wichtig es für mich ist, daß du lieb zu mir bist.«

Sie zog ihren Schmollmund, der, wie sie genau weiß, mein Herz stets zum Schmelzen bringt – ohne daß ich es verhindern kann.

Das Telefon klingelte. Es war Stan.

»Hey, es läuft alles prima«, sagte ich. »Wir machen grade eine Leseprobe mit Bella.«

»Schön. Laß mich wissen, wenn ihr mit den Bellas durch seid.«

»Versteh mich richtig«, sagte ich. »Die echte Bella ist zum Vorsprechen hier.«

»Wie bitte?«

Vom anderen Ende des Zimmers brüllte Bella: »Sprechen Sie mit meinem Agenten!«

»Shirley« – Stan legte besonderen Nachdruck in seine Worte – »du weißt, wieviel Disziplin dieser Beruf auch von erfahrenen Schauspielern verlangt. Wie soll *sie* denn begreifen, warum eine bestimmte Szene ständig wiederholt werden muß – und wie soll sie es schaffen, die gewünschte Gefühlslage beizubehalten?«

Ich kehrte Bella den Rücken zu. »Das weiß ich selbst nicht, Stan. Sie will es nun mal versuchen.«

»Okay. Ruf mich an, wenn es vorüber ist.«

Ich legte auf, und wir machten uns an die Arbeit.

Wir nahmen das Buch zur Hand. Ich spielte mich selbst – und Bella spielte sich selbst. Und beide holten wir aus dem Speicher unseres Gedächtnisses unsere Erlebnisse hervor. Noch nie zuvor hatte mir jemand so anschaulich vor Augen geführt, daß wir alle unser Leben *darstellten*, daß wir alle nur das Bild projizieren, das wir von uns selbst vermitteln wollen – trotz aller scheinbaren Spontaneität. Bella und ich verfügten über ein ganzes Spektrum an Ausdrucksformen. Kleidung, Frisur, Schminke, Körpersprache bieten wichtige, aber sehr begrenzte Möglichkeiten, sich auszudrücken. Was dagegen den emotionalen Ausdruck, Stimmlage, Mienenspiel etc. betraf, ganz zu schweigen von Bewegungsabläufen und Worten, so standen uns buchstäblich unbegrenzte Möglichkeiten zur Verfügung. Ich erkannte, daß ich kläglich scheitern würde, wenn ich eine Figur wie Bella Abzug erfinden müßte.

Jede Bewegung ihrer ausdrucksstarken Hände, jedes Fältchen in diesem hochwangigen Gesicht, aus dem so viel Lebenserfahrung sprach, waren Pinselstriche in dem Selbstporträt, das sie gemalt hatte. Während ich beobachtete, wie sie Sätze *darstellte*, die sie tatsächlich gesprochen hatte, und mir dann zuhörte, wie ich das gleiche tat, hatte ich das Gefühl, nicht mehr zwischen Vergangenheit und Gegenwart trennen zu können. Ich fühlte mich in die Vergangenheit zurückversetzt, in die Zeit, in der ich diese Sätze gesprochen hatte. Bella erging es nicht anders. Und uns beiden war bewußt, daß wir schon damals *gespielt* hatten.

Während wir unsere Sätze sprachen, gingen wir durch die Küche ins Eßzimmer. Es war das Eßzimmer von damals. Bella half mir, den Tisch zu decken. Es war die Küche von damals, und der Tisch von damals. Sie setzte sich, während ich den Salat machte. Dabei lasen wir unseren Text, porträtierten uns selbst, erschufen neu, was wir so häufig miteinander getan hatten.

Und während wir uns diesem Abenteuer à la Pirandello hingaben, machte ich eine erstaunliche Feststellung: Die echte Bella war »zu stark« für eine Bella auf dem Bildschirm. Das war verblüffend. Sie wirkte »zu übertrieben« für eine Unterhaltungssendung. Nachrichten oder Dokumentationen entsprachen ihrem Image, doch für eine Unterhaltungsserie im Abendprogramm war sie eine Fehlbesetzung.

Das Merkwürdigste daran war jedoch, daß ihre Selbstdarstellung von überzeugender Echtheit war. Sie schlug keinen einzigen falschen Ton an – und das will etwas heißen bei einer Politikerin! Doch die Darstellung der Person, die sie selbst in sich sah, war fürs Fernsehen einfach zu kraftvoll.

Ich begann meine eigene Selbstdarstellung in einem anderen Licht zu sehen. War es denn möglich, daß man bei der Darstellung seiner selbst *zu* echt sein konnte?

Wir beendeten die Lesung. Bella zeigte Verständnis, daß Colin und ich allein darüber reden wollten.

»Ich verstehe«, sagte sie, rückte sich den Hut zurecht und steuerte auf die Tür zu. »Don't call us – we'll call you. Bis dann also.«

Sie klappte die Wohnungstür hinter sich zu. Colin trat ans Fenster.

»Das war das seltsamste Casting meines Lebens«, grübelte er. »Ich weiß wirklich nicht, was ich davon halten soll. Sie war großartig. Doch wie kommt das aber auf dem Bildschirm rüber? Es war *zu dick aufgetragen* fürs Fernsehen. Ja, das trifft den Nagel auf den Kopf. Als Politikerin ist sie im Fernsehen faszinierend – kraftvoll, zuweilen schrill, aber farbig und äußerst fesselnd.«

Er überlegte einen Augenblick. »Jetzt weiß ich, was mich stört.«

»Was?«

»Wir haben Bella als Freundin und sozusagen als Beiwerk für Shirley konzipiert. Dabei ging es uns um Bellas Reaktionen auf Shirleys metaphysische und spirituelle Suche, um diese urwüchsigen und komischen Reaktionen eben. Aber Bella ist eben noch viel mehr. Da wir die Figur nur auf *diesen* komödiantischen Zug ihrer Persönlichkeit angelegt haben, sprengt die Größe und Kraft ihrer politischen Persönlichkeit vollkommen den Rahmen. Mit anderen Worten, sie ist für die Rolle zu groß.«

Ich schaute ihn an und schluckte. »Na prima«, sagte ich. »Und wie bring' ich ihr jetzt bei, daß sie sich nicht selbst spielen kann?«

»Äußerst behutsam, würde ich sagen«, antwortete er grinsend.

Ich ging in mein Arbeitszimmer, um John Heard zu befreien, der inzwischen mit dem Drehbuch beinahe durch war. Er hob den Kopf und sah mich voller Verwunderung an. Vielleicht hatte er doch nicht gelogen und tatsächlich zum ersten Mal Bekanntschaft mit diesem Drehbuch über Trance-Vermittlung, Reinkarnation, Außerirdische und Ufos gemacht.

»Ich soll also in eine Außerirdische verliebt sein?« begann er.

»Ja. Allerdings weniger im sexuellen Sinn, jedoch in einer Weise, die Ihr Leben verändert.«

Diesmal lachte John nicht. Er starrte mich nur an.

»Aber ich bin katholisch«, meinte er schließlich.

Darauf wußte ich nichts Vernünftiges zu sagen, und wir begaben uns ins Wohnzimmer. Wir setzten die Lesung fort. Er las die metaphysischen Texte mit so ungewöhnlicher Begabung, als verstünde er sie. Zugegeben, sie hatten einen irisch-katholischen Unterton, doch genau das machte sie so menschlich. Colin und ich waren begeistert, und auch John selbst schien Gefallen an dem Unmöglichen zu finden. Er spürte, daß der bedeutungsvolle Dialog nur mit einer gewissen wegwerfenden Lässigkeit zu sprechen war. Er las das Zeug herunter wie eine Wäscheliste und traf damit genau den richtigen Ton.

Zwischendurch würzte er das Ganze mit witzig-sarkastischen Bemerkungen. »T-I-T-I-C-A-C-A See? Also, ob ich *Titicaca* bringe, ohne vor Lachen zu platzen, weiß ich nicht. Die frommen Patres aus dem Waisenhaus hören so was aber gar nicht gern.« Und damit fiel er in die Rolle eines Pfarrers aus einem alten Hollywoodschinken von Barry Fitzgerald.

Gelegentlich holte John eine Lucky Strike aus einer zerknüllten Packung, entzündete sie feierlich und nahm einen tiefen, genießerischen Zug. Dann blies er kleine Rauchkringel in die Luft, betrachtete mit schief angelegtem Kopf seine Füße und dachte nach. Schließlich sagte er: »Wenn ich mir vorstelle, daß ich jetzt in meiner Kneipe stehen oder beim Skifahren sein könnte.« Äußerungen dieser Art besaßen bei John immer eine tiefere Bedeutung, doch das konnte ich zu dieser Zeit noch nicht wissen. Bevor man sich mit ihm unterhalten konnte, mußte man seine Diktion erlernen, und darin hatte ich seit meinen Erfahrungen mit Robert Mitchum und Debra Winger große Übung. Auch sie bedienten sich einer Sprache kunstvoller Paranoia. Sie flochten scheinbar zusammenhanglose Versatzstücke ins Gespräch mit ein, die sich gewöhnlich auf Dinge bezogen, die ihnen gerade im Kopf herumspukten. Wenn man eine solche Bemerkung herauspickte und sie genauer untersuchte, entpuppte sie sich oft als ein glitzerndes Juwel. Es konnte aber auch passieren, daß man dabei unversehens in ein Fettnäpfchen trat. Es war ein Spiel, in dem es darum ging, Menschen als Resonanzboden zu benutzen, um mit Humor, Feindseligkeit, Angst, Sadismus, aber auch mit Spaß und Witz zu experimentieren – und dabei andere zum Mitspielen zu verleiten, ohne die Spielregeln zu verraten. Nur die Erfinder des Spiels kannten diese Regeln. Es gab verschiedene Alternativen: Wenn das Spiel für sie nicht wunschgemäß verlief, konnten sie immer so tun, als sei es gar kein Spiel. Hatte man das Spiel satt, oder fühlte sich unterlegen, so flüchtete man sich einfach in schillernde Zusammenhanglosigkeiten, und der Mitspieler begriff bald, daß er mit sich selbst Ping-Pong spielte. In erster Linie ging es darum, den Mitspieler aus der Fassung zu bringen, um seine Schwächen und Unsicherheiten bloßzustellen. Am Ende hatte der geschickte Paranoiker seine Kenntnisse über den Gegner erheblich erweitert, ohne dabei Informationen über sich selbst preisgegeben zu haben.

Wenn aber beide Gegenspieler die Kunst beherrschten, den anderen an der Nase herumzuführen, und ihn in Zugzwang zu bringen, konnte dieses Spiel großen Spaß machen. Das war bei John und mir der Fall. In meinen Lehrjahren bei Mitchum und Winger hatte ich gelernt, auf die Provokationen der beiden einzugehen, ohne dabei Informationen über mich selbst preiszugeben, die sie gegen mich hätten verwenden können. Zu diesem Spiel brauchte man Spontaneität und eine Art Wagemut – sich selbst und dem anderen gegenüber.

Nachdem John also Dinge wie »jetzt könnte ich in der Eckkneipe stehen oder skifahren« von sich gegeben hatte (wobei ich nicht annehme, daß er je auf Skiern stand), sah er mich an und sagte: »Haben Sie das Zeug wirklich geschrieben?« Als dann die Frage »Glauben Sie tatsächlich, Ronald Reagan wandelt im Licht?« kam, mußte ich blitzschnell reagieren. Ich schilderte ihm mein Erstaunen, daß er selbst schwierige Dialogstellen geschickt »ins Licht« gerückt habe und fügte dann hinzu: »Ja, Ronald Reagan würde davon sicher profitieren.«

Und wieder ließ John sein leises glucksendes Lachen hören; er blies Rauchringe in die Luft, legte seinen Lockenkopf schief und grinste seine schwarzen Reeboks an.

Colin Higgins reagierte ganz anders. Er war ein klarer Mensch und zu vernünftig, um Zeit für phantasievolle Spielchen zu vergeuden, die nichts weiter brachten als allenfalls Überstunden und höhere Budgetkosten. Darüber hinaus verabscheute er Unehrlichkeit und Heimtücke. Ich könnte mir jedoch denken, daß er die respektlose Unverfrorenheit im Stillen bewunderte, aber zu schüchtern war, um sie selbst zu seinem eigenen Nutzen anzuwenden. Wie dem auch sei – Colin beobachtete Johns Vorlesen und sein Verhalten mit dem Argwohn, den ein Schulmeister gegenüber seinem begabten, aber stets zu unberechenbaren Streichen aufgelegten Schüler an den Tag legt.

Mir machte dieses Spiel mit John großen Spaß, andererseits aber wollte ich mich nicht gegen Colin ausspielen lassen. Denn ich merkte, daß eine von Johns teuflischsten Taktiken war, den Gegner zu spalten und dann zu vernichten.

Gottseidank war die Lesung bald beendet, und für John stellte sich nun die Frage, ob er die Rolle bekommen würde oder nicht. Dies beschäftigte ihn offensichtlich sehr, auch wenn er sich natürlich nichts anmerken lassen wollte.

Colin und ich hatten noch eine Verabredung. John schlurfte also aus meiner Wohnung, wobei er das Drehbuch unter seinem Arm tätschelte und damit zu erkennen gab, daß er den David sehr gerne spielen würde.

Nachdem er die Tür hinter sich geschlossen hatte, meinte Colin: »Der Junge interessiert mich. Ich frage mich bloß, warum. Vermutlich ist das eine Denkübung für mich...«

Er schaute unruhig aus dem Fenster. »Wir haben den gleichen irisch-katholischen Hintergrund.« Colin stellte sich mit gespreizten Beinen hin und zählte die Taxis, die unten vorbeifuhren.

»Eins steht jedenfalls fest. Der Bursche ist ein grandioser Schauspieler. Er wirkt enorm echt.«

Ich stellte mich neben ihn. Mit einem Mal sah ich die Dinge aus einer neuen, überraschenden Perspektive. »Ich werde das Gefühl nicht los, als sei das alles ein Akt in einem Theaterstück«, sagte ich, »und wir alle spielen in diesem Stück im Stück unsere Rollen.«

Auf Harolds Gesicht zeigte sich ein schwer deutbares Lächeln. »Dann wird John Heard also mit dazu beitragen, daß ich mich selbst besser spiele?«

Ich ging in die Küche, um mir einen Drink zu holen.

»Und noch eins steht fest«, sagte ich. »Der zeigt uns genau, was für falsche Töne wir drauf haben.«

»Was meinst du damit?« schrie Colin hinter mir her.

»Weiß ich selbst nicht genau. Es ist nur so ein Gefühl.«

Das Telefon klingelte. Es konnten nicht mehr als zweieinhalb Minuten seit Johns Abgang verstrichen sein. Sein Manager war dran.

»John meint, daß er nicht das gebracht hat, was Sie von ihm erwarteten. Stimmt das?« fragte er.

Ich erschrak. »Soll das ein Witz sein? Er war brillant. Sagen Sie, hat er das Buch vorher gelesen?«

Der Manager lachte. »Was weiß ich? Sie kennen ja John.«

»Was soll denn das heißen?«

»Das soll heißen: Wer wird schon schlau aus ihm? Er selbst sicher am allerwenigsten.«

Dieser Satz wurde innerhalb der kleinen Gruppe von Menschen, die einen Film über Phänomene einer anderen Welt zu drehen versuchte, bald zu einer stehenden Wendung. Während dieses Gesprächs wurde mir noch klarer, daß niemand anders als John die Rolle spielen konnte. Aus ihm schlau zu werden – das war *sein* Problem.

»Hören Sie, Bill«, sagte ich. »Er ist besser, als wir es uns in unseren kühnsten Träumen vorgestellt haben. Wir sind nur völlig überrascht von dem, was er uns geboten hat – das ist alles.«

»Na ja, er wollte es nur wissen.«

»Hat er Sie aus der Telefonzelle an der Ecke angerufen?«

»Wieso?«

»Er ist erst vor knapp zwei Minuten weggegangen.«

»Sie werden wohl selbst festgestellt haben, daß der Junge sich Sorgen macht.«

»Sorgen, ob man Gefallen an ihm findet?«

Schweigen am anderen Ende.

»Nein«, sagte Bill. »Ich weiß, er wird Ihnen gefallen. Aber das ist nicht der Grund dafür, daß er sich Sorgen macht.«

»Weshalb macht er sich denn dann Sorgen?«

»Och, Sie kennen doch John«, entgegnete er.

Sicherlich war er der richtige Manager für John…

Achtes Kapitel

Colin und ich kehrten nach Kalifornien zurück, um ABC zu informieren, daß wir uns für John Heard entschieden hatten. Außerdem entschieden wir uns dafür, daß Kevin Ryerson und seine Wesenheiten sich selbst spielen sollten. Ein Schauspieler würde sicher mehr aus den Szenen machen, doch was wir dadurch an darstellerischer Qualität gewonnen hätten, hätten wir an Authentizität eingebüßt. Uns lag sehr viel daran, daß die Serie so authentisch wie möglich wirkte, denn schließlich betraten wir völliges Neuland. Und außerdem – welche Gründe sprachen dagegen, daß wir die erste gefilmte Trance-Vermittlung im Fernsehen zeigen sollten?

Wir sahen uns weitere Varianten für die Rolle von Bella an. Jede Schauspielerin, die vorsprach, war eine ernstzunehmende Alternative. Natürlich standen sie alle unter erheblichem Druck, da jeder Schauspielerin klar war, daß Bellas Persönlichkeit Maßstäbe setzte.

Anne Jackson gefiel uns am besten. Sie war komisch und urwüchsig, ohne zu dick aufzutragen. Und natürlich war sie eine erfahrene Schauspielerin, die Bellas Pointen für den kleinen Wohnzimmerbildschirm hervorragend umsetzen konnte.

Bellas Reaktion auf unsere Wahl war wenig ermutigend. Als wir am Telefon darüber debattierten, war sie ganz die Politikerin aus Washington, die erbittert ihre Argumente ins Feld führte.

»Natürlich ist mir klar, daß du meine Rolle nur als Kontrastprogramm zu deiner angelegt hast«, meinte sie, »das macht mir ohnehin zu schaffen.«

»Wie meinst du das?« fragte ich.

»Na ja, es wird ja nur ein Teilaspekt meiner Persönlichkeit gezeigt. Gut, ich weiß, es ist deine Geschichte, nicht meine. Aber da ich nun mal nur Staffage bin, möchte ich verhindern, daß es hier zu Fehldeutungen kommt und die Staffage auf meine Weise spielen. Anders geht es nicht.«

Bella war klug und besaß großes Selbstvertrauen. Alles was sie sagte, war von ihrem Standpunkt her richtig. Ich versuchte ihr zu erklären, daß die politisch witzigen Texte nicht rüberkämen, wenn sie sich selbst spielte – eben weil man von ihrer Persönlichkeit mehr erwartete, als die Geschichte hergab. Wenn aber eine Schauspielerin sie darstellte, war es kein Problem, wenn das Komödiantische im Vordergrund stünde, und vielleicht würde ihr die ganze Sache sogar noch Wählerstimmen bringen, wenn sie sich entschlösse, zu kandidieren. »Wann wird die Serie denn gesendet?« fragte sie listig.

»Entweder im Mai oder im November. Brandon Stoddard ist sich darüber noch nicht im klaren.«

»Aber im November ist die Wahl schon gelaufen.«

»Oh, dann soll Brandon mal lieber zusehen, daß er im Mai einen Sendetermin bekommt. Er muß sich sofort mit den Co-Produzenten und den Werbeträgern in Verbindung setzen.«

Ich hörte ihr Lachen, dieses tief aus dem Bauch kommende gutturale Grollen.

»Mein Gott, tut mir dein Lachen gut«, sagte ich.

»Hm. Ich betrachte die Ablehnung meiner Person als persönliche Zurückweisung von seiten des Senders, der vor meinem politischen Image Angst hat.«

»Aber Bella, nun komm schon. Das hat doch damit nichts zu tun.«

»Ich weiß, daß du mir die Wahrheit verschweigst, weil du keinen Ärger mit den Leuten haben willst. Die haben Angst vor mir und vor dem, wofür ich einstehe – *das* ist der Grund, warum sie mich nicht haben wollen, und das weißt du ganz genau.«

Das hatte ich nicht erwartet. »Bella«, widersprach ich. »*Ich* bin diejenige, die dich nicht für die Rolle haben will. Das ist die Wahrheit. Weder der Sender noch Brandon oder sonst jemand hat sich da eingemischt. Es ist eine rein künstlerische Frage. Ich suche nach einer Person, die dich am besten spielen kann; und dabei geht es mir nicht nur um die Serie, es geht mir auch um deine nächste Wahl. Du wirst eine Menge Stimmen bekommen, wenn diese Rolle gut gespielt wird.«

Auch ich hätte keinen schlechten Lobbyisten abgegeben. Dennoch klang manches von dem, was ich sagte, nicht ganz echt.

»Willst du etwa behaupten, eine wildfremde Person könnte *mich* besser spielen als *ich*? Und diese wildfremde Person könnte für mich mehr Wählerstimmen werben als ich selbst?«

Ich schluckte. »Ja, das will ich damit sagen.«

Sie wartete eine Weile. »Na gut«, meinte sie schließlich. »Aber du weißt ja nicht, was du redest. Ich habe mit vielen von meinen Freunden gesprochen, und alle finden es nur natürlich, wenn ich mich selbst spiele.«

Ich wußte wirklich nicht, was ich sagen sollte. Wir hätten diese Möglichkeit von Anfang an nicht in Erwägung ziehen dürfen. Wie würde sich das auf unsere Beziehung auswirken? Gewiß, wir hatten gelegentlich Auseinandersetzungen – aber diesmal erteilte ich ihr eine richtige Abfuhr.

»Hör mal«, sagte sie schließlich. »Ich weiß, daß man mit dem Gedanken gespielt hat, mich mit Marilyn Bergman zu besetzen. Geradezu absurd. Wir sind zwar befreundet, aber sie ist eine Liedermacherin und keine Schauspielerin.«

»Ja, Bella, ich weiß. Die Idee mit Marilyn stammt nicht von mir. Sie ist keine Schauspielerin, und deshalb hätten wir mit ihr die gleichen Probleme wie mit jedem Laien. Deshalb haben wir uns für Anne Jackson entschieden.«

»Anne Jackson.« Sie sprach den Namen aus, als handle es sich um Hundefutter.

»Ja. Sie ist eine der besten Schauspielerinnen am amerikanischen Theater und bewundert dich sehr.«

»Sie hat rote Haare.«

»Du doch auch – im Augenblick jedenfalls.«

»Sie hat blaue Augen.«

»Wir werden ihr Kontaktlinsen verpassen.«

»Wie soll sie meinen Gang hinkriegen?«

»Das kann sie gar nicht.«

»Wieso nicht?«

»Weil sie viel schlanker ist als du.«

Bella schlug einen gespielt wehleidigen Tonfall an. »Jetzt werd nicht gleich beleidigend. Wieso hast du immer recht? Wieso muß immer alles nach deinem Kopf gehen?«

Ich seufzte ins Telefon. »Nun, mein Liebling, weil dies das sogenannte Showbusiness ist.«

»Und warum darf ich dann nicht mein eigener Star sein?«

»Sieh die Sache doch mal von einer anderen Seite, Bellitschka. *Du* bist der Anlaß dafür, daß Anne Jackson eine großartige Rolle bekommt. Und das wird auf dich abfärben: Jeder wird annehmen, daß du wirklich so warmherzig und komisch bist.«

»Bin ich das denn nicht?«

»Natürlich bist du das – und noch viel, viel mehr. Aber wir dürfen die Leute nicht auf den Gedanken stoßen, daß wir nur einen winzigen Aspekt von dir zeigen.«

Ich hörte, wie sie eine Zigarette anzündete, Rauch in die Muschel blies und sich dabei ihren nächsten Schachzug überlegte. »Ja«, sagte sie schließlich, »ich werde auf der ganzen Linie unterschätzt. Das ist das Problem meines Lebens ... Und *du*, meine beste Freundin, bläst in das gleiche Horn wie alle anderen.«

Ich hielt eine bedeutungsvolle Pause für angebracht. Vielleicht würde sie sich dann bewußt werden, daß sie zu weit gegangen war. Doch das ist bei Bella nicht möglich. Ihrem nächsten Argument allerdings konnte man nur schwer etwas entgegensetzen.

»Hör mal, diese Medien spielen sich doch auch selbst, oder?« Sie ließ einfach nicht locker.

»Richtig.«

»Und diese Gespenster, diese Toten, spielen sich auch selbst.«

»Bella, das sind keine Gespenster und keine Toten. Es gibt keinen Tod. Das weißt du doch.«

»So? Na, das haut mich aber vom Hocker!«

»Okay. Weiter.«

»Schön. Diese Geister eben. Die spielen sich doch alle selbst.«

»Ja, das tun sie.«

»Wieso behandelt man mich dann nicht mit dem gleichen Respekt wie einen Geist?«

»Weil du zu lebendig bist und ich nicht will, daß du an der Rolle zugrunde gehst«, sagte ich fest.

Ich merkte, daß sie erneut zum Angriff rüstete; bereits der Kampf, nicht nur der Sieg, machte ihr Spaß. Ich zog mich so gut es ging aus der Affäre und legte bald auf.

Stan streckte den Kopf zur Tür herein.

»Wir haben ein kleines Problem«, sagte er. »John Heards Manager rief eben an. Er kann die Rolle nicht spielen, da sie gegen seine religiösen Grundsätze verstößt.« Stand schob mir ein Blatt Papier über den Schreibtisch.

»Hier ein paar neue Vorschläge.«

Dieser Schlag traf mich wie ein Vorschlaghammer im Hals, und plötzlich konnte ich nicht mehr schlucken. Meine Kehle war zugeschnürt. Am liebsten hätte ich laut aufgelacht, wenn der Schmerz nicht so stark gewesen wäre. Durch diese Beengung wurde etwas in mir zurückgehalten, was unbedingt heraus mußte – und die Folge war, daß ich mir augenblicklich Halsschmerzen zulegte. Das geschah nicht zum ersten Mal. Wenn ich es mir recht überlegte, so steckte hinter jeder Grippe und vor allem hinter jeder Halsentzündung eine seelische Enttäuschung. Was mich zum Lachen brachte, war die Schnelligkeit, mit der sich neuerdings solche Symptome bei mir einstellten. Was früher ein bis zwei Tage gedauert hatte, stellte sich nunmehr in wenigen Minuten ein. Ein in Metaphysik bewanderter Mensch sagte einmal zu mir: »Ich finde es wunderbar, wie Sie mit einer Erkältung und einem Schnupfen all Ihre aufgestaute Spannung und Disharmonien auflösen können.« Wie die Fliege schon sagte, als sie über den Spiegel kroch: »Man kann das Ganze auch von dieser Warte aus betrachten.«

Ich setzte mich und starrte die Wand an. John Heards Nein konnte ich nicht als Antwort gelten lassen. Er war einfach zu gut, die Rolle war ihm sozusagen auf den Leib geschrieben. Einen anderen Schauspieler konnte ich nun nicht mehr ernsthaft in Erwägung ziehen. Es stellte sich die Frage, wie seine Unsicherheit in den Griff zu bekommen war. Er war gewiß kein gläubiger Katholik – höchstens ein enttäuschter. Was also war der wirkliche Grund? Wenn es überhaupt einen Grund *gab* und das alles nicht wieder eine Masche war...

Nach einer Denkpause von fünfzehn Minuten rief ich Johns Manager Bill an.

»Was ist denn los, Bill? Ich denke, der Stoff gefällt ihm.«

»Das schon. Aber Sie kennen ja John«, erwiderte er.

»Können Sie sich etwas präziser dazu äußern? Was soll das mit dem Verstoß gegen seine religiöse Überzeugung? Warum ist ihm das nicht schon beim Lesen aufgefallen? Die Vertragsverhandlungen haben ja dann auch eine ganze Weile gedauert. Wieso kommt er jetzt *damit*?«

»Hm, ja, das ist es nicht.«

»Was ist es dann?«

»Ich kann Ihnen darauf ehrlich gesagt keine Antwort geben. Wollen Sie selbst mit John sprechen?«

Als ich wie vereinbart eine Viertelstunde später bei ihm anrief, sagte John: »Hallo. Mit meinem Glauben hat es nichts zu tun, aber mit meinem Zahnarzt.«

»Aha, der nun wieder«, antwortete ich wissend.

»Ja – und Melissa.«

»Melissa?«

»Ja. Meine Freundin.«

»Weil sie Ihnen fehlen wird?«

Ich spürte, wie er am anderen Ende der Leitung seinen Kopf schief legte.

»Hm. Ihre Haut ist sehr weiß, wissen Sie. Und sie steht ständig auf Balkonen rum.«

»Auf Balkonen?« fragte ich. Im Zweifelsfall empfiehlt es sich stets, das, was der andere gesagt hat, zu wiederholen.

»Jaaa.«

»Ahaa«, sagte ich.

»Alsooo.«

»Also?«

»Jaaa. Gibt es eigentlich Zimmerserviece um Mitternacht?«

»Wo, John?«

»Na ja, wenn ich Hunger habe.«

»Ich denke, es läßt sich einrichten, daß immer etwas zu essen da ist.«

»Ich bin zu fett. Ist Ihnen aufgefallen, wie ich meinen fetten Bauch unter dem dunkelblauen Hemd kaschieren wollte?«

»Ja. Wirkte nicht schlecht. Aber ich mag Sie so pummelig. Ich finde das nett.«

»Melissa findet mich nicht nett. Sie hält mich für einen Schwachkopf.«

»Sind Sie einer?«

»Klar bin ich einer.«

»Dann sagen Sie mir, wieso Ihnen die Rolle nicht mehr gefällt, John.«

Jetzt hielt er mit der Antwort nicht mehr hinter dem Berg. Das Vorspiel war vorbei.

»Weil ich nicht sicher bin, ob ich das geben kann, was Sie haben wollen. Sie haben den Stoff doch wirklich erlebt. Woher soll ich eigentlich wissen, wovon Sie reden?«

»Mir hat Ihre Auffassung sehr gut gefallen. Sie haben es ganz anders gemacht, als ich mir es vorgestellt hatte, aber es war viel besser so. Vielleicht ist Ihnen schon aufgefallen, daß ich keine vorgefaßten Meinungen habe.«

Er schwieg. Irgendwie wußte ich, daß er an die katholische Kirche dachte.

»Hören Sie mal, John, sollten Sie sich irgendwelche Sorgen wegen möglicher Reaktionen der Kirche auf unser Drehbuch machen, so kann ich Sie beruhigen. Standards und Practices (das war die Kontrollkommission des Senders) hat das Drehbuch gelesen und freigegeben.«

»Stimmt das?« fragte er ängstlich.

»Ja.«

»Ja? Tja, das ist aber nicht der eigentliche Grund. Die Kirche hat mich so sehr im Stich gelassen, daß ich mir ihretwegen keine sonderlichen Gedanken mache.«

Wenn John Klartext redete, wirkte er sehr bestimmt.

»Ich möchte mir das ganze noch mal durch den Kopf gehen lassen«, sagte er. »Ich rufe Sie heute abend um 11 Uhr in Malibu an.

Es war ein völlig anderer, der da redete.

»Okay.«

»Okay.«

Er legte auf. Ich ging in Stans Büro.

»Ich habe gute Nachricht für dich«, sagte er.

»Was?«

»Standards und Practices hat nun endlich das Drehbuch freigegeben. Sie haben eine Schildkröte entdeckt, die zweihundertfünfzig Jahre alt wurde.«

»Prima«, sagte ich. »Kann sie spielen?«

Charles Dance wurde zu seiner ersten Besprechung mit dem Regisseur Bob Butler eingeflogen. Ich glaube, bis zu diesem Zeitpunkt hatte er Colin für den Regisseur gehalten. Er wußte auch nicht, daß bei Fernsehprojekten in den USA der kreative Kopf immer der Produzent ist. Der Regisseur kümmert sich mehr um das Technische.

Charles saß salopp gekleidet in der ungezwungenen Haltung eines griechischen Gottes da. An seiner rothaarigen makellosen Erscheinung war eigentlich nur auszusetzen, daß er zu seinen Straßenschuhen keine Socken trug. Butler, strotzend vor robuster Gesundheit, mit gerötetem Gesicht und markigem Profil, trug dennoch eine finstere Miene zur Schau. Er kannte Charles nicht. Butler hatte sich über Charles und John bisher kaum geäußert, er hatte sich um Motivsuche, Dekorationen, die Zusammenstellung des Teams und vieles mehr gekümmert. Sollte etwas schief gehen, konnte er immer sagen: »Wieso zum Teufel habt ihr ausgerechnet diese Typen engagiert?« Wahrscheinlich glaubte er immer noch, daß er der einzig Normale von uns allen war.

Seine Eröffnungsrede an Charles hatte nicht gerade das Niveau von Shakespeare.

»Je mehr ich hinter die ganze Sache steige, Charles«, sagt er, »desto klarer wird mir, daß unser großes Fragezeichen der Bursche in Milwaukee ist, der mit der Bierflasche in der Hand. Wird er sagen: ›Harriet, komm her und sieh dir das an‹ oder wird er auf ein anderes Programm umschalten?«

Charles zwinkerte einige Male und schien sich nicht sicher zu sein, ob Butler wirklich auf eine Antwort wartete. Ich konnte mir nicht verkneifen, ihm eine zu geben: »Bob, ich würde sagen, wir sollten auf Milwaukee scheißen.«

Charles veränderte seine Sitzposition.

»Tja also«, entgegnete Butler ungerührt, »das ist gewiß ein Standpunkt.«

Er schnitt eine Grimasse und kaute an einem Finger. »Aber wenn sie in der Mehrzahl auftreten, sind Milwaukee und Harriet nicht zu unterschätzen. Auch wenn du sie einzeln genommen zum Kotzen findest, wenn sie in der Kneipe herumgrölen oder dir ihre Ansichten mitteilen. Aber als Masse sind sie ein entscheidender Faktor. Wenn ich also manchmal verwirrt dreinschaue, dann denke ich an Milwaukee und Harriet. Dann ist das ein Hilferuf an Sie.«

Ich hielt mir die Hand vor den Mund.

Charles schob mir heimlich einen Zettel zu, auf dem geschrieben stand: *Ist das der typische Jargon von Fernsehleuten?*

Ich bekam einen leeren Blick.

Wir fingen zu proben an. Bob flocht Kommentare ein, wie: »Diese Szene hat null Biß«, oder: »Das machen wir noch mal, bis wir auf dem Grün sind.« Man gewöhnte sich langsam an seinen Jargon. Das Beste kam am Schluß einer besonders dramatischen Szene, als er abermals sagte: »Ich unterschreib' alles!«

Charles begegnete seinem Regisseur mit argwöhnischer Ruhe, so, als habe er einen unberechenbaren Wilden vor sich. Ich blickte zu Butler und mir fiel ein, daß seine Frau eine Buchhandlung besaß und er daher eigentlich die ganze Literatur über spirituelle

Dinge kennen mußte. Was sich uns im Augenblick präsentierte, war also sicher nicht der ganze Bob Butler.

Charles begann sich an Century City, ABC, die Freeways und den Zimmerservice seines Hotels zu gewöhnen. In einer Woche sollten unsere Dreharbeiten in London beginnen, danach aber hatte er noch ein paar Wochen Zeit für Los Angeles.

Am nächsten Morgen bekam ich den Anruf von John Heard.

»Ich erinnere mich noch genau an meinen letzten Tag im Gonzaga (das ist eine katholische Klosterschule in Washington, D.C.). Es war in der Woche, in der ich Bettendienst hatte. Ich hatte verschlafen, weil der Wecker nicht geklingelt hatte. Die Klosterbrüder hatten mal gesagt, wenn einer verschläft, fliegt er. Als ich irgendwann aufwachte und wußte, daß ich sowieso in der Scheiße saß, schnappte ich mir den Wagen, fuhr hinüber in die W-L und sah mir das Fußballspiel an. Sehen Sie, ich komme aus der gleichen Ecke wie Sie.«

Das stimmte. Ich hatte die Washington Lee High School in Arlington, Virginia, besucht. Wenn ich in seinem Alter gewesen wäre, hätte ich an diesem Abend vermutlich auch in der jubelnden Menge gesessen.

»Dann ist es vermutlich echtes Karma, daß wir uns jetzt getroffen haben«, sagte ich.

»Und ich weiß nicht, wie spät es war, als ich zurückkam. Es war ein dunkelblauer Wagen.«

»Ich verstehe.«

»Das heißt also«, fuhr er fort, »ich bin rausgeworfen.«

»Ach ja? Wieso?«

»Ich kann den Dialog nicht sprechen. Ich meine, ich hatte schon immer etwas gegen diese Blumenkinder, die Leute auf dem Flughafen ansprechen.«

»Hören Sie, John«, sagte ich, »ich weiß, wie heikel dieser Dialog sein kann. Deshalb hat ja auch noch niemand einen Film über dieses Thema gemacht. Aber Sie können doch sagen, was Sie wollen, solange der Sinn nicht entstellt ist.«

»Kann ich denn meinen Text umschreiben?« fragte er.

»Logisch«, sagte ich. »Sie müssen sich die Rolle doch zu eigen machen.«

Es entstand eine lange Pause.

»Aha«, stellte er fest. »Ich dachte, Sie wollen, daß ich ihn so spreche, wie er im Buch steht.«

»Nein, das muß nicht unbedingt sein.«

»Hmhmm.«

Schließlich sagte ich: »Auf unserem Weg nach London, wo wir die Dreharbeiten mit den Szenen von Charles Dance beginnen, machen wir in New York Station. Wir können das Drehbuch durchgehen und es für Sie mundgerecht umschreiben. Okay?«

»Okay.«

Wieder eine lange Pause. »Vermutlich habe ich jetzt ja gesagt, wie?«

»Ja, John. Vermutlich haben Sie das.«

Wir legten auf.

Ich rief Stan an und sagte, daß John die Rolle doch übernommen habe.

»Sicher«, meinte Stan. »Das glaube ich erst bei der Landung in Peru.«

Als ich meinen Agent Mort anrief, um ihm zu sagen, daß wir John in New York treffen wollten, erklärte er: »Erst mal wird er dich anrufen und dir sagen, er kriegt kein Taxi, beim zweiten Anruf kann er das Haus nicht finden, beim nächsten Mal fragt er dich nach dem Lift. Dann läßt er dich wissen, daß er in der Kneipe auf der anderen Straßenseite steht und schließlich, daß er sich bis zur Bar durchgekämpft hat und die Rolle nicht spielen kann. Aber bleib am Ball. Der Junge ist wirklich gut.«

Ich mußte daran denken, daß der gute Mort meine Ungeduld oft zur Genüge zu spüren bekam. Aber diesmal nicht, bestimmt nicht. Ich mochte zwar ungeduldig sein, zugleich aber war ich entschlossen und hartnäckig...

10.40 Uhr vormittags in New York City.

Colin und ich hatten unseren Kaffee ausgetrunken und warteten auf John. Seit zwanzig Minuten sollte er hier sein.

»Er hat sich schon mal fünfundvierzig Minuten verspätet«, sagte ich zuversichtlich.

Das Telefon klingelte. Es war John.

»Ich krieg kein Taxi«, sagte er.

Ich beschloß die Prozedur abzukürzen.

»Wo sind Sie – in der Bar auf der anderen Straßenseite?«

Im selben Moment kam ich mir gemein vor.

Schweigen am anderen Ende.

»John«, fuhr ich fort, »das Haus, in dem ich wohne, ist leicht zu finden, Sie haben es schon mal gefunden, und der Lift funktioniert.«

»Okay. Ich bin gleich da.«

Ich begrüßte John an der Tür und schloß ihn in die Arme.

»Ich weiß, wie nervös Sie sind und was wir Ihnen zumuten«, sagte ich. »Ich fürchtete, Sie würden nicht kommen.«

John stieß einen tiefen Seufzer aus und legte den Kopf schief.

»Danke, daß Sie es mir leichter machen.«

Er betrat die Wohnung.

»Ich war das ganze Wochenende skifahren. Ich bin todmüde. Entschuldigen Sie, ich hab' mich seit vier Tagen nicht rasiert.«

Er schlurfte ins Wohnzimmer. Wieder trug er ein übergroßes Hemd.

»Sehen Sie?« fing er sofort an und tätschelte seinen Bauch. »Ich kaschiere schon wieder meine Wampe.«

»Mir gefällt Ihre Wampe.«

Das stimmte wirklich. John legte das Drehbuch sanft auf den Couchtisch. Ich sah, daß er eine Menge Anmerkungen notiert hatte. Lässig setzte er sich.

»Mann, war das ein Wochenende«, sagte er seufzend. »Der Kampf gegen die Schwerkraft ist sehr anstrengend. Herrlich diese Talfahrten im Pulverschnee. Prächtige Landschaft. Und diese Bäume. Und diese Beschaulichkeit. Ein gesegnetes Land.«

Colin schlürfte kalten Kaffee.

John fuhr fort. »Ich konnte mich also kaum mit dem Drehbuch befassen.«

Colin lief rot an. Ich begriff, was gespielt wurde. John war gar nicht beim Skifahren gewesen. Wahrscheinlich konnte er eine Skipiste nicht von einer Garagenauffahrt unterscheiden. Etwas in meinem Blick mußte ihm wohl nicht gefallen haben, denn er wechselte hastig das Thema.

»Sie haben nicht zufällig was zu essen da?« fragte er.

Ich holte die vorbereitete Platte mit belegten Brötchen aus der Küche. John nahm sich ein Sandwich, von dem ein Salatblatt baumelte, und kam darauf zu sprechen, in welcher Weise Ronald Reagans Politik mit Karma in Verbindung stand. Beim Reden knabberte er ganz nebenbei an seinem Sandwich, nahm sich dann das nächste, und so ging es weiter, bis mit einem Mal alle Brötchen verschwunden waren – als ob Houdini sie weggezaubert hätte.

»Sie behaupten also, daß Ronald Reagan im Licht steht«, sagte er streitsüchtig.

»Klar«, erwiderte ich. »Sehen Sie sich doch nur an, wie positiv er sich gibt. Ich nehme an, das macht ihn bei den Amerikanern so beliebt.«

John zündete sich eine Zigarette an. Er schien sich beherrschen zu müssen. Zum ersten Mal bekam ich etwas von seiner aufbrausenden Heftigkeit zu spüren. Doch seine Stimme klang ruhig, als er sagte: »Wie können Sie so etwas sagen – bei seiner Verachtung für die Armen?«

John meinte es zwar ernst, aber im Grunde genommen ging es ihm darum festzustellen, wie ernst es mir mit meinen metaphysisch-spirituellen Prinzipien war. Bei einer früheren Gelegenheit hatte ich ihn wissen lassen, daß ich nicht an das Böse glaube, daß es für mich so etwas wie die Hölle nicht gibt und daß jeder, der in unerfreulichen Ereignissen verstrickt ist, sich selbst dafür entschieden hat, um daraus zu lernen und daran zu wachsen. In der ersten Phase des Kreuzverhörs, dem er mich unterzog, ging es daher um die Beteiligung der Armen an ihrem eigenen karmischen Problem.

Ich stellte mich an den Kamin. John hatte einen eingebauten Lügendetektor. Ich hatte längst begriffen, daß Menschen, die mit den Denkkonzepten des New Age noch nicht sehr vertraut sind, in

Diskussionen ebenso stark auf die emotionale Überzeugtheit wie auf die sachliche Information reagieren. John suchte nach meiner Achillesferse, nach der Schwachstelle in meinem Glaubenskonzept. Er hatte einen gewissen puristischen Zug an sich, wenn es um die Bestimmung der Menschheit ging. Ich wählte meine Worte mit Bedacht: ich mußte ihm einen Crashkurs in karmischer Philosophie erteilen, und daher besonders darauf achten, daß ich mich verständlich ausdrückte.

»Sehen Sie John«, begann ich, »ich glaube, daß wir alle schon Tausende von Leben hinter uns haben. Jedes einzelne haben wir uns selbst erwählt, und wir werden auch jedes einzelne in Zukunft selbst wählen. Wir wählen die Armut, um die Lehren zu erfahren, die die Armut für uns bereithält; aus den gleichen Gründen wählen wir den Reichtum. Vielleicht sind wir in einem Leben auch arm, weil wir früher einmal Reichtum und Macht mißbraucht haben. Vielleicht erwählen wir Macht, weil wir lernen müssen, menschlich mit ihr umzugehen. Jeder Mensch hat in seiner Seele einen Grund für die Wahl, die er trifft. Reagan hat demnach für dieses Leben Macht und Führungsanspruch erwählt. Manches macht er ganz ordentlich. In anderen Aspekten verhält er sich unsensibel und kurzsichtig. Andererseits trägt jeder von der Armut betroffene Mensch, den Reagan so unsensibel behandelt, gleichermaßen zu seinem eigenen Schicksal bei. Und irgendwo tief in den Bereichen ihrer Seelen wissen die Menschen das auch.«

John verfolgte meine Worte mit großer Aufmerksamkeit und Aufgeschlossenheit und dachte über meine Worte nach.

»Wie vereinbaren Sie Ihre politische Haltung mit diesen Glaubenssätzen? Wenn Sie glauben, daß niemand unrecht hat, gegen wen sind Sie dann eigentlich?«

»Ich bin gegen niemand mehr«, sagte ich. »Ich bin *für* bestimmte Dinge. Ich bin *dafür*, daß die Armen sich selbst helfen. Ich bin *für* ein wirtschaftliches Gleichgewicht. Ich bin *für* die Rassenintegration in Südafrika. Ich bin *für* den Glauben, daß diese Welt weiterbesteht. Ich glaube nicht, daß wir einer Katastrophe zusteuern, sondern daß wir uns in einem Übergangsstadium befinden.«

John schlug die Beine übereinander und verschränkte die Arme über seinem Bauch.

»Wollen Sie mir sagen, ich soll die andere Wange hinhalten, wenn mich einer schlägt?«

»Es ist Ihr freier Wille zu tun, was Sie für richtig halten. Vergessen Sie nur nicht, daß Sie mit daran beteiligt sind, wenn Sie geschlagen werden.«

»Ich will also geschlagen werden?«

»Ich weiß nicht, ob Sie das letztlich wollen, aber Sie entscheiden sich dafür, diese Erfahrung zu machen. In gewisser Weise haben Sie sich damit einverstanden erklärt. Es gibt keine Zufälle.«

»Soll ich also die Augen verschließen vor dem Elend meiner Mitmenschen?«

Ich setzte mich. Offenbar begann er, etwas von dem zu begreifen, was ich meinte.

»Nein«, antwortete ich. »Das sollen Sie nicht. Aber auch hier gilt es, verschiedene Faktoren abzuwägen. Wenn einer meiner Freunde sich unbedingt mit Kokain volldröhnen wollte, würde ich alles daran setzen, ihn daran zu hindern. Letztlich müßte ich aber seine Entscheidung respektieren, diese Selbstzerstörung auf sich zu nehmen.«

»Dann sind wir also nicht ›unseres Bruders Hüter‹?«

»Doch, das sind wir. Wir müssen aber auch begreifen, daß manch einer unsere Hilfe nicht annehmen will.«

Über Johns Gesicht flog ein Lächeln, dann wurde er todernst.

»Ihr Bruder geht mit einer meiner Freundinnen aus.«

»Oh«, sagte ich. »Dafür gibt es gewiß ebenfalls eine karmische Erklärung.«

Er schob verdrießlich die Lippen vor.

»Soll ich mich also von jemandem, dem es schlecht geht, abwenden, weil er mich nach unten zieht? Und wo bleibt denn da die Liebe?«

Ich versuchte rasch Zusammenhänge herzustellen, um auf die Frage eingehen zu können. Hatte Melissa Probleme? War es ein Schauspielerkollege? Gab es hier einen Zusammenhang mit seinem Widerstreben, im Ausland zu drehen? Ich beugte mich vor und berührte sein Knie. Er zuckte unmerklich zurück.

»Wenn Sie ein wirklich guter Freund sind, dann helfen Sie einem Menschen, das Beste in sich selbst zu sehen. Wenn er das aber nicht will, sollten Sie sich ihm nicht aufdrängen; es würde Sie beide verletzen.«

John seufzte. »Ich kam schon als Kind zu den Nonnen. Ich leide gerne.«

»Dann erleiden Sie doch mit uns das Drehbuch. Colin und ich müssen morgen nach London.«

»Ein Taxifahrer würde mich nie großartig finden. Sie jedoch würde er großartig finden.«

»Warum sagen Sie das?« fragte ich.

»Weil das etwas mit Ruhm und Reichtum zu tun hat.«

»Wollen Sie denn nicht berühmt und reich sein?«

»Nein. Das hat nichts mit meiner Begabung zu tun.«

»Ich höre jedenfalls ständig, wie großartig Sie sind«, sagte ich.

»Ich weiß, aber nur von Leuten aus der Branche.«

»Da haben Sie vermutlich recht.«

»Die meisten Leute halten mich für John Hurt oder William Hurt. Und vielleicht haben sie recht damit.«

Während dieses kleinen philosophischen Diskurses voller Widersprüche verhielt Colin sich erstaunlich ruhig, beinahe als horche er auf subtile Rhythmen und weniger subtile Wortspiele, um sie im nächsten Drehbuch zu verarbeiten. Er registrierte jede Einzelheit, jede Feinheit und bildete sich gleichzeitig seine eigene Meinung dazu.

Inzwischen waren die Sandwiches vertilgt, und es gab auch keinen Kaffee mehr. John fragte, welche Bücher er lesen solle, um sich intensiver in die Materie einzuarbeiten. Ich machte einige Vorschläge. Dann lasen wir das Drehbuch. Er tänzelte gewissermaßen um seine Rolle und den metaphysischen Dialog herum. Schließlich meinte er, einer seiner Freunde habe gesagt, spirituelle Dialoge seien sehr schwer zu schreiben; Colin und ich hätten jedoch unsere Sache ziemlich gut gemacht. Er erzählte, er sei aus einer Royal-Court-Theaterproduktion wegen »unziemlichen Verhaltens und Unaufmerksamkeit« gefeuert worden. Auf die Frage einer Kollegin, ob alle amerikanischen Schauspieler sich so aufführten, hatte er erwidert: »Scheiße... ich denke schon.« Mike Nichols sagte ihm einmal, er habe ihn mit seiner Unsicherheit über eine Rolle derartig verunsichert, daß er unschlüssig war, ob er ihm die Rolle geben solle. Johns Versuche, seine eigene Person in schlechtes Licht zu rücken, amüsierte mich; seine Selbstzweifel, die all dem zugrunde lagen, fanden mein volles Verständnis. Kein Schauspieler dieser Welt, der die Bezeichnung verdient, ist frei von solchen Ängsten.

Als der Tag sich dem Ende zuzuneigen begann, verstummte John, der uns noch längere Zeit mit Randglossen zu seinem Leben und seiner Arbeit unterhalten hatte, und blickte Colin direkt ins Gesicht. Colin lächelte sein stilles Lächeln und sagte nichts.

John hob die Schultern. »Nun?«

Colin lächelte wieder und sagte einfach: »Auf euch unsichere Typen fliegen alle Frauen.«

John ließ sein leises glucksendes Lachen hören.

»Ja«, sagte er schließlich. »Aber sehen Sie mal, bei all meinem Herumkritteln habe ich keine einzige Dialogstelle geändert.«

Dann stand er auf, hievte sich das Drehbuch auf die Schulter und ging.

Colin trat ans Fenster. »Er wird wunderbar sein«, sagte er und blickte hinunter auf die Lichter des vorbeifließenden Verkehrs. »Er ist brillant, er ist zum Verrücktwerden, und er wird in der Rolle so unberechenbar sein, daß niemand sich von unseren spirituellen Weisheiten überfordert fühlt.

»Und?« fragte ich. Ich wußte, daß er noch mehr sagen wollte.

»Und«, fuhr er fort, »wir werden hoffentlich an der Art, wie er uns anmacht, wachsen und klüger daraus werden.« Colin wandte sich zu mir. »Er wird einen irisch-katholischen ›David‹ erschaffen, der den spirituellen Dialog so bringt, daß die Zuschauer ihn begreifen. Die Zusammensetzung unseres Teams ist eben wirklich kein Zufall.«

Da war es also – das Karma, das den Spannungsbogen für unsere Geschichte in der Geschichte lieferte. Es würde allerdings noch Wochen dauern, bevor wir mit John spielen konnten.

Colin hatte den gleichen Gedanken. »Bis wir zu seinen Szenen kommen, ist es noch ziemlich weit hin«, meinte er sorgenvoll.

»Wir werden mit ihm arbeiten«, sagte ich zuversichtlich.

Neuntes Kapitel

Bei meiner Ankunft in London stellte die englische Presse Spekulationen darüber an, ob Charles Dance wußte, wen er spielte. Fotos von Charles und mir wurden veröffentlicht sowie Zitate aus meinem Buch über die »heimliche Affäre in den Kreisen des Unterhauses«. Nun, ich sollte meinem englischen Unterhausabgeordneten wieder begegnen – diesmal jedoch nicht in der Abgeschiedenheit von Schlafzimmer und Bad.

Ich bezog wieder die Hotelsuite mit der Treppenspirale, dem störanfälligen Telefon und der Hausbar, an der zwanzig trinkfeste Männer ihre Freude gehabt hätten. Vom Elektriker ließ ich mein Beschallungsgerät auf die richtige Stromspannung einstellen, damit ich schlafen konnte. Dieses Gerät ist die Quelle meiner Produktivität, daher kann ich darauf auch unterwegs nicht verzichten. Je nach Knopfdrehung höre ich entweder »Regen«, »Brandung« oder »Wasserfall« von einer Tonbandschleife. Wo ich auch sein mag, ich kann im Bett liegen und mir vorstellen, ein echter Ozean rauscht vor meinem Hotelfenster. Auch dies ist eine Form, die eigene Realität zu erschaffen. Mit diesem Gerät habe ich endlose Hupkonzerte in Ägypten überstanden, heulende Polizeisirenen in Manhattan, ratternde Straßenbahnen in San Francisco und die geräuschvollsten Ausklänge von Trinkgelagen auf den Hotelfluren vor meiner Zimmertür. Dieses Gerät ist für mich ebenso wertvoll wie mein Reisepaß. Wenn ich es nicht dabei hätte, müßte ich fürchten, nicht einschlafen zu können, auch wenn es ganz still wäre.

Nachdem das Ding also umgestellt war, glaubte ich, daß ich ohne Probleme einschlafen würde. Doch da irrte ich.

Immerhin stand ich am Anfang eines neuen Films. Mehr noch: ich spielte erstmals eigene Erfahrung nach. Der Gedanke an die bevorstehende Wiederbelebung der Vergangenheit machte mir sehr zu schaffen. Es fiel mir nicht schwer, meine jetzige Identität von der Person zu trennen, die ich vor zehn Jahren war. Vielmehr sah ich ein Problem darin, mir klar darüber zu werden, was wirklich zwischen Gerry und mir vorgegangen war. Wir können alle auf Beziehungen zurückblicken und über ihre Bedeutung nachgrübeln – doch eine Beziehung noch einmal zu erleben, empfand ich als beunruhigend. Ich verbrachte eine schlaflose Nacht, in der ich mir den Kopf zerbrach, ohne nennenswerte Einsichten zu gewinnen.

Charles und ich studierten unsere Szenen an Orten ein, die den jeweiligen Drehorten relativ nahe kamen. Für einen Streit setzten wir uns etwa an einen abgeschiedenen Tisch in ein Parkcafé. Unsere Auseinandersetzung mußte sehr echt gewirkt haben, denn die Kellner hielten sich diskret im Hintergrund und verzichteten darauf, uns zu bedienen. Wir gingen, während wir Textpassagen sprachen, Arm in Arm unter Bäumen spazieren. Charles versuchte, seine Rolle in den Griff zu kriegen, und ich versuchte, meine Vergangenheit in den Griff zu kriegen. Wir diskutierten über die Erkenntnis, daß wir jeden Augenblick unseres Lebens eine Rolle spielten – was Charles schließlich zu der Frage veranlaßte: »Wieso fällt es uns eigentlich so schwer, das einzugestehen?« Nach Gerrys Identität fragte er dagegen nie.

Wir bereiteten uns beide auf diese ersten Momente vor, wenn die Kameras liefen, die Zeit der Experimente abgelaufen war und man gezwungen war, sich dem Filmen auszuliefern.

Kostüm, Frisur und Maske waren natürlich Hilfsmittel, um in die Rolle eines anderen Menschen zu schlüpfen. Ich hatte meine Schränke durchwühlt und Kleider gefunden, die ich in Szenen, die im Drehbuch vorkamen, tatsächlich getragen hatte. Allmählich führte ich mir kleine, persönliche Eigenheiten vor Augen – Mienenspiel, Verhaltensweisen und Reaktionen –, die Gerry zum Wahnsinn getrieben haben mußten. Ich mußte mir *meine* Art zu reden zu eigen machen, nicht die einer »anderen« Figur. Gewöhnlich nehme ich als erstes den Gang der Person an, die ich darzustellen habe. Aufgrund meiner Ausbildung als Tänzerin arbeite ich von außen nach innen. Ich stelle mir beispielsweise vor, wie die Person ein Zimmer durchquert, um einen Freund zu begrüßen; wie sie angespannt dasitzt, wenn sie eine schlechte Nachricht erfährt, wie sie zum Flughafen rast, um ihren Geliebten abzuholen. Wenn ich weiß, wie die Person sich kleidet und sich bewegt, beginne ich, sie zu verstehen. Diesmal mußte ich nicht nur von meiner üblichen geistigen Vorbereitung abweichen, ich war außerdem gezwungen zu »sein« und nicht zu »spielen« – eine völlig neue Empfindung.

Zu Beginn der technischen Vorbereitungen, bei den Masken- und Kostümproben, redete ich von Shirley als »sie«. »Sie« würde so etwas nicht anziehen. An dieser Stelle ist »sie« völlig außer sich, mach ihr hier so gut wie kein Make-up. Dabei hatte ich stets im Kopf, daß es ja um mich ging. Doch dann begann sich in mir ein interessanter Wandel zu vollziehen. Wenn ich spürte, daß etwas, das ich zwar getan oder gesagt hatte, nicht rüberkam oder für die »Figur« dramaturgisch falsch war, so änderte ich es einfach. Ich fühlte mich keineswegs an die Wahrheit gebunden, wenn die Neufassung nicht mehr mit den wirklichen Geschehnissen übereinstimmte. Butler, Colin und Stan, die dieses Vorgehen beobachteten, schienen zu begreifen, daß ich mich und mein Leben als Profi auf die Brauchbarkeit für einen Film untersuchte und dabei dem Unterhaltungswert und den Identifikationsmöglichkeiten Priorität einräumte. Ich war über mich selbst erstaunt. Und da erst begriff ich, daß damals jeder Schritt, den ich getan, jede Entscheidung, die ich getroffen hatte, mein eigener Wille war, daß mein Leben nicht einfach »geschah« und »mich« mit sich führte. Ich hatte alles selbst erschaffen: die Menschen, die Ereignisse, die Reinfälle, die Triumphe. Jeden Morgen erschuf ich meine eigene Realität. Ich konnte meine Existenz völlig verändern – in dem Wissen, daß ich die Wahl hatte, dies zu tun. *Jetzt* war mir das klar. Zehn Jahre zuvor war »ich« zu verstrickt in die Ereignisse gewesen, um zu solchen Erkenntnissen zu gelangen.

Als ich jetzt die Konfliktbereiche meiner Beziehung zu Gerry wieder aufleben ließ, geschah das aus einer völlig veränderten Perspektive. *Ich* hatte die Entscheidung getroffen, dies alles zu erleben, um mich selbst besser kennenzulernen. Gerry hatte sich möglicherweise aus den gleichen Motiven dafür entschieden. Vielleicht beschleunigte der »chemische« Vorgang zwischen zwei Menschen nur den Lernprozeß, wofür sie sonst Jahre brauchen würden. Vielleicht verliebte man sich in einen verheirateten Mann, um ebensoviel über dessen Ehefrau zu erfahren wie über den Mann selbst. Eins stand jedenfalls fest: die Lehren, die ich daraus zog, führten mir vor Augen, daß mein Lernbedürfnis nur für mich von so entscheidender Bedeutung gewesen war. Mein damaliges Verhalten war anderen ziemlich unvernünftig erschienen. Auf ein Fingerschnipsen war ich mit der nächsten Maschine in ferne Länder geflogen, nur um ein paar Tage mit Gerry zu verbringen, hatte meine Arbeit und zuweilen auch Beziehungen zu anderen Menschen vernachlässigt. Damals stand ich unter einem Zwang, so zu handeln; ich stellte meine Handlungsweise nicht in Frage und wunderte mich, wieso andere kein Verständnis dafür aufbringen konnten.

Und die wenigen Menschen, die wußten, wer er war, fragten sich: »Was findet sie eigentlich an ihm?« Nach einem uralten Prinzip verklären wir den Menschen, den wir lieben, ohne im geringsten die Anziehungskraft erklären zu können, die ein Partner auf uns ausübt – mag er noch so wenig zu uns passen. Die im vorliegenden Fall »Beteiligten« fanden jedenfalls keine Erklärung – zumindest ich nicht. Von einer unsichtbaren, unwiderstehlichen Macht getrieben, hatte ich nur auf die Stimme meines Herzens gehört. Gerry war es nicht anders ergangen. Und aus diesen Schlagzeugsolos klopfender Herzen sollte nun eine ausgewachsene Fernsehserie entstehen. Theaterakte und Akteure waren eins geworden.

Die erste Drehwoche verlief vom technischen Ablauf her erstaunlich glatt. Brad Mays Kamera-Assistenten und Beleuchter waren

Engländer. Sein Team arbeitete schnell und mit großer Einfühlsamkeit. Ich erlebte zum ersten Mal eine Produktion, bei der kein Führungslicht und keine starken Lichteinheiten verwendet wurden. Brad arbeitete mit indirekten, von weißen Styroporplatten reflektiertem Licht, was einen sehr natürlichen, ausgesprochen schmeichelhaften und sehr »wirklichkeitsnahen« Effekt erzeugte.

Ich hatte damit anfangs jedoch ziemliche Probleme, da ich in den Tagen der großen Hollywood-Ausleuchtung großgeworden bin. Ich fühlte mich erst dann in der Szene zu Hause, wenn die Scheinwerfer brannten. Im hellen Licht konnte ich meinen Emotionen freien Lauf lassen. Ohne den Schutz des Scheinwerferkegels hatte ich das Gefühl, daß meine Privatsphäre verletzt wurde. Umgekehrt fühlte ich mich nur in der Wärme und strahlenden Helligkeit der Scheinwerfer sicher und geborgen. Sie brachten meine Ausdrucksmöglichkeiten voll zur Geltung und gleichzeitig schützten sie mich vor dem grellen Tageslicht. Wenn die Scheinwerfer erloschen, konnte ich nicht mehr spielen. Ich zog mich automatisch zurück in die Anonymität und wollte nicht mehr im Mittelpunkt des Interesses stehen.

Für mich bedeutete also diese neue Art der Ausleuchtung eine große Umstellung. Bereits nach der ersten Mustervorführung war ich begeistert, wie ich in diesem Licht aussah. Wie ich mich fühlte, wenn ich in diesem Licht spielte, war eine andere Frage.

Ich stand am Beginn einer fünfmonatigen Drehzeit, mußte in jeder Szene mitspielen, mußte mich daran gewöhnen, mich selbst zu spielen, mußte mich mit einer mir ungewohnten Ausleuchtung anfreunden – und litt unter Schlaflosigkeit. Mein Beschallungsgerät lief auf voller Lautstärke – die Zimmermädchen glaubten, einen Orkan zu hören. Ich konnte trotzdem nicht schlafen und wußte nicht warum. Ich wälzte mich in den Kissen. Ich zählte Schafe. Ich machte im Geist Ballettübungen. Ich sang Mantras, die ich gelernt hatte. Ich ließ mir sogar per Luftpost-Expreß aus San Francisco eine von Lazaris besprochene Einschlaf-Kassette schicken. Jede Nacht redete seine sanfte, begütigende Stimme auf mich ein: »Du fühlst dich ausgeruht, wenn du daran glaubst. Vier

Stunden Ruhe sind soviel wie eine Stunde Schlaf.« Das sollte mein Unterbewußtsein beeinflussen.

Statt mich zu entspannen, führte ich geschwätzige Selbstgespräche, die einer Gehirnwäsche gleichkamen. Nein, es war keine Gehirnwäsche; es war »Motivationssuggestion«.

In der ersten Woche schlief ich nur zwei Stunden pro Nacht. Dann bekam ich eine panische Angst, daß ich nie mehr einschlafen könnte. Ich stellte mir Träume vor, machte mitten in der Nacht Yogaübungen und versuchte zu meditieren.

Ich begann mich krank zu fühlen und litt unter Depressionen. Wenn ich nicht einschlafen konnte, schaltete ich die Fernsehnachrichten ein und hörte mir die Katastrophenmeldungen an. Immer wieder Nordirland. Einer medizinischen Untersuchung zufolge erlitten in jeder Stunde zwölf Menschen einen Schlaganfall. Ich fragte mich, welche Gründe ein Mensch für einen derartigen Lernprozeß haben mochte. Bewohner des Londoner East End mieteten sich Leibwächter zum Schutze gegen Rassenunruhen. Auch ich hatte während der Dreharbeiten zum ersten Mal in meinem Leben einen Leibwächter. Wozu nur? Was ich brauchte, war ein Schlafwächter. Ich sah die Folgen eines Vulkanausbruchs in Chile: Kinder, die bis zum Hals im Schlamm gesteckt und vier Tage lang überlebt hatten. Fünfundzwanzigtausend Menschen waren umgekommen. Ich saß auf dem Teppich und weinte.

In dieser verrückten Welt war der Genfer Gipfel zwischen Reagan und Gorbatschow ein schwacher Hoffnungsschimmer.

Ich weinte in mich hinein und dachte: Das wird mir Erleichterung verschaffen. Es ist ein gutes Zeichen. Nach Depression und Trauer werde ich einschlafen können und mich ausgeglichener fühlen. Aber was war nur der Grund für diese Tortur?

Nach eineinhalb Wochen Schlaflosigkeit und Depression faßte ich endlich einen Entschluß. Ich rief Gerry an – den echten Gerry. Wir hatten längere Zeit nicht miteinander geredet. Ich nahm an, daß er die Zeitungen gelesen hatte und wußte, was ich machte.

»Hallo«, meldete er sich in seiner etwas kurzatmigen, lebhaften Art. »Ja, ich hab' gelesen, daß du in der Stadt bist.»

Ich sah sein zerzaustes Haar vor mir, den Gürtel, den er nie richtig in die Schlaufe steckte. Ich sah, wie er sich ungeduldig im Stuhl herumdrehte, weil sich seine Privatsekretärin irgendwo im Raum zu schaffen machte.

»Wie gehts dir, Gerry?« fragte ich in bewußt sanftem femininem Ton.

»Mir geht es gut«, antwortete er. »Aber wir müssen diese verdammten Etatkürzungen durchbringen. Die Weltwirtschaft scheint aus den Fugen zu geraten.«

Seine Prioritäten waren die gleichen geblieben. Ob er sich wohl in anderer Hinsicht verändert hatte? Und was hielt er von *Zwischenleben*? Ich behielt meine Fragen für mich.

»Möglicherweise befindet die Welt sich nicht am Rande einer Katastrophe«, sagte ich. »Vielleicht steht sie nur vor einer grundlegenden Umwandlung.«

»Tja«, meinte Gerry. »Dann sollte sie sich aber damit beeilen.«

Ich setzte mich im Bett auf. Er verstummte, als ob er es gehört hätte. Ich zögerte, doch dann entschied ich mich, das, was mir im Kopf herumging, auszusprechen.

»Gerry, ich wollte schon seit langem mit dir reden, wußte aber nicht, wie ich es anfangen sollte.«

Ich spürte, wie er lächelte.

»Mir gehts genauso«, sagte er.

»Hast du wegen unserer Sache eine schlechte Presse gehabt?« fragte ich.

Er lachte gutmütig. Er war nicht der Mann für kleinliche Anschuldigungen.

»Ach, halb so schlimm«, meinte er und holte Luft. »Ich mußte nur lernen, mich auf gewisse Dinge einzustellen. Die Schilderungen in deinem Buch waren ja mehr als deutlich. Der rechte Fraktionsflügel versuchte mir einen Strick daraus zu drehen, aber sie stellten sich dabei reichlich dämlich an.«

»Sie haben dich also nicht geteert und gefedert?«

»Ganz so schlimm war es nicht«, sagte er mit einer Spur von Selbstmitleid, um Schuldgefühle in mir zu wecken. Beinahe hätte ich eine Bemerkung über die beiden Frauen gemacht, mit denen er nach mir ein Verhältnis gehabt hatte, dann aber hielt ich mich doch zurück. Wir sprachen über die Weltsituation und über Reagan. Er meinte, der amerikanische Präsident diskutiere am liebsten über seine Amtszeit als SAG-Präsident und seine schlechten Filme. Dann sprach er von Margaret Thatchers Moskaureise (»herrliche Marschmusik haben die dort drüben«), über den Sozialismus und die damit verbundenen Probleme. Und während ich zuhörte, sah ich die Glut in seinen Augen. Ich fühlte mich wieder aus den gleichen Gründen zu ihm hingezogen, die es mir einmal unmöglich gemacht hatten, ihm zu widerstehen. Hatte ich denn überhaupt keine Fortschritte in meinem inneren Wachstum gemacht? Ich wollte ihn unbedingt sehen, aber ich sagte nichts. »Wie geht es deiner Familie?« fragte ich statt dessen.

»Danke bestens. Leidgeprüft wie immer. Ich möchte dich sehen.«

Immer noch die gleiche Sprunghaftigkeit!

»Du möchtest mich sehen?« fragte ich unnötigerweise.

»Ja. Ich möchte dich sehen«, antwortete er. »Und du?«

»Ich möchte dich auch sehen«, antwortete ich.

»Wann hast du frei?«

Ich sank in mein Bett zurück.

»Wir fangen um sechs Uhr früh an und drehen manchmal bis elf Uhr abends.«

»Hm, vielleicht könnten wir zusammen zu Abend essen«, meinte er.

»Und wie sollen wir das anstellen, ohne den dritten Weltkrieg auszulösen?«

Er dachte einen Augenblick nach.

»Ich werde dich im Laufe der Woche anrufen.«

»Okay, aber ich bleibe nur bis zum Wochenende.«

Es folgte eine Pause.

»Wohin gehst du anschließend?«

»Nach Schweden. Wie im Buch.«

Es entstand wieder eine Pause.

»Ja«, sagte er. »Ich erinnere mich sehr gut... mein Gott...«

Ich schmolz dahin.

»Hat Charles Dance Ähnlichkeit mit mir?«

Meine Kehle schmerzte.

»Nein, Gerry. Niemand ist wie du – nicht einmal du selbst.«

Er lachte wieder.

»Ja. Du bist noch immer so unnachgiebig wie früher.«

»Ja«, sagte ich, »das stimmt.«

»Ich melde mich bei dir, und dann verabreden wir uns.

Wir legten auf, ohne ein Codewort zu vereinbaren. Er vollbrachte große Leistungen auf der politischen Bühne, was jedoch die alltäglichen Kleinigkeiten betraf, war er hoffnungslos.

In dieser Nacht konnte ich schlafen.

In der Nacht darauf schlief ich ebenfalls. Möglicherweise war Gerry das Problem in meinem Unterbewußtsein.

Mit den Dreharbeiten kamen wir gut voran. Ich fing an, Spaß daran zu haben und gewöhnte mich sogar langsam an Bob Butlers Regie-Kauderwelsch.

Wenn Charles und ich uns über den Verlauf einer Szene nicht im klaren waren, pflegte Bob zu sagen: »Na schön, ihr bummelt. Nichts dagegen einzuwenden.«

Wenn Charles eine Frage stellte, meinte er: »Hör auf das, was dir dein Bauch sagt.« Dann machte Charles ein Hohlkreuz, strich sich den Bauch und wandte sich fragend an mich.

Während des Dialogs in einer Liebesszene sagte Bob: »Klingt als sei ein Kratzer drin.« Daraufhin kontrollierte ich mein Mikrophon, ohne eine Funktionsstörung entdecken zu können.

Bob sagte, Charles sei »gut drauf« und riet ihm zu »gelegentlicher unartikulierter Begeisterung«.

In meinen wenigen drehfreien Stunden machte ich Einkäufe und lebte mich wieder in der King's Road ein. Wenn meine Zeit es zuließ, besuchte ich alte Freunde und wartete auf Gerrys Anruf. Sicher würde er sich nicht unter seinem wirklichen Namen melden – wie damals. Ich fühlte mich zurückversetzt in die Zeit der Heimlichkeiten unserer Liebesaffäre.

Colin und ich trafen uns mit John Clees (von *Monty Python* und *Fawlty Towers*) zum Abendessen. Er verkündete, er sei gegen jegliche Sentimentalität im Film, da sie beim Publikum den Eindruck erwecke, Romantik habe etwas mit der Wirklichkeit zu tun. »Ich würde gern eine Liebesgeschichte machen – über zwei Leute, nachdem sie sich gekriegt haben«, meinte er sinnend. »Die Geschichte handelt davon, wer von den beiden den Mülleimer runterträgt.« Weiterhin erzählte er, daß er geweint habe, als seine Katze starb, bis ihm klar wurde, daß er sich romantischen Gefühlen hingab. »In diesem Augenblick blockte ich die Sentimentalität ab und hörte auf zu weinen.«

Wann sprach man von Romantik und wann war es Liebe? Wuchs man nicht daran, daß man den Mülleimer leerte?

Der Samstagvormittag zog sich dahin. Charles und ich hatten soeben ein paar Szenen für Schweden durchgearbeitet. Dann verließ er mich, da er eine Verabredung hatte.

Da läutete das Telefon. Die Zentrale meldete sich.

»Ein Mr. Vancouver ist am Telefon. Soll ich durchstellen?«

Gerry und ich hatten eine unserer schönen, heimlichen Wochen in Vancouver verbracht.

»Selbstverständlich«, sagte ich.

»Ah, da bist du endlich«, sagte er.

»Was heißt hier *endlich*?«

»Ich versuche schon die ganze Woche, dich zu erreichen.«

»Du hast aber keine Nachricht hinterlassen.«

»Ja, das stimmt«, sagte er. »Und dann hatte ich die glänzende Idee mit Vancouver.«

»Ach, Gerry. Ich hab' auf dich gewartet und mich nach dir gesehnt. Wo bist du jetzt? Du klingst so weit weg.«

»Ich bin auf dem Land. Ich würde dich gern hier sehen.«

Ich war völlig verblüfft.

»Hm, ja. Das war ja das Problem. Kannst du rauskommen?«

»Jetzt?« fragte ich.

»Ja. Es ist schön hier draußen. Mein Assistent könnte dich abholen.«

»Gerry«, sagte ich. »Ich habe zu arbeiten. Und morgen fliegen wir weiter nach Stockholm. Ich kann nicht.«

»Ja, verstehe. In zwei Stunden kann ich im Büro sein. Ich schick' dir meinen Wagen vorbei. Am Nachmittag habe ich eine Finanzbesprechung, aber ich möchte dich gerne sehen.«

Zwei Stunden später holte mich ein sehr diskreter, junger Mann ab, der nur vom Wetter und den Tagesnachrichten sprach. Ich entschlüpfte den Journalisten durch einen Seitenausgang des Hotels. Der junge Mann setzte mich an Gerrys Privatbüro ab. Hier herrschte eine samstägliche Leere.

Ich war zum ersten Mal hier. In diesem Büro also hatte ich ihn immer angerufen, hier hatte er bis in die frühen Morgenstunden über unsere Beziehung nachgedacht. Ich öffnete und trat ein. Dann sah ich ihn – seine Ausstrahlung erfüllte den ganzen Raum. Er lächelte so strahlend, daß der Londoner Nebel sich zu lichten schien. Ich ging auf ihn zu. Wir gaben einander die Hand, und dann umarmten wir uns. Er fühlte sich so vertraut an.

Dann lösten wir uns wieder voneinander. Wir hatten das Bedürfnis, einander anzusehen, das Gesicht des anderen aufzunehmen.

Gerry betrachtete mich mit vergnügtem Gesicht.

»Du lieber Himmel«, sagte er, »du hast in den letzten Jahren wirklich viel Erfolg gehabt. Du siehst fabelhaft aus.«

Ich nahm jede Kleinigkeit an ihm, jede Bewegung in mich auf. Seine Krawatte saß schief (sie stammte noch aus meiner Zeit), das Gürtelende baumelte wie gewöhnlich herab, die Socken waren heruntergerutscht. Sein Lachen und seine Gesten brachten mich in jene Zeit zurück, und die gleichen Gefühle, die ich einige Jahre zuvor für ihn empfunden hatte, stiegen wieder in mir auf.

»Danke, Gerry«, sagte ich. »Du hast dich trotz deiner vielen Arbeit nicht viel verändert. Du bist immer noch voller Energie und Begeisterung.«

Er beugte sich vor, sein Blick blieb an meinen Lippen hängen. Diese Gewohnheit war es, die mich an dem Abend, an dem wir uns kennengelernt hatten, so für ihn eingenommen hatte. Das und seine strahlenden, klugen, tanzenden Augen. Ich wollte ihn noch einmal umarmen, hielt mich jedoch zurück und schaute mich statt dessen in seinem Privatbüro um.

»Das ist es also? Hier hat sich alles für dich abgespielt.« Wie wunderbar, daß es Banalitäten gibt, um uns über peinliche Momente zu retten.

Mit wenigen, langen Schritten war Gerry am Bücherregal. Er bewegte sich mit lässiger Selbstverständlichkeit. Es war ihm völlig egal, wie er aussah, welchen Eindruck er vermittelte; solche Hemmungen gab es nicht bei ihm. Ich hingegen fragte mich, ob meine Wimperntusche Flecken unter den Augen hinterlassen hatte und wie meine flachen Schuhe zu dem langen Rock aussahen.

Gerry bückte sich.

»Ich habe deine Briefe hinter ein paar Büchern versteckt. Ich konnte mich nicht von ihnen trennen.«

Er holte ein Buch hervor.

»Nein, Gerry«, widersprach ich. »Laß das. Ich muß meine Briefe nicht noch einmal lesen. Mir reicht der *déjà-vu*-Effekt bei der Verfilmung unserer Beziehung.«

Gerry richtete sich lächelnd auf. Er nahm die Schultern zurück und schob die Hände in die Hosentaschen – eine deutliche Geste von Stolz und Selbstzufriedenheit. In diesem Augenblick begriff ich, daß ihm die Rolle gefiel, die er in meinem Leben gespielt hatte. Die Rolle, die er in meinem Buch und jetzt im Film spielte, war Zeugnis der Zeitlosigkeit unserer Beziehung – Bücher und Filme sind die ehrlichste Form, Komplimente zu machen.

Während ich ihn beobachtete, hatte ich ständige Doppelvisionen. Seit Wochen gewöhnte ich mich nun an den Gedanken, daß Charles Dance Gerry war. Ich hatte einen großen Sprung in meiner Vorstellung gemacht und den echten Gerry irgendwo in den Hintergrund gerückt. Jetzt, da ich vor ihm stand, begann ich mich zu fragen, wer *ich* war! Besser gesagt – was war *Realität*? Ich erlebte gerade, daß ich alles zur Realität machen konnte, was ich zur Realität machen *wollte*. Mir fiel Akira Kurosawas Filmklassiker *Rashomon* ein. Die Realität findet im Auge des Betrachters statt;

es gibt keine Wahrheit an sich; die Wahrheit ist immer relativ. Wenn ich also für drei Monate einen Darsteller für Gerry brauchte, damit ich meine Gefühle aufrichtig auszudrücken vermochte, dann würde ich einen engagieren. Gerry hatte nur eine Rolle in meinem Leben gespielt. Was mir nun jedoch schlagartig bewußt wurde, war, daß auch ich eine Rolle in meinem eigenen Leben gespielt hatte und es immer noch tat. Ich stand Gerry gegenüber und war mir völlig bewußt darüber, wie ich aussah und was ich machte. Ich wußte, womit ich welche Gefühle bei ihm ansprechen konnte und wie ich bestimmte Reaktionen bei ihm hervorrufen konnte. Es gab keinen Unterschied zum berufsmäßigen Schauspielern – jeder von uns handelte nach diesem Prinzip, an jedem Tag, in jedem Augenblick seines Lebens, mit Ausnahme vielleicht der Zeit, in der er schlief. Doch im Schlaf erhielten wir vermutlich Regieanweisungen für die Szenen des nächsten Tages – von dem größten Regisseur, den es gab: unserem höheren Selbst.

Während ich Gerry zusah und ihm zuhörte, wie er in unserer gemeinsamen Vergangenheit schwelgte, überkam mich ein sonderbarer Gedanke: Wenn jeder von uns seine eigene Realität erschuf, dann erschufen wir vielleicht auch die Personen, die unsere Realität bevölkerten. Mit anderen Worten, vielleicht war Gerry *meine* Schöpfung, vielleicht existierte er nur in meinem Traum! Es war eine höchst eigenartige Empfindung, ein Hinübergleiten in eine andere Realität. Vielleicht waren dieser Raum, diese Vorhänge an den Fenstern, meine Liebesbriefe, die irgendwo zwischen politischen Büchern steckten, nur ein Teil meines Traums. Vielleicht war Gerry der Stoff, aus dem die Träume sind, wie der Film, den wir drehten – ein Darsteller in meinem Stück, dessen Rolle nun ein anderer übernommen hatte. Vielleicht hatte Gerry von Anfang an nur die Sätze gesprochen, die ich von ihm hören wollte. Spiegelten sich Teile meiner Vergangenheit, meiner Gegenwart und meiner Zukunft in Gerry wider, während er im Zimmer auf und ab ging? Stellte er sich vielleicht im selben Augenblick die Frage, ob *ich* wirklich existierte?

Nein. Nicht Gerry...

Mit einem Ruck fand ich in die Gegenwart zurück. Wir setzten uns nebeneinander auf die Couch. Die Sonne brach durch den Nebel und sandte milchige Strahlen durchs Fenster auf unsere Knie.

»Wie fandest du *Zwischenleben,* Gerry?« fragte ich und versuchte, mich wieder in der Realität zurechtzufinden.

Er sah aus dem Fenster und suchte nach Worten. »Ich konnte es nicht an einem Stück lesen«, begann er stockend. »Ich las immer ein paar Seiten vor dem Einschlafen. Einiges davon übersteigt mein Verständnis.« Er schwieg einen Moment. »Glaubst du immer noch an dieses spirituelle Zeug – Seelen und ewige Energie und das alles?«

Ich war nun wieder ganz sachlich.

»Ja, Gerry, mehr denn je. Meiner Ansicht nach läßt sich die desolate Weltsituation mit unserer spirituellen Unwissenheit erklären.«

Gerry hob verständnislos die Schultern.

»Aber es sind religiöse Kriege, die diese furchtbare Situation hervorrufen.«

»Ja, richtig«, sagte ich. »Genau das ist der Punkt. Religion ist nicht zwangsläufig mit Spiritualität gleichzusetzen. Jede Religion gibt ihren Anhängern zu verstehen, sie habe den heißen Draht zu Gott. Doch die Wahrheit mag sehr wohl darin liegen, daß wir *alle* mit Gott verbunden sind, daß wir alle ein Teil von ihm sind.«

Gerry seufzte.

»Ich glaube nicht an Gott. Ich glaube an meine Arbeit.«

Seine Worte klangen wie Peitschenhiebe.

Eben diese Worte hatte Charles Dance genau an diesem Vormittag mit mir geprobt.

Gerry redete weiter. »Ich glaube nicht, daß die Unwissenheit über spirituelle Dinge an den Problemen in der Welt schuld ist.«

»Wo liegen die Probleme dann?« fragte ich.

Gerry richtete sich auf.

»In der nuklearen Aufrüstung«, sagte er. »Eines Tages jagen wir uns in die Luft, wenn wir nicht damit aufhören.«

Ich blickte aus dem Fenster. Auf einem Zweig wippten ein paar Vögel auf und ab. Von der Straße klang Kinderlachen herauf.

»Ich glaube nicht, daß wir das tun werden, aber ich denke, je größer unsere Angst davor ist, desto mehr Energie bauen wir auf, die zu dieser Möglichkeit führen kann. Daher hat diese Denkweise nichts mit *meiner* Realität zu tun.«

Gerry sah mich bittend an; in seinem Gesicht sah ich einen Ausdruck rührender Verwirrung – und das bei ihm, der sich seiner Überzeugung stets so sicher war. Er versuchte ernsthaft, diese seiner Meinung nach ungeheuerlichen Worte wirklich zu verstehen. Charles Dance spielte die Rolle im gleichen Stil. Obwohl er metaphysischen Wahrheiten aufgeschlossener gegenüberstand, erfüllte auch ihn das Unbekannte mit einer tiefen Verwirrung, so daß er nicht wagte, sich eingehender damit zu beschäftigen. Der Hauptdarsteller und sein Stellvertreter waren also gut besetzt in der New-Age-Illusion meines Stückes.

Nun stellte ich mir die Frage, wie ich mich selbst spielte – und die noch bedeutsamere Frage, warum ich mich dafür entschieden hatte, noch einmal zur Realität, die ich mir erschaffen hatte, zurückzukehren.

Gerry und ich redeten über die Welt, Gorbatschow und Reagan, Mrs. Thatcher, über *Zeit der Zärtlichkeit* und über das Leben.

Alles war wieder wie damals – das gleiche Zusammenspiel, die gleiche biochemische Anziehungskraft, die gleiche geistige Sinnlichkeit. Doch er hatte eine Finanzbesprechung und ich hatte Probe.

Wir standen einander gegenüber. Schließlich stellte ich eine zukunftsbezogene Frage.

»Was würdest du tun, wenn du die Politik aufgeben würdest?«

Seine Augen glitten langsam über mein Gesicht. Ich spürte, daß er mich in diese Zukunft mit einbezog.

»Ach, ich weiß nicht«, sagte er zurückhaltend. »Ganz sicher würde eine wunderschöne Aufgabe auf mich warten. Ich liebe die Welt und die Menschen, die in ihr leben.«

Wir blickten einander scheu in die Augen.

»Gibst du mir deine neuen Telefonnummern?« fragte er.

»Die sind nicht neu«, antwortete ich. »Auch *das* hat sich nicht geändert.«

Er verstand. Rasch schrieb er seine Telefonnummern auf und gab mir den Zettel. Ich faltete das Papier und steckte es in meine Tasche. Es war wie beim ersten Mal. Auch die Gefühle waren wie beim ersten Mal.

»Denk an mich, wenn du in Schweden bist«, sagte er überflüssigerweise.

»Aus diesem Grund fahre ich nach Schweden, Gerry«, antwortete ich. »Irgendwo unter dieser schweigenden Schneedecke werde ich dich spüren.«

»Ja«, sagte er. »Ich erinnere mich.«

Wir trennten uns. Ich wußte, daß wir noch immer am Leben des anderen teilhatten – und daß dies immer so sein würde. Ich konnte damals nicht wissen, welch seltsames Nachspiel unser kurzes Zusammentreffen für mich haben sollte.

Ich kam zu spät zur Nachmittagsprobe mit Charles Dance.

»Wo warst du denn so lange?« fragte er und traf genau Gerrys Tonfall.

»Ich hatte eine Verabredung mit einem Mann, der mir vor Augen führte, daß unser ganzes Leben Kino ist und daß unsere Entwicklung daran zu messen ist, wie wir unsere Rollen spielen.«

Charles sah mich fragend an. Dann schlug er das vor ihm liegende Drehbuch auf und machte sich daran, meine Illusion *seines* Gerry zu erfüllen.

Am Tag darauf fiel unser Team in Stockholm ein. Wir hatten mit Schnee gerechnet, doch es war erst November.

Die englische Kameracrew sollte nun mit schwedischen Bühnenarbeitern und Beleuchtern zusammenarbeiten. Die schwedischen Freunde, die mir die Trance-Vermittlung nahegebracht hatten, sollten von schwedischen Schauspielern dargestellt werden. Außerdem war eine echte Trance-Vermittlungs-Seance vorgesehen, in der das Trance-Medium und seine Wesenheit Ambres sich selbst spielen würden. Es war das gleiche wie bei Kevin Ryerson und seinen Wesenheiten – nur auf schwedisch.

Man hatte mich im Sheraton untergebracht, das, wie ich feststellte, neben einem Bahnhof lag. Hoffentlich hatte unser Aufnahmeleiter die Stromspannung meines Beschallungsgeräts umstellen lassen.

Nachdem wir bis in die späten Abendstunden mit unseren schwedischen Schauspielkollegen geprobt hatten, ging ich zu Bett, da ich morgens um 6 Uhr aus den Federn mußte. Als ein Zug vorbeiratterte, schloß ich die Fenster. Ich verabscheue geschlossene Fenster, da ich ein Frischluftfanatiker bin. Ich kroch unter die Bettdecke und drehte das Beschallungsgerät an. Die Bahnhofsgeräusche versanken im Rauschen des Ozeans.

Kurze Zeit später allerdings fing es brenzlig zu riechen an. Ich sah nach: mein Apparat schwelte still vor sich hin. Und ich hatte nur diesen einen.

Ich sah Schriftzeichen an der Wand: diese Dreharbeiten handeln von der Wiederbelebung einer Illusion und der Realität einer nie funktionierenden Beschallungsmaschine.

Ich saß kerzengerade im Bett und wußte, daß ich eine Szene machen würde. Es war 2 Uhr morgens. Ich stand auf, schlüpfte in meinen Morgenmantel, ging einen Stock tiefer, weckte zuerst Stan und dann den Aufnahmeleiter. Ich führte beiden lautstark vor Augen, daß der gesamte Erfolg unserer Dreharbeiten vom störungsfreien Funktionieren meiner Beschallungsmaschine abhinge. Ich erklärte, daß ich absolut unausstehlich würde, wenn ich nicht schlafen könne und ich ihnen hiermit einen Vorgeschmack gäbe. Mein Auftritt verfehlte seine Wirkung nicht. Das Gerät wurde schleunigst repariert.

Als ich wieder im Bett lag und Brandung Nummer II in meinen Ohren rauschte, um die Bahnhofsgeräusche unter mir zu übertönen, fragte ich mich, wieso ich mir die Realität der schwelenden Geräuschmaschine erschaffen hatte. Offenbar sollte damit meine Bereitschaft, Terror auf andere auszuüben, auf die Probe gestellt werden. Ich hatte die Prüfung nicht besonders gut bestanden.

Am nächsten Tag sprach sich die Szene mit meinem Beschallungsgerät natürlich im ganzen Team herum. Ein paar Teammitglieder wollten wissen, wieso sie für mich so wichtig sei. Ich versuchte zu erläutern, was »Motivationssuggestion« war, und zu meinem großen Erstaunen waren sie nicht nur daran interessiert, wie das Ganze funktionierte, sondern zeigten sich auch an dem Stoff, über den ich geschrieben hatte, interessiert. So mancher hatte eine Großmutter oder andere Verwandte, die sich seit Jahrzehnten in irgendeiner Form mit Spiritualismus beschäftigten. Jedes Teammitglied interessierte sich für andere Aspekte: Manche waren von der Frage der Reinkarnation fasziniert, andere von der Permanenz der Energie (etwas für technologisch Fortgeschrittenere), einige interessierten sich für den philosophischen Gedanken der »Erkenntnis, daß wir alle mit der Gotteskraft verbunden sind«, andere für die Gesetze von Ursache und Wirkung. Bei einem kalifornischen Team hätte mich die Aufgeschlossenheit für die Inhalte unseres Scripts nicht gewundert. Daß unser schwedisch-britisches Team sich ebenfalls dafür interessierte, zeigte mir wieder einmal, wie universell unsere individuelle Suche nach Antwort auf die letzten Fragen war.

Im Verlauf der Dreharbeiten wurde mir klar, daß die Arbeit an einer Fernsehserie mehr ist als die Umsetzung eines Projekts – sie prägt den ganzen Lebensstil. Es blieb für nichts sonst Zeit, schon gar nicht bei den Außendrehs. Schnell bildeten wir eine Interessengemeinschaft, die bestrebt war, das Ticken der Uhr mit heiler Haut zu überstehen.

Manchmal drehten wir bis spät in die Nacht hinein und bekamen dann nichts mehr zu essen. Ich gewöhnte mir an, mir die Taschen mit Obst, Käse und Knäckebrot vom Frühstücksbuffet im Hotel vollzustopfen. Tagsüber machten wir Witze darüber, daß man die Tauben nicht füttern, sondern lieber selber verzehren sollte; zumindest aber müßte man ein paar Brotkrumen vom Taubenfutter für die Teamverpflegung abzwacken. Die langen Arbeitsstunden und das Essensproblem begünstigten die Entwicklung eines gewissen Galgenhumors.

Der englische Produktionsleiter, ein wohlerzogener Gentleman namens Alex de Grunwald, den ich bereits von früheren Produktionen her kannte, wurde zum neuen Präsidenten der Weight Watchers ernannt. Wir witzelten, daß er die Teamverpflegung für fünf Wochen sicher in seinem Aktenkoffer unterbringen könne.

Dann kam Alex an und sagte, Bob Geldof sei am Telefon und bitte die Mitarbeiter, ihre Essensreste für Äthiopien zu spenden. Weiterhin teilte er uns mit, daß zwei Beleuchter mit Schnittwunden und Abschürfungen in die Klinik eingeliefert wurden, weil sie sich wegen einer Erdnuß in die Haar geraten seien. Sollte im übrigen ein gewisser Jesus hier auftauchen und sich erbieten, Steine in Brot und Fisch zu verwandeln, würde er das persönlich zu verhindern wissen, da er sich von niemand ins Handwerk pfuschen ließe...

Eines Abends bat Alex uns, ein paar Überstunden zu machen, und versprach zur Belohnung einen Teller Suppe. Dann verteilte er perforierte Eßlöffel. Seine Armbanduhr hatte er mit Klebeband zugeklebt. Ständig sprach er mich auf meine Ruhezeit von zwölf Stunden an. Die Schauspielergewerkschaft sieht nämlich für ihre Mitglieder eine gesetzlich verankerte Pause von zwölf Stunden zwischen den einzelnen Drehtagen vor...

Alex war Produktionsleiter bei *Gandhi* gewesen. Ich fragte ihn, ob er aus uns allen Gandhis machen wolle.

Anekdoten aus der Branche hielten uns in den langen Nächten bei Laune, in denen wir mit kalter Pizza und warmem Bier aus der von einem italienisch-deutschen Ehepaar geführten Eckkneipe abgefüttert wurden. Man erzählte sich Räuberpistolen über Bob Mitchum, Richard Burton und auch über mich. Einige wußten Geschichten über mich, die ich längst vergessen hatte und auch solche, die nie passiert waren. Ich lachte über alle – und hatte auch ein paar beizusteuern. Alles in allem waren wir ein ausgezeichnetes Arbeitsteam.

In der ersten Woche in Schweden sollten wir Muster unserer Dreharbeiten in England zu sehen bekommen. Doch die Filmbüchsen erreichten uns erst gegen Ende unserer Dreharbeiten in Schweden, da das entwickelte und kopierte Material versehentlich in einer Maschine nach Tunesien gelandet war. So bekamen wir interessantes belichtetes Filmmaterial mit dem Arbeitstitel »Regen in Tunesien« vorgeführt, während ein paar Araber sich meine spirituelle Suche zu Gemüte führen konnten.

Wir drehten also buchstäblich ins Blaue hinein, hatten keine Ahnung, wie Licht, Maske, Kostüme, geschweige denn die Darstellung wirkte – weshalb unser Kameramann Brad May mir eines Tages statt des Belichtungsmessers einen weißen Plastikbecher vors Gesicht hielt.

Für die letzten Drehtage in Schweden war die Szene mit unserem schwedischen Trancemedium vorgesehen. Die meisten Teammitglieder freuten sich darauf, manche jedoch sahen dem Ereignis eher mit gemischten Gefühlen entgegen. Unabhängig von persönlichen Überzeugungen aber herrschte Einigkeit darüber, daß die Sache eben nun einmal zum Job gehörte.

Sturé Johansson war das erste Trance-Medium, das ich kennengelernt hatte – damals, als ich mit Gerry in Schweden war. Seine Wesenheit war ein alter Meister namens Ambres.

Alles war bereit: Die Schauspieler hatten geprobt, die Komparsen waren auf Position, die Lichter waren abgeblendet, und wir alle stellten uns darauf ein, daß Ambres sich durch Johanssons Körper meldete. Drei Kameras sollten die Szene aufnehmen. Der Tonmeister war gerüstet für eine längere Aufzeichnung. Sturé hatte versichert, Ambres kenne seinen Text und wisse, welche Themen er anzusprechen habe. Die Schauspieler sollten ihre Fragen an Ambres richten, und er würde darauf die gleichen Antworten wie vor zehn Jahren geben.

Butler bat um Ruhe, dann brüllte er: »Kameras ab«. Alle Kameras surrten, während Sturé sich in Trance versetzte. Daß dieser Vorgang in Bild und Ton festgehalten wurde, schien ihm nichts auszumachen.

Wir saßen in gespannter Erwartung. Plötzlich begann Sturés rechte Hand zu vibrieren. Ambres Energie war dabei, sich Zugang zu seinem Körper zu verschaffen. Ich blickte zum Tonmeister hinüber; er starrte gebannt auf seine Anzeigen. Dann drehte er wie verrückt an seinen Knöpfen und schaltete schließlich ein Zusatzgerät ein. Seine Hände flogen an die Kopfhörer, als höre er Geräusche, die er nicht hören sollte. Ich schaute von einer Kamera zur anderen. Die Assistenten hielten die Daumen hoch.

Dann war Ambres da. Das Medium erhob sich halb vom Stuhl und stand jetzt in gebückter Haltung da. Ambres sprach den Segen über die Anwesenden aus, auch über das Team. Sturés rechte Hand hörte auf zu vibrieren.

Der erste Schauspieler stellte die Frage nach der Kreativität innerhalb der Schöpfung. Ambres erläuterte, jeder von uns in jedem Augenblick seines Lebens erschaffe seine eigene Welt. Denn zu leben heiße, kreativ zu sein. Er erörterte Einzelheiten zu diesem Thema und hielt sich erstaunlich genau ans Drehbuch, bis jemand ihn nach der Bedeutung der Großen Pyramide von Gizeh fragte. Nun improvisierte er ein wenig und erläuterte, daß die Pyramide eine in Stein gehauene Bibel sei, daß sie sich im Epizentrum der Landmassen der Erde befinde und daß wir noch vor Ablauf dieses Jahrhunderts ihre wahre Botschaft erfahren würden.

Während seiner Ausführungen über die Pyramide begannen alle Glocken der umliegenden Kirchen zu läuten. Erst als er das Thema wechselte, verstummten sie wieder. Ich sah, daß der Tonmeister immer noch verwirrt in seine Kopfhörer horchte.

Die Befragung wurde ohne weitere Abweichungen vom Drehbuch fortgesetzt. Ambres spielte sich selbst, nichts anderes als ich. Er war präzise, sachlich, tiefgründig und doch klar.

Die Kameras liefen beinahe gleichzeitig aus. Butler brüllte: »Aus« und bat mich, Ambres zu sagen, er solle »seine Gedanken festhalten«, bis die Technik wieder drehbereit sei. Ambres hatte anderes im Sinn. Er kam auf mich zu und begann zu sprechen – sein Schwedisch wurde mir von einem Assistenten Sturés simultan übersetzt. Ich wunderte mich über die Eindringlichkeit seiner Worte, die in der Übersetzung sinngemäß so lauteten:

»Du hast dein Wissen stark erweitert. Doch nun mußt du deine innere Weisheit damit in Einklang bringen. Du mußt nun besonders vorsichtig sein, da du in so kurzer Zeit so viel vom Hologramm des Lebens kennengelernt hast.«

»Was meinst du mit ›in so kurzer Zeit‹, Ambres? Und warum machst du dir deshalb Sorgen?«

Er machte eine Pause, um die Energie um Sturés Körper aufzuladen.

»In alten esoterischen Schulen bedienten auch wir uns der Nadeln, wenn ein Schüler rasche Einblicke in Vergangenheit oder Zukunft haben wollte. Aber die Schnelligkeit hat ihren Preis.«

»Die Nadeln?« fragte ich.

Ambres nickte.

»Ja, die Nadeln«, sagte er. »In deinem neuen Buch schreibst du über diese Nadeln.«

Dann begriff ich. Er sprach von *Tanz im Licht*, das soeben in Amerika erschienen war. Ich hatte in Schweden bislang nicht darüber gesprochen, da es noch nicht übersetzt war. Die letzten Kapitel dieses Buches behandeln die zehntägigen parapsychologischen Akupunktur-Sitzungen, denen ich mich in Galisteo in Neu Mexiko bei der wunderbaren spirituellen Akupunkteurin Chris Griscom unterzogen hatte. Durch Akupunktur gelingt es, gewisse Kanäle zu öffnen, um die Rückführung in vergangene Leben zu erleichtern. Mit Hilfe von Akupunkturnadeln, die Chris mir an bestimmten Stellen in den Körper stach, hatte ich »Einblick« in viele meiner vergangenen Leben genommen, hatte Menschen gesehen, die mich damals wie heute begleiteten und mir damals wie heute halfen, eine Reihe von Konflikten zu klären. Nun sprach Ambres von der Wirkung dieser Akupunkturnadeln.

»Die Welt ist ein Klassenzimmer«, fuhr er fort. »Und wir leben, um zu lernen. Das Leben ist der Lehrer. Der Lernprozeß muß in gemäßigtem Tempo erfolgen.«

»Ja«, sagte ich, »ich verstehe.«

»Aha, mein Kind.« Er ließ mich nicht weiterreden. »Aber in letzter Zeit leidest du unter Schlafproblemen, habe ich recht?«

Ich war erstaunt, daß er davon wußte.

»Ja, das stimmt.«

»Nun, mein Kind – du hast zu früh zuviel begriffen. Wenn du deine Entwicklung mit solcher Hast vorantreibst, veränderst du den Energiefluß in deinem Körper zu drastisch. Die Energie, die du aufbringen mußt, um Vergangenheit und Zukunft zu ›sehen‹, kann zu Spannungen führen, deren Folge Schlaflosigkeit ist.«

»Ach wirklich?« fragte ich. Das ganze Team versuchte zu begreifen, was vor sich ging.

»Ja. Du mußt wissen, daß der Geist niemals schläft. Nur der Körper braucht Ruhe. Nachts findet jedoch eine Frequenzmodulation im Körper statt, da nun paranormale Kräfte für die Lernprozesse am Werk sind. Werden diese Kräfte überreizt, so ist die konstante Frequenz für den Schlafzustand nicht mehr gewährleistet.«

»Und was hat das mit meinen Akupunkturerlebnissen zu tun?«

»Dein Wunsch nach kosmischer Vereinigung ist extrem stark. Er hat dich auf die Suche nach Beziehungen zu deinen Eltern, besonders zu deiner Mutter, in vergangenen Lebensphasen getrieben. Deine Forschungen waren nicht gefährlich, haben dich jedoch verwirrt und sich auf deine Fähigkeit einzuschlafen ausgewirkt. Verstehst du?«

Die Konflikte, die ich mit meinen Eltern in vergangenen Leben hatte, zogen an mir vorbei, wie bei der Behandlung unter den Nadeln. Ja, ich begriff, wovon Ambres redete. Da war Gewalt im Spiel gewesen. Gewalt, die meine Mutter in einem Leben auf mich ausgeübt hatte, in dem sie nicht meine Mutter gewesen war. Deshalb fiel mir die Erinnerung so schwer.

»Du mußt die Reaktionen auf das, was du sahst, mit deinen heutigen Gefühlen in Einklang bringen. Dann wird deine ausgeglichene Schlaffrequenz wieder hergestellt sein. Für alles, was du hastig tust, mußt du bezahlen. Deshalb sei vorsichtig. Du kannst nun große innere Weisheit entwickeln, um dein Wissen auszugleichen. Weisheit und Wissen befinden sich auf zwei verschiedenen Ebenen des Verstandes.«

Das Team war wieder drehbereit.

»Danke, Ambres«, sagte ich. »Ich werde über das, was du mir gesagt hast, nachdenken. Es tut gut, wieder mit dir zu sprechen. Du hast mir gefehlt. Du warst mein erster Lehrer.«

Ambres lächelte.

»*Du* warst dein erster Lehrer«, rief er mir ins Gedächtnis.

Er begab sich wieder auf seine Position im Kreise der Komparsen. Nun wußte jeder über meine Schlafstörungen und die Konflikte mit meinen Eltern in meinen früheren Leben Bescheid. Ich hatte jedoch vor Jahren schon die Erfahrung gemacht, daß kaum jemand aus spirituellen Kreisen sein Wissen über andere mißbraucht.

Erneut senkte sich Schweigen über den Raum. Butler brüllte »Kameras ab«, und Ambres setzte seinen spirituellen Vortrag fort, bis die Szene zu Ende war. Sturé setzte sich, und Ambres segnete die Anwesenden. Dann verließ er Sturés Körper und wieder begann der rechte Arm des Mediums zu vibrieren. Bald darauf erlangte Sturé das Bewußtsein wieder, trat auf mich zu und sagte seinen Drehbuchtext.

»Ich hoffe, Sie haben heute Abend etwas gelernt«, meinte er. »Ich muß mich nun ausruhen. Ich erwarte später noch eine Gruppe.«

Ich bedankte mich, sagte, wie erstaunt ich sei, und Butler brüllte: »Aus«.

Während alle durcheinanderredeten, ging ich zu David, dem Tonmeister.

»Was war denn mit Ihrem Gerät während der Sitzung?« fragte ich ihn.

David machte ein erschrockenes Gesicht.

»Ich verstehe das nicht. Alle Wellenlängen wiesen erhebliche Schwankungen auf. Die Batterien waren in der Hälfte der Zeit leer. Und dann denk' ich, ich höre nicht recht; aber plötzlich hatte ich Radio Moskau im Kopfhörer! Höchst sonderbar.«

Ich zuckte die Schultern. Mir fiel ein, daß McPherson vorhergesagt hatte, daß bei der Szene mit Ambres ungewöhnliche Erscheinungen auftreten könnten.

»Ich weiß nicht, David«, sagte ich. »Ich beginne mich selbst erst etwas mit der Wirkung elektromagnetischer Frequenzen zu beschäftigen. Mit technischen Phänomenen hatte ich noch nie was am Hut.«

David bedeutete mir, mich näher zu ihm herunterzubeugen.

»Ich weiß, daß für die restlichen Dreharbeiten ein amerikanisches Team vorgesehen ist. Ich würde mir jedoch nichts sehnlicher wünschen, als mit euch nach Peru zu fliegen. Ich habe das Gefühl, daß ich dabei viel lernen könnte. Aber mir wird wohl keine andere Wahl bleiben, als dem Mann, der meinen Platz einnimmt, eine gute und lehrreiche Zeit zu wünschen. Jeder von uns findet schließlich seinen richtigen Platz, nicht wahr?«

»Danke, David; ich werde Sie auf dem laufenden halten. Ich bin überzeugt, daß wir alle das lernen werden, was wir lernen müssen.«

Nach der Sitzung packten wir unsere Sachen zusammen. Das Team begann, den Set zu räumen. Wir waren müde und ausgehungert. Ich blieb noch einen Moment stehen und blickte mich ein letztes Mal im Raum um. Von draußen hörte ich ein blechernes Scheppern.

»Was ist das?« fragte ich einen vom Team.

»Alex de Grunwald«, gab er zur Antwort. »Er kramt in den Mülltonnen nach einem Mittagessen für das Team morgen.«

Alle lachten. Alex erschien mit einem verschlagenen Lächeln in der Tür.

»Ich bedanke mich bei euch allen.« Und dann verkündete er: »Im übrigen schreibe ich ein neues Buch mit dem Titel *Arbeiten, ohne zu essen oder Schweden für einen Cent pro Tag*. Ich freue mich darauf, jedem ein Exemplar mit persönlicher Widmung zum Gedenken an unsere schöne Zusammenarbeit zu überreichen.«

Die Mannschaft buhte ihn aus.

Mit den Engländern war das so eine Sache: sie konnten jeder Situation eine humorvolle Seite abgewinnen, selbst nach dem Besuch einer Wesenheit aus einer anderen Welt.

Noch in dieser Nacht erfuhren wir, daß in ganz Nordschweden genau zu der Zeit, in der wir drehten, das normale Radioprogramm unterbrochen wurde, und statt dessen jemand, der sich »Ambres« nannte, einen seltsam durchgeistigten Vortrag hielt. Kein Mensch wußte, was das zu bedeuten hatte.

Zehntes Kapitel

Am letzten Abend in Schweden spazierte ich durch den Neuschnee und dachte über das Drama und die Theatralik des Lebens nach. Ich machte einen Spaziergang durch den Park, in dem Gerry und ich Rehe gefüttert hatten. Ich blieb unter dem Baum stehen, unter dem Gerry mir erklärt hatte, er könne mich und sein übriges Leben nicht in Einklang bringen – während seine Frau im Hotel auf ihn wartete. Die Schneeflocken fielen als stumme Zeugen der Zeitlosigkeit des menschlichen Dramas. Wir spielten unsere Rollen, als hinge unser Leben von der Vorstellung ab. Und so war es ja auch.

Ich dachte an meine Eltern. Beide spielten in einem Theaterstück, das inzwischen zweiundachtzig Jahre dauerte. Fünfundfünfzig Jahre waren sie nunmehr gemeinsam auf der Bühne gestanden.

Bei längerem Nachdenken schien mir das geradezu unglaublich. Wie konnten zwei Menschen fünfundfünfzig Jahre ohne Trennung zusammenleben? Welche Art von Gelöbnis steckte dahinter? Es war ein Tanz der Gegensätze zwischen ausgeklügelten, buntschillernden Extremen, eine Konstellation, die für mich undenkbar gewesen wäre. Meine Eltern waren einfach Gegenspieler in einer Tragikomödie, in die sie hoffnungslos verstrickt waren. Alle anderen Menschen in ihrem Leben spielten nur Nebenrollen auf ihrer Bühne.

Und nun stand Thanksgiving vor der Tür. Meine Mutter hatte angerufen, um mir zu sagen, daß Dad krank sei und sein Zustand sich täglich verschlechtere. Mit tränenerstickter Stimme meinte sie, sie störe mich nicht gern bei der Arbeit, doch es wäre vielleicht besser, wenn ich ihn bald besuchen würde. Sie wollte meine Tochter Sachi verständigen.

Natürlich sagte ich zu. Unsere Dreharbeiten in Stockholm waren kurz vor Thanksgiving beendet. Bis zu den Außenaufnahmen in Hawaii in der Woche danach hatte ich frei. Es war, als habe hier jemand einen Zeitplan entworfen; außerdem erschien es mir so, als ob sich die »Realität« des nahenden Alters in zunehmendem Maße mit meinem Leben verwob. Sie war nunmehr eine konstante Größe, die mit jedem nächtlichen Telefongespräch deutlicher zutage trat.

Ich rief Sachi an. Sie hatte ihr eigenes Drama zu bewältigen: den plötzlichen tragischen Tod ihrer Schauspiellehrerin, der für sie unfaßbar war. Die Frau mußte am Steuer ihres Wagens eingeschlafen sein, war auf die Gegenfahrbahn geraten und frontal in ein entgegenkommendes Fahrzeug gerast. Ihr Wagen explodierte und sie verbrannte bis zur völligen Unkenntlichkeit. Ein grausames, plötzliches Ende und doch selbstbestimmt – wie alle Ereignisse im Leben.

Sachi und ich hatten ein langes Gespräch über die Gründe, warum sich jemand einen solchen Tod aussuchte. Der Unfall hatte keine weiteren Todesopfer gefordert; es hatte ansonsten nur Leichtverletzte gegeben. Wir stellten Überlegungen an, welche karmischen Beziehungen die Frau mit dem Fahrer des entgegenkommenden Wagens haben mochte. Beide waren wir überzeugt davon, daß es den Begriff »Zufall« nicht gab, doch ein so schmerzhafter Verlust führte zwangsläufig zu ernsthaften Fragen, die vielleicht halfen, die Last leichter zu tragen. Wir sprachen davon, wie viele tragische Todesfälle sich in letzter Zeit ereignet hatten. Oder bildeten wir uns das nur ein? Nein, bestimmt nicht. Und wir spürten, daß viele Menschen in unserer Nähe sich in den kommenden Jahren dafür entscheiden würden, zu gehen – so, als könnten sie mit dem Aufbruch in die Energie des New Age und den Umbrüchen der modernen Welt nicht mehr Schritt halten, als könnten sie nicht mehr teilhaben an der Verwandlung und als würden sie deshalb mit Hilfe karmischer Gesetze ihren Körper verlassen.

»Spielt die Welt verrückt, Mom?« fragte Sachi, nachdem sie

über die Gewalt in den täglichen Nachrichtensendungen geredet hatte.

Unser Gespräch dauerte viele Stunden. Beide vertraten wir die Ansicht, daß Großes in der Welt vor sich ginge, etwas, das nicht zu vergleichen war mit der Vergangenheit, in der die Menschheit von Weltkriegen, Seuchen und Hungersnöten heimgesucht wurde. Es kam uns so vor, als sei unser Planet mit einem riesigen *Hausputz*, einem Läuterungsprozeß beschäftigt, als würde Energie aus alten, karmischen Mustern gelöst werden. Etwas war in Bewegung geraten, und jedes Ereignis geschah aus einem bestimmten Grund. Dieser Lernprozeß trug vielleicht dazu bei, unser beengtes Denken zu erweitern, unseren Wahrnehmungen größeren Weitblick zu verschaffen und uns zu einer friedlichen Zukunft zu verhelfen.

Jene Menschen, die beharrlich an überkommenen Vorstellungen von Verurteilung, Schuldzuweisung, Angst, Bitterkeit, Zorn und Rache festhielten, bewegten sich nicht nur in begrenzten Denkschemata, sie liefen auch Gefahr, zu einer Ausweitung dieser destruktiven Energie beizutragen, die sich irgendwann als *ihre* negative Realität manifestieren konnte, genau wie sie befürchtet hatten.

Menschen, die spirituelle Sichtweisen zynisch als »Wunschdenken« und »Realitätsflucht« bezeichnen, haben absolut recht. Wir bekommen alle das, woran wir glauben. Unsere Erwartungen werden grundsätzlich erfüllt. Und mit der Beschleunigung der Energie des New Age würden negative – wie auch positive – Projektionen schneller Wirklichkeit werden als je zuvor.

Einen Tag vor Thanksgiving besuchte ich meine Eltern.

Bleich und abgemagert lag Dad auf seinem Bett. Ich betrat das Zimmer und betrachtete ihn, wie er schlief. Dann beugte ich mich über ihn und gab ihm einen Kuß. Er schrak auf, dann lächelte er. Er hatte mich nicht erwartet.

»Oh, Äffchen«, sagte er mit schwacher Stimme. »Als sie mich im Krankenhaus an diesen Tropf hängten, machte ich die Augen zu und da senkte sich dieser unvergleichliche Friede über mich, wie ein großer Regenschirm.«

Ich sagte nichts – aus Angst, meine Stimme würde mich verraten.

»Ja«, setzte er bedächtig hinzu. »Ich wußte, es würde alles in Ordnung kommen. Und ich sagte mir: Ein paar von Shirleys Leuten werden sich da oben um mich kümmern; ich hab' nichts zu befürchten. Sollen diese verdammten Ärzte mich in den Arm pieksen und idiotische Aufnahmen von meinen Eingeweiden machen, soviel sie wollen.«

Ich setzte mich neben ihn und nahm seinen bleichen, mageren Arm. Er atmete schwer und legte eine Hand auf die Brust. Ich betrachtete seine langen Finger und dachte daran, mit welcher Zartheit er in früheren Jahren über die Geigensaiten strich, damals, als er mir beibrachte, wie die Töne sich veränderten und wie Musik entstand.

»Erinnerst du dich an das duftige, schulterfreie Kleid, das du auf dem Schülerball oder Schönheitswettbewerb getragen hast?« fragte er.

Ich nickte und schluckte meine Tränen hinunter.

Ich erinnerte mich genau an das gelbe Organzakleid mit der weißen, trägerlosen Rüschencorsage.

»Ich wäre vor Stolz beinahe geplatzt, als ich dich darin sah, und deine Mutter war der seltsamen Meinung, ich wollte es dir nicht kaufen.«

Ich sah ihn an und wußte, daß wir nun in einem Umkehrungsprozeß begriffen waren. Er war jetzt mein hilfloses Kind, das von mir abhängig war und sich nach Zuneigung und Liebe sehnte. Er hatte mich beschützt und für mich gesorgt, als ich abhängig und hilflos war; nun hatten wir die Rollen getauscht.

Sachi hatte mir von ihrem letzten Besuch bei ihm erzählt. Er hatte ihr gesagt, daß *ich* eines Tages auf sie angewiesen sein würde. Das sei der Kreislauf des Lebens, der von jedem Mitglied der Familie die Erfahrung verlange, zu sorgen und umsorgt zu werden.

»Viele Eltern haben Kinder, die sich nicht um sie kümmern«, sagte er. »Aber ich bin der reichste Vater der Welt, denn ich habe Kinder, die sich sehr um mich kümmern.«

Er dämmerte wieder in einen Halbschlaf hinein. Ich saß neben ihm und betrachtete ihn. Würde er sich entschließen zu gehen? Würde er ein sichtbares Zeichen geben? Wie konnte ich mich darauf vorbereiten? Würde er einen Augenblick wählen, den er für richtig hielt – so wie er den Augenblick seiner Geburt gewählt hatte? Und nun die wichtigste Frage: War das, was ich *Tod* nannte, von der anderen Seite her gesehen nicht so etwas wie eine Geburt? Betrachtete nicht die Seele, deren natürlicher Lebensraum die spirituelle Dimension war, das Leben in der Hülle des menschlichen Körpers als Beengung?

Lange blickte ich Dad an. Sachi war schon bei ihm gewesen und unterhielt sich nun mit Mutter im Wohnzimmer.

Dann öffnete Dad wieder die Augen.

»Ich habe Sachi gesagt«, begann er wieder, »sie soll nicht auf die Männer reinfallen wie du, sie soll sich von ihnen nicht den Kopf verdrehen lassen. Wir haben uns nett unterhalten. Deine Mutter meint, Sachi muß nur zwei Dinge im Leben beachten.«

»Und die wären, Daddy?« fragte ich.

»Sie muß aufpassen, daß sie nicht wie eine Japanerin geht und daß sie nicht zu breite Hüften bekommt.«

Ich lachte laut auf. Was immer auch geschah, seinen Humor würde mein Vater nie verlieren.

»Aber sie muß sich mit den Männern in acht nehmen. Sie werden sie ausnützen, weil sie ein niedliches, kleines Ding ist, und dann wird sie Mitleid mit ihnen haben, genau wie du. Sag ihr um Himmels willen, daß sie kein Wohltätigkeitsverein ist.«

Ich hielt seine magere Hand in meiner und tätschelte sie zärtlich.

»Ja, Daddy, das sage ich ihr. Jetzt solltest du dich etwas ausruhen.«

Er nahm sein Hörgerät ab.

»Diese verdammten Dinger kosten über tausend Dollar. Ein hoher Preis dafür, sich Unsinn anzuhören. Aber das ist das Schlimmste am Altwerden, weißt du.«

»Was denn, Daddy?«

»Anderen auf die Nerven zu gehen.«

Er sah mich lange und nachdenklich an.

»Darf ich dich was fragen?« begann ich schließlich.

»Ja«, antwortete er.

»Hast du dich entschlossen, vor Mutter zu gehen?«

Er blickte mich weiterhin eindringlich an, ohne auch nur zu blinzeln.

»Nein«, sagte er. »Ich habe mich noch nicht entschieden. Aber ich bemerke, daß deine Mutter immer kräftiger wird und ich hinfälliger. Sie hat noch so viel vor.«

»Was hast du denn noch vor, Daddy?«

Er schaute sich im Zimmer um, als suche er etwas.

»Na ja«, meinte er schließlich. »Ich möchte die Verfilmung deines Buches im Fernsehen noch erleben und Warrens neuen Film. Bis dahin bleibe ich vermutlich noch.«

Er holte tief Luft.

»Ich konnte nie Blut sehen, und jetzt bekomme ich ständig diese Bluttransfusionen und weiß, daß alles davon abhängt. Ich versuche, etwas kräftiger zu werden. Jetzt habe ich dich und Sachi gesehen, und Warren kommt sicher zu Weihnachten.«

»Es ist also abgemacht, daß du auf alle Fälle noch bis zum nächsten Frühling bei uns bleibst.«

»Ja«, sagte er, »das kann ich dir versprechen.«

»Ich hab' dich lieb, Daddy«, sagte ich.

»Ich hab' dich auch lieb«, antwortete er. »Mehr, als ich dir je sagen kann.«

Er strecke die Arme nach mir aus. Ich umarmte ihn, ohne ihn zu fest an mich zu drücken. Dann sank er langsam wieder in die Kissen zurück.

»Jetzt muß ich ein kleines Nickerchen machen«, sagte er. »Danke, daß du mir zugehört hast. Danke, daß du mit mir geredet hast. Und jetzt sag dem Boß, daß ich immer noch angezogen auf dem Bett liege, sie kann also reinkommen und mir einen Gutenachtkuß geben.«

Ich nickte, küßte ihn auf die Stirn und ging aus dem Zimmer.

Sachi und Mutter unterhielten sich angeregt, als ich eintrat. Sie redeten über Dads Zustand und darüber, daß das Leben trotz allem weiterging.

»Mom?« fragte Sachi in fragendem Ton. »Weißt du, was Großvater gesagt hat, bevor du kamst?«

Ich setzte mich mit einer Tasse Tee.

»Nein, Liebling. Was?«

»Erinnerst du dich an diese alte Jungfer Helen, die letztes Jahr hier war?«

»Ja.«

»Großvater sagt, sie leide unter einer schrecklichen Jungfern-Krankheit aus Hawaii.«

»Ach ja? Welche denn?«

»Eine Krankheit, die sich ›Lackanookie‹ (Schwanzmangel) nennt«, sagte sie mit Unschuldsmiene, ohne eine Spur von Heiterkeit.

»Ist dein Vater nicht schrecklich?« sagte Mutter. »Wie soll ich Sachi das bloß erklären?«

»Das mußt du nicht«, sagte ich.

Sachi stupste Mutters Knie an.

»Ich kann mir ungefähr denken, was er damit meint, Großmutter. Wo nimmt er nur diesen Humor her, wenn es ihm so schlecht geht?«

»Dem kann es noch so schlecht gehen, Zoten hat er immer auf Lager«, sagte Mutter mit gespielter Entrüstung. Unvermittelt stand sie auf und ging an ihren alten Sekretär.

»Sieh mal Shirl«, sagte sie in jungmädchenhafter Begeisterung. »Vielleicht ist das eine gute Idee – ich weiß nicht.« Sie gab mir einen Vertragsabschnitt von Reader's Digest. »Seit Jahren zahle ich da Monat für Monat rein, um an den Hauptgewinn zu kommen – sieh mal, wieviel das ist.«

Ich sah mir den Abschnitt an. Es waren $ 5 100 100.

»Ja, dein Vater hält mich für verrückt, und sonst habe ich mit niemandem darüber gesprochen. *Aber ich könnte gewinnen, weißt du.*«

Ich blickte Sachi an. Sie blickte Mutter an.

»Ja, Großmutter«, sagte sie voll Verwunderung. »Du könntest gewinnen, vor allem, wenn du daran glaubst.«

»Und dann gebe ich die Hälfte davon dir und Sachi, falls ihr mal in eine finanzielle Notlage kommt. Und den Rest trag' ich sofort zur Bank und sage den Mädchen, sie sollen es gut für mich anlegen, für später, wenn ich mal alt bin.«

Mir sprangen beinahe die Augen aus dem Kopf. Ich konnte mir nicht verkneifen zu sagen: »Und wann glaubst du, daß das sein wird?«

Mutter lachte laut.

»Ich?« kicherte sie. »Auf alle Fälle werde ich zweiundneunzig, das steht bereits fest. Das Leben ist doch so spaßig ... Ob ich wohl nach all den Jahren noch soviel Geld gewinnen werde? Ich habe diese kleinen Reader's Digest Bücher immer gern gelesen – ein ganzes Buch ist mir einfach zu lang. Für das Geld, das ich da reinbezahlt habe, habe ich mich gut unterhalten.«

Sachi stand auf, um Tee nachzuschenken. Es gab Aspekte positiven Denkens, die selbst uns neu waren.

Meine Mutter sah mich liebevoll an.

»Hat Daddy dir gesagt, daß er noch immer angezogen auf dem Bett liegt, damit ich reinkomme und ihm einen Gutenachtkuß gebe?« fragte sie.

»Richtig.«

Sie zuckte mit den Achseln und strich sich eine Haarsträhne aus der Stirn.

»Was würdest du empfinden, wenn er vor dir ginge?« fragte ich.

Sie verschränkte die Arme.

»Weiß ich nicht«, sagte sie. »Darüber will ich nicht nachdenken.« Einen Augenblick waren ihre Augen voll Schmerz, dann aber hatte sie ihre Gefühle wieder unter Kontrolle und meinte:

»Eins weiß ich allerdings. Wenn er geht, muß ich zusehen, wie ich alleine mit all den Maschinen im Haus zurechtkomme. Dein Vater hat es nie für nötig befunden, mir auch nur einen Handgriff dabei zu zeigen. Er wollte immer der Größte sein und hat mir nie beigebracht, wie irgendwas funktioniert, Shirl.«

Ihr Sinn fürs Praktische hatte mir immer imponiert. Dann dachte sie einen Augenblick nach.

»Evie sagt, die Stille im Haus sei für sie nach Glenns Tod das Schlimmste gewesen. Mir würden unsere Gespräche über das Fernsehen oder das Abendessen fehlen.« Sie stockte einen Moment. Dann fügte sie hinzu: »Am meisten aber wird mir sein wunderbarer Geist fehlen. Sein Verstand, der nie aufhört zu fragen und immer Zusammenhänge herstellt. Sein scharfer, brillanter Verstand.« Ihre Stimme versagte.

Ich saß ganz still.

Dann begann sie wieder mit energischer Stimme. »Aber ich könnte euch Kinder öfter besuchen.« Sie warf mir einen schüchternen Blick zu. »Das heißt, wenn ihr eine alte Frau, die am Stock geht, überhaupt im Haus haben wollt.«

Sachi kam aus der Küche. »Hör mal Großmutter. Du mußt mich besuchen kommen. Ich möchte aus Mutters Wohnung ausziehen«, – sie machte eine Geste in meine Richtung – »um etwas selbständiger zu werden. Dann besuchst du mich, und wir haben viel Spaß miteinander.«

Mutter zwinkerte mir zu, stand auf, tätschelte Sachis Wange und ging, um ihrem Mann, mit dem sie fünfundfünfzig Jahre zusammengelebt hatte, gute Nacht zu sagen.

Ich wußte, die beiden würden noch eine Weile bei uns bleiben.

In den nächsten Tagen bei Mom und Dad dachte ich viel darüber nach, was Ambres über das Trauma meiner vergangenen Leben mit ihnen gesagt hatte. Ich begann, die Realität, daß meine Eltern – wie im übrigen auch meine Tochter – Wesen aus zahlreichen gemeinsamen Lebenserfahrungen waren, in einem globaleren Zusammenhang zu betrachten.

Während ich mit ihnen redete, lachte und scherzte, ließ ich die

Bilder jener Erfahrungen aus früheren Leben durch meine Gefühlswelt ziehen und versuchte meine gegenwärtigen Gefühle für sie darin zu integrieren. Wir alle waren durch Macht mißbraucht worden und hatten Machtmißbrauch betrieben. Ambres hatte recht: Ich hatte Mom und Dad mit Augen der Vergangenheit »gesehen«. Wir waren nicht immer Eltern und Kind gewesen. Wir hatten gemeinsame Erlebnisse, und die Erinnerungen daran, die bei der Akupunktur geweckt worden waren, beschäftigten mich sehr.

Als ich sie mir nun beim Frühstück ansah, die beiden liebenswerten, koboldhaften Menschen, die sich mit den Unabänderlichkeiten der Zeit auseinandersetzten, sah ich sie plötzlich wie mit uralten Augen: so, wie sie in einer längst vergessenen Zeit zusammengelebt hatten, an die sie sich kaum erinnern konnten. Wieder kam mir der Gedanke, daß ich die beiden Menschen in diesem Leben als Elternfiguren erwählt hatte, weil sie mich immer so tief berührt hatten, und weil sie mich stets zu so vielen Lernprozessen angeregt hatten.

Ich hatte sie mir nicht nur *jetzt* erwählt, sondern auch in früheren Zeiten und in vielen Rollen. Vielleicht hatte ich tatsächlich meine eigene Geschichte erwählt. Vielleicht war das, was Ambres als »zu frühe« Erkenntnis bezeichnete, mit der tiefsten aller Wahrheiten verbunden: daß ich selbst verantwortlich war für alles, was ich mir erwählt hatte zu sehen und zu tun. Ich hatte die Menschen und Ereignisse aus der Gesamtheit meiner Lebenszeit angezogen – in dem langen, langsamen, stetigen Prozeß, der mich selbst »irgendwann« zur Vollendung führen würde.

Je mehr Bruchstücke aus der spirituellen Sphäre sich an die richtigen Stellen schoben, je deutlicher das verwirrende Flechtwerk unserer vielfältigen Identitäten und Zweckgebundenheiten sich zu erkennen gab, desto entspannter begann ich mich zu fühlen. Eine angenehme Ruhe begann sich in mich zu senken. Meine Zuneigung zu meinen Eltern wurde zärtlicher, inniger, verständnisvoller. Zugleich brachten diese Gefühle mich dazu, über mich selbst nachzudenken. *Sie* waren *ich*. Und *ich* war *sie*, nicht in einer von der Genealogie bestimmten Form, sondern in philosophischer und spiritueller Hinsicht.

In der letzten Nacht meines Besuches bei meinen Eltern schlief ich elf Stunden. Endlich fügten sich die Szenen aus der Vergangenheit harmonisch in die Szenen der Gegenwart ein. Wir erschufen die Gegenwart aus der Zukunft vor dem Hintergrund der Vergangenheit, wie Lazaris sich ausgedrückt hatte.

Elftes Kapitel

Nach Thanksgiving versammelte unser Filmteam sich auf Hawaii für unseren nächsten Auslandsdreh. Die zehn Jahre zurückliegende Liebesgeschichte zwischen Gerry und Shirley umspannte noch einmal den Globus.

Unser gut gerüstetes Filmteam war gleich einer Armee von den verstopften Straßen Londons in den lautlosen Schnee Schwedens vorgerückt und begab sich von dort in das üppige, balsamische Palmenparadies der Nordseite der Insel Oahu. Von meinem Hotelzimmer blickte ich auf ein türkisgrünes Meer, dessen tosende Brandung mein Beschallungsgerät beschämte.

Der sanfte Rhythmus der Inselwelt Hawaiis wirkt immer sehr erholsam auf mich: Hier finde ich wirklich Frieden. Die Inseln erzählen von einer harmonischen Lebensweise, die es hier vor langer Zeit einmal gab und die es wieder geben würde, wenn wir aufhörten, sie zu vermarkten.

Die Filmgesellschaft gab zur Begrüßung des Teams ein ›Luau‹. Man trug geblümte Hawaiihemden und Schilfröckchen, zupfte Ukuleles und schwang die Hüften.

Brad hatte seine Freundin zum Drehort mitgebracht, Charles Dance war mit Ehefrau Joanna und den Kindern angereist, Stan war mit seiner Frau Lillian gekommen, und ich hielt mich an Harold (der sich soeben ein Haus auf Oahu gekauft hatte). Angenehme Auslandsdrehorte ziehen stets Familien, Freunde und Liebhaber an, die während der Drehzeiten schöne Tage verbringen können.

Brad arbeitete nun mit seiner amerikanischen Crew, mit der er sich wesentlich wohler fühlte. Alle hatten das Drehbuch gelesen, und nicht wenige interessierten sich für Metaphysik. Viele waren fasziniert von dem Gedanken an unsichtbare Energien. Zunächst war es zumeist ein Interesse, wie es Technikexperten neuen wissenschaftlichen Erkenntnissen entgegenbrachten. Dann aber fragten viele weiter: Woher kam alle Energie? War dieser Kern das, was wir Gott nennen? Die Teammitglieder waren nicht unbedingt religiös. Sie wurden sich lediglich der Tatsache bewußt, daß eine intelligente und harmonische, unsichtbare Energie jegliche Lebensaktivität durchdrang und zu regieren schien, ob man sie nun identifizieren konnte oder nicht. Und so begannen wir, in den Drehpausen Bücher und Gedanken auszutauschen.

Jeder hatte ein anderes Motiv für sein Interesse. Was als belangloser Gedankenaustausch begann, wuchs sich beim Mittagessen zu hitzigen Debatten aus, vor allem deshalb, weil jeder sich bewußt war, daß das Gesetz von Ursache und Wirkung bei technologischen Prozessen ganz ähnlich wirkte wie bei Prozessen in unserem Leben. Was beide Bereiche verband, war das Wirken von Energie. Bei unserem Erfahrungsaustausch erkannten wir deutlich, daß alles im Leben, ob in technologischen oder emotionalen Bereichen, eine Frage des Zusammenspiels positiver und negativer Energien war und daß *negativ* nicht gleichbedeutend mit schlecht war. Es stellte lediglich den Gegenpol – die andere Waagschale – zum *Positiven* dar. Negative Energie war ebenso notwendig wie positive. Der gegenseitige Austausch erschuf Leben. Die männliche Energie (Yang) war positiv; die weibliche Energie (Yin) negativ. Das lehrte uns die Wissenschaft – und das Leben. Denn ohne diese beiden Kräfte gab es kein Leben. Das Wissen um diese Urprinzipien half uns zum besseren Verständnis, daß das »Böse« nur in Relation zum Blickwinkel existierte: Wenn ein Kind stahl, um nicht zu verhungern, wenn ein Mann tötete, um seine Familie zu beschützen, eine Frau abtrieb, statt ein ungeliebtes Kind zur Welt zu bringen, wenn ein Terrorist Morde beging, weil er sein ganzes Leben lang im Glauben erzogen wurde, Töten sei sein Recht und seine verdammte Pflicht – waren sie dann wirklich böse? Und selbst ein Mensch, der »lediglich» aus Haß oder Habgier tötete, sah in seinen Motiven *sein Bedürfnis* – nur die anderen verurteilten seine Handlungsweise als »böse«.

Diese Denkkonzepte konnte man nicht einfach akzeptieren oder sich zu eigen machen; sie führten zu hitzigen Auseinandersetzungen. Manchmal explodierte einer der Disputanten in einen Wutanfall über seine Blockaden. Ein anderer half ihm dann, die Blokkaden abzubauen. Dann wieder hatte jemand eine so erleuchtende Erkenntnis, daß wir alle den ganzen Tag wie auf einer Wolke der Harmonie schwebten.

Die Dreharbeiten selbst wurden zur physischen Manifestation unserer Lernprozesse und Belastungsproben. Die Sonne, der Sand und der Wind waren herrlich. Die langen Arbeitszeiten dagegen waren brutal. Oft arbeiteten wir von halb sieben Uhr morgens (wegen der Morgensonne) bis weit nach Mitternacht. Am Ende eines solchen Arbeitstages drehten wir eine Liebesszene zwischen Charles und mir um halb fünf Uhr morgens. Die Szene verlangte von uns beiden Zusammenbrüche und Tränen, was uns nicht schwerfiel.

In einer anderen Szene, in der ich mich den Wonnen der Brandung hingab, wurde ich von einer Qualle gestochen, was zu allerlei Spekulationen über meine Beziehung zu diesem Tier in vergangenem Leben Anlaß gab.

Endlich konnten wir »Muster« sehen. Sie gefielen uns: Das Material hatte eine große persönliche Aussagekraft, das Licht wirkte sehr echt. Unser Spiel hatte Dokumentarcharakter – doch wenn jemand von meiner Rolle als »Shirley« sprach, zuckte ich stets zusammen: Es klang so erschreckend unpersönlich. Irgendwie kam es in einzelnen Wellen über mich, daß ich mich selbst darstellte.

Zu Beginn der Vorbereitung waren wir übereingekommen, den Film in gedeckten Farben zu halten: in beigen, blassen Erdtönen und Naturfarben mit vereinzelten Farbakzenten. Dabei hatten wir unsere Außenaufnahmen in Peru vor Augen und glaubten, daß der vorsichtige Einsatz von Farben einen guten Kontrast darstellen würde. Nach den ersten Mustern änderten wir unsere Meinung: Ich sah in den Beigetönen, die ich trug, ziemlich langweilig aus. Die Anforderungen an mich als Schauspielerin waren überdurchschnittlich hoch, ohne daß mir das bewußt geworden wäre. In solchen Augenblicken wurde mir klar, wie wichtig das Zusammenspiel von Kostüm und Szenenbild für die Gesamtkonzeption des Films war.

Die Szenen spielten im farbenprächtigen Hawaii, und ich lief im eintönigen Muumuus herum. Das klappte nicht. Ich sah trübsinnig und langweilig darin aus. Ich sollte in einer aufregenden Liebesgeschichte schwelgen und wirkte von meiner Kleidung her so anregend wie die Stimmungsmusik in einem Hotellift. Ich entschied mich für einen rosafarbenen Muumuu und einen bunten Hut. Das wirkte sich nicht nur positiv auf unser Spiel aus, es weckte auch meine Lebensgeister.

Der Gedanke an eine bevorstehende Badeszene kann für eine Schauspielerin lebensbestimmend sein, er wird sie ständig begleiten, besonders dann, wenn die Verpflegung in den Drehpausen aus üppigen Buffets besteht und die Pina Coladas die besten der Welt sind. Auch das Gefühl, wieder auf amerikanischem Boden zu sein, motivierte mich, jeden Morgen zum Frühstück zwei Spiegeleier mit knusprigem Schinken und viele Scheiben Toast mit Orangenmarmelade zu verschlingen. Englischer Haferschleim und schwedischer Hering hingen mir so sehr zum Halse heraus, daß das amerikanische Frühstücks-Buffet im Hotel mich verleitete, Dinge zu essen, die ich ohne längeren Auslandsaufenthalt nie angerührt hätte.

Da ich all diesen Gelüsten nachgab, mußte ich mich eben zwischen den Umbauten einigen hundert Yoga-Positionen und Laufübungen auf der Stelle unterziehen. Das ist keineswegs lustig, wenn die Schminke im Schweiß zerläuft und man auf das Kostüm zu achten hat. Dazu kommt, daß die Langeweile in den Drehpausen von einem einzigen zwanghaften Gedanken erfüllt ist: *Essen*. An Drehorten gibt es stets massenweise Kekse, Krapfen, Torten und Pfannkuchen: damit kann das Team erstens billig und zweitens zeitsparend abgefüttert werden. Außerdem unterliegt man noch dem Trugschluß, vom Zucker Energie zu gewinnen. Nichts liegt der Wahrheit ferner als das – aber einen Kokosnußkrapfen oder Heidelbeerpfannkuchen gegen eine Mango einzutauschen, fällt begreiflicherweise oft schwer. Daher fällt die Wahl auf Pfannkuchen mit Kaffee; Hüften und Taille werden für den Rest des Tages verflucht, weil sie mangelnde Disziplin so schamlos verraten. Beim Abendessen hat man das Gefühl, aus Gesundheitsgründen essen zu *müssen*. Bei der Pina Colada erfolgt der heilige Schwur, auf das Dessert zu verzichten. Und so geht es weiter. Bis der Tag der Badeszene da ist und der Auftritt im Badeanzug von Pfiffen der männlichen Teammitglieder begleitet wird – oder auch nicht. In jedem Fall hätte die Diätfrage Monate vor Drehbeginn gelöst werden müssen. Doch irgendwie erliegt man der Illusion, man könne in einer Nacht zwanzig Pfund verlieren, wenn man einmal das Abendessen wegläßt.

Nun gibt es eine Menge gut trainierter, hart erarbeiteter Tricks, auf die eine Schauspielerin zurückgreift, die ihre gröbsten körperlichen Schwachstellen kennt. Bei mir ist es der Bauch. Ich kann schmal wie eine Gazelle sein, mich von einer Olive pro Tag ernähren und sehe trotzdem aus, als ob ich fällig für den Kreißsaal wäre. Ich verstehe das einfach nicht. Ich habe verzweifelt versucht, den Grund dafür herauszufinden, doch selbst Past-Life-Therapie hat mich hier nicht weitergebracht. Ich darf also vor einer Szene, in der mein ganzer Körper von der Seite zu sehen ist, nichts essen. Dieser Umstand erfordert zuweilen komplizierte logistische Überlegungen in ernährungstechnischer Hinsicht. Ich stelle sorgfältige Berechnungen darüber an, was meinem Magen zuträglich ist, in welcher Zeit ich verdaue und ausscheide. Wenn dieses Ernährungsprogramm fahrplangemäß abläuft, gibt es normalerweise kein Problem. Eine Änderung der Tagesdisposition bringt Plan B zum Einsatz, das heißt, ich greife in der fraglichen Szene zu einem Requisit, sei es ein Schal, eine Umhänge- oder sonstige Handtasche, und kaschiere damit meinen Bauch. Wenn ich in der Szene beide Hände brauche, gerate ich in Schwierigkeiten. Im Normalfall kann ich das, was ich gegessen habe, mit einem Buch, einem Blumenstrauß oder einem Pullover, den ich mir lässig über den Arm drapiere, verdecken. Es gibt aber auch Fälle, in denen solche

Tricks genau als das wirken, was sie sind – als Täuschungsmanöver. In solchen Augenblicken sehne ich mich nach irgendeiner Form von Meditationstechnik, die es mir ermöglicht, einen Drehtag ohne Nahrungsaufnahme zu überstehen. Erst jetzt begriff ich den Sinn von Alex de Grunwalds Hungertagen.

Szenen, in denen Tränen fließen, sind seit jeher Thema Nummer eins für Leute, die mich über die Schauspielerei befragen. Auch mich faszinieren sie. Ich betrachte die Szene von ihrer Auflösung her: wie oft wird sie unterschnitten, wie lang bleibt sie in der Totalen stehen. Und dann ist da natürlich die emotionale Absicht und die Bedeutung der Szene selbst. Da ich keine Schauspielerin bin, die in jedem Schnitt weinen will oder kann, muß ich mich dafür entscheiden, zu welchem Zeitpunkt ich wirklich weine und wann die »Oscarflasche« (Glyzerin) zum Einsatz kommt. Ich halte es nicht für sinnvoll, in einer Totalen echte Tränen zu produzieren, in der das Publikum sie ohnehin nicht sehen kann. Das heißt also, ich spiele mich in einer Szene völlig »aus« (mit dem ganzen Tränenfluß), um zu wissen, wohin sie mich emotional führt. Bittere Erfahrung hat mich gelehrt, meine Gefühlsassoziationen, die den Tränenfluß anregen, nicht zu früh und zu häufig anzuwenden, sonst bin ich für die Großaufnahmen leergeweint – und genau da zählen die Tränen. Ironischerweise gerät künstlerischer Ausdruck beim Filmemachen zwangsläufig zum Planspiel der Emotionen. Jeder Neuling wird von den nicht vorhersehbaren Unterbrechungen der Dreharbeiten überrumpelt. Ich erinnere mich, wie Barischnikow nach den ersten Drehwochen zu *Am Wendepunkt* zu mir kam und mich um Rat fragte, wie er seine emotionale und psychologische Disposition den ganzen Tag über auf demselben Niveau halten könnte: »Ich kann mich acht Stunden hintereinander voll austanzen, ohne müde zu werden. Aber die Unsicherheit, wie ich meine Emotionen in Spielszenen einteilen soll, macht mich vollkommen fertig. Wie ihr damit ein ganzes Leben fertig werdet, ist mir absolut unbegreiflich.«

Er hatte recht. Und für solche Momente gibt es die »Oscarflasche«. Glyzerin ist eine süßliche, ölige Flüssigkeit, die vorwiegend als Lösungsmittel und Konservierungsstoff Verwendung findet – und in der Herstellung von Explosivstoffen. Mit Glyzerin lassen sich Tränen vorzüglich nachahmen. Eine gute Maskenbildnerin bringt die Tränentropfen an strategischen Punkten im Gesicht an, und die Schauspielerin muß dann nur noch so *aussehen*, als würde sie weinen. Diese Tränen überzeugen zwar nie völlig, aber echte Tränen kann man eben nur einmal weinen. Man verwendet auch Ammoniakkapseln – denn wenn man jemandem dieses scharfe Zeug unter die Nase oder an die Augen hält, kommt es postwendend zu reichlichem Tränenfluß. Ammoniak hat aber einen Haken: die Wirkung tritt auf der Stelle ein. Wenn die Kamera also nicht sofort drehbereit ist, verpufft die große Dramatik. Die notwendigen Emotionsverrenkungen lassen sich nur schwer beschreiben. Selbstverständlich ist die Ehrlichkeit der Gefühlsäußerung von höchster Wichtigkeit, doch das technische Wissen um Markierungen sowie Führungslicht und Kamerabewegungen sind von ebenso großer Wichtigkeit, ganz zu schweigen vom Dialog. In meiner Anfängerzeit kam es häufig vor, daß ich mich in einer bestimmten Szene phantastisch fand. Das Team applaudierte am Ende der Einstellung, so sehr hatte ich mich in aufrichtiger Gefühlsaufwallung verausgabt. Leider hatte ich nicht auf meine Kreidestriche geachtet, mein Gesicht war im Schatten, und in einem Fall war ich gar nicht im Bild. Die Verknüpfung von technischer Perfektion und Leidenschaft ist das Geheimnis eines vollendeten Schauspielers, und es gibt keinen Crashkurs für diesen Lernprozeß. Man muß das selbst durchstehen.

Während der Dreharbeiten zu *Zwischenleben* lag die erinnerte Leidenschaft etwas näher an der Oberfläche, da es ja um mein eigenes Leben ging. Ich lieferte mich einfach meinen Erinnerungen aus, und die Folge war, daß echte Reaktionen ohne weiteres aus mir herausströmten. Interessanterweise blieb auch bei dieser extremen Form von Selbstdarstellung meine Professionalität ein entscheidender Faktor. Wenn die erinnerte Emotion für eine Szene zu stark war, veränderte ich sie. Wichtig war, wie sie *jetzt* wirkte, nicht wie sie sich in meinem Gedächtnis abgespielt hatte.

Eine der bleibenden Erinnerungen an diese Dreharbeiten ist meine große, tränenreiche Liebesszene. Ich hatte sie fünfzehnmal wiederholt. Wir drehten auf einem Balkon mit romantischem Blick auf den Pazifik um halb vier Uhr früh. Glyzerintränen liefen mir übers Gesicht, denn ich war bereits leergeweint. Das Glyzerin zog die Moskitos von ganz Hawaii an. Ich versuchte sie zu verscheuchen, als Charles gerade mit Text dran war – ich nahm an, daß ich an dieser Stelle nicht im Bild war. Doch die Biester ließen sich nicht verjagen. Schließlich hatte ich die Schnauze voll. Ich weinte nicht wegen der Szene, sondern weil die Mücken mich so piesackten.

So schön Hawaii auf der Leinwand aussehen mag, die Bedingungen, unter denen in unserem Film so manche Szene entstand, würde man eher in einem Marx-Brothers-Klamauk vermuten, als in einem Paradies der Liebe. Wenn zwei Schauspieler sich in der türkisgrünen Brandung vergnügen, kann man damit rechnen, daß irgendwo ein Filmteam im Wasser steht. Wenn die Kamera auf den Strand gerichtet ist, so kämpft das Kamerateam auf jeden Fall gegen den hohen Wellengang. Wenn die Sonne majestätisch im Westen versinkt, ihr rötlicher Schein die Schauspieler im Vordergrund in einer Gloriole umspielt, werden sie möglicherweise gerade bei lebendigem Leibe von Strandkrabben aufgefressen – und müssen dabei auch noch Worte voll Zärtlichkeit und Liebe flüstern.

Wenn die Schauspieler im Profil in der Brandung stehen und den Anblick eines Luxusdampfers am Horizont genießen, färbt sich das Wasser dabei möglicherweise blutrot, weil einer der beiden sich den Fuß an einer messerscharfen Koralle zerschnitten hat. Allerdings sieht das kein Mensch, weil die Kamera nicht nach unten schwenkt.

Und wenn Sie sehen, wie ein Schauspieler sich wie eine träge Eidechse in der Sonne räkelt, können Sie Gift darauf nehmen, daß er mit Sonnenschutzcreme und Körperschminke Ägyptisch Nummer Eins zugekleistert wurde. Am liebsten stünde er zu diesem Zeitpunkt mit einem Bier an der Hotelbar.

Nach Beendigung der Dreharbeiten in Hawaii kehrten wir mit einer Menge von belichtetem Filmmaterial nach Amerika zurück. Die Beziehungen, die sich bei Außenaufnahmen naturgemäß entwickeln, lösten sich wieder; Heim und Herd traten wieder an die erste Stelle.

Zwölftes Kapitel

Bald nachdem wir auf das Festland zurückgekehrt waren, hatte ich ein Erlebnis, bei dem ich einiges von dem, was ich gelernt hatte, praktisch anwenden konnte. Ich besuchte Freunde und bestieg eine Maschine, die ich ursprünglich nicht gebucht hatte. Ich hatte ein sehr seltsames Gefühl dabei und am liebsten wäre ich wieder ausgestiegen. Dann überkam mich der Gedanke, daß sich jetzt eine Gelegenheit für mich böte, die ganze Angst zu erfahren, die man vor einem Flugzeugabsturz empfindet. Ich nahm mir vor, sie zu erleben und lehnte mich in den Sitz zurück. Vielleicht würde es beim Start geschehen, dachte ich. Dann beschloß ich, meine eigene Angst zu visualisieren, ohne mir dabei konkret einen Flugzeugabsturz oder eine Explosion in der Luft vorzustellen. Ich malte mir aus, was ich in einem solchen Fall tun würde. Ich sah, wie die Maschine sich nach unten neigte, und dann stellte ich fest, daß ich seelenruhig über dem Flugzeug zu schweben begann und wußte, daß ich mich in absoluter Sicherheit befand – was auch immer mit meinem Körper geschehen mochte.

Es war keine sogenannte Out-of-body-Erfahrung, eher eine projizierte Phantasievorstellung mit beträchtlichem Realitätseffekt. Die Angst durchströmte mich wie im Traum, und dennoch hatte ich keine freie Wahl, mich von dieser Angst zu entfernen, da ich wußte, ich würde nicht sterben. Für mich war es die Bewußtmachung eines möglichen Ereignisses – eine Probe. Und ich war fähig, einige meiner möglichen Reaktionen zu sehen. Ich saß außerdem, daß *ich* keinen Schaden nehmen würde, auch wenn mein Körper bei einem möglichen Absturz vernichtet werden würde.

Nach meiner wohlbehaltenen Ankunft sagte der Freund, der mich vom Flughafen abholte: »Ich hatte so ein unangenehmes Gefühl, daß etwas mit deiner Maschine nicht in Ordnung war.«

Ich erklärte, das habe nichts mit der Maschine zu tun gehabt, sondern mit mir.

Kurz nach Beginn der Dreharbeiten in Los Angeles stellte ich fest, daß viele Komparsen und Teammitglieder das Gefühl hatten, sie seien zur Mitarbeit an diesem Projekt *geführt* worden. Den Grund dafür konnten weder sie noch ich erklären. Sie hatten einfach so ein Empfinden, daß sie daran teilnehmen *mußten*. Viele sagten, ihr Agent habe sie angerufen, *während* sie mein Buch lasen. Solche Berührungspunkte führten zu längeren Gesprächen über innere und äußere Realität und deren Bezüge zu persönlichen Beziehungen. Zum ersten Mal in meinem Berufsleben freute ich mich auf Massenszenen mit großer Komparserie. Die Statisten brachten nicht nur meine Bücher mit an den Drehort, sondern andere metaphysische Literatur, die wir untereinander austauschten. In den Drehpausen lasen und redeten sie über New-Age-Denksysteme. Die Folge waren leidenschaftliche Diskussionen, die wiederum zu persönlichem Engagement und persönlicher Veränderung führen würden. Eine veränderte Person bewirkt die Veränderung vieler anderer Menschen.

Bei den Arbeiten an einem Fernsehfilm ist vieles anders als bei einem Spielfilm. Die Lichtumbauten sind kürzer, das heißt, die Beleuchter arbeiten schneller. Dies wiederum hängt mit dem Arbeitstempo des Kameramanns zusammen, denn die Crew übernimmt das Tempo und den persönlichen Rhythmus ihres Bosses. Wenn ein Kameramann Humor hat und die Leistungen aller anderen Mitarbeiter anerkennt, wird man mit einem zufriedenen und produktiven Team rechnen können. Ist dies nicht der Fall, bricht alles zusammen.

Unser Team gehörte zu der ersten Kategorie. Jedes Teammitglied ist eine Mischung aus Künstler und Techniker. Ich habe mich oft gewundert, woher so ein deftig wirkender Bursche weiß, wie er mein Gesicht mit weichem Licht um Jahre verjüngen kann oder wie er meine Augen zum Leuchten bringt. Filmteams sind ein besonderer Menschenschlag. Wirklich humorvoll und offen sind sie meist nur unter sich, da der nächste Job möglicherweise davon abhängt, was sie sagen oder tun. Sie haben eine hohe Arbeitsmoral und sind vom Ehrgeiz besessen, ihren Job so gut wie möglich zu machen. Die Arbeitsbedingungen unserer Produktion stellten hohe Anforderungen, und die Leute gaben ihr Bestes.

Wir drehten nahezu an jeder Ecke in Los Angeles und wechselten fast täglich die Drehorte. Bei Außenaufnahmen war der »Drehbeginn« wegen des Lichts auf halb acht Uhr morgens angesetzt. Das bedeutete, daß die Technik zwischen sechs und halb sieben laden mußte. Als erstes wurden Wohnwagen, Kamerazubehör, Schienen, Schienenwagen, Lichtaggregate, der Tonwagen, die Kostüm-Lkws, der Requisitenbus, die Licht-Lkws mit Scheinwerfern, Kabeln, Convertern, der Kamerabus mit Optikkoffern, Filmmaterial usw. zum Drehort geschafft. Danach traf der mobile Speiseservice mit Kuchen und Kaffee ein: eine Invasion von Technikern der Phantasie. Jede Abteilung traf ihre eigenen Arbeitsvorbereitungen und redete ihren eigenen Filmjargon, der nur für Insider verständlich ist.

Der Maskenwagen war durch ein außen angebrachtes Stromaggregat hell erleuchtet. Die Schauspieler saßen auf Klappstühlen und betrachteten ihr Spiegelbild befangen oder bewundernd (das kam auf den Betrachter an). Auf einer Anrichte hinter den Stühlen gab es dampfenden Kaffee und unbeschreiblich gute Köstlichkeiten, die jeder von uns der Reihe nach mitbrachte. Nur Menschen, die zu keinerlei Lebensfreude fähig sind, nehmen beim Drehen *nicht* zu. Daran ändert auch die mörderische Arbeitshetze nichts.

Beim Auftragen von Make-up und Einrollen der Lockenwickler wurden alle aktuellen Klatschgeschichten ausgetauscht. Die Klebestreifen zum Straffen des Gesichts, die Toupets, Perücken und Pickelpflästerchen galten bald nur noch als Requisiten eines alltäglichen Rituals, und nach dem ersten Tag interessierte sich kein Mensch mehr dafür. Manchmal gingen wir in der Maske den Text für den bevorstehenden Tag durch, meist verdrückten wir süße Leckereien, schlürften heißen Kaffee zwischen den einzelnen Tupfern der Puderquaste und wünschten, in der Nacht zuvor mehr

Schlaf bekommen zu haben. Wenn mir nach der Maske noch etwas Zeit blieb, ging ich in meinen Wohnwagen und legte mich hin. Mein Wohnmobil war behaglich, komfortabel, praktisch, ein wirkliches Zuhause in der Fremde.

Über die günstigsten Arbeitszeiten gibt es in unserer Branche seit jeher Debatten. Das hat etwas mit den Verkehrsstaus auf den Autobahnen zu tun. Schauspieler würden lieber später anfangen (womit der morgendliche Stau vermieden wäre), umschichtig Mittag essen und bis acht Uhr abends drehen (die sogenannte »französische Arbeitszeit«). Die Leute vom Team fangen gern früh an, stehen gern im Stau und möchten um halb sieben aufhören, da sie den Abend angeblich mit der Familie verbringen wollen. Ich nehme an, sie wollen ihre Freundinnen besuchen, *bevor* sie den Abend mit der Familie verbringen.

Unser Film ließ nun weder Zeit für die eine noch für die andere Variante. Die Leute kamen zwischen halb sieben und sieben an den Drehort und verließen ihn nie vor acht Uhr (oder gar zehn Uhr) abends. Die unmenschlichen Arbeitszeiten gaben reichlich Gesprächsstoff. Die Leute sagten, sie würden sich nur diesmal und nur ausnahmsweise auf solche Arbeitsbedingungen einlassen. Später stellte sich jedoch heraus, daß viele aus unserer Crew gleich anschließend bei einem Projekt arbeiteten, wo sie nicht minder unerbittliche Arbeitsbedingungen zu erwarten hatten. Für amerikanische Filmleute sind Außenstehende aus gutem Grund »Zivilisten«, denn jeder Drehtag ist mit der Invasion in der Normandie vergleichbar. Und wenn einer der Frontkämpfer der Filmbranche das Kollektiv im Stich läßt, sinkt er in der Achtung aller und wird kaum ein nächstes Mal engagiert.

Wir wurden also eine große Nomadenfamilie, die von einem Drehort zum anderen zog – wie eine funktionsfähige Stadt auf Rädern. In unserer fahrbahren Einheit gab es alles, sogar einen Arzt nebst Krankenschwester.

Wenn nötig, hätten die Bühnenarbeiter in einem halben Tag aus den mitgebrachten Brettern ihres Bühnen-Lkws eine komplette Wohnungseinrichtung zimmern können.

Das nötige Zubehör hätte der Requisitenbus geliefert; im Kostüm-Lkw hingen an langen Stangen genügend Kleider, um *Macy's* auszustatten.

Dann gab es noch den Bus der Produktion. Hier hingen die Geldheinis an den drahtlosen Telefonen und hielten Kontakt zum Hauptquartier (dem Sender), hier fanden die entscheidenden Besprechungen statt, hier wurden die Drehpläne ausgetüftelt und hier entluden sich gelegentlich bei einem nächtlichen chinesischen Essen aus dem Karton die aufgestauten Emotionen.

Los Angeles wurde für mich zu einem Irrgarten von Nomadenzonen. Die Zone der Restaurantszene, die Zone Abschiedsecke, die Zone am Park. Ich verlor völlig die Orientierung in dieser Stadt, von der ich andererseits nie zuvor soviel gesehen hatte. So mancher Straße in L. A. verliehen wir das Aussehen einer Straße in New York City – mit Hilfe gelber New Yorker Taxis und eiliger Passanten, die Einkaufstüten von New Yorker Kaufhäusern trugen. Der Regisseur meckerte zwar an dem armseligen Dekor herum, doch die Ausstattungs-Crew war mit der Verwandlung zufrieden. Wir drehten im Zentrum von L. A., am Strand, in den Calabasas Bergen, in Pasadena, in Malibu State Park und manchmal sogar in einem richtigen Studio.

Wir arbeiteten von sieben Uhr morgens bis zehn Uhr abends. Es blieb für nichts anderes Zeit. Weihnachten stand vor der Tür, und niemand hatte Einkäufe gemacht. Manchmal übernachtete ich im Hotel in der Nähe des Drehortes, immer in Begleitung meiner Beschallungsmaschine. Wenn mir eine Szene mal größere Schwierigkeiten bereitete, spöttelte das Team, ich hätte wohl mein Gerät nicht eingeschaltet.

Wenn der Drehort nicht mehr als eineinhalb Stunden von Malibu entfernt lag, übernachtete ich zu Hause bei echtem Meeresrauschen.

Im Verlauf der Dreharbeiten stellte ich fest, daß ich mich für alles, was während unserer Arbeit geschah, verantwortlich fühlte. Wenn wir wegen schlechtem Wetter nicht drehen konnten, war es mir, als hätte ich das irgendwie verhindern können. Da es *meine*

Geschichte, *mein* Drehbuch, *mein* Leben und *meine* Produktion war, in der *ich* die Hauptrolle spielte, wollte ich, daß alle an dem Projekt Beteiligten glücklich und zufrieden waren.

Je enger der Drehplan wurde, desto mehr steigerte sich meine Frustration über den Zeitmangel, der mich daran hinderte, das umzusetzen, was ich fühlte. Ich brauchte Zeit für mich allein, Zeit um mich zu sammeln, um mein inneres Gleichgewicht zu finden. Wegen der Verantwortung, die ich mir (unnötigerweise) auflud, stand ich bald nicht mehr in Einklang mit meiner spirituellen Quelle.

Nachts blieben mir nur vier Stunden Schlaf. Es war mir also nicht möglich, früher aufzustehen, um Yoga oder Meditationsübungen zu machen. Ständig hatte ich es mit Drehplanänderungen, Drehbuchänderungen und Telefonaten zu tun, in denen es um Drehplanänderungen, Drehbuchänderungen und ähnliches ging. Ich sehnte mich nach einem Waldspaziergang an einem leise plätschernden Bach – nach *irgendeinem* Ort der Stille, wie banal er auch sein mochte. Zum ersten Mal, seit ich begonnen hatte mit spirituellen Techniken zu arbeiten, bekam ich zu spüren, wie es war, wenn ich sie nicht auf mein Leben anwenden konnte. Es blieb einfach keine Zeit dafür.

Meine Beine begannen zu schmerzen, mein Kopf schmerzte und – last but not least – verrenkte ich mir das Kreuz. Ich ging zum Chiropraktiker. Er meinte, ich leide an einer Entzündung der Nerven im Wirbelsäulenbereich aufgrund »nervöser Überbelastung«.

Ich begann über die Wirkung von individuellem Bewußtsein in Relation zu kollektivem Bewußtsein nachzudenken. Welche Wirkung übte ein einzelner Mensch, der ein wirklich ausgeglichenes, in sich ruhendes Dasein führte und seinen freien Willen produktiv und in positiver Weise einsetzte, auf den freien Willen anderer aus, die negativ, unausgeglichen und feindlich eingestellt waren?

Ich hatte mir gewünscht, daß alle an unserem Film Beteiligten sich in Harmonie und Ausgeglichenheit befänden, denn schließlich befaßte sich die Thematik meines Films mit diesen Werten.

Eine solche Erwartungshaltung hatte ich bei anderen Dreharbeiten niemals empfunden. Doch diesmal war das anders.

Wenn ich bemerkte, daß einer unserer Leute sich selbstzerstörerisch verhielt, redete ich mit ihm oder ihr und spürte dabei manchmal, daß ich in ihre Intimsphäre eindrang. Sie hörten mir eine Weile zu, begriffen, worauf ich hinauswollte, ohne sich durch mich beirren zu lassen, und siehe da, plötzlich wurde mir klar, daß *ich* mich durch *sie* beirren ließ.

Ich wurde von *ihrer* negativen Einstellung negativ beeinflußt, so daß ich mir die Entzündung meiner Wirbelsäule zuzog, die nur heilen würde, wenn ich meine Verhaltensweise änderte.

Daraufhin zog ich eine rasche Bilanz meiner Gefühle während eines Drehtags und kam zu einem Ergebnis, das alles andere als positiv war. Ich ärgerte mich über die Frau, die mein Wohnmobil aufräumte, weil sie Depressionen hatte. Sie vergaß Wasser nachzufüllen und Klopapier zu besorgen. Die Produktion erschien mir wegen mangelnder Entschlußkraft des Regisseurs schlecht organisiert. Während der Arbeit zeigte niemand Sinn für Humor. Es kam ständig zu Stromausfällen, wenn ich mich im Wohnmobil aufhielt. Wohin ich auch schaute, überall häufte sich der Abfall (der meist von *mir* stammte).

Requisiten und Kostümteile waren plötzlich unauffindbar – und meistens waren es meine.

Am meisten störte mich jedoch, daß Leute mit Fragen zu mir kamen, die sie eigentlich alleine entscheiden mußten. Ich wünschte, sie würden ihre eigene Kreativität benutzen, ihre eigenen Ideen, ihre eigene Vorstellungskraft.

Eine Begebenheit war dafür symptomatisch. Ich verließ meinen Wohnwagen, um mich an den Set zu begeben. Ein ganzes Gefolge von Mitarbeitern lief hinter mir her. Ich ging in die falsche Richtung, doch keiner sagte etwas. Schließlich blieb ich stehen und drehte mich um. Mein Gefolge tat das gleiche. »Gehe ich nicht in die falsche Richtung?« fragte ich.

»Ja«, sagte jemand.

»Und wieso sagt mir das keiner?«

»Weil Sie so zielstrebig in diese Richtung gingen.«

Ich war vollkommen von den Socken. War das der Preis für Führungsanspruch und Verantwortungsbewußtsein? Aber vielleicht trug ich gar keine Verantwortung. Und schließlich, wieso erschuf ich mir eigentlich diese Realität?

Was sollte ich dagegen tun? Ich wollte nicht zu erkennen geben, daß es mich störte. Schlimmer noch, ich hatte Schuldgefühle wegen meiner negativen Gefühle. Ich beanspruchte für mich, so überaus fortgeschritten positiv zu denken, wußte jedoch mit den Unsicherheiten anderer Menschen gar nicht umzugehen.

Und dann kam Weihnachten. Ich hatte vor sechs Monaten einige wunderbare Ufo-Bücher als Weihnachtsgeschenke besorgt, daher war für mich der weihnachtliche Einkaufsstreß nicht so katastrophal.

Weihnachtsstimmung erfüllte das ganze Land, aber nicht mich.

Als die negativen Gefühle in mir weiter zunahmen, rief ich Colin an und besuchte ihn. Er arbeitete an einem neuen Projekt und hatte sich in letzter Zeit selten sehen lassen.

Er meinte, in ihm hätten sich ähnlich negative Frustrationen aufgebaut, das sei ihm an persönlichen wie beruflichen Beziehungen aufgefallen, und auch er habe Probleme, diese Empfindungen auszudrücken.

Wir standen beide in seiner Küche und skizzierten die Situationen, die zu diesem Gefühlsstau geführt hatten. Dann überlegten wir, was wir am liebsten dagegen unternehmen würden. Das machte Spaß und war sehr aufschlußreich. Und dann beschloß ich, während der Feiertage auf jede Hollywood-Party zu gehen, auch wenn mir dann nachts nur zehn Minuten Schlaf bleiben würden. Colin, Sachi und ich rüsteten uns gemeinsam zum Sturm auf die Parties und redeten uns ein, alle würden sicher beglückt auf unser Auftauchen reagieren.

Es gab kein besseres Heilmittel gegen Rückenschmerzen – denn nichts wirkte besser gegen Verantwortungsgefühle und die Ängste, die einem die selbsterschaffene Realität einflößte, als eine Party, die $ 250000 gekostet hatte.

Das erste Haus, in das wir uns einluden (nur Colin war im Besitz einer Einladung), gehörte einem äußerst erfolgreichen Hollywood-Agenten. Die Villa war ein offengelegtes Bankkonto des Überflusses – nicht zum Wohnen, sondern für Parties gedacht. Beim Betreten des Vorgartens wurden wir von einem schwarzen Gospelchor, den er ebenfalls managte, empfangen. Nachdem wir die spiegelglatte, weite Marmorfläche des Salons überwunden hatten, drang der Gesang eines weißen Himmelschors im Smoking an unser Ohr, der am Rande des Swimmingpools Aufstellung genommen hatte.

Am anderen Ende des Pools gab es Kammermusik und eine reichhaltige Bar mit Kellnern im Frack. Im Speisesaal und in der Küche gab es soviel zu essen, daß es für beide Armeen im Bürgerkrieg gereicht hätte: Senfsprossen, Augenbohnen mit Schinken, Schweinerippchen, Hühner, Kalbssülze, Püree aus süßen Kartoffeln mit Marshmallows, normales Kartoffelpüree mit Bratensaft, Maisfladen, verschiedene Brotsorten, bunte Salate und Eistee. Der Anblick des Dessertbuffets löste einen sofortigen Zuckerschock aus: Pekannuß-Konfekt, Zitronentörtchen, Apfelbonbons, Vanillepuddings, Kartoffelkräpfchen, Heidelbeerkuchen mit Streusel, Schokoladen-Fudge, hausgemachte Eiscreme und für die Yankees New Yorker Käsekuchen.

Ganz Hollywood war da, angefangen von Barry Manilow, der gerade selbst auf spiritueller Suche war, bis zu Elizabeth Taylor, die ihren würfelförmigen Burton-Diamanten bonbonrosa angemalt hatte, damit er zu ihren rotweiß gestreiften Fingernägeln paßte.

Im Gespräch mit Freunden stellte sich heraus, daß viele ihre eigenen Konflikte zu bewältigen hatten. »Die Lebensenergie fließt so schnell dahin«, bekam ich oft zu hören. Beziehungen und persönliche Dramen spitzten sich zu, Werte und Prinzipien, die man bisher nicht beachtet hatte, ließen sich mit einem Mal nicht mehr beiseite schieben. Die Einsichten der Menschen bezogen sich auf Selbstwert, Selbstachtung, Selbstliebe und Selbstbesinnung.

Plötzlich sah man in der Beschäftigung mit dem Selbst keine verweichlichte Lebensform mehr – sie war zum wichtigsten Aspekt des Lebens geworden. Manche versuchten über die traditionelle Freudsche Psychotherapie zur Selbsterkenntnis zu gelangen; andere entdeckten ihre Religiosität. Die meisten waren zu der Überzeugung gelangt, daß sie im Kern spirituelle Wesen waren, die bisher nicht erkannt hatten, daß in ihnen die Kraft schlummerte, alles im Leben zu verwirklichen, was sie sich wünschten.

In einem Gespräch über Zorn und unterdrückte Feindseligkeit wurde außerdem deutlich, daß Schuldgefühle solchen Emotionen gegenüber in gleicher Weise selbstzerstörerisch wirken wie diese Emotionen selbst.

Etwa um diese Zeit kamen Kevin Ryerson und Jach Pursel nach Los Angeles. Colin und ich sprachen mit Lazaris (der Wesenheit, die Jach vermittelt) über die Frage unterdrückter Wut; ich diskutierte auch mit Kevin und seinen Wesenheiten darüber.

»Behalte deine Wut nicht für dich«, sagten sie. »Befreie dich von ihr und verzeihe sie dir – und du wirst feststellen, daß sie weniger schrecklich ist, als du angenommen hast.«

Weiterhin sagten sie, die Ehrlichkeit eines solchen Befreiungsaktes leite bei anderen Menschen eine Bewußtseinsveränderung ein; es würde ihnen Erleichterung verschaffen, wenn ein Problem endlich auf dem Tisch sei. Sie sagten, von nun an sollten wir uns auf die Frage konzentrieren, wie *wir* die Realität der Dinge erschaffen hatten, die in unserem Leben schief gelaufen waren. Wut sei im Grunde genommen nur die Erkenntnis der Seele, daß sie selbst das Problem erschaffen hatte. Der schwierigste Punkt sei das Eingeständnis, daß wir die Situation hervorriefen, um daraus zu lernen.

Ich zog meine Lehren aus dem, was Jach und Kevin mir vermittelten und verspürte den Drang, einigen meiner Gefühlskonflikte weiter nachzuspüren.

Ein Jahr zuvor war ich mit Hilfe der spirituellen Akupunktur-Therapeutin Chris Griscom auf eine Inkarnation gestoßen, die so weit zurück lag, daß ich sie nicht identifizieren konnte. Ich wußte lediglich, daß sie in einer Zeit stattgefunden hatte, in der fortgeschrittene genetische Experimente auf unserem Planeten stattgefunden haben – es könnte in Atlantis gewesen sein.

Ich lag auf dem Behandlungstisch, die Nadeln steckten in meiner Kehle, dem Dritten Auge, den Schultern und hinter meinen Ohren, und die Inkarnationsbilder aus den vergangenen Leben nahmen langsam Gestalt an.

Das damals Gesehene war mehr als bizarr. Ich sah mich auf einer Steinplatte liegen. Es hatte den Anschein, als sei ich tot. Aber ich war nicht tot. Dann wurde mir klar, daß ich mich für ein Experiment zur Verfügung gestellt hatte, wobei mein Körer in einen Zustand vorübergehender Leblosigkeit versetzt wurde. Ich war bewegungsunfähig, ohne tot zu sein. Das war der einfache Teil der Geschichte.

Ich hatte mich ferner bereiterklärt, an einem »Bewußtseins«-Experiment teilzunehmen, wobei meine Seele diesen Körper auf der Steinplatte verlassen würde, um andere Körperformen anzunehmen, um Lebenserfahrung zu sammeln. Dieser Vorgang zog sich über eine Dauer von Jahrhunderten hin. In dieser Zeit ging ich unzählige Inkarnationen ein, während mein ursprünglicher Körper auf der Steinplatte liegen blieb. Wenn ich wollte, konnte ich jederzeit in diesen Körper zurückkehren, in dem ich mich aber beengt fühlte, da er sich im Zustand vorübergehender Leblosigkeit befand.

Auf dem Behandlungstisch und mit den Nadeln im Körper waren diese Rückführungsempfindungen so unangenehm, daß ich sie schließlich nicht länger ertragen konnte; die tödliche Starre meiner Gelenke und ein Gefühl der Lähmung in meinen inneren Organen waren für mich zutiefst erschreckend. Es war ein Gefühl, als habe mein »gegenwärtiger Körper das Zellgedächtnis eines anderen, uralten Körpers, mit dem damals etwas geschehen war, in das ich zwar eingewilligt hatte, das ich jedoch aus tiefstem Herzen verabscheute.«

Als Chris und ich diese bizarren Bilder, die auf mich einstürmten, analysierten, versuchte ich eine Erklärung dafür zu finden, warum mein höheres Selbst sie mir zeigte. Die Empfindungen waren mittlerweile körperlich so unerträglich geworden, daß ich die Sitzung unterbrach.

Aber ich wußte, daß es sich um einen Bereich handelte, auf den ich zurückkommen mußte.

Dreizehntes Kapitel

Jetzt, ein Jahr später, wollte ich es noch einmal versuchen. Aus Erfahrung wußte ich, daß auf wirklich großen Schmerz der Durchbruch folgt.

Chris war zur Behandlung einiger ihrer Klienten aus Neu Mexiko angereist. Sie wohnte bei mir, und wir veranstalteten eine Sitzung, die mir einiges klarmachte.

Kurz nachdem Chris die Nadeln angesetzt hatte, begannen die Bilder sich erneut zu zeigen. Da lag er wieder – derselbe Körper, wie versteinert auf der Platte. Ich wußte, daß ich das war. Der gleiche Schmerz stellte sich wieder ein; ich fühlte mich in diesem Körper gefangen. Es war grauenhaft.

»Atme Licht in die Nadeln«, forderte Chris mich auf.

Ich atmete regelmäßig, visualisierte Lichtströme aus den Nadelspitzen und entspannte ein wenig.

»Und nun befrage dein höheres Selbst, wieso du diesen Schmerz empfindest.«

Ich befragte mein höheres Selbst. Ich tat es mit Worten und in englischer Sprache. Ich wartete. Es kam nichts zu mir zurück. Ich stellte die Frage erneut. Nichts geschah. Ich spürte meinen Widerstand, als wollte ich nicht hören, was es mir zu sagen hatte.

»Atme in dein Drittes Auge«, befahl Chris. »Mache lichterfüllte Atemzüge und sage mir, was du siehst.«

Ich tat, wie mir geheißen. Ich atmete Licht in mein Drittes Auge. Dann tauchte ein Bild vor mir auf. Ich lag in einer Wüste inmitten von blühendem Lavendel und versuchte, einer anderen Seele im Universum Lichtstrahlen zuzusenden. Ich folgte dem Licht, bis ich es aus den Augen verlor.

Mein rechter Arm begann zu schmerzen. Ich wußte, der Schmerz hatte etwas mit der Seele zu tun, die ich anstrahlte.

Ich schilderte Chris das Bild.

»Okay. Bitte dein höheres Selbst, dir die Geschichte dieser Seele und deines rechten Arms zu erzählen.«

Ich fragte danach und erhielt eine Antwort in englischer Sprache.

»Diese andere Seele wollte dich verlassen«, sagte das höhere Selbst. »Du warst nicht bereit, diesen Wunsch zu akzeptieren und versuchtest sie physisch mit deinem rechten Arm zurückzuhalten. Doch die Seele riß sich von dir los. Der Schmerz aus dieser Begebenheit ist dir geblieben.«

Mit einem Mal sah ich ein sehr deutliches Bild vor mir. Ich sah mich in einem Tempel mit anderen Menschen in weißen Gewändern. Der Tempel war aus pfauenblauem Marmor. Ich fragte mein höheres Selbst, wer die Menschen seien.

Das Bild verwandelte sich wieder in eine Wüste, in der ich einige Gefäße stehen sah. Ich fragte, was die Gefäße enthielten.

»Es sind Bestattungsurnen«, sagte mein höheres Selbst.

»Wessen Asche befindet sich darin?« fragte ich.

»Die Asche von Enkel und Großvater«, sagte das höhere Selbst. »Du warst sowohl Enkel als auch Großvater.«

»*Ich* war beide?«

Das höhere Selbst nickte und sagte: »Ja.«

Darauf konnte ich mir keinen Reim machen.

»Versuche es nicht zu verstehen«, sagte Chris. »Laß es einfach auf dich zukommen.«

Ich tat, wie sie geheißen. Dann sagte mein höheres Selbst: »Sie waren deine Brüder.«

Meine Brüder? Es wurde immer verwirrender. Ich wartete einen Moment. Ungeduld und Verärgerung kamen in mir hoch.

Dann sah ich meinen Körper wieder auf der Steinplatte liegen. Eine Frau näherte sich mit einem flakonförmigen Steingefäß. Es war Tina Turner, die eigentlich genau so aussah wie sie heute aussieht! Sie hielt das Flakon hoch, als wollte sie mir zeigen, daß ich aus der Flasche getrunken hatte. Ich begriff nichts und wandte mich an mein höheres Selbst.

Sogleich verwandelte sich das Bild in versteinerte Palmen. Sie lebten zwar und standen aufrecht, aber sie waren aus Stein. Dann sah ich die Inschrift GEWALT. Unmittelbar danach wurde mir ein brennender Wald gezeigt. Ein schrecklicher Schmerz durchbohrte meine Brust. Ich sah kleine, kahlköpfige Menschen mit Ohrringen herumlaufen. Tiere versuchten in wilder Flucht dem Waldbrand zu entgehen. Die Stampede raste auf eine Stadt zu.

Als nächstes versteckte ich mich in der Stadt – es war eine Art Tempelstadt. Ein Elefant stöberte mich in meinem Unterschlupf auf. Mit Elefanten scheint mich etwas Besonderes zu verbinden, da sie immer wieder in meinen Visualisierungen auftauchen. Der Elefant war wütend auf mich, als hätte ich das Feuer gelegt. Jetzt tauchte die Erinnerung an eine noch frühere Phase auf. Ich lebte bei den Elefanten und faßte den Entschluß, sie zu verlassen und in die Stadt zu gehen. Ich weiß nicht, wieso das Feuer ausbrach, doch der Elefant, der die Herde führte, gab mir die Schuld daran.

Die Szene änderte sich. Der Schmerz in meiner Brust wurde unerträglich. Auf dem Tisch liegend, überfiel mich große Angst. Dann sah ich mich auf der Erde liegen, der Elefant türmte sich drohend über mir auf. Ich blickte zu ihm empor. Er hob einen Vorderfuß und trat mir den Brustkorb ein. Ich stöhnte in entsetzlichem Schmerz auf. Das Furchtbarste an dieser grauenhaften Erinnerung, die ich so schmerzhaft wiedererlebte, war die Liebe, die ich für den Elefanten empfand, der nicht begreifen konnte, warum ich ihn und die Herde verlassen hatte. Die Schmerzen in Brust und Rücken waren so stark geworden, daß ich kaum atmen konnte.

Nachdem ich Chris die Begebenheit erzählt hatte, befahl sie: »Frage dein höheres Selbst, ob du noch mehr darüber wissen sollst, bevor du dich für immer von dieser Erinnerung befreien kannst.«

Ich fragte. Das höhere Selbst sagte: »Der Elefant lebt heute wieder als weißer Elefant. Er sucht nach dir, um Frieden mit dir zu schließen und dir etwas zu zeigen.«

Ich liebe weiße Elefanten, seit ich denken kann. Ich fragte, wie er mich denn finden sollte.

Das höhere Selbst sagte: »Er wird dich finden.«

Ich begann zu weinen, ohne zu wissen warum. Man weiß nie genau, warum man weinen muß, wenn man mit paranormalen Energien bei einer Rückführung in vergangenes Leben in Berührung kommt. Ich glaube, es liegt daran, daß unsere Seele endlich mit Wahrheiten in Berührung kommt, die sie vorher nur *empfunden* hat. Da wir alle unzählige Leben im Verlauf der Geschichte unseres Planeten hinter uns gebracht haben, werden besondere Gefühle frei, wenn schließlich eine Erinnerung auftaucht, die zuvor noch nicht deutlich gegenwärtig war. Ich denke, wir alle wissen in unserem Unterbewußtsein, daß wir nur ein Teilbereich eines umfassenden Ganzen sind, das mit unserem jetzigen Leben nicht abgeschlossen ist. Oft fühlen wir uns an Leidenschaften und Begebenheiten aus längst vergessenen Tagen erinnert, ohne diese Empfindungen deuten zu können, ohne zu wissen, ob sie Erinnerungen an wirkliche Erlebnisse sind. Es ist ein überwältigendes Gefühl, wenn man schließlich beginnt, an der Oberfläche der eigenen Identität zu kratzen. Man ist nicht mehr der gleiche Mensch, will es auch nicht mehr sein – man befindet sich auf dem Weg zur Selbsterkenntnis, ob man es wahrhaben will oder nicht.

Die Sitzung war mit dem Elefanten noch nicht abgeschlossen.

»Atme durch die Nadeln«, ermahnte mich Chris. »Atme in den Solarplexus, um dich von den schmerzhaften Bildern zu befreien und wir weitere Zusammenhänge erforschen können.«

Ich atmete ein und aus und leitete dabei den Atem in meinen Solarplexus.

»Lasse zu, daß du dich von dem vergangenen Bild befreist, damit du dich dem Zukunftsbild des weißen Elefanten zuwenden kannst, das dir Frieden bringen wird.«

Der Schmerz in Rücken, Brust und Schultern verstärkte sich, zog in die Arme und breitete sich in meinem gesamten Körper aus. Ich schilderte Chris meinen Zustand.

»Stelle die Frage nach dem Warum.«

Ich versuchte es. Die Antwort lautete: »Du leidest unter Liebesstau.«

»Warum?« fragte ich. »Was ist der Grund für diesen Liebesstau?«

»Rauch und Luftverschmutzung«, sagte mein höheres Selbst.

Ich begann keuchend nach Luft zu ringen, konnte nicht genug Sauerstoff bekommen.

»Was ist denn los, Chris? Ich bekomme Angst.«

»Geh in den Schmerz des Atmens«, sagte sie. »Laß die Bilder aufsteigen.«

Ich versuchte, mich zu entspannen und die Bilder aufsteigen zu lassen. Statt der Bilder erhielt ich eine Antwort des höheren Selbst.

»Liebe staut sich im menschlichen Körper, weil der Körper eine Kohlenstoffverbindung ist.«

»Kohlenstoff?«

»Ja. Kohlenstoff ist die niedere Frequenz von Kieselerde, die wiederum kristallin ist. Körper aus Kohlenstoffverbindungen reagieren nur zögernd auf Göttliche Liebe. Ihr seid auf Erden, um die Frequenz von Kohlenstoff in kristalline Frequenz zu erheben, was bewußtseinserweiternd wirkt. Diese Bewußtseinserweiterung löst den Stau von Gefühlen der Liebe, da ihr euch auf den Göttlichen Ursprung bezieht.«

Mein höheres Selbst verstummte, und wieder erschien das Bild meines leblosen Körpers auf der Steinplatte. Sofort verspürte ich noch größere Schmerzen als zuvor. Ich wälzte mich auf dem Behandlungstisch von einer Seite zur anderen, ohne Erleichterung zu finden.

»Liegst du wieder auf dieser Steinplatte?« fragte Chris.

»Ja. Und es ist furchtbar. Wenn ich nur diese Sache mit der Steinplatte ein für allemal verarbeiten könnte. Das geht mir immer im Kopf herum, aber ich komme nicht durch.«

»Dann gehe in den Körper auf der Steinplatte.«

»Ich will nicht. Dann sitz' ich doch wieder fest.«

»Dann gehe zurück in die Zeit, als du dich aus dieser Lage befreit hast. Du weißt, daß du das getan hast.«

»Ich kann nicht.«

»Doch, du kannst.«

Ich wälzte mich auf dem Tisch hin und her, ein paar Akupunkturnadeln fielen ab.

»Ich will nicht hier sein«, rief ich. »Ich will nicht mehr! Ich möchte aufstehen!«

»Natürlich willst du das«, sagte Chris. »Du stehst vor dem Durchbruch. Du erreichst dein wirkliches Inneres, das immer noch diesen Liebesstau spürt – das veranschaulicht der versteinerte Körper. Bevor du diesen Stau nicht durchbrichst, wirst du echte Liebe nicht wahrnehmen und annehmen können.«

»Na schön«, sagte ich ungeduldig. »Was zum Teufel soll ich denn tun?«

Chris Stimme wurde weicher. »Frage dein höheres Selbst, was du tun mußt, um dich von dieser Last zu befreien.«

Ich schrie sie an: »Wieso soll ich mein höheres Selbst irgend etwas fragen? Das bin doch nur ich selbst!«

Chris war etwas verdutzt.

»Natürlich bist du dein höheres Selbst«, sagte sie. »Doch du stehst nicht im Einklang mit ihm. Bitte um Hilfe.«

»Na gut«, schrie ich. Und in meinem Kopf brüllte ich mein höheres Selbst an. »Was ist denn nicht in Ordnung mit mir?!?«

Es antwortete ruhig: »Du bist unmöglich.«

Ich sagte zu Chris: »Es meint, ich sei unmöglich.«

»Ja, das wissen wir bereits«, antwortete sie sanft. »Nun umarme dein höheres Selbst und lasse zu, daß es dich umarmt.«

»Ich will nicht!« zeterte ich. »Schließlich bin ich unmöglich.«

Chris lachte. »Aber dein höheres Selbst ist nicht unmöglich.«

»Doch. Weil *ich* das bin.«

»Nein«, sagte Chris. »*Du* hier auf diesem Tisch bist unmöglich.«

»Na, wenn das so ist«, entgegnete ich pampig. »Und was soll ich jetzt tun?«

»Frage dein höheres Selbst, was die Unmögliche braucht, um freizukommen. Denn diese Unmögliche ist in ihrer eigenen Unmöglichkeit eingesperrt.«

Ich zauderte.

»Frag doch!« drängte Chris mich.

»Ich kann nicht«, entgegnete ich, »weil *ich*, die Unmögliche, und *es*, mein höheres Selbst, ein und dasselbe sind.«

Mein Körper hatte sich vor Schmerz buchstäblich verknotet.

»Es liegt ganz allein bei dir«, sagte Chris, »ob du unmöglich sein willst oder dich davon befreien willst.«

Ich konnte mich nicht mehr bewegen und fühlte mich total beengt – so wie das Bild, das vor meinem inneren Auge stand.

»Ich befinde mich jetzt wirklich an einem gefährlichen Ort«, sagte ich und gab Chris unterschwellig die Schuld daran.

»Die unmögliche Person fühlt sich an gefährlichen Orten wohl, weil sie dort die Oberhand behält.«

»Okay, Großmaul«, sagte ich. »Was soll ich denn tun?«

Nach kurzer Pause meinte Chris: »Du kannst dich auf dein höheres Selbst einstellen oder auf die unmögliche Person in dir – letzteres tust du im Augenblick. Wenn du dich auf das Unmögliche einstellst, wird es die Oberhand gewinnen, weil es im Moment dein Bewußtsein bestimmt. Verändere dieses Bewußtsein – das ist alles.«

Ich stutzte und versuchte meine innere Einstellung zu verändern, fand aber mein höheres Selbst nicht mehr.

»Denk an das Licht«, riet Chris. »Erfülle dein inneres Sein mit Licht. Atme dieses Licht ein und breite es aus. Dein höheres Selbst wird dich führen. Dein rebellischer Teil sagt, daß du dir Licht nicht aussuchen kannst, aber das redet dir dein Ego ein, das trotzige Kind in dir. Ziehe dein höheres Selbst in dieses Licht.«

Allmählich brachte ich mein Bewußtsein dazu, sich meinem höheren Selbst zu nähern. Ich saugte die Visualisierung ein. Licht erfüllte meinen Geist. Dann wurde alles klar. Mein wie versteinert wirkender Körper lag auf der Steinplatte. Eine Gruppe weiß gekleideter Priester hob meinen Körper hoch und trug mich zu einer Opferstelle, wo man mich aufstellte, als sei ich eine Art Götzenbild. Die Priester verneigten sich mit allen Anzeichen der Verehrung und begannen gemeinsam, Choräle vor der Statue zu singen, die ich war. Der Gedanke, als Götzenbild für eine elitäre Autorität mißbraucht zu werden, entsetzte mich zutiefst, doch ich konnte mich nicht dagegen wehren.

Ich betrachtete das Bild in meinem Kopf, und dabei klärte sich manches. Kein Wunder, daß ich mich für das Schicksal so vieler Menschen verantwortlich fühlte. Vielleicht lag hier der Grund für meine heutigen Probleme mit Verehrung und Starkult. Es gibt nichts Beschämenderes, als für einen Star-Rummel vereinnahmt zu werden, der einem völlig unangemessen vorkommt. Ich empfinde das immer als peinlich für mich und letztlich demütigend für die Leute, die auf diese Weise manipuliert werden.

Die Visualisierung meiner Rückführung setzte sich fort; Jahrhunderte schienen an mir vorbeizuziehen. Das Bild meiner Person, eine scheinbar leblose Statue, diente unverändert als Götzenbild... Ich konnte offenbar nichts dagegen unternehmen – und ich wußte ja, daß ich in gewisser Weise mein Einverständnis zu diesem bizarren Experiment seelischer und körperlicher Leblosigkeit gegeben hatte. Und irgendwo auf der Bewußtseinsebene der Seele wußte ich auch, daß ich mir damit Karma aufgeladen hatte. Vielleicht hatte ich mir deshalb in meinem jetzigen Leben eine Rolle ausgesucht, in der ich eine spirituelle Bewegung des New Age anführte, um die echte, ungeheure Wahrheit zu verkünden, daß jeder Mensch sein eigener, sein bester Lehrer ist, daß keine anderen Götter oder Götzenbilder verehrt oder angebetet werden sollen, da der Gott, den wir alle suchen, in uns wohnt – nicht außerhalb.

Diese Sitzung mit Chris war sehr wichtig für mich. Sie gab mir Aufschluß darüber, warum mir negative Haltungen anderer Menschen Schuldgefühle einflößten, und sie ermöglichte mir, einige meiner angestauten Gefühle freizusetzen und Frustrationen zu neutralisieren. Von nun an hatte ich bei den Dreharbeiten keine Wutausbrüche mehr, sondern äußerte meine Gefühle in klarer Form. War ich deprimiert, so versuchte ich nicht mehr, diesen Zustand zu überspielen. Wenn ich eine Situation satt hatte, brachte ich das mit einer humorigen Bemerkung zum Ausdruck.

Anfangs registrierten die Menschen leicht erschrocken, daß ich meine Gefühle nicht mehr in Höflichkeitsfloskeln packte, letztlich aber fühlten sie sich im Umgang mit mir lockerer. Wenn ich im Gesicht spürte, daß noch mehr Licht notwendig war, damit man die Tränen in meinen Augen sah, so teilte ich das Brad mit, der mein Interesse zu schätzen wußte. Wenn Charles Dance eine Zeile unseres Textes ändern wollte, so hörte ich mir seinen Vorschlag an, und wenn mir die Änderung nicht gefiel, lehnte ich sie ab. Wenn Anne Jackson in ihrer Rolle als Bella ein Kleid trug, das eher zu Anne paßte als zu Bella, verlangte ich, daß sie sich umzog. Ich fragte mich manchmal, ob ich nicht einfach meine Macht auskosten wollte, ob ich nicht arrogant war und meinen demokratischen Arbeitsstil verleugnete. Nein, so war das nicht. Ich bekannte mich zu meiner Eigenverantwortung, was möglicherweise mit dem Rückblick in jenes Leben, das sich mir auf dem Akupunkturtisch eröffnet hatte, zusammenhing – mit jenem Leben, in dem ich mich nicht so verhalten hatte.

Am Morgen nach meiner Sitzung mit Chris sah ich von meinem Schlafzimmerfenster aus einen Delphinschwarm. Und an diesem Nachmittag waren meine Rückenschmerzen verschwunden. An Silvester besuchten Sachi, Colin und ich eine Party bei Leuten aus der Branche, die ebenfalls auf spiritueller Suche waren. Zwanzig Gäste saßen um einen ovalen Tisch, ein Kristall wurde herumgereicht, und jeder von uns brachte seine Vorsätze für das neue Jahr zum Ausdruck. Die Offenheit und Direktheit der Äußerungen war ergreifend. Als das Kristall bei mir anlangte, machte ich eine Aussage, die für mich richtig war, den anderen allerdings etwas seltsam erschien.

»Seit mir klar ist«, begann ich, »daß ich in jeder Beziehung meine eigene Realität erschaffe, ist mir klargeworden, daß *ich in meinem Universum der einzig lebende Mensch bin.*« Ich spürte förmlich die Schockwelle, die um den ganzen Tisch lief. Weiterhin drückte ich die Empfindung meiner totalen Verantwortung *und Macht* gegenüber dem Weltgeschehen aus, da die Welt ja nur in meiner Realität existierte. Menschen, die Schmerz, Terror, Depression, Panik verspürten, waren eigentlich nur Aspekte von Schmerz, Terror, Depression, Panik – in *mir*! Wenn sie also nur Personen in meiner Realität waren, nur in meinem Traum vorkamen, dann waren sie folglich nur Spiegelbilder meiner selbst.

Ich begann zu begreifen, was die Großen Meister gemeint haben, als sie sagten: »Ihr seid das Universum.« Wenn jeder von uns seine eigene Realität erschuf, so waren wir folgerichtig mit allem, was darin existierte, identisch. Unsere Realität war ein Spiegelbild unseres Selbst.

Diese Wahrheit führte zu amüsanten Betrachtungen. So konnte ich nun mit Fug und Recht sagen, ich hätte die Freiheitsstatue, Schokoladenkekse, die Beatles, aber auch den Terrorismus und den Vietnamkrieg erschaffen. Und es war gar nicht so sicher, daß außer mir noch jemand diese Dinge erlebt hatte, da ja andere Menschen nur in meinem Traum existierten. Die Realität der Abendnachrichten war also mein Werk. Sie fanden in meiner Realität statt. Ob ein anderer Mensch die Nachrichten *unabhängig* von mir erlebte, war nicht sicher, da dieser *andere* gleichfalls nur in meiner Realität existierte. Und wenn andere auf Weltreignisse reagierten, dann war ich diejenige, die dafür sorgte, daß sie reagierten, damit zwischen mir und ihnen ein Dialog zustande kam, der wiederum mir die Möglichkeit verschaffte, mich besser kennenzulernen.

Mit meiner Erklärung am Silvesterabend wollte ich zum Ausdruck bringen, daß ich hoffte, ich könne mit der positiven Veränderung *meiner* Realitätskonzeption einen Beitrag zur Bewußtseinserweiterung der Welt leisten. Mein Vorsatz für das neue Jahr war also, mich selbst positiv zu verändern – was wiederum eine positive Veränderung der Welt, in der ich lebte, zur Folge haben würde.

In den Gesichtern der meisten Anwesenden spiegelte sich Entrüstung. *Ich* sollte die Unabhängigkeitserklärung und Marilyn Monroe und die Fünfundfünfzig-Meilen-Geschwindigkeitsbegrenzung erschaffen haben? Bloß weil ich meine Realität veränderte, würde sich die Welt verändern? Das ging entschieden zu weit. Die folgende Diskussion erschien mir wie eine Widerspiegelung des Weltgeschehens im kleinen. Und während die Diskussionsteilnehmer ihre Einwände vorbrachten, war es mir, als *würde ich ihre Gegenargumente erschaffen*, damit ich mir einige Punkte näher vor Augen führen konnte, über die ich mir noch nicht im klaren war. Mit anderen Worten, ich *war* sie, und sie waren *ich* – weil ich sie als Figuren in meinem Theaterstück erschuf.

Und bald erhob sich die klassische Frage: Angenommen, meine Thesen entsprächen der Wahrheit – würde ich dann letztlich nicht alles für mich selbst tun und nichts für andere?

Die Antwort darauf lautete im Grunde genommen: Ja. Wenn ich einem hungernden Kind zu essen gab und dabei mir selbst gegenüber ehrlich war, so mußte ich eingestehen, daß ich Hilfe leistete, weil mir dies zu einem guten Gefühl verhalf. War das Kind glücklicher und zufriedener, so war *ich* es auch. Und ich begann zu begreifen, daß wir alles ausschließlich für uns selbst taten. Auch wenn ich andere in meiner Realität nicht erschaffen hätte und folglich nicht für sie verantwortlich wäre, würde ich mich für meine Gefühle verantwortlich fühlen – das heißt den Wunsch verspüren, mich positiven Empfindungen hinzugeben. Wenn ich also meine Gefühle in Hochstimmung versetzte, würde ich auch die Gefühle anderer Leute in Hochstimmung versetzen.

Wie verändern wir die Welt? Indem wir uns selbst verändern.

Das war die Quintessenz meines Vorsatzes fürs neue Jahr.

Vierzehntes Kapitel

Die Feiertage waren vorüber. Ich hatte in dieser Zeit nur sehr wenig geschlafen, denn wir hatten nur am ersten Weihnachtsfeiertag eine Drehpause gemacht. Daher freute ich mich nun auf geregelte Arbeitstage ohne Parties.

Die Dreharbeiten mit Charles Dance näherten sich dem Ende. In unserer letzten Szene spielten wir die erste Begegnung zwischen Gerry und mir – Dreharbeiten haben eben ihre eigene Logik. Wir drehten bis spät in die Nacht, Charles verabschiedete sich – und plötzlich war der Leinwand-Gerry aus meinem Leben verschwunden.

Auftritt John Heard aus New York.

John hatte erwähnt, er würde für die Serie gern ein wenig abnehmen. Daher machte ich ihn mit Anne Marie Bennstrom bekannt, die das »Ashram in Calabasas«, die härteste Gesundheitsfarm der Welt leitet.

Zunächst sollten zwei Szenen mit John und mir gedreht werden, und dann hatte er eine Woche frei, in der er sich von Anne Marie quälen lassen wollte.

Sein erster Tag am Set brachte einen völligen Energiewandel mit sich. John war ungezwungen, spontan und mehr als nur exzentrisch. Seine Präsenz wirkte auf Männer herausfordernd und weckte in Frauen Muttergefühle. Daß er ein grandioser Schauspieler war, stand außer Zweifel. Was in ihm als Mensch vorging, sollte bald Stoff für den Seifenopernklatsch liefern, an dem das Team sich die nächsten Monate ergötzen konnte.

In einer Woche nahm er zehn oder zwölf Pfund ab – dank des Ashram-Trainingsprogramms, das täglich zwölf Meilen Bergwandern, drei Stunden Gymnastik, zwei Stunden Aerobik, eine Stunde Spannungsdynamik und drei Meilen Jogging vorsah. Zum

Essen gab es jeden Tag nur ein paar Salatblätter und etwas Joghurt. Die Folter bekam John fabelhaft. Ich rief ihn einige Male vom Set aus an, und er berichtete mir in seiner komischen Art, auf welche neue Weise er mit seinem Körper umging.

John trank seit ein paar Monaten keinen Tropfen Alkohol und schaffte es, sich strikt an die Diät zu halten. Er war stolz auf sich und sagte, er habe sich noch nie im Leben so gut gefühlt. Er ging mit Anne Marie seine Texte durch, redete mit ihr über sein Leben und witzelte über sein Vorurteil, in Kalifornien gäb es nur verblödete Fixer. Er habe, so sagte er, in Kalifornien zum ersten Mal einen Zugang zu »spiritueller Fröhlichkeit« gefunden.

Anne Marie freute sich mit mir darüber, daß sein Gewichtsverlust sich relativ schmerzlos vollzog und er sich wohl dabei zu fühlen schien. Das war am Donnerstag. Für Montag war eine Szene mit John, Anne Jackson und mir geplant.

Am Samstagmorgen rief Stan mich an.

»Shirley«, begann er in seiner moderaten Art, »ich hoffe, du sitzt bereits.«

»Ja«, sgte ich, während ich mich setzte.

»Soeben erfahre ich von John Heards Manager, daß er den Film nicht macht und heute nachmittag nach New York zurückfliegt.«

Ich würgte ein Stück Toast hinunter.

»Das kann nur ein Witz sein.«

»Nein«, sagte Stan, »das ist kein Witz.«

»Aber wieso?« fragte ich. »Vorgestern noch sagte Anne Marie zu mir, er fühle sich blendend und sei richtig stolz auf sich.«

»Ich weiß es nicht«, sagte Stan.

Ich blickte über das Meer. Delphine waren weit und breit nicht zu sehen, und ich spürte, daß meine Rückenschmerzen sich wieder bemerkbar machten.

»Ich fahre ins Ashram hinauf und rede mit ihm.«

»Er sagt, es habe keinen Zweck, mit ihm zu reden.«

»Aha«, sagte ich. »Na schön. Ich werde nur in aller Freundschaft versuchen, ihm zu helfen, die richtige Entscheidung zu treffen. Wie wär's damit?«

»Eine Entscheidung, die hoffentlich auch für uns die richtige sein wird«, erwiderte Stan mit düsterem Nachdruck.

»Wie soll es denn sonst weitergehen, Stan? Für Montag ist die Szene mit ihm, Anne und mir in der Kunstgalerie vorgesehen.«

»Ich weiß. Ich habe bereits das Team, die Assistenten, die Aufnahmeleiter und alle anderen verständigt. Wir drehen die Einstellungen mit dir und Anne soweit wie möglich ab und suchen schnellstens Ersatz für John. Das ist nur leider nicht so einfach. Aber du sagtest doch, die Produktion stehe unter einem guten Stern, stimmt's?«

Ich schluckte. Meine Bereitschaft, Verantwortung für die eigene Realität zu übernehmen, war in diesem Augenblick gleich null.

»Ja«, sagte ich. »Sie steht unter einem guten Stern. Und was lernen wir daraus?«

»Daß wir die Drehzeit um eine Woche und die Kalkulation um ein paar hunderttausend Dollar überziehen werden.«

»Mußt du so furchtbar praktisch denken?« fragte ich.

Stan lachte bitter. »Mir bleibt keine andere Wahl.«

Ich überlegte einen Moment.

»Stan? Wollen wir wetten, daß er heute nicht abreist?«

»Welche Summe?«

»Ein gutes Abendessen wär' mir lieber. Ich fahr' jetzt los.«

Damit legte ich den Hörer auf. Sollte ich John anrufen und mich anmelden, oder sollte ich einfach hinfahren und die Möglichkeit in Kauf nehmen, daß ich ihn verpaßte, weil er eine frühere Maschine genommen hatte?

Ich rief an. Er war sofort am Telefon.

»Hi«, sagte er. »Es tut mir sehr leid, aber ich kann nicht anders.«

»Ja, John. Aber warum?«

»Weil mein Leben sich hier verändert hat. So sehr, daß ich nach New York zurück muß, um mir Klarheit zu verschaffen.«

Diese Antwort hatte ich nicht erwartet.

»Um dir Klarheit zu verschaffen?« fragte ich verwirrt.

»Ja.«

»Aber was wird aus den Dreharbeiten? Du steckst doch mittendrin. Ich meine, ich will natürlich, daß du das tust, was am besten für dein Leben ist.«

»Bitte versuche nicht, mich zum Bleiben zu überreden«, sagte er flehentlich. »Ich kann diesen Schritt nur tun, weil du so viel Verständnis und Zuneigung für mich aufbringst.«

Ich war platt.

»Ja, John, das ist aber nett von dir.«

»Ich danke dir«, sagte er.

Es war nicht zu fassen, aber ich sagte: »Nein. Ich danke *dir.*«

Da stieg dieser Kerl mitten in den Dreharbeiten zu meinem Film aus, und ich bedankte mich bei ihm dafür, daß er sich bei mir bedankte, daß ich ihn gehen ließ!

»Hey John«, ich nahm mich zusammen, »kann ich vorbeikommen und mit dir reden?«

»Klar. Aber um halb sieben sitze ich in der Maschine nach New York, vergiß das nicht.«

Er klang wie ein Tourist, der ein paar Stunden Zeit hatte, bevor er zur nächsten Stadtrundfahrt mußte.

Kopfschüttelnd legte ich auf. Träumte ich oder was war? Dann zog ich mich an und fuhr zum Ashram.

Da samstags die meisten Patienten abreisten, war John der einzige Gast. Er saß im Freien mit einem Glas Orangensaft in der Hand. Ich ging auf ihn zu. Er war nervös, als erwarte er Vorwürfe. Ich umarmte ihn: Man mußte ihn einfach liebhaben. Er klopfte mir auf die Schulter. Ich klopfte ihm auf die Schulter. Er fragte, ob ich auch Saft wolle. Ich sagte nein. Ich sagte, daß er fabelhaft aussehe. Er sagte Dankeschön. Er setzte sich und sah mich an.

»Ich habe die glücklichste Zeit meines Lebens hier verbracht«, sagte er. »Eine harte Zeit, aber ich war glücklich.«

Ich überlegte mir sorgfältig, wie ich die Sache angehen sollte.

»Es gibt nicht viele Leute, die das Ashramprogramm so gut durchstehen wie du«, begann ich. »Herzlichen Glückwunsch.«

Er lächelte bescheiden. »Danke.«

Ich beschloß, zur Sache zu kommen. »Und diesen neuen Körper willst du nicht auf dem Bildschirm zeigen?«

Er warf mir einen verängstigten Blick zu.

»Ich hab' was gegen die Badeszene in der Mineralquelle«, sagte er. »Wegen der Nacktheit.«

»Aha«, sagte ich. Offenbar wollte er ein konkretes Gespräch. »Da mach dir mal keine Sorgen. Nach den Vorschriften von Standards und Practices muß man bei diesen Badeszenen ohnehin was anhaben.«

Er sah mich argwöhnisch an. »Aber das macht mich zum Schwindler.«

Es würde nicht einfach werden.

»Aus der Basketballmannschaft meiner Schule bin ich auch ausgestiegen«, sagte er.

»Aha.« Worauf er bloß hinauswollte?

»Ja. Unser Trainer redete mich blöde an, weil ich mit einem Mädchen geflirtet hatte. Da bin ich eben ausgestiegen. Mein Vater wollte mich zwingen, zurückzugehen und mich zu entschuldigen. Das hab' ich nicht getan. Nein. Das hab' ich nicht getan.«

Ich war sehr gespannt, wohin das führen sollte. Ich sah John in blauen Satinshorts mit dem Ball durch die Sporthalle dribbeln, um einer blauäugigen Cheerleaderin zu gefallen, wie ich eine war.

»Ich war schon beinahe so weit, mit dem Trainer zu reden. Aber weil mein Alter es von mir verlangte, hab' ich es nicht getan.«

Hmmm, dachte ich. Das kann ich gut verstehen.

»Ich bin kein Filmschauspieler«, sagte er. »Ich will nicht, daß man mich auf der Straße erkennt.«

Ich wußte nicht genau, ob es ihm ernst damit war oder ob er mich nur auf die Probe stellen wollte.

»Ich erinnere mich genau an den Morgen, als ich aufwachte und mein Name in der Zeitung stand«, sagte er, »als sei ich berühmt oder so was. Es war widerwärtig für mich. Und das ist heute immer noch so.«

Damit brach John weinend zusammen. Der Gedanke, berühmt zu sein, bereitete ihm echte Schmerzen. Andererseits war er

Schauspieler. Ich schloß daraus, daß er sich davor fürchtete, auf dem Bildschirm zu erscheinen und von Millionen Menschen gesehen zu werden. Er wollte nicht wochenlang im Rampenlicht der Öffentlichkeit stehen; zu stark war sein Bedürfnis nach Anonymität. Ich nahm ihn in die Arme und ließ ihn weinen. Dieser Mann weckte in einer Frau alle Mutterinstinkte. Schließlich straffte er die Schultern und trank einen Schluck Orangensaft.

»Mit meinem Zahnarzt bin ich befreundet«, sagte er dann. »Der wollte sofort nach der Zahnbehandlung die tausend Dollar von mir kassieren. Was soll man von so einer Freundschaft halten?«

Ich trank einen Schluck von seinem Saft.

»Er ist wohl ein sehr geschäftstüchtiger Freund«, sagte ich.

»Ja«, meinte John sarkastisch, »ein wahrer Freund.«

»Ja, vermutlich. Aber er verdient doch sein Geld als Zahnarzt, so wie wir unser Geld als Schauspieler verdienen.«

Ich wollte nicht zu sehr vom Thema abkommen.

»Wenn du nicht wärst, würde ich nicht aus dem Projekt aussteigen«, beteuerte er.

»Wieso?«

»Weil du so hilfsbereit und verständnisvoll bist. Du bist nicht sauer auf mich und hast keine bösartigen Rachegefühle. Wieso kandidierst du nicht zur Präsidentschaftswahl?«

Ich himmelte.

»Na erst mal, weil ich diesen Film hier drehe.«

»In New York verstärken sich negative Empfindungen und Ängste«, sagte er. »Ich muß aufhören, das zu tun, was andere von mir erwarten. Mein Manager und meine Freundin sitzen jetzt beispielsweise da oben und debattieren über mein Verhalten. Ich muß Schluß machen mit solchen alten Gewohnheiten. Sonst muß ich mir ruhig anhören, daß sie nicht begreifen, wieso ich ausgestiegen bin.«

»Hmhm«, sagte ich und überlegte, wie persönlich ich werden sollte.

»Siehst du«, sagte er trotzig. »Und niemand wird *mir* zuhören.«

Plötzlich schoß mir eine lustige metaphysische Assoziation durch den Kopf.

»Du heißt aber doch nicht umsonst John HEARD.«

Er sah mich an, als hätte ihn einer vor den Kopf geschlagen.

In diesem Augenblick betrat Anne Marie den Innenhof.

»Na, John«, sagte sie munter, »wie fühlen Sie sich?«

Er blickte hoch zu ihr. »Ich habe absolut die richtige Entscheidung getroffen.«

»Ja«, sagte Anne Marie, »Sie klingen sehr entschieden.«

Ich warf ihr einen Blick zu. Auf welcher Seite stand sie eigentlich?

»Das Leben ist ein Abenteuer«, sagte sie. »Eine riesige Sandkiste, in der wir spielen. Und jeder spielt auf seine Weise.«

Anne Marie legte einen Arm um John und fuhr mit der Hand durch sein Haar.

»Haben Sie ein gutes Gefühl bei dem, was Sie tun?« fragte sie. »Ich meine, sind Sie darauf vorbereitet, daß ABC von Ihnen Schadenersatz fordern wird, für den Ausfall, den Sie verschuldet haben?«

Johns Gesicht verhärtete sich.

»Die können mich ruhig verklagen«, sagte er. »Sollen sie doch alles haben, was ich besitze. Ich stell' mich an die nächste Straßenecke und verkaufe Würstchen. Mir ist das egal.«

Dann kam der entscheidende Satz: »Ich behalte mir das Recht vor, ein Versager zu sein.«

So, so, dachte ich. Das geht etwas über mein Verständnis.

Anne Marie legte den Kopf in den Nacken und lachte.

»Ja, da haben Sie recht«, stimmte sie ihm zu. »Wir alle spielen unsere Rollen so gut wir können. Darin machen Sie keine Ausnahme. Wollen Sie tief in Ihrem Innern ein Versager sein?«

John legte den Kopf schief. »Wie?«

»Ja«, Anne Marie blieb unerschütterlich. »Sind Sie sicher, daß diese Entscheidung Ihr aufrichtiger Wunsch ist?«

John wußte, daß er der Wahrheit mit einem markanten »Ja!« ausweichen konnte.

»Dann nehmen Sie einen sehr klaren Standpunkt ein. Ihre Taten entspringen Ihren Gedanken. Ihre Gedanken entspringen Gott. Unsere Körper sind lediglich zu Materie verdichtete Gedanken, und wenn Sie Ihre zum Körper verdichteten Gedanken von hier fortbringen wollen, so handeln Sie aus Ihrem göttlichen Selbst heraus in Ihrer persönlichen Ganzheitlichkeit.«

John war sprachlos.

»Wenn Sie also das Gefühl haben«, fuhr sie fort, »Ihr Leben erneuern zu müssen, und diese Woche Ihnen als Katalysator gedient hat, so tun Sie das.«

»Ja«, sagte John. »Ich muß ein paar Leute feuern.«

»Okay. Feuern Sie Leute. Hoffentlich bleibt Ihnen aber noch genügend Munition übrig, wenn die Anwälte das Feuer auf Sie eröffnen.«

John sah mich an. »Spricht sie etwa von einem Prozeß oder so?«

»Wieso fragst du mich? Das hat nichts mit mir zu tun. Ich will lediglich, daß du die Rolle spielst. Ich *brauche* dich für diese Rolle und bedaure sehr, daß deine Eigenliebe nicht stark genug ist, sie zu spielen.«

Zu meinem Erstaunen füllten sich meine Augen mit Tränen, was John keineswegs entging. Ich traf die bewußte Entscheidung, sie nicht zurückzuhalten.

Ich stand auf. »Ich habe dich sehr lieb«, sagte ich. »Und Liebe ist das, was du in deinem Leben brauchst. Du bist ein glänzender Schauspieler. Und du mußt das tun, was du für richtig hältst. Aber ich sage dir eins: Der dritte Akt hat noch nicht begonnen. Und nur du kennst den Ausgang des Stückes.«

Ich stand auf und umarmte ihn.

»Danke«, sagte er schüchtern.

»Du nimmst also wirklich diese Maschine?« fragte ich. »Du kommst am Montag *nicht* zum Drehen?«

Er sah mich an, als ob er ausprobieren wollte, wie standhaft er sein konnte.

»Ja, richtig«, sagte er.

Ich drehte mich um und ging. Zum Glück hatte ich mit Stan um nichts Wichtiges gewettet. Neben Johns Koffer an der Tür blieb ich stehen.

Ich holte einen Zettel aus meiner Tasche und schrieb: »*Denk an den Basketball. Laß ihn jetzt nicht fallen.* Den Zettel legte ich auf seinen Koffer und ging.

Colin sah in Johns Ausstieg eine Flucht aus der Verantwortlichkeit. John war der Meinung, er handle zum ersten Mal in seinem Leben sich selbst gegenüber verantwortungsvoll. Ich war der Meinung, er würde zurückkommen. Anna Marie, die die ganze Woche bei ihm gewesen war, sagte: »Er nimmt einen sehr klaren Standpunkt ein, scheint seiner Sache sicher zu sein und trifft aus seiner Sicht die richtige Entscheidung.« Stan telefonierte alle Agenten der Stadt durch, um Ersatz für ihn zu finden.

Ich telefonierte mit Kevin Ryerson und Jach Pursel und bat sie, ihre jeweiligen Wesenheiten um Rat zu fragen. Von beiden erhielt ich die Zusage, daß John aller Wahrscheinlichkeit nach in achtundvierzig Stunden zurück sein würde.

Anne Marie sagte mir am Telefon, sie habe das gleiche Gefühl.

»Willst du ihn denn immer noch?« fragte sie. »Wird sich das in Peru nicht wiederholen?«

Ja, ich wollte ihn. Meinem Gefühl nach mußte er die Rolle spielen – nicht nur für den Film, sondern auch für sich selbst. Ich wußte genau, er würde zurückkommen.

Spirituelle Wesenheiten schienen im Krisenfall auch keine besseren Ratgeber zu sein als Menschen aus Fleisch und Blut. Zwei Tage später hatten wir immer noch nichts von John gehört. Die achtundvierzig Stunden waren nahezu abgelaufen. Die Presse hatte sich gemeldet. Stan blockte die Fragen geschickt ab, ohne etwas darüber verlauten zu lassen, daß uns spirituelle Wesenheiten Johns Rückkehr zugesagt hatten.

Am dritten Tag rief ich Johns Manager Bill an. Er sagte, er habe John erst vor ein paar Stunden erreicht, da er seit der Rückkehr nach New York seine Zeit mit Gewichtheben in einer Sporthalle verbringe. Bill sagte, John habe vor, Melissa zu heiraten, da er der

Meinung sei, wir hätten ihn bereits umbesetzt. Er sagte, John bedaure, daß er unseren Drehplan durcheinandergebracht habe und wir wegen ihm leiden müßten, aber er sei ja »nur ein kleiner New Yorker Schauspieler, für den man im Handumdrehen Ersatz findet«. John sei mit seiner Leistung am ersten Drehtag unzufrieden gewesen und glaube, er sei den Anforderungen nicht gewachsen, die die Rolle des David an ihn stellte.

Ich hörte mir Bills Ausführungen an, ohne viel dazu zu sagen. Dann ließ er mich wissen, ABC habe gedroht, John auf eine sehr hohe Summe Schadenersatz zu verklagen, wenn er nicht zurückkomme. Jetzt begriff ich, warum die Wesenheiten recht hatten.

»Besteht eine Chance, John zurückzunehmen?« fragte Bill.

Ich wußte, daß John innerhalb der achtundvierzig Stunden zurückkehren würde.

Nach einer schlaflosen Nacht mit Telefonaten zwischen John, mir, Melissa und Stan gab John nach: »Ich kandidiere nicht für die Volkspartei oder so, aber ich habe es nicht gern, wenn Menschen ungerecht behandelt werden. Du machst mich fertig mit deiner Freundlichkeit, ABC macht mich fertig mit Schadenersatzklagen; wenn du mich also wiederhaben willst, komme ich.«

»Ich will dich wiederhaben«, sagte ich. Es war sechs Uhr morgens, und in einer Stunde mußte ich am Set sein. »Bring Melissa mit. Wir haben für euch beide Zwangsjacken anfertigen lassen.«

John lachte, sichtlich erleichtert darüber, daß ich wußte, was mich und die anderen erwartete.

Am meisten faszinierte mich jedoch, daß John Heard die Chuzpe hatte, das zu tun, wovon wir anderen nur träumten – er benahm sich absolut unmöglich, ohne sich dabei Gedanken zu machen. Er spielte eine Rolle in seinem Leben, die ihm auf dem Bildschirm alle Lacher, jede Sympathie bringen würde.

Dann dachte ich darüber nach, wie ich meine Rolle spielte, und fragte mich, ob ich damit auf Tournee gehen würde. Meine Antwort darauf lautete etwa so: »»Shirley ist ja eine ganz nette Person, sie ist aufrichtig und wißbegierig, doch ich würde die Rolle umschreiben. Sie sollte mehr Spaß an den Verrücktheiten dieser

Welt haben.« Diese Erkenntnis hatte ich John Heard zu verdanken.

An diesem Abend sah ich mir nach den Dreharbeiten den Film *A Chorus Line* an. Danach schlenderte ich durch die laue Nacht und dachte über den Film nach. Er rief in mir viele Erinnerungen an meine eigenen Anfänge als Tanzgirl wach. In einer Nebenstraße blieb ich stehen, schaute in den sternenübersäten Himmel und versuchte mich zu »erinnern«, ob ich das Szenario meines Lebens vor meiner Geburt verfaßt hatte: meine harte, disziplinierte Tanzausbildung, der Abend, als ich für Carol Haney einsprang, die Beziehung zu Alfred Hitchcock, das tränenverschleierte Leinwandlächeln, meine Neuorientierung und schließlich meine Erfahrungen auf Reisen, in der Politik, beim Schreiben und bei der spirituellen Suche. Leitete sich mein Interesse an der Darstellungskunst nicht aus dem Bewußtsein her, daß mein Leben immer eine Rolle gewesen war, die ich vor langer Zeit geschrieben hatte, um sie heute auf einer irdischen Bühne zu spielen? Und war John Heard genau zum richtigen Zeitpunkt in mein Leben getreten, um die Rolle zu spielen, die ich in *meinem* Drehbuch für ihn geschrieben habe? Und wenn es sich um *mein* Drehbuch handelte – war seine Figur dann ein Aspekt meiner Person?

Das Gewirr der Realitäten zog sich durch meine Gedanken, als ich die Seitenstraße verließ und weiter durch die balsamweiche »Hollywood«-Nacht spazierte. Hollywood... die berühmteste Scheinwelt. Für mich waren die Scheinwelten im Film und auf der Bühne alternative Realitäten – es gab keine »Illusion«. Gute Unterhaltung ließ mich alles um mich herum vergessen. Ich vergaß mein »wirkliches« Leben und war völlig gefangen von diesem Abenteuer. War es zu Beginn einer Lebensphase nicht dasselbe?

Im Gehen stellte ich Überlegungen an, ob der Gedanke linearer Reinkarnation zutraf oder lediglich eine Vereinfachung darstellte. Wenn ich mein gegenwärtiges Leben als Analogie zu vielen Lebenserfahrungen betrachtete – welche Rolle spielte dann der Faktor *Zeit* in meiner Realität?

Einstein hatte gesagt, eine Größenordnung Zeit – wie wir sie verstünden – gäbe es nicht. Die spirituellen Meister bestätigten dieses Denkkonzept. Sie sagten, Vergangenheit, Gegenwart und Zukunft seien ein und dasselbe.

Vielleicht kann der Mensch nur durch lineares Denken mit der ehrfurchtgebietenden Unfaßbarkeit der Gesamtheit umgehen. Unsere Form der Zeitmessung wäre also eine Form, sich auf Teilbereiche der Gesamtheit zu konzentrieren.

Wenn die Zeit uns allen gleichzeitig geschah, dann lebten wir möglicherweise keine linearen Inkarnationen, eine nach der anderen; vielleicht *konzentrieren* wir uns nur auf jeweils eine.

Ich dachte über meinen Körper nach. Er existierte in seiner eigenen Gesamtheit. Ich war mir besonderer Aspekte meines Körpers nur dann bewußt, wenn ich mich auf bestimmte Teilbereiche konzentrierte. Ich blieb stehen und konzentrierte mich auf meine große Zehe – die große Zehe meines rechten Fußes. Die Bedeutung der großen Zehe meines rechten Fußes war mir nicht bewußt gewesen, bevor ich meine Aufmerksamkeit darauf lenkte. Erst dann trat die große Zehe in den Vordergrund meines Bewußtseins: sie begann eine Art Eigenleben zu führen... Vor allem dann, wenn einer drauftreten würde, dachte ich. Ich stand unter dem Sternenhimmel und lenkte meine Aufmerksamkeit auf die große Zehe meines rechten Fußes. Ich erschuf diese Aufmerksamkeit.

Vielleicht verfuhren wir mit jeder unserer Lebenszeiten ebenso, machten nur *die* Erfahrung, auf die wir uns konzentrierten. Wäre das eine Erklärung dafür, daß manche Träume so echt wirkten, daß Visionen und Phantasien echt wirkten? Vielleicht tauchte ich nur in verschiedene Realitäten ein, die parallel abliefen, und meine Vermutung, *alle* seien wirklich, stimmte tatsächlich.

Vielleicht tippte ich bei Zukunftsahnungen eine alternative Realität an, die ich jedoch nur in linearer Denkweise als »Zukunft« definieren konnte, die aber in Wahrheit gleichzeitig mit der Gegenwart existierte. Bei *déjà-vu*-Erfahrungen sahen wir vielleicht nicht Vergangenes oder Zukünftiges, sondern gerieten nur unbeabsichtigt in einen anderen Teilbereich der Gesamtheit – so wie ich mich – mit Absicht – vor wenigen Minuten auf meine große Zehe konzentriert hatte.

Möglicherweise war das Leben also eine Frage der Konzentration auf die Zeit – analog zum Film, denn der Film ist ja ebenfalls ein Versuch, sich mit bestimmten Momenten einer Lebenserfahrung zu beschäftigen.

Wir Filmleute erschufen uns das Szenario, das wir haben wollten. Wir wußten, daß die besten Filme nach karmischer Gerechtigkeit ablaufen (der Bösewicht bezahlt stets für seine Taten). Die Themen, die ein breites Publikum ansprachen, waren Themen, mit denen es sich identifizieren konnte. Wir wußten, daß die Zuschauer mit den Helden und den Heldinnen litten, da sie sich als Helden und Heldinnen im eigenen Drama sahen. Auch die Nebenrollen fanden ja ihre Entsprechung in ihrem eigenen Leben.

Und auch wenn wir Filmemacher wußten, daß sie wußten, daß das Ende eines Filmes am Ende der Filmrolle feststand, präsentierten wir es doch, als sei es in unerwartetes Erlebnis für sie. Wir erwarteten, daß die Zuschauer sich an unsere Scheinwelt klammerten. Wir versuchten, mit Filmtricks eine Realität für das Publikum zu erschaffen und bewerteten unser Können danach, inwieweit sie uns das abkauften.

Ich schlenderte langsam weiter unter den Sternen und Palmen und löste meine Aufmerksamkeit wieder von meiner großen Zehe.

Wir Filmleute waren also Illusionslieferanten, die dem Publikum mit allen Tricks weismachen wollen, daß das, was es sieht, echt ist. Machten wir das im Leben nicht ebenso? Wir lenkten unsere Aufmerksamkeit auf ein Gefühl oder ein Ereignis, das Gefühle hervorrief, und das nannten wir dann Realität. Wir versetzten uns in Gefühle wie Sorgen, Hochstimmung, Wut, Liebe und vieles mehr – und alles nur, um herauszufinden, wer wir eigentlich waren. Lebten wir nur, um Gefühle zu erfahren? Gehörte das auch zu dem großen Beitrag, den Film leistete? Spiegelte Film menschliche Emotionen in uns wider, die wir im Rollenspiel unseres Lebens erfahren hatten? Für eine bestimmte Form des Films wurde eine eigene Genrebezeichnung geprägt: Sie hießen »Lebensbilder«, hatten weder Anfang, Mitte noch Ende. Nicht sehr elegant, aber eben ein Stück des Ganzen – wie das Leben selbst. Wenn wir in einen Film einstiegen, war das nichts anderes, als wenn wir uns in einen Tagtraum begaben oder in einen völlig unzusammenhängend wirkenden Traum im Schlaf gerieten. Wenn wir dann am Morgen erwachten, sagten wir aufgrund unseres begrenzten Realitätsbegriffs: »Es war nur ein Traum.«

Ich fragte mich, wie mir zumute wäre, wenn ich am Ende dieses Lebens rückblickend sagen würde: »Es war nur ein Traum, der ziemlich echt wirkte.«

Vielleicht erschiene mir das Leben, das ich für mich erschaffen hatte, wie ein Kinotraum. Und analog zu Filmen, die ich mochte, weil ich für mich Lehren daraus ziehen konnte, würde ich vielleicht erkennen, daß ich die Dramen und Ereignisse meines Lebens aus dem gleichen Lernbedürfnis erschaffen hatte. Vielleicht würde ich nach meinem »Tod« erkennen, daß ich die Sätze erschaffen hatte, die ich hören wollte, die Ereignisse, die ich erleben wollte, die Menschen, die ich kennen wollte. Vielleicht hatte ich sie mir speziell für meine eigenen Bedürfnisse entworfen. Vielleicht würde ich von »drüben« deutlich erkennen, daß ich für alles, was mit mir geschah, selbst verantwortlich war, daß ich all die Dinge erschaffen hatte, um daraus zu lernen und daran zu wachsen.

Vielleicht würde ich erkennen, daß wir alle gerne Dramen erlebten, um zu erfahren, wer wir waren. Manche mochten dabei die Komödie vorziehen, andere stürzten sich in Abenteuer, und wieder andere fanden zur Selbsterkenntnis, indem sie stets am selben Ort blieben. Vielleicht verhielt es sich hier ebenso wie mit unserem Filmgeschmack: Jeder wollte ein anderes Abenteuer erleben, aus welchen Gründen auch immer.

Auf meinem Spaziergang durch Hollywood dachte ich an meine Aufgabe als Schauspielerin. Sie bestand darin, Illusion zu erschaffen, so wie es vielleicht meine Aufgabe als Mensch war, zu begreifen, daß das Leben an sich eine Illusion war, eine Illusion, die ich selbst geschaffen hatte, und die mich in die Lage versetzte, jede dem Menschen bekannte Emotion zu erleben und auszudrücken.

Ein Teil meiner Person wußte stets, daß meine Zukunft bereits niedergeschrieben war. Diesen Teil von mir nannte ich mein höheres Selbst. Mein höheres Selbst war das allwissende Ich, das alle Kenntnisse besaß und das mich in dieser Phase meines Seins, in der ich Shirley hieß, durch diese Lernprozesse führte. Das höhere Selbst erfand Beziehungen für mich, Ereignisse, Sorgen und Freuden; zugleich verfolgte es diese Erlebnisse mit großer Anteilnahme und der Zuversicht, daß in mir Erkenntnis und Verständnis für die Dinge heranreifen würden.

Mein höheres Selbst erschuf nicht nur Ereignisse in dieser Lebenszeit; manchmal spürte ich, daß es auch andere Zeit- und Ortserfahrungen schuf.

Je mehr ich in dieser Dimension wuchs und je besser ich mich selbst kennenlernte, desto schneller würde ich heranreifen, um die Gesamtheit meines Seins zu verstehen.

Wie ich das Rätsel des Lebens auch betrachtete, es lief immer auf eines hinaus: Die vollkommene Selbsterkenntnis entsprach dem Zustand von Harmonie, Gleichgewicht und Frieden. Es gab Menschen, denen ein solcher Seinszustand langweilig erschien. Solche Menschen waren jedoch nur Teilsaspekte meines Daseins, die sich ihre wahren Empfindungen nicht eingestehen konnten.

Gedankenverloren ging ich weiter. Ich blickte zu den Sternen hinauf und versuchte, ihre Energie zu atmen. Ich gehörte zu ihnen, und sie gehörten zu mir.

Folglich erlebte ich hier in dieser Straße auf dieser Erde nur einen Teilbereich dessen, was ich wirklich war. Ich war mehr, als ich von mir selbst wahrnahm. Darin aber lag die große Wahrheit.

Wenn ich meine eigene Realität erschuf, dann hatte ich – in einer bestimmten Dimension, die ich nicht verstand – alles, was ich sah, hörte, berührte, roch, schmeckte, erschaffen – alles, was ich liebte, haßte, ersehnte, verabscheute – alles, worauf ich reagierte und alles, was auf mich reagierte. Folglich erschuf ich alles, was ich wußte. Daher war ich für alles verantwortlich, was sich in meiner

Realität abspielte. Wenn das zutraf, dann *war ich alles*, so wie es die alten Schriften lehrten. Ich war mein eigenes Universum. Bedeutete das auch, daß ich Gott erschaffen hatte – wie auch das Leben und den Tod?

Eine kühle Welle der Einsamkeit strömte durch mich. War es das, wovon die großen Meister sprachen, wenn sie die unfaßbare Einsamkeit schilderten, die der Erkenntnis ihrer eigenen unumschränkten ehrfurchtgebietenden Macht vorausging? War die eigene, innere Kraft der springende Punkt? Erschufen wir alle die Fragen, Konflikte, Triumphe und Tragödien in unserem Leben, um uns unserer eigenen Allmacht nahezubringen? Wenn wir etwas so Negatives wie Kriege erschaffen konnten, dann konnten wir gewiß auch den Gegenpol dazu erschaffen. Und die Verantwortlichkeit für die eigene Macht wäre letztlich der Ausdruck dessen, was wir göttliche Allmacht nannten.

War das die tiefere Bedeutung des Satzes ICH BIN, DER ICH BIN?

War die Suche nach Gott sinnlos, da Gott in mir war ? War Gott in jedem von uns? War die Selbstsuche die einzig lohnende Reise, weil das, was wir fanden, ohnehin unsere eigene Schöpfung war, wie wir letztlich feststellen würden?

Ich wanderte unter den Sternen. Das Rad in meinem Kopf drehte sich unaufhörlich. Hatte ich alles erschaffen, oder hatte alles mich erschaffen? Wie konnte man entweder das eine oder das andere beweisen? Sollte meine Realität jedoch eine Frage meiner Wahrnehmung sein, so war es meine Entscheidung, wie ich sie betrachtete. Die Entscheidung lag bei mir, wie ich mich darauf beziehen wollte. Wo lag dann der Unterschied? Ich hatte die *Wahl, in welcher Weise* ich das Leben erfahren wollte.

Fünfzehntes Kapitel

Bevor John Heard nach Kalifornien zurückkehrte, drehten wir unsere Sitzung mit Kevin und seinen Wesenheiten. Kevin hatte eine Reihe von Workshops über die Bedeutung persönlicher Realität abgehalten. Dennoch glaube ich nicht, daß er darauf vorbereitet war, sich selbst zu spielen.

Er wohnte bei mir, und wir probten unseren Text bis spät in die Nacht. Kevin ist zwar ein ausgeglichener, in sich ruhender Mensch, doch *meine* Darstellung der Person, die ich vor zehn Jahren gewesen war, verwirrte ihn, und er mußte sich erst an diese Veränderung meiner Persönlichkeit gewöhnen. Seine Augen flogen unruhig hin und her, als sei mein Selbstporträt der Skeptikerin von damals ein Verrat an meiner heutigen spirituellen Überzeugung. Mit anderen Worten, er glaubte, daß ich seiner Rolle als Trance-Vermittler tatsächlich mißtraute. Obwohl ich ihm versicherte, daß ich nur spielte, war ihm nicht besonders wohl dabei. Die Wesenheiten waren textsicher, aber Kevin hatte Schwierigkeiten.

Ein strahlend schöner Drehtag brach an. Die Leute vom Team wußten nicht, was auf sie zukam. Brad hatte drei Kameras aufgebaut, damit Kevin und die Wesenheiten sich keine Bewegungsanschlüsse merken mußten. Am Schneidetisch würde es also später keine Probleme geben.

Kevin und ich gingen den Text noch einmal durch. Kevin hielt es für besser, sich erst dann in Trance zu versetzen, wenn die Kameras liefen.

Butler beschloß, Kevin möglichst wenig Regieanweisungen zu geben, um ihm genügend Spielraum in seiner Arbeit als Trance-Vermittler zu ermöglichen und ihn nicht in eine Schablone zu pressen. Kevin machte also das, was er für richtig hielt. Die Leute vom Team beobachteten ihn gespannt, denn sie wußten, der Mann würde sich bald in Trance versetzen und dann würden Wesenheiten durch ihn sprechen – was manche Mitglieder der Crew sicherlich für Simulation halten würden.

Aber sie fanden ihn aufgeschlossen, hilfsbereit, warmherzig und von dem Wunsch beseelt, professionell zu spielen. Kevin eignete sich das Handwerk des Filmschauspielers buchstäblich in einem Tag an.

Die Kameras waren bereit. Das Scriptgirl Kisuna ging auf ihre Position neben den Kameras, um Notizen über Handlungsablauf und Text zu machen. Die Beleuchtung für Kevin stimmte für jede der drei Kameras. Die Szene sollte aus meiner Sicht gedreht werden – ich war also nicht im Bild. Die Gegenschüsse auf mich kamen später dran.

Der Tonmeister hatte eine neue Tonspule eingelegt; auf der Malibu Road vor dem Strandhaus sorgte eine Polizeiabsperrung dafür, den Straßenlärm auf ein Minimum zu reduzieren. Wir drehten nicht in meiner Wohnung – für die Dreharbeiten wurde eine ähnliche Wohnung gemietet und eingerichtet.

Die Wohnzimmerfenster waren mit schwarzem Stoff verhängt, um das Tageslicht abzudunkeln, da die Szene bei Nacht spielte. Daher war es heiß und stickig im Zimmer.

Die Energie der Wesenheiten, die bei diesen Sitzungen freigesetzt wurde, konnte sich bisweilen störend auf elektrische Geräte auswirken oder Batterien vorzeitig entladen – so wie es im Fall von Ambres geschehen war. Ich hoffte, daß es diesmal keine Störungen geben würde.

Jach Pursel war gekommen, um bei den Dreharbeiten zuzusehen und sich um Kevin zu kümmern – ein Trance-Medium, das einem anderen seelischen Beistand leistete. Er gehörte also zum Set, doch ich hatte niemandem gesagt, worin seine Funktion bestand. Meiner Ansicht nach hatte das Team genug damit zu tun, sich an *ein* Trance-Medium zu gewöhnen. Jach stand also diskret im Hintergrund neben Colin, der in sich hineingrinste bei dem Gedanken, daß wir die Sache überhaupt zustande gebracht hatten.

Das Team sah den Dingen, die da kommen sollten, mit bemerkenswerter Gelassenheit entgegen. Es waren nicht dieselben Leute, die bei den Probeaufnahmen dabeigewesen waren.

Die Kameracrew interessierte sich für das physikalische Phänomen der Energieentladung, während Masken-, Requisiten- und Bühnenleute sich schlicht fragten, wieso Brandon Stoddard und ABC einige Millionen in diesen Quatsch investierten.

Kevin saß vor mir. Er schwitzte unter den starken Scheinwerfern. Die Maskenbildnerin Tina tupfte ihm das Gesicht ab. Wie würde sie reagieren, wenn man ihr mitteilen würde, daß sie dabei die Gesichter von Tom McPherson und John abtupfte? Als sie sich von Kevin abwandte und auf ihren Platz hinter der Kamera zurückging, himmelte sie und wechselte mit Kisuna feindselige Blicke. Ich wußte nicht wieso. Mir war aufgefallen, daß Tina am Set Bemerkungen über Kisuna fallen ließ, hatte das jedoch für unerhebliche Sticheleien in den Drehpausen gehalten. Tina, eine zierliche Blondine mit starker Persönlichkeit, die ihr Handwerk perfekt beherrschte, reagierte zuweilen unsensibel auf die Unsicherheiten anderer. In diesem Punkt waren wir uns sehr ähnlich. Sie war die Chefmaskenbildnerin, der die anderen Maskenbildner und Friseure unterstellt waren. Soweit ich das beurteilen konnte, führte sie ein strenges Regiment, ließ nicht die geringste Nachlässigkeit durchgehen und erwartete eine solche Haltung auch von allen anderen Kollegen.

Während Kevin sich in Trance versetzte, überlegte ich, was der Grund für die bösen Blicke zwischen Tina und Kisuna sein mochte. Die Beziehungen innerhalb eines Filmteams haben mich stets interessiert. Ein Filmset ist eine Gesellschaft im kleinen – mit Führungspersönlichkeiten und Mitläufern, Menschen, die die Macht liebten und anderen, die lediglich gute Arbeit leisten wollten. Da Jobs in der Filmbranche rar waren, herrschte in allen Abteilungen ein starker Überlebenswille. Jedes Mitglied der Crew war ein absoluter Profi, der prüfend die professionellen Fähigkeiten der Kollegen beobachtete. Ich verfolgte stets mit großem Interesse, wie die Leute mit gelegentlichen Fehlleistungen ihrer

Mitarbeiter umgingen. Niemand möchte auf die Entlassung eines Kollegen hinwirken, andererseits weiß jeder, daß das Team als Gesamtheit nur so stark ist wie sein schwächstes Mitglied. Und das wachsame Auge der Herstellungsleitung ist allgegenwärtig – zuweilen in Person eines beliebigen Handlangers, der den Auftrag hat, über alle Vorkommnisse am Set Meldung zu machen.

Mit der Crew steht und fällt ein Film. Wie ich bereits sagte, ist jeder zugleich Künstler und Techniker. Nicht einer der Herren, die Verträge aushandeln oder in anderer Form mit Geld umgehen, kann beispielsweise einem Beleuchter in künstlerischen Belangen das Wasser reichen.

Während ich den Vorbereitungen zu unserer Szene zusah, wurde mir wieder einmal vor Augen geführt, daß die Jungs von der Technik sich soviel Zeit nehmen konnten, wie sie brauchten, um eine gute Aufnahme zu gewährleisten, während wir Schauspieler nie genug Zeit hatten, um uns einzustimmen. Wir konnten in unseren Wohnwagen so lange probieren wie wir wollten, wenn wir am Set waren und uns auf Lampen, Requisiten, Ausstattung und Kameraposition einzustellen hatten, war alles ganz anders. Doch wir scheuen uns, mehr Zeit zu verlangen, um uns vor der Szene mit den technischen Gegebenheiten vertraut zu machen.

Der Kameramann kann eine Einstellung abbrechen, wenn der Schauspieler zu wenig Licht hat. Ein Maskenbildner kann sich zwanzig Minuten für eine Maskenkorrektur nehmen, während alles wartet. Wenn aber ein Schauspieler unterbricht und »Moment mal, das krieg' ich noch besser hin« sagt, hält ihn jeder für exzentrisch.

Aus diesen Gründen wünschte ich, Kevin wäre weniger kooperativ, würde sagen, wenn ihm etwas nicht paßte und bei Textunsicherheiten um eine weitere Probe bitten. Doch auch er – wie die meisten Schauspieler – hielt die fünfzig erwartungsvollen Leute von der Crew für wichtiger als das, was das Publikum später zu sehen bekam – nämlich den Schauspieler auf dem Bildschirm.

Kevin schloß die Augen und begann tief durchzuatmen. Die Kameras liefen. Die Klappe wurde für jede Kamera gedreht. Ich drehte mich nach dem Team um. Sie standen gebannt da; viele blickten äußerst kritisch.

Innerhalb weniger Minuten meldete sich John. Er begrüßte mich, wie es im Drehbuch stand. Alles war wie bei unserer ersten Begegnung.

Ein Standfotograf von ABC machte Aufnahmen mit einem »geblimpten« Apparat, damit das Klicken des Auslösers die Tonaufzeichnung nicht störte.

Brad und seine Kamera-Assistenten beobachteten fasziniert, wie Kevins Persönlichkeit sich völlig veränderte, und horchten auf, als Johns biblische Sprache über seine Lippen kam.

Nach der Szene mit John meldete sich Tom McPherson. Er bat sogleich um eine Augenbinde und stand auf. Der Schärfenassistent mußte sich beeilen, seinen Focus nachzuziehen. Tom ging durchs Zimmer, trat an einen Einbauschrank und holte einen Glaskrug. Dann goß er aus einer Höhe von dreißig Zentimetern Tee in den Krug. Er sagte, er sehe Wasser als etwas Leuchtendes, nicht als Flüssigkeit. Wir alle waren erstaunt, daß er keinen Tropfen verschüttete. Er trat an den Kamin, holte – immer noch mit verbundenen Augen – hinter einem Stuhl einen Schürhaken hervor und stocherte in der Glut, während er seinen Text sprach. Der Schärfenassistent mußte abermals korrigieren.

Die Leute vom Team standen unterdessen mit offenen Mündern da. Tom kehrte an seine Ausgangsposition zurück, setzte sich in den Stuhl, beendete seinen Text und verließ Kevins Körper, damit John zurückkehren konnte, um die Szene zu Ende zu führen.

Am Ende der Szene, bevor Butler »Aus« sagte, schaute John mich an und fragte, »Sind weitere Vermittlungen erforderlich, oder ist diese Szene beendet?«

Ich drehte mich zum Team um. Kameras und Scheinwerfer schienen ohne ihr Zutun zu funktionieren.

»Möchte jemand John oder Tom Fragen stellen, weil sie schon mal hier sind?« erkundigte ich mich.

Niemand meldete sich. Schließlich meinte Stan: »Frag doch, wie die Serie beim Publikum ankommen wird.«

Ich gab die Frage an John weiter. Er dachte einen Augenblick nach.

»Sie wird das Bewußtsein jener, die sie sehen können, erheblich verändern«, sagte er.

Ich beugte mich vor.

»Ist das alles?« fragte er.

»Ja«, sagte ich. »Da wäre nur noch eine Sache.«

»Ja?« Er legte den Kopf schief.

»Einige Teammitglieder würden dir und Tom nach Drehschluß gern ein paar Fragen stellen, wenn Kevin nicht zu erschöpft ist.«

»Ja«, sagte John, »das Unterbewußtsein des Mediums ist im Augenblick etwas getrübt. Wir schlagen vor unserem Zusammentreffen heute abend eine Ruhepause vor.«

Die Umstehenden murmelten Dankesworte, John zog sich zurück, und Kevins Bewußtsein kehrte zurück.

Als das Team applaudierte, wußten wir, daß uns eine Schlüsselszene für unsere Serie geglückt war.

Doch damit war das Ganze noch nicht erledigt – jedenfalls nicht für mich. Bevor die Gegenschüsse auf mich gedreht wurden, war die Frage zu klären, ob Kevin sich noch einmal in Trance versetzen sollte, damit die Wesenheiten mir die Stichworte für meinen Text geben konnten.

Kevin war sehr müde, und die Wesenheiten hatten gesagt, es sei ohnehin schwierig, Kevins Unterbewußtsein abzutasten, um an den gespeicherten Text heranzukommen. Kevin konnte die Wesenheiten nicht spielen, da er ja nicht wußte, wie sie agierten. Sein wohlmeinender Versuch wirkte auf mich so erheiternd, daß ich nicht rollengemäß reagieren konnte. Also gab es nur eine Lösung, die ich aus den Situationen her kannte, wenn ein unkollegialer Schauspieler sich weigerte, seinen Offtext für meine Großaufnahme zu sprechen: Ich sprach meinen Text ins Leere und das Scriptgirl Kisuna las die Sätze der Wesenheiten.

Am Abend nach Drehschluß blieben einige Teammitglieder, um an der versprochenen Sitzung mit Kevin teilzunehmen.

Ich sah nach den Jungs, die tagsüber die Lkws mit der Ausrüstung bewachten und lud sie ebenfalls ein. Die meisten lehnten ab – mit einem Gesichtsausdruck, der besagte: »Nein danke, mit dem gruseligen Zeug wollen wir nichts zu tun haben.«

Kurz vor der Sitzung kamen Sachi und Simo. In einem Korb trugen sie ein weißes, schwanzwedelndes Plüschknäuel mit schwarzen, glänzenden Knopfaugen. Es war ein amerikanischer Schlittenhund-Welpe. Ein solches Tier hatte ich in einem der Häuser bewundert, in dem wir gedreht hatten. Das Hündchen – Simos verspätetes Weihnachtsgeschenk – bewirkte, daß sich die etwas beklommene Stimmung entspannte. Die Hausbesitzerin bestand darauf, daß das Tier auf ihrem Schoß saß, weil das so beruhigend auf sie wirkte.

Sachi hatte eine Verabredung, doch Simo blieb und nahm an der Sitzung teil.

Das Team machte es sich auf dem Teppich im Wohnraum zu Kevins Füßen bequem. Eine gewisse Ehrfurcht breitete sich aus; die Leute zeigten Respekt gegenüber einem Phänomen, das sie nicht ganz begriffen. Mich betrachteten sie als Vermittlerin: sie wußten, daß ich in meinem Element war – denn es ging ja um das Thema, von dem mein Buch und das Script handelten. Ich gehörte zwar zu ihnen, war aber auch Teil der »anderen Welt«, wie sie es nannten. Ich saß neben Kevin, Kisuna saß in einiger Entfernung rechts von mir. Tina hatte auf der Couch gegenüber neben Jach Pursel Platz genommen, dem die Techniken seines Trance-Kollegen Spaß zu machen schienen. Während des ganzen Drehtages hatte ich Jachs ausgleichende Energie verspürt, die beruhigend auf besonders kritisch eingestellte Teammitglieder wirkte, als die Wesenheiten Kevins Körper frequentiert hatten.

Cynthia, die Hausbesitzerin, behielt Shinook auf ihrem Schoß. Ein paar Teammitglieder tranken und rauchten; andere warteten einfach darauf, sich von dem spirituellen Abenteuer forttragen zu lassen.

Kevin erklärte das Phänomen der Trance-Vermittlung ausführlicher, als wir das im Drehbuch hatten tun können. Einige wollten wissen, zu welchen Themen sie Fragen stellen sollten, und Kevin erwiderte, sie könnten alles fragen. Auf Shinook bezogen meinte er, daß auch Tiere reinkanierten, daß sie allerdings immer Tiere blieben und uns Menschen auf der Erde aus karmischen Gründen begleiteten, wobei zumeist Erfahrungen eine Rolle spielten, die wir mit ihnen in früheren Lebensphasen gehabt hätten. Shinook weckte übrigens vom ersten Augenblick an solche Gefühle in mir.

Brad, das Kamerateam, ein paar von den Fahrern und ein Großteil des Produktionsteams saßen in respektvollem Schweigen da, als Kevin sich für uns erneut in Trance versetzte.

Als Tom sich meldete, stellten einige der Anwesenden Fragen nach vergangenen Lebensphasen, in denen sie mit ihren Kindern oder anderen Mitmenschen zusammengetroffen waren.

Ein Mann fragte, ob er einmal ein Indianer gewesen sei, und eine Frau wollte wissen, ob sie mit ihrem Sohn eine Seelenverwandtschaft verband.

Dann geschah etwas, das für uns alle aufschlußreich war.

Kisuna hob die Hand und strich sich ihr blondes Haar aus der Stirn. Sie hatte die Lotusposition eingenommen und sagte: »Verzeihen Sie. Ich habe ein ausgesprochen negatives Verhältnis zu einer Kollegin im Team.«

Wir blickten unangenehm berührt in die Runde, und mancher fragte sich gewiß, wen sie wohl meinte. Das stellte sich rasch heraus.

»Ich muß mir unbedingt Klarheit darüber verschaffen, warum Tina sich mir gegenüber so verhält, da mir die Arbeit unter diesen Umständen sehr schwerfällt.«

Tränen strömten über Kisunas Gesicht. Sie unterdrückte ein Schluchzen, bevor sie weitersprach. »Mir ist klar, daß ich das nicht vor versammelter Mannschaft auf den Tisch bringen sollte, aber ich brauche Hilfe, da ich in meiner Arbeit mehr Fehler mache als sonst, und ich mich mit ihr versöhnen möchte.« Sie zögerte. »Tina?«

Alle wandten sich Tina zu, die leise mit ihrem Nachbarn flüsterte, als würde sie weder Kisuna noch die spirituelle Sitzung interessieren. Als sie auf diese Weise direkt angesprochen wurde, verstummte sie und wirkte plötzlich sehr verlegen – was um so erstaunlicher war, da sie sich sonst ausgezeichnet unter Kontrolle hatte.

»Bitte, Tina«, sagte Kisuna nun, »ich möchte wirklich gerne wissen, was du gegen mich hast.«

Ich erlebte zum ersten Mal, daß ein so persönliches Problem unter Kollegen öffentlich zur Sprache kam.

Tina stand jetzt gewissermaßen vor einem Tribunal, da Kisuna mit so kompromißloser Offenheit ihre Gefühle vor dem Team ausbreitete. Beide Frauen hatten mein tiefstes Mitgefühl.

Tina schwieg.

»Können wir miteinander reden?« fragte Kisuna.

Tina, der die Sache verständlicherweise äußerst unangenehm war, sah sie an. »Da gibt es nichts zu reden. Ich weiß gar nicht, was du eigentlich hast.«

Kisuna wandte sich hilfesuchend an Tom.

Tom richtete sich kerzengerade auf.

»Bitte«, begann er, und alle hörten ihm gespannt zu, »Tina, würden Sie bitte vortreten?«

Tina rührte sich nicht von der Stelle. Sie tat mir leid. Ein öffentliches Verhör ist niemandem angenehm.

Tom wandte sich an Kisuna. »Würden Sie bitte aufstehen und vortreten?«

Kisuna stand auf und stellte sich in die Mitte des Raumes vor Tom hin.

»Tina«, wiederholte Tom. »Würden Sie bitte vortreten?«

Tina sah mich an. Mit einer kleinen Geste ermutigte ich sie, es zu tun. Achselzuckend und widerstrebend stand sie auf und stellte sich neben Kisuna.

»Nun, meine Damen«, sagte Tom. »Würden Sie einander bitte umarmen?«

Keine machte Anstalten, seiner Bitte nachzukommen.

»Es fällt mir sehr schwer«, sagte Kisuna schließlich. »Aber ich werde es tun.«

Sie breitete die Arme aus.

»Tina?« sagte Tom.

»Nein«, sagte Tina.

Kisuna stand mit ausgebreiteten Armen da; sie war bereit, Tina zu umarmen, begegnete jedoch nur einem abweisenden Blick.

»Dies wäre ein Anfang, den Konflikt zu lösen«, sagte Tom. »Versucht doch wenigstens, euch anzusehen und das Wort *Liebe* auszusprechen.«

»Nein, das kann ich nicht«, sagte Tina.

In diesem Augenblick legte Kisuna ihre Arme um Tina, die jedoch stocksteif stehenblieb. Ich war entsetzt. Mir war nicht klar gewesen, daß ihr Verhältnis zu Kisuna so gestört war.

Schließlich ließ Kisuna nach ihrem gescheiterten Versöhnungsversuch die Arme sinken. Tina wandte sich stumm ab und ging zu ihrem Platz zurück.

Tom schwieg. Auch spirituelle Wesenheiten können nur bis zu einem gewissen Grad zur Lösung zwischenmenschlicher Beziehungen beitragen. Den Rest müssen die Menschen schon selbst besorgen.

Kisuna ging wieder an ihren Platz zurück. Es gab nichts mehr zu sagen. Nach einem betretenen Schweigen meldete sich Yudi Bennet, unsere Regie-Assistentin zu Wort.

»Mr. McPherson, ich hätte gern gewußt, wer bei uns in der Produktion klaut. Es fehlen ein paar wichtige Anschlußrequisiten, die wir zum Drehen brauchen. Kann ich irgend etwas tun, damit das aufhört?«

Tom reagierte unverzüglich. Es bedeutet karmisch gesehen einen Einbruch in die Intimsphäre, einen Menschen von einer Warte höheren Wissens bloßzustellen.

»Die betreffende Person muß selbst entscheiden, ob sie ihr Tun einstellt«, sagte er. »Lassen Sie mich nur soviel sagen: Die Dreharbeiten zu diesem Film werden durch nichts ernsthaft gefährdet. Ihr alle arbeitet an diesem Projekt, da ihr bereits in früherer Zeit zusammengearbeitet habt. Ihr befaßt euch mit neuen Formen der Kommunikation, und ihr werdet damit erfolgreich sein. Darüber hinaus verfolgt ihr mit diesem Projekt euer persönliches, individuelles Wachstum. Dieses Projekt dient als Katalysator für euer Wachstum. Seid euch eurer Persönlichkeit während der Dreharbeiten bewußt, und ihr werdet verstehen, was wir meinen.«

Alle weiteren Fragen verblaßten nach dieser zuversichtlichen Aussage. Jeder von uns wußte im Innersten, daß jede Leistung, die wir erbrachten, uns einen Schritt zur Selbsterkenntnis führte. Das war die Lehre für Tina und Kisuna und uns alle, die wir ihr Wachstum beobachteten.

Es war eine Lehre für uns alle, die wir so zielorientiert waren und dabei oft völlig vergaßen, daß der Weg ebenso bedeutsam war, daß nicht das Ergebnis zählte, sondern die Art und Weise, wie wir dorthin gelangten.

Brad und sein Kamerateam fragten Tom, was wir in Peru zu erwarten hätten. Tom warnte vor der Feuchtigkeit in den Objektiven, sagte, daß es regnen würde und daß wir ohne Hilfsaggregate Probleme mit der Elektrizität bekämen. Die Jungs machten Notizen. Weitere technische Fragen folgten, die Tom offensichtlich zur Zufriedenheit der Fragesteller beantwortete. Am Ende meinte er, die Fernsehserie würde eine enorme Wirkung auf das Bewußtsein der Zuschauer haben. Sie würden mit gemischten Gefühlen reagieren, aber sie würden danach weniger über spirituelle Phänomene spotten als bisher. Er beendete die Sitzung mit den Worten, wir alle seien aus einem bestimmten Grund zusammengekommen. Dieses Projekt sei nicht unser letztes; wir seien zur Zusammenarbeit bestimmt, nicht nur, weil uns der Wunsch nach Innovation verbinde, sondern weil wir viel voneinander lernen könnten. Eine Welle der Zuneigung durchströmte uns. Wir alle hatten irgendwo tief in unserem Inneren gewußt, daß wir einander ausgewählt hatten, und daß dies nur der erste Akte eines Erfahrungsprozesses war.

Sechzehntes Kapitel

Später an diesem Abend unterhielt ich mich mit Simo über Verhaltensdynamiken am Set. Die Konflikte, die sich zeigten, schienen alle mit der zunehmenden Kraft der weiblichen Energie zusammenzuhängen. Im neuen Zeitalter des Wassermanns trat das Yin (die weibliche Energie) immer stärker in den Vordergrund. Die Zeit eines Ausgleichs zwischen Yin und Yang nahte, und bis zur völligen Herstellung der Balance dieser Kräfte würde es noch zu vielen Konflikten kommen.

Unser Projekt war in vieler Hinsicht symptomatisch für diese Entwicklung. Ich, also eine Frau, hatte das gesamte Projekt in die Wege geleitet – hatte mich auf die spirituelle Suche begeben, hatte darüber geschrieben und spielte nun die Hauptrolle in dem Film über das Buch. Wir hatten eine erste und zweite Regieassistentin, während diese Positionen sonst zumeist von Männern eingenommen werden. Auch unser Co-Produzent war eine Frau. Und die meisten männlichen Mitarbeiter bekannten sich entweder freiwillig zur weiblichen Seite ihrer Persönlichkeit, oder sie mußten sich gezwungenermaßen dazu bekennen. Die deutlichsten Konflikte zeichneten sich jedoch nicht, wie sonst üblich, unter den männlichen Kollegen, sondern unter den Frauen im Team ab.

Das New Age wandte sich an die Führungsqualitäten der Frauen, was nicht nur eine grundlegende Veränderung der männlichen Ansichten über weibliche Führungsqualitäten erforderte, sondern dieses Umdenken auch von den Frauen verlangte. Die alten, herkömmlichen patriarchalischen Strukturen wurden nicht durch matriarchalische Werte ersetzt, sondern durch die Gleichstellung beider.

Das Zerwürfnis zwischen Tina und Kisuna machte mir eins klar: Tina repräsentierte die männlich orientierte Sicht beruflicher Perfektion. Für sie galt als höchste Priorität, das Beste in ihrem Beruf zu leisten; sie gönnte sich nie eine wirkliche Entspannungspause. Die mehr nach innen gerichtete Kisuna betrachtete ihre Weiblichkeit als gleichbedeutend mit der Aufgabe, die sie zu erfüllen hatte. Sie brauchte möglicherweise länger, um eine Leistung zu erbringen, würde sich jedoch Erkenntnissen, die sie im Verlauf ihrer Arbeit machen konnte, nicht verschließen.

Tina verlieh ihrer weiblichen Seite in der Form Ausdruck, daß sie liebevoll Kekse, Kuchen und Törtchen für das Team buk und diese Köstlichkeiten jeden Morgen im Maskenwagen auftischte. Sie sagte, es mache ihr keine Mühe, das sei im Handumdrehen erledigt. Doch nach ihrem langen Arbeitstag zählte jede freie Minute, die sie sich oder ihrer Familie widmen konnte. Kisunas Haltung war im feministischen Sinne konsequenter; sie räumte ihrem Selbstverständnis höchste Priorität ein, um dadurch größeres Verständnis für ihre Mitmenschen zu erreichen.

Kisuna rief mich am nächsten Tag an.

»Ich möchte mich nur verabschieden, ich gehe«, sagte sie.

Ich war verblüfft, wie wenig ich doch letztlich über die Verhaltensstrukturen in meinem Team wußte.

»Du steigst ganz aus?« fragte ich.

»Ja«, antwortete Kisuna.

»Warum?«

»Weil ich keine gute Arbeit geleistet habe. Die Produktion stimmt mit mir darin überein, daß es für beide Seiten am besten ist, wenn ich gehe.«

»Und was ist der wirkliche Grund?« fragte ich.

Kisuna machte eine Pause und seufzte.

»Ich spiele schon länger mit dem Gedanken, etwas Kreativeres zu tun. Die Arbeit als Scriptgirl ist mir mittlerweile zu einseitig und zu trocken. Deshalb mache auch ich Fehler, das gebe ich zu. Mein Vater war Regisseur und sagte mir von Anfang an, ich solle einen kreativeren Beruf ergreifen.«

Ich fragte mich, ob sie auf ihre eigene innere Stimme hörte oder auf ihren Vater. Dann sprach sie von ihren Eindrücken am Set.

»Die Frauen gehen nicht ehrlich miteinander um«, sagte sie. »Die sind nur daran interessiert, ihren eigenen Hintern zu retten, so wie die Männer es ihnen beigebracht haben. Und unentwegt klatschen sie. Möglicherweise treten bei der Arbeit an diesem Film die häßlichen weiblichen Eigenschaften besonders hervor, weil so viele Frauen in Machtpositionen sitzen.«

Ich sagte, für mich sei ein Filmset die Miniausgabe unserer Gesellschaft. Was Kisuna beobachtet hatte, würden wir wohl noch reichlich zu spüren bekommen, weil die Macht nunmehr den Frauen bestimmt sei. Wir sprachen davon, wie sehr wir Frauen daran gewöhnt seien, uns durch die Männer zu definieren, während es etwas völlig Neues für uns sei, uns durch uns selbst zu definieren.

»Manche unserer weiblichen Eigenschaften werfen bei mir hin und wieder die Frage auf, wie sehr ich eigentlich Feministin bin«, sagte Kisuna. »Ständig muß ich mich mit meiner Sexualität auseinandersetzen.«

Das kam mir zwar etwas verworren vor, aber ich hörte Kisuna aufmerksam zu. Diese Äußerung ließ allerlei Schlüsse zu. Ich stellte mir die Frage, inwieweit ich meine Sexualität in den Arbeitsbereich einbezog. Bei mir hing das davon ab, ob mir jemand gefiel oder nicht; im Normalfall fühlte ich mich als Neutrum, als Kumpel. Ich dachte an meine laute Rüpelhaftigkeit, wenn mich jemand ungeduldig machte. Manche Eigenschaften, die Kisuna von anderen schilderte, erkannte ich in mir selbst wieder. Und dann fand ich, daß Tina uns allen eine wichtige Lehrerin war.

»Ja, das sehe ich auch so«, sagte Kisuna. »Und ich finde einige meiner Eigenschaften in Tina wieder. Ich weiß, daß wir alle die Dinge anziehen, die uns helfen, unsere eigenen Probleme zu klären. Ich weiß, daß ich Tina und Yudi ›angezogen‹ habe. Sie waren meine Lehrerinnen und eine Bereicherung in meinem Lernprozeß. Aber jetzt habe ich genug davon.«

Dem war nichts hinzuzufügen. Für Kisuna bedeutete dies einen großen Schritt in ihrer Bewußtseinserweiterung; ich bewunderte ihre klare Selbstanalyse – ein schmerzhafter, aber mutiger Ansatz. Ich überlegte, ob ich die Courage hätte, meine Empfindungen und Fehler öffentlich darzulegen, wie sie es in dem vergeblichen Versöhnungsversuch während der Trance-Sitzung getan hatte. Oder hätte ich mich wie Tina verhalten, wenn man mich vor meinen Kollegen bloßstellte?

»Meine Wortmeldung mag taktisch unklug gewesen sein«, sagte Kisuna. »Aber ich bin die alten, männlichen Strukturen, das Unterdrücken von Emotionen leid. Ich mußte mich zu dem, was mich belastete, aufrichtig bekennen. Wenn ich mich mit meinen Emotionen nicht offen auseinandersetze, kann ich gleich alles bleiben lassen.«

In meinem langen Gespräch mit Kisuna begriff ich mehr denn je, wie wichtig die Erkenntnis war, daß der Beruf, den wir uns erwählten, sozusagen als Schulungsraum für unsere Selbsterkenntnis diente. Wenn jemand einen Beruf hatte, der ihm verhaßt war, so sagte dies bereits viel über seine Meinung von sich selbst aus. Die Arbeitswelt war ein Mikrokosmos des Lebens, so wie jeder einzelne Tag eine Kurzfassung des Lebens war.

Ich hatte Grund, Tina und Kisuna für ihre Rolle als Lehrerinnen dankbar zu sein, doch waren sie Amateure, verglichen mit John Heard, der nun mit einem sprießenden Hautausschlag an der rechten Gesichtshälfte aus New York anreiste. Anscheinend war er in New York irgendwelchen Zwängen ausgesetzt gewesen.

Auf meine Sticheleien, was denn nun aus seiner Überzeugung geworden sei, lieber Hotdogs an der Straßenecke zu verkaufen, als seinen inneren Läuterungsprozeß in New York zu unterbrechen, meinte er nur, New York sei dreckig und verstärke negative Einflüsse. Mein mittlerweile leicht vewirrter Verstand unternahm keinen Versuch, herauszufinden, welche Lehre mir diese von mir selbst erschaffene Realität vermitteln sollte.

McPherson hatte gesagt, John Heard brauche die Erfahrung einer Transformation. Es gäbe genügend andere Schauspieler, doch sei *er* für den Durchbruch bestimmt und müsse deshalb zurückkommen. Vielleicht hatte er also mich an *sich* gezogen?

Ich fragte mich, wer wen zuerst umformen würde. Und ob der Durchbruch mit einem weltweit hörbaren Knall erfolgen würde.

Die Arbeit mit John vor der Kamera war das reinste Vergnügen. Manchmal wünschte ich, die Kameras würden den ganzen Tag laufen, damit ich ständig in den Genuß dieses Talents käme, das so klar und durchdringend war wie ein Laserstrahl. In seinen Augen las ich eine tiefe Aufrichtigkeit, und er machte keine einzige falsche, unkonzentrierte Bewegung. Jeder Take wirkte anders, strahlte seine eigene Wahrheit und ein absolutes Verstehen aus. Wenn ein Schauspieler eine Einstellung in der Wiederholung nicht genau so wie beim ersten Mal bringt, so ist das ein Zeichen dafür, daß er die Szene wirklich bei jedem Mal durchdenkt. John war ein märchenhafter Schauspieler. Ihn zu beobachten, wenn er nicht vor der Kamera stand, war für mich sehr lehrreich. Colin und ich sollten später zur Überzeugung gelangen, daß John unentwegt probte; es gab keine Gefühlsreaktion, kein Verhaltensmuster, die er nicht auskosten mußte. Es war, als würde er sich durch die Vielfalt menschlicher Regungen wirbeln lassen, um für alle Rollen gewappnet zu sein. Er »spielte das ganze Leben durch« und ging dabei mit vorprogrammierter Absicht vor. Er experimentierte hemmungslos, und die Reaktionen anderer waren für ihn lediglich Material, das es auszuwerten galt.

Wenn einer der Kameraleute ihn mit »Mr. Heard« ansprach und ihn bat, zwei Schritte nach rechts zu gehen für die Schärfenprobe, so machte John zwei Schritte nach links, nur um die Verblüffung zu studieren, mit welcher der Mann reagierte; vielleicht konnte er später Gebrauch davon machen. Seine Art, Situationen auszuprobieren und Grenzen zu entdecken, hatte etwas Kindliches. Als Kollegin, die gerne den Nerv für soviel Unverfrorenheit besessen hätte, hatte ich ihn durchschaut. Und das wußte er.

Die wichtigste Eigenschaft, die einen guten Schauspieler ausmacht, ist wohl die, das Kind in sich zu bewahren. Denn Kinder können sich vollständig im Rollenspiel verlieren. Jede Rolle verkörpern sie mit gleicher Leidenschaft und Hingabe, selbst wenn sie ihnen aufgedrängt wurde und sie wenig Freude dabei empfinden.

Anne Jackson und ich führten oft lange Gespräche darüber, wenn die Beleuchtung für die Dekoration eingerichtet wurde. Sie war Mitte sechzig und wie alle wirklich guten Schauspieler vereinte sie diese wunderbare Mischung aus Kindlichkeit und Disziplin in sich. Wir wollen natürlich alle dem Regisseur und vor allem dem Publikum gefallen, aber wenn wir ganz ehrlich sind, müssen wir zugeben, daß es uns im Grunde genommen um die liebevolle Anerkennung unserer Eltern geht. Wenn man einen Schauspieler fragt, wie er zu seinem Beruf gekommen ist, tauchen die Eltern immer als auslösender Faktor auf – sei es im positiven oder im negativen Sinne.

Vielleicht ist das ja bei allen Menschen so, da wir ja alle von den Kräften innerhalb der Familie geprägt und bestimmt werden. Doch nur der Schauspielberuf erlaubt es, das Kind in uns anzuerkennen und dieses Gefühl in der Arbeit einzusetzen. Vielleicht wären deshalb alle gern ein Star, weil sie dadurch zeitweise in die Kindheit zurückkehren könnten, in der Publikum und Schauspieler gemeinsam das Spiel »Jetzt tun wir so als ob« gespielt haben. Und vielleicht ist das auch der Grund, warum die Gesellschaft die Schauspieler nicht wirklich ernstnimmt. Man läßt sich von ihnen amüsieren und unterhalten und nimmt sie als liebenswerte Reminiszenz, daß Unschuld selbst in einer zynischen Welt fortleben kann.

Ich nehme an, die meisten Mitglieder der Crew beneideten John insgeheim dafür, daß er seine Mätzchen ungestraft ausspielen durfte.

In seinen Drehpausen ging er hin und her wie ein Löwe im Käfig. Er sabberte beim Essen, rülpste, wenn alle gerade still waren, und tischte in Augenblicken, in denen Würde angebracht gewesen wäre, unanständige Zoten auf. Er war unbeirrbar in seiner Selbstdarstellung.

Und ständig versuchte er unser Drehbuch und meine spirituellen Glaubenssätze nach Schwachstellen anzubohren. Mir machte die Sache großen Spaß, da ich es mit einem Menschen zu tun hatte, der sich einen Dreck um kultivierte Diskussionen scherte.

Er war nicht einer von denen, die mich schonten und mir meine »verrückten, verdrehten Ideen« ließen. Er drängte mich in die Ecke und sagte ERKLÄR MIR DAS – und zwar *jetzt*. Und das tat ich dann. Andererseits tat er nie etwas als verrückt ab, denn als sensibler Mensch brauchte er die Aufgeschlossenheit anderer. Und irgendwo in seinem Bauch wußte er es ohnehin besser. Natürlich war er auch katholisch – was hieß, daß alles möglich war.

Am stärksten beeindruckte mich jedoch seine Power – auch darin war er wie ein Kind, das selbstverständlich davon ausgeht, daß absolut alles möglich sei. Wenn John aus seinem Wohnwagen trat und zum Set ging, fürchteten kernige Männer und beherzte Frauen, er könne sie zwingen, sich über Wesenszüge bei sich selbst bewußt zu werden, die sie selbst noch gar nicht entdeckt hatten.

Wir hatten eine Woche Nachtdreh in den Bergen von Malibu. Das bedeutete eine völlige Umkehrung unseres Lebensrhythmus. Wir begannen bei Einbruch der Dunkelheit zu arbeiten und drehten bis Sonnenaufgang.

Colin hatte sich in eine Erkältung »geflüchtet« – er hatte einige berufliche Entscheidungen zu treffen. Kevin war nach Hause geflogen; Jach Pursel hing noch eine Weile bei uns herum, bis ihm die langen Wartezeiten beim Filmemachen langweilig wurden und auch er sich verzog.

Bedrückt saß ich in meinem Wohnwagen und wartete darauf, daß man mich holte; draußen war es kalt und regnerisch. In solchen Nachtstunden gab es nur Seichtes zu reden. »Was hast du gestern abend gegessen?« – »Diesen Make-up-Ton find' ich schmeichelhafter, du nicht auch?« – »Mich würde interessieren, was die Dingsda davon hält, daß ihr Typ ständig mit der Soundso zusammengluckt...« und so weiter und so fort. Das Geplapper in der Maske machte mich wahnsinnig, also wartete ich lieber allein.

Außerdem fiel es mir schwer, den Leckereien, die Tina jeden Tag mitbrachte, zu widerstehen. Seit Kisuna fort war, verwöhnte Tina das Team doppelt und dreifach. Und wie jeder weiß, ist Essen ein Allheilmittel gegen Langeweile.

»Begib dich in Einklang mit deinem inneren Sein«, verordnete ich mir hochtrabend.

Das versuchte ich; mein inneres Sein war wohl eine äußerst genußfreudige Dame.

»Bleibe du selbst, was immer auch geschieht«, fuhr ich fort.

»Erlaube den Menschen, dich zu lieben. Lerne Liebe anzunehmen«, befahl ich mir.

Ja, das versuchte ich. Es ist jedoch sehr schmerzhaft, gegenüber sich selbst ehrlich zu sein. Ich sah so viel Intoleranz und Ungeduld in meinem Charakter. Wie konnte ich Liebe von anderen akzeptieren, wenn ich *sie* für unzulänglich hielt, so zu fühlen wie *ich*?

War ich in meinen frühen Jahren deshalb so ehrgeizig gewesen, weil ich unbewußt vor der Suche nach meinem Selbst zurückscheute? Oder hatte ich gerade deshalb den Erfolg angestrebt, damit ich – gewissermaßen berufsmäßig – Selbstbetrachtung betreiben konnte? Ich begann ohnehin, die Bedeutung von Erfolg neu zu definieren. Ich hatte so viele Menschen erlebt, die zu Starruhm und materiellem Wohlstand gelangt waren, sich dieser Dinge jedoch für so unwürdig hielten, daß sie Selbstmord begingen. So hätte es auch mir ergehen können, wenn ich nicht begriffen hätte, daß eine spirituelle Dimension ebenso Teil meiner Identität war wie mein Verstand und mein Körper. Diese Erkenntnis hatte mir das Leben gerettet, da sie mir das Gefühl vermittelte, daß ich alles, was ich mir erschaffen hatte, auch wirklich verdient hatte.

Jetzt saß ich in meinem Wohnwagen und dachte an den Film, den ich machte. Ich haßte Nachtdrehs, ich haßte dämliche Gespräche und ich haßte es zu frieren. Und ich haßte meine Unfähigkeit, tagsüber zu schlafen. Ich hatte es weit gebracht in meiner spirituellen Entwicklung. Ich fühlte mich durch und durch miserabel, weil ich mehr sah als je zuvor.

Gelegentlich versuchte ich zu meditieren und Zwiesprache mit meinem höheren Selbst zu halten. Es war immer da.

»Was ist mit mir nicht in Ordnung?« fragte ich etwa.

»Du bist zu ungeduldig und zu perfektionistisch mit Dingen, die du für wichtig hältst.«

»Na ja«, wandte ich dann ein. »Perfektion gehört zu meinem Job.«

»Nein«, erhielt ich zur Antwort. »Perfektion ist eine Sucht nach der Vergangenheit.«

Sucht nach der Vergangenheit? Das leuchtete mir ein. Die Perfektion einer Sache konnte ich nur beurteilen, wenn ich sie mit Dingen verglich, die ich bereits aus der Vergangenheit kannte.

»Bleibe im Einklang mit mir«, riet mein höheres Selbst. »Ich werde dich nie im Stich lassen, da ich in Einklang mit Gott stehe.«

Manchmal treten mir in solchen Momenten der Erkenntnis Tränen in die Augen, dann wieder weigerte ich mich, auf das zu hören, was mein höheres Selbst mir zu sagen hatte.

Einmal spät nachts schaute Colin herein. »Na, wie läuft's?« fragte er schniefend wegen seiner Erkältung.

»Lausig«, gab ich ihm zur Antwort.

Colin putzte sich die Nase und lächelte. »Na ja, Schauspieler sind eben zu allem fähig.«

Ich warf ihm einen Gummistiefel ins Kreuz.

Nach unserem ersten Nachtdreh kam ich um sieben Uhr früh nach Hause und sank erschöpft ins Bett. Ich knipste meinen Beschallungsapparat an und hoffte, bis mittags zu schlafen. Um halb acht klingelte das Telefon. Es war eine Bekannte meiner Haushälterin, die sie unbedingt sprechen wollte. Ich sagte, sie sei nicht da; doch die Frau rief immer wieder an und meinte, es sei sehr dringend.

Es klingelte an der Tür. Außer mir war niemand in der Wohnung, um zu öffnen. Ich ließ es klingeln, lang und ausdauernd, weigerte mich beharrlich aufzustehen und nachzusehen, wer es war. Das hätte ich nicht tun sollen. Den ganzen Vormittag ließ mich der Gedanke nicht los, wer das gewesen sein mochte.

Um fünf Uhr nachmittags schleppte ich mich an den Drehort, arbeitete die Nacht durch und sank am nächsten Morgen wieder um sieben Uhr ins Bett.

Um halb neun wurde ich durch lautes Hämmern direkt unter meinem Schlafzimmer geweckt. Die Arbeiter waren gekommen, um die Stützpfähle unter dem Haus auszubessern. Wütend stand ich auf und beugte mich über den Balkon.

»Was zum Teufel machen Sie da?« fragte ich liebenswürdig.

»Ich bessere den Pfosten aus«, erklärte einer der Arbeiter munter.

»Können Sie das nicht später machen? Ich hab' die ganze Nacht gearbeitet.«

Er lächelte zu mir herauf. »Es sind nur noch ein paar Nägel einzuschlagen.«

»Was soll ich denn noch tun?« fragte ich verzweifelt. »Wie kann ich Ihnen begreiflich machen, wie sehr Sie mir auf die Nerven gehen?«

»Danke«, erwiderte er zuvorkommend. »Es dauert nicht lang.«

Ich ging zurück ins Schlafzimmer. Und dann drehte ich durch. Ich knallte die Tür ins Schloß, daß die Balken bebten. Öffnete sie wieder und knallte sie noch mal zu. Die Täubchen im Käfig in der Diele hörten auf zu gurren. Ich rannte zur Wohnungtür, öffnete sie und schlug sie so fest zu, daß der Verputz von der Decke rieselte. Das tat ich fünfmal hintereinander. Ich wollte alle meine Mieter aufwecken, für den Fall, daß sie nicht schon das Gehämmer aus den Betten geworfen hatte.

Dann sah ich einen Mann durch meinen Vorgarten gehen und die Treppe heraufkommen.

»Ist was nicht in Ordnung?« fragte er.

»Natürlich nicht«, fauchte ich ihn an. »Ich kann nicht schlafen. Können Sie was dagegen tun?«

»Nun«, lächelte er gewinnend. »ich bin Zeuge Jehovas. Ich stehe Ihnen gerne zu Diensten und zeige Ihnen den Weg zu Gott.«

Genau das hatte ich jetzt nötig. Ich war Gott so nahe, wie man nur sein kann, und es half mir nicht im geringsten.

»Ich geb' Ihnen mal einen guten Rat«, zischte ich ihn an, »gehen Sie zu Michael Jackson, der kann mit Ihrer Hilfe viel mehr anfangen als ich.«

Ich war wütend; schließlich mußte der Kerl doch wissen, wer ich war und worüber ich schrieb.

Er sah mich seltsam fragend an.

»Ja, ähm«, meinte er, »ich habe gestern schon mal vorbeigeschaut, leider ohne Sie anzutreffen. Wenn Sie mir Ihren Namen sagen, lasse ich Ihnen eine Auswahl unserer Schriften per Post zukommen, um Sie nicht länger zu stören. Ich bin überzeugt, auch Sie werden unsere Angebote zu schätzen wissen.«

Der Kerl wußte nicht, wer ich war? Das machte mich noch wütender. Mit einem schrillen »Danke bestens!« schlug ich ihm die Tür vor der Nase zu.

Wunderbar, dachte ich. Ich mußte noch eine Menge lernen.

An Schlafen war nicht mehr zu denken. Ich setzte mich hin und dachte darüber nach, warum ich jedesmal so aufbrausend reagierte, wenn ich während der Dreharbeiten nicht schlafen konnte. In einem Hotel in Washington, D. C. hatte ich einen Stuhl an die Wand geworfen, weil die Telefonzentrale sich nicht an meine Anweisung gehalten hatte, kein Gespräch durchzustellen.

Während der Dreharbeiten zu *Zeit der Zärtlichkeit* riß ich in einem Hotel in Houston die Telefonverkabelung aus der Wand, weil um sechs Uhr früh unter meinem Fenster ein Rasenmäher zu rattern anfing.

Auf einer Australientournee schmiedete ich düstere Pläne, wie ich Sand in die Getriebe der Maschinen schütten könnte, die jeden Morgen um sechs Uhr an der Baustelle gegenüber in Betrieb genommen wurden.

Wenn ich nicht arbeitete, konnte mich nichts aus der Ruhe bringen. Wurde mein Schlaf aber während der Dreharbeiten gestört, geriet ich in Raserei. Das war genau das Verhalten eines Ehrgeizlings, eines Menschen, der noch nicht wirklich überzeugt war, daß alle Dinge aus einem bestimmten Grund geschahen.

Die Leute, mit denen ich auf Tournee ging, lachten bereits im voraus, weil wir jede Wette darauf abschließen konnten, daß vor meinem Hotelfenster irgendeine Baustelle Lärm machen würde.

So stellte ich mir zwangsläufig die Frage: Warum ziehe ich das auf mich? Die richtige Antwort war nicht sonderlich schwer: um Geduld und Toleranz zu lernen.

Stan fragte mich schließlich, wieso ich so müde aussehe. Ich gab ihm eine lückenlose Auflistung der morgendlichen Störfaktoren.

Er lachte glucksend in sich hinein, lehnte sich zurück und schlürfte Kaffee aus einem Styroporbecher.

»Was gibt's denn Neues in der Welt da draußen, Stan?« fragte ich.

»Also«, begann er, »ABC plant *War and Remembrance.* Dreißig Stunden Hitler und Konzentrationslager. Hitler wird der größte Star Hollywoods. Der meistbeschäftigte Mann.«

»Wow«, sagte ich. »Wir begreifen immer noch nicht, was dieses Monster für die Menschheit bedeutete, wie?«

»Auf alle Fälle eine Menge Arbeitsplätze«, entgegnete Stan, der sich nicht auf ein ernsthaftes metaphysisches Gespräch einlasen wollte.

»Je schneller wir kapieren, daß Hitler für uns alle ein Lehrer war, desto leichter werden wir damit klarkommen.«

»So was will niemand hören«, sagte Stan.

»Du meinst also, wir brauchen immer noch einen Sündenbock, statt einzugestehen, daß wir alle irgendwie daran beteiligt waren, und dafür die Verantwortung zu tragen.«

Stan sah mich mit seinen liebenswürdigen, weisen Augen an.

»Wer weiß?« meinte er mit dem Takt, der einem wahren Überlebenskünstler eigen ist. »ABC hat sich jedenfalls vorgenommen, jetzt Qualitätsfernsehen zu produzieren. Sie planen vierzehn Stunden *Amerika.*«

»Was ist das?« fragte ich.

»Die Geschichte der russischen Eroberung Amerikas. Ich sagte zu Brandon: ›Habt ihr Unterhaltung mit Qualität jetzt so dringend nötig?«

Ich lachte und versuchte mir auszumalen, welchen Beitrag vierzehn Stunden russische Eroberung Amerikas zur Weltfriedensbewegung leisten mochten.

»Wenn ich die Wahl hätte«, meinte Stan, »gegen die Russen zu kämpfen oder gezwungen zu werden, mir die Serie anzusehen, würde ich vermutlich die Serie nehmen.«

Ich stand auf. »Ja, Stan«, stimmte ich ihm bei. »Komm, laß uns etwas *Junkfood* essen gehen.« Wenn ich schon deprimiert, müde und sauer war, dann konnte ich mich auch noch mit diesem Plastikfraß vollstopfen.

Auf dem Weg zum Wagen des Speiseservices sprach unser Produktionsleiter Dean O'Brian mich an.

»Ach übrigens –, in Peru besteht die Gefahr, daß man Sie als Geisel nimmt. Wir werden also erhöhten Polizeischutz für Sie anfordern. Diesen Guerillas ist zuzutrauen, daß sie ABC um ein Vermögen für Ihre Person erpressen.«

Ich dachte einen Moment nach, bevor ich ihm antwortete. »Nein, Dean. Das halte ich für unwahrscheinlich. Ich hätte nie den Mut, alleine durch die Berge zu spazieren. Aber John Heard – da haben Sie Ihre mögliche Geisel. Dem trau' ich zu, daß er mit einer Flasche Bier in die Berge wandert und förmlich darauf lauert, gekidnappt zu werden – um dann den Guerillas zu sagen, sie sollten doch die Lösegeldsumme erhöhen. Vielleicht ginge es ihm auch nur darum festzustellen, was das für ein Gefühl ist, wenn man gekidnappt wird. Möglicherweise würde er sich auch gern in die Lage der Geiselnehmer versetzen...«

Ich begann zu lachen, Stan stimmte ein. Und kurze Zeit später malten wir uns, von hysterischen Lachkrämpfen geschüttelt, aus, was John mit den Geiselnehmern anstellen würde.

»Hältst du es für möglich, daß die Leute vom Leuchtenden Pfad mit ihm fertig werden?« prustete Stan. »Der treibt die alle zum Wahnsinn!«

»Genau«, stimmte ich atemlos vor Lachen zu. Ich fühlte mich jetzt schon wieder erheblich besser. »Typen wie John könnten die Terroristen wirklich aus dem Konzept bringen. Er ist deshalb so furchtlos, weil er selbst nicht weiß, was er als nächstes tun wird.«

Die Nachtdreharbeiten zogen sich hin. Die Crew kämpfte sich durch Morast und Regen, während John und ich einigermaßen bequem im Lastwagen, dem Spielfahrzeug, saßen, unseren Text durchgingen und versuchten, uns warm zu halten. Eine Art dumpfer Durchhaltestimmung hatte sich unserer bemächtigt. John und ich sahen in den Drehpausen wenig voneinander. Melissa war angekommen und er hatte anderes im Sinn. Es faszinierte mich immer noch, wie er in die Rolle schlüpfte, wenn die Kameras liefen. Ich frage mich, ob er meine Fähigkeiten ebenso bewunderte, besonders, da es in der Szene, die wir gerade drehten, um meine Reaktion auf ein außerirdisches Wesen ging, das den Lastwagen steuerte, während der von John gespielte David hinter dem Steuerrad eingenickt war. Als Butler einmal »Cut« brüllte, öffnete John die Augen, sah mich an und sagte »Gut«. Vielleicht galt diese Bemerkung ja der Tatsache, daß die Szene zu Ende war. Ich jedoch nahm an, er wollte ausdrücken, daß er mich großartig fand – zumal er in der Szene die Augen geschlossen hielt...

John sprach häufig davon, wie unangenehm es ihm sei, als »Film«-Schauspieler zu agieren. Gleich nach dem Nachtdreh nahmen wir einige der schwierigsten metaphysischen Dialogpassagen in Angriff: Eine Szene am Strand, die Gott sei dank tagsüber spielte.

»Ich hab' was gegen diese ›Film‹-Schauuuspielerei«, sagte John in seiner unnachahmlichen Art.

»Hm, was würdest du denn lieber tun?« fragte ich und brachte ihn damit völlig auf die Palme.

»Ich bin ein unbekannter, kleiner *Bühnen*schauspieler«, konstatierte er. »Gegen Film hab' ich was.«

In diesem Augenblick bat die Regie-Assistentin um Ruhe. Johns Großaufnahme war eingeleuchtet und drehfertig. Er hatte einen zwei Seiten langen Monolog über Gott und Reinkarnation zu bringen. Den Mastershot hatten wir bereits im Kasten; ich wußte also, wie er spielte. Er hatte sich nebenbei mit Sand und Muscheln beschäftigt, immer mal wieder aufs Meer hinausgeblickt und äußerst komplizierte Textinhalte gesprochen.

Die Kameras liefen. Butler brüllte: »Action«. John nahm seine lässig-grüblerische Haltung ein. Und plötzlich hörte ich in der Ferne ein Flugzeug. Ich sah, daß John es ebenfalls wahrgenommen hatte; sein Gesicht begann rot anzulaufen. Das Flugzeug kam immer näher. Niemand sagte »aus«, da John deutlich zu verstehen gegeben hatte, daß nur *er* seine Einstellungen abbrach. Also liefen die Kameras weiter. Das Dröhnen der Flugzeugmotoren wurde schließlich so laut, daß John, dessen Gesicht mittlerweile tiefrot war, nicht mehr weitermachen konnte. Er brach ab und warf die Arme in die Luft.

»Was ist das für eine Drecksmaschine, die meine Drecks-Großaufnahme ruiniert!« kreischte er. Verdammt noch mal, Mann, DAS IST MEINE GROSSAUFNAHME!«

Absolut verständlich. Doch ich platzte beinahe vor Lachen. John war außer sich vor Wut. Er schnellte von seiner Position im Sand hoch und versetzte dem nächstbesten Gegenstand einen Fußtritt; dummerweise aber war es eine Bühnenkiste, wie sie beim Film für Stühle, Lampen und kleingewachsene Schauspieler benutzt werden. John rammte seinen Fuß also in die Holzkiste und zog ihn mit schmerzverzerrtem Gesicht zurück. Auf einem Fuß hüpfend, tobte er herum. Das gesamte Team wich ängstlich zurück, und ich dachte, wie wenig er sich doch aus der »blöden Filmerei« machte.

Sein Zorn verrauchte, und das Flugzeuggeräusch verlor sich in der Ferne. John ging zu seiner Markierung zurück und setzte sich.

»Tut mir leid, Leute!« meinte er gelassen. »Ich hab' mich lächerlich benommen. Können wir wieder?«

Wir konnten wieder. Das Team begab sich wieder auf Position, so als ob nichts gewesen wäre.

»Gut, Mr. Heard«, sagte Brad. »Die Kamera ist bereit. Wir können drehen, wann immer Sie wünschen, Sir.«

John wiederholte die Einstellung, und niemand verlor ein weiteres Wort über den Zwischenfall.

Einmal hatte John erwähnt, einer seiner Kumpel hätte ihm erzählt, daß Christus in der Bibel über Reinkarnation sprechen würde. Danach befragt, um welche Bibelstellen es sich handle, konnte John mir keine Auskunft geben. Ich beschloß also, am Wochenende danach zu suchen.

Ich hatte keine Ahnung, wo ich anfangen sollte. Also machte ich ein Experiment mit mir. Ich vesetzte mich in leichte Meditation, trat in Verbindung mit meinem höheren Selbst und fragte: »An welcher Stelle in der Bibel bezieht Christus sich auf Reinkarnation?«

Die Antwort lautete: »Die meisten Bezüge wurden gestrichen, einige gibt es noch. Du findest sie im Buch Matthäus.«

Die Antwort in klarem Englisch war erstaunlich präzise. Ich ging an mein Bücherregal und holte mir die Bibel.

Im Buch Matthäus blätterte sich Matthäus 16, Vers 13 auf. Jesus fragt seine Jünger: »Was sagen die Menschen, wer der Sohn des Menschen sei?«

Die Jünger antworten: »Einige sagen: Johannes der Täufer, andere: Elias, noch andere: Jeremias oder einer der Propheten.«

Damals war Reinkarnation offenbar ein so selbstverständlicher Glaubensbegriff, daß sich in der Diskussion nicht die Frage erhob, »ob« es Reinkarnation gibt, sondern »wer« man in der Reinkarnation war.

Jesus fragt dann: »Ihr aber, was sagt ihr, wer ich sei?«

Simon Petrus gibt zur Antwort, daß Jesus der Sohn des lebendigen Gottes sei. Dies bestätigt Jesus und gebietet seinen Jüngern, niemandem zu sagen, daß er Christus sei.

Kapitel 17 beinhaltet die Schilderung der Verklärung. Jesus führt Petrus und die beiden Brüder Jakobus und Johannes auf einen hohen Berg. Sie werden Zeugen der Verklärung Jesu; sein Angesicht leuchtet wie die Sonne, und seine Kleider glänzen wie das Licht. Dann erscheinen ihnen Moses und Elias und unterhalten sich mit Jesus. Da überschattet sie eine lichte Wolke und eine Stimme spricht aus der Wolke: »Dieser ist mein geliebter Sohn, an dem ich Wohlgefallen gefunden habe; hört auf ihn!« Als die Jünger dies hören, fallen sie auf ihr Angesicht und fürchten sich sehr. Jesus rührt sie an und gebietet ihnen aufzustehen und keine Angst zu haben. Als sie ihre Augen heben, sind Moses und Elias verschwunden.

Jesus gebietet ihnen, niemandem zu erzählen, was sie gesehen haben, bis er von den Toten auferstanden ist.

Die Jünger fragen ihn dann, warum die Schriftgelehrten gesagt haben, zuerst müsse Elias kommen, um alle Dinge wieder herzustellen.

Jesus antwortet, »Aber Elias ist schon gekommen und sie haben ihn nicht anerkannt, sondern haben mit ihm alles getan, was sie wollten. Ebenso ist es auch dem Sohn des Menschen bestimmt, durch sie zu leiden.«

Da begreifen die Jünger, daß er von Johannes dem Täufer zu ihnen redet.

Beim Lesen dieser Matthäus-Verse wurde mir klar, daß Jesus und seine Jünger über Reinkarnation sprachen. Sie sagten, daß Johannes der Täufer in einer früheren Inkarnation als Elias gelebt hatte. Und daß Jesus ein ähnliches Schicksal wie die beiden Propheten erleiden würde.

Ich verbrachte einen Großteil des Wochenendes damit, die Bibel wieder einmal intensiv zu studieren, und wie so oft fiel mir auf, welche metaphysische Bezüge in ihr hergestellt werden – die Lehren beziehen sich auf das Königreich des Himmels in uns allen, und ein Neues Zeitalter der Erkenntnis wird kommen, um das zu bezeugen.

Ich legte das gefundene Bibelmaterial John Heard vor und arbeitete es in eine seiner Szenen ein. Als ernsthafter, aber verwirrter Katholik studierte er die Bibeltexte. Es gab Augenblicke, in denen er das, was er als Schauspieler zu sagen hatte, mit seinen eigenen religiösen Überzeugungen vermischte. Die Lehren unterschieden sich nicht sonderlich voneinander, außer daß die Kirche ihm vorschrieb, er müsse an das Böse und die Hölle glauben. Die Methaphysik hingegen lehrte, daß wir unsere eigene Hölle in uns erschufen – als Reflex auf unsere Realitätswahrnehmungen. Das sah John zwar ein, doch er war nicht bereit, völlige Verantwortung für sein Leben zu übernehmen. Darüber hinaus versuchte er sich mit einer weithin sichtbaren Fieberblase am Kinn aus der Affäre zu ziehen, die mit Schminke nicht zu überdecken war.

»Geschieht ABC ganz recht«, sagte er.

Ich mußte während seiner Großaufnahmen sein Kinn mit dem Schatten meines Hutes abdecken, damit der dreidimensionale kapriziöse Kinnvulkan dem Fernsehpublikum verborgen blieb.

In den Drehpausen bemerkte ich, daß John sich ernsthaft mit den Themen unserer Serie befaßte. Ein wirklich guter Schauspieler muß einen Weg finden, fremde Standpunkte in sein Glaubenssystem zu integrieren, sonst wirkt er auf der Leinwand unecht. Er ging mit dem Material so glänzend um, daß ich ihm schließlich sagte, er hätte es begriffen, auch wenn ihm das vielleicht gar nicht klar war. Weiterhin sagte ich ihm, daß wir alle im tiefsten Innern unseres Herzens wüßten, daß diese Dinge wahr seien. Wir bestimmten lediglich darüber, wieviel Skepsis wir im Rollenspiel unseres Lebens einbringen wollten.

Da er selbst ein Leben »spielte«, wußte er, wovon ich sprach.

Siebzehntes Kapitel

Unterdessen hatte ich meine eigenen Probleme mit metaphysischer Wahrheit. Es ging um meine Weiblichkeit.

Ich war mit meiner männlichen Energie stets ganz zufrieden gewesen, denn ich bin eine Frau, die weiß, was sie will und wie sie es erreicht. Doch nun war ich an einem Punkt im Leben angelangt, an dem die weibliche Hälfte in mir ebensoviel Aufmerksamkeit und Ausdruck verlangte.

Ich hatte nicht genügend Vertrauen in meine weiche, mütterliche, hingebende Seite, sondern mußte die Dinge stets aktiv und aggressiv anpacken. Wenn ich mich aber ausschließlich auf die männliche Seite in mir konzentrierte, würde vieles, was in mir angelegt war, niemals zum Ausdruck gebracht werden können.

Vielleicht war das der Grund, warum ich wieder nicht schlafen konnte: Man muß Vertrauen zur Nachtenergie haben, um gut schlafen zu können. Nachtenergie ist weibliche Energie; sie ermöglicht es uns, uns zu entspannen, zu vertrauen und zu glauben. Damit aber hatte ich Probleme.

Wenn ich im Leben Probleme habe, passiert immer etwas, was mir aus der Patsche hilft. Diesmal war es eine russische Ikone, die mir weiterhalf.

Ich hatte stets ein Gefühl der Zugehörigkeit zu allem Russischen – was, so glaube ich, aus verschiedenen für mich wichtigen russischen Inkarnationen rührt. Immer wenn ich russische Worte oder russische Musik höre, selbst wenn ich nur russische Schriftzeichen sehe, fühle ich mich in meinem Innersten bewegt. So ergeht es mir seit meiner Kindheit.

Einige Zeit bevor mich das Unbehagen mit meiner Yin-Energie befiel, hatte ich durch die russische Ballerina Natalia Makarowa, die sich in den Westen abgesetzt hatte, eine junge Modedesignerin kennengelernt, die ein Kleid für mich entwarf. Seither rief sie gelegentlich an, um mir zu berichten, wie es ihr erging. Jetzt meldete sie sich wieder mit einigen interessanten Neuigkeiten.

»Shirley«, sagte sie, »ich muß Ihnen etwas erzählen. Ich weiß, es ist wichtig für Sie, aber ich weiß nicht wieso.«

Und sie erzählte mit folgende Geschichte:

Sie hatte eine Zeit hinter sich, in der sie krank, deprimiert und verzweifelt war. Die Ärzte im Krankenhaus waren ziemlich ratlos, da sie ihre Gebärmutterblutungen nicht zum Stillstand bringen konnten. Eines Tages brachte ihr eine Freundin die Fotografie einer sehr alten russischen Ikone ans Krankenbett. Die Ikone trug den Namen Iverskaja, stellte die Heilige Maria mit dem Jesuskind dar und stammte aus einem alten türkischen Kloster auf dem Berg Alfone. Die Kranke legte sich die Ikone auf den Unterleib und die Blutungen hörten über Nacht auf. Die Ärzte konnten sich dieses Phänomen zwar nicht erklären, entließen sie aber als geheilt.

Um das Original der Ikone rankte sich eine interessante Geschichte. Ein türkischer Soldat soll im Wahn des Bildersturms versucht haben, es mit seinem Schwert zu zerschneiden. Als Bluttropfen aus der Malerei quollen, ließ er entsetzt von seinem Tun ab. Der Legende nach trat er tief beschämt als Mönch in das Kloster ein und betete zeit seines Lebens vor dem Heiligenbild.

Heute war die Iverskaja in Besitz eines in Kanada lebenden Mönches namens José. Als dieser José einmal auf dem Berg Alfone weilte, erkannten die Mönche in ihm den rechtmäßigen Wächter der Iverskaja und gaben sie in seine Obhut. Heute bringt Joseé sie zu Kranken, die Heilung suchen. Meine Bekannte besaß nur ein Foto der Ikone, von dem sie jedoch behauptete, es habe Heilkräfte.

»Ich hatte einfach das dringende Bedürfnis, Ihnen die Geschichte zu erzählen, Shirley«, sagte sie mir. »Kann ich sie vorbeibringen? Ich finde, Sie sollten sie sehen.«

Aus welchem Grund ich an einer Ikone der Heiligen Maria mit dem Jesuskind interessiert sein sollte, war mir schleierhaft. Doch eine Stimme in mir sagte, es habe etwas mit der Entfaltung meiner weiblichen Energie zu tun.

Eine Stunde später war die junge Dame bei mir und holte das Foto der Ikone aus einem Brokatkästchen.

Das Bildnis zeigte Maria in einem braun-weißen Gewand mit dem Jesusknaben auf dem Arm, der eine Schriftrolle mit seinen späteren Lehren in der Hand hielt. Über den goldenen Heiligenscheinen von Jesus und Maria waren russische Schriftzeichen eingeritzt.

Beim Betrachten des Fotos hatte ich das seltsame Gefühl, die Ikone zu kennen. Ich hielt es mir näher an die Augen. Winzige ölige Tropfen benetzten den Rahmen, unter dem ein kleiner Wattebausch steckte, offenbar, um das Öl aufzufangen.

»Du lieber Himmel, was ist das denn?« fragte ich.

»Seit ich das Foto habe, sondert es Öl ab.«

»Wie bitte?«

»Ja, immer wenn ich Hilfe brauche oder Heilung, bete ich zur Heiligen Maria, und sie gibt mir Heiliges Öl.«

Sie besah sich das Foto eine Weile. Dann seufzte sie.

»Früher konnte ich es aus dem Rahmen nehmen. Aber seit etwa vier Monaten klebt es fest. Ich habe alles versucht. Es kommt mir so vor, als solle ich es nicht mehr aus dem Rahmen nehmen.«

Ich drehte das Bild um. Es steckte in einem einfachen Wechselrahmen. Ohne bestimmte Absicht versuchte ich, das Foto herauszunehmen. Vorsichtig drückte ich gegen den Karton auf der Rückseite, der sich ohne Mühe verschieben ließ, bis sich das Foto aus dem Rahmen gelöst hatte.

»Das ist nicht möglich«, staunte die junge Frau. »Ich habe es vergeblich versucht, und auch meine Freunde haben es nicht geschafft. Wir glaubten schon, es seien übernatürliche Kräfte im Spiel.«

Ich hielt das Foto in meiner Hand und bemerkte, daß es leicht zitterte. Dann begannen winzige Öltropfen aus dem Blid zu sikkern. Ich berührte sie mit der Fingerkuppe. Durch meine Hand strömte ein seltsames Glühen. Meine Bekannte starrte mich an. »Ihnen ist es bestimmt, die Ikone zu besitzen«, sagte sie schließlich. »Sie soll von jetzt an bei Ihnen bleiben.«

Ich spürte, daß sie recht hatte.

»Aber sie gehört Ihnen«, sagte ich. »Ich wüßte keinen Grund, warum ich sie haben sollte.«

»Weil Sie die Ikone brauchen. Sie ist für Sie bestimmt, das ist alles.« Sie verabschiedete sich leise und ging rasch; das Foto der Iverskaja blieb bei mir.

Und ich wußte, warum sie für mich bestimmt war.

Ich trug sie in mein Schlafzimmer und legte mir die Ikone auf die Brust. Sofort durchströmte ein warmes, kribbelndes Glühen mein Herz.

Da begriff ich, was ich von ihr lernen mußte. Es war beinahe so, als spräche sie mit mir. Ich mußte die Mitte meines Herzens öffnen. Ich mußte mehr Nachsicht für mich und für andere aufbringen. Wenn ich in meinem spirituellen Wachstum weiterkommen wollte, mußte ich aufhören, mich wegen Nichtigkeiten zu grämen, und meinen zwanghaften Perfektionismus zügeln. Ich mußte mir und anderen einfach gestatten *zu sein*.

Wir leben in einer schwierigen Welt. Überall gab es konfliktbeladene, brisante Beziehungen, als hätten außer mir noch Millionen anderer Menschen beschlossen, ihren karmischen Schutt noch vor Anbruch des New Age aufzuräumen. Vielleicht waren diese Reinigungsprozesse die Ankündigung des New Age.

Es war eine Sache, die metaphysischen Techniken zu beherrschen; eine ganz andere war es jedoch, der Welt mit einfacher Liebe im Herzen zu begegnen. Metaphysik und spirituelle Erkenntnis halfen uns letztlich, diesen Seinszustand zu erreichen. Liebe war das Ziel, Liebe war der Weg dorthin.

Die Weisheit der Liebe aber war nicht durch Studium und intellektuelles spirituelles Streben zu erlangen.

Lazaris, Ambres, John und McPherson hatten recht: Wenn ich das vollbringen wollte, wofür ich in dieses Leben gekommen war, mußte ich zur Weisheit der Liebe gelangen. Wenn ich das begriffen hatte, würde ich auch wieder schlafen können. Ich würde mich durch nichts erzürnen lassen, sondern würde begreifen, daß alles, was ich in meinem Leben an mich zog, nur geschah, damit ich die mannigfaltigen Manifestationen der Liebe kennenlernte, die aus dem Verständnis der Liebe zu sich selbst sprießen.

Ich behielt also die Marien-Ikone. Sie stand neben meinem Bett und bewachte nachts meinen Schlaf. Ich sprach nicht laut mit ihr, so wie meine Bekannte dies offenbar getan hatte, ich führte vielmehr einen stummen, inneren Dialog mit ihr über die Frage, was es hieß, Frau zu sein.

Dann erinnerte ich mich, daß ich einmal ein spirituelles Medium besucht hatte, das sich mit körperlosen, spirituellen Meistern durch parapsychologisches Tischrücken in Verbindung setzte. Das Medium heißt Adele Tinning, lebt in San Diego und ist eine reizende neunundsiebzigjährige alte Dame mit unglaublichen medialen Fähigkeiten.

»Das ist eine Gabe Gottes«, pflegt sie zu sagen, »nicht mein Talent. Vielleicht trifft das auf alle menschlichen Talente zu.«

Wie dem auch sei, Adele bedient sich eines Tisches, der in Verbindung mit ihrer Energie die Fähigkeit entwickelt, Botschaften zu übermitteln. Einmaliges Kippen bedeutet *nein*, dreimaliges Kippen bedeutet *ja*. Sanftes zweimaliges Wiegen heißt *vielleicht*.

Buchstabiert der Tisch Worte, so neigt er sich rasch in einem bestimmten Rhythmus, um am entsprechenden Buchstaben des Alphabets stehenzubleiben. Der Tisch kann auch in der Luft schweben oder gekippt auf einem Bein stehenbleiben. Ich selbst habe, wie viele andere Menschen auch, mit Gewalt versucht, ihn auf den Boden zurückzustellen, doch wenn die Wesenheit, die von ihm Besitz ergriffen hat, ihn ihm Schwebezustand halten will, so bleibt er in der Luft hängen.

Hat man sich einmal mit diesen Phänomenen abgefunden, bieten sich enorme Möglichkeiten. Durch Kippen übermittelt der Tisch Botschaften von spirituellen Ratgebern, die dieses Möbel als Kommunikationsmittel benutzen.

Anläßlich einer Sitzung mit dem »sprechenden Tisch« hatten Colin und ich uns erkundigt, wer denn unsere wichtigsten spirituellen Ratgeber seien. In meinem Fall buchstabierte der Tisch

MARIA als meine besondere Leitfigur. Dieser Äußerung hatte ich bislang jedoch kaum Beachtung geschenkt. War es möglich, daß Maria den Entschluß gefaßt hatte, mir vermittels einer russischen Ikone Anleitungen zu geben? Nun, mir waren schon merkwürdigere Dinge im Leben widerfahren.

Ich las jetzt alles, was ich an metaphysischer Literatur über Maria finden konnte. Darüber, wie sie sich erwählt hatte und auserwählt wurde, die Mutter Jesus zu sein, und über die Vorbereitung, der sie sich vor der Fleischwerdung unterzogen hatte. Und während ich las, lernte ich mehr und mehr über Frauen: darüber, wie unsere Rolle wirklich aussah, in welch ungeheurem Maß wir in unserer Selbstverwirklichung gehindert worden waren und wie wichtig die Gleichstellung der Frau und die Anerkennung weiblicher Führungsqualitäten in unserer Zeit war, wenn die Welt weiterexistieren sollte. Die nährende, die bewahrende Kraft, der vernünftige Pragmatismus, das intuitive Wissen, die Fähigkeit, sich der Gottesenergie hinzugeben, das Gleichmaß zwischen Liebe und Willenskraft und die Liebe für alles Leben waren Eigenschaften des Weiblichen, die unbedingt zum Ausdruck gebracht werden mußten.

Wir alle, die wir in diesem Leben in weiblichen Körpern inkarnierten, hatten die Pflicht, die Erwartungen, die wir durch diese Wahl in uns gesetzt hatten, zu erfüllen. Das Zeitalter der weiblichen Energie kündigte sich an – nicht laut und aggressiv, sondern bedachtsam, ausgeglichen und wissend. Es war eine weibliche Göttinnen-Energie, eine Energie, aus der alles geboren wurde. Die Energie der Herrschaft, nicht der Vorherrschaft. Die Energie der Verwandlung. Die Energie des Dienens. Unbekanntes Neuland würde sich ihr auftun. Wir würden unsere eigenen Landkarten zu zeichnen haben und unsere Ansprüche auf die Unendlichkeit ihrer Grenzen erheben müssen. Dabei war es notwendig, sich von vielem aus der Vergangenheit zu befreien: von Besitzdenken, dem Streben nach unbedingter Sicherheit, von der Unterwürfigkeit. Seit Jahrhunderten hatten sich die Frauen auf ihre wirkliche Rolle vorbereitet. Und wir konnten nun sehen, welchen Nutzen diese Vorbereitung unserer weiblichen Identität gebracht hatte. Wir waren bereit zu träumen und den Traum zu leben. Endlich hatten wir uns selbst die Erlaubnis erteilt, unser Leben voll auszuleben.

Die überkommenen Verhaltensstrukturen des Old Age wurden von der Vorherrschaft männlicher Energie repräsentiert. Wir hatten erlebt, daß die Lebensformen männlicher Vorherrschaft und weiblicher Unterwerfung uns an den Rand des Abgrunds getrieben hatten. Die Herrschaft der Yin-Energie baute auf Liebe und Bewahrung – die New Age Energie, deren Wurzeln in der uralten Verehrung des Mutteridols liegen, dem Aspekt des Weiblichen im Göttlichen.

Ursprünglich begann die Dialektik der Göttlichkeit mit der Muttergöttin, jenem Wesen, das Leben erschuf und schenkte. Alles Leben beginnt mit der Bindung an die Mutter. Dann erfolgt die Rebellion gegen die Mutter. Danach vollziehen sich Bindung und Auflehnung gegenüber dem Vater.

Doch die Urkraft ist weiblich. Spiritualität öffnet die in uns allen schlummernde weibliche Energie, in Männern wie in Frauen. Und Frauen sind die Wegbereiterinnen, die den Grundstein für spirituelle Inspiration legen.

Ich begann mir der spirituellen Bedeutung meiner weiblichen Energie immer bewußter zu werden. Bald fühlte ich mich besser.

Bella rief an. Sie fragte, wie Anne Jackson sich mache. Ich sagte: »Besser«; sie meinte: »Unmöglich.« Dann erzählte sie mir, eine ihrer Freundinnen sei bei Lazaris gewesen, und es hätte sie tief beeindruckt, wieviel Zutreffendes er über ihr Leben gesagt habe.

»Hör mal, was weißt du denn über diesen Lazaris?« erkundigte sich Bella.

»Ich weiß, daß er großartig ist, Bellitschka«, antwortete ich.

Langes Schweigen.

»Er ist einer der Geister, stimmt's?«

»Richtig.«

»Aus dem Jenseits?«

»Aus dem Jenseits.«

»Und du redest mit ihm?«

»Ja, ich rede mit ihm.«

Noch längeres Schweigen.

»Warst du kürzlich bei ihm?« wollte sie wissen.

»Also, ich rede mit ihm, wenn Jach Pursel in Los Angeles ist; manchmal besuchen Colin und ich ihn in San Francisco.«

»Der Geist wohnt in San Francisco?«

»Nein, Bella. Jach, das Medium, wohnt in San Francisco. Der Geist hält sich in den Äthern auf.«

»In den Äthern?«

»Ja, die Äther sind unser natürlicher Lebensraum, nicht die Erde.«

»O Gott«, sagte sie. »Bitte sprich nicht so mit mir.«

»Ich habe nur versucht, dir zu erklären, wo Lazaris wohnt.«

Langes Schweigen.

»Was war er denn, bevor er ein Geist wurde?« fragte sie.

O Mann, dachte ich. Jetzt wird's interessant.

»Also äh«, fing ich an, »er war nie verkörpert.«

Ich hörte Bella nach Luft ringen.

»Nie verkörpert? Aber er ist doch eine Person, nicht wahr?«

»Nein, Bella. Er ist Energie... Seelenenergie. Du und ich, wir beide sind auch Seelenenergie, aber diesmal drücken wir uns durch Körper aus. Lazaris hat sich nie durch einen Körper ausgedrückt.«

Lange Pause.

»O mein Gott«, sagte sie schließlich.

»Hm ja«, stimmte ich zu. »Wir alle sind ein Teil Gottes. Oder, wie Lazaris sich ausdrücken würde, wir sind alle Teil des Gott-Göttinnen-Allumfassenden-Seins.«

»Soso«, antwortete Bella.

»Verstehst du?« fuhr ich fort. »Er ist Feminist. Er sagt, die weibliche Energie ist die Führungsqualität des New Age.«

»Der Junge ist in Ordnung«, lobte Bella.

Wieder langes Schweigen.

»Also?« fragte ich.

»Ja also. Ich trage mich mit dem Gedanken, für den Kongreß zu kandidieren.«

Ich dachte einen Augenblick nach. »Aha. Willst du, daß ich ihn frage, ob du es schaffst?«

Eine kurze, aber bedeutungsvolle Pause. »Ja«, sagte sie schließlich. »Wenn du meinst.«

»Nein«, sagte ich. »*Du* mußt das schon selbst sagen.«

»Okay. Dann sage ich es eben.«

»Du möchtest also, daß ich ihn frage, ob du kandidieren sollst und ob du es schaffst?«

»Richtig. Okay.«

»Okay.«

»Also dann tschüß.«

»Moment mal«, protestierte ich. »Zu dumm, daß dir das nicht ein paar Jahre früher eingefallen ist. Das hätte eine tolle Szene für meinen Film gegeben.«

»Jaja«, sagte sie. »Eines Tages bringst du sie sicher irgendwo unter. Das machst du immer.«

»Ja, das mach' ich, nicht wahr?«

»Ja. Aber das ist okay.«

»Ja«, sagte ich. »Du bist eine großartige Frau.«

»Du auch.«

»Wir haben uns beide diesmal tolle Rollen ausgesucht, findest du nicht auch?«

Sie dachte einen Augenblick nach. »Mich interessiert lediglich, ob ich eine Siegerrolle oder eine Verliererrolle spiele.«

»Das ist nicht alles, wofür du dich interessierst, und das weißt du auch.«

»Ja, ich weiß. Aber in deinem Film bin ich ein Versager. Ich will nicht wieder einer sein.«

»Okay, Bellitschka. Ich frage.«

»Aber eigentlich will ich den Menschen so sehr helfen«, sagte sie, »und darum ist es nicht so schrecklich, wenn ich wieder verliere. Ich finde, der Versuch lohnt sich. Das ist Fortschritt, stimmt's?«

»Genau«, sagte ich. »Mit dieser Einstellung gewinnst du vielleicht sogar.«

»Gut, dann frage.«

»Ich frage.«

»Tschüß.«

»Tschüß.«

Und bei meinem nächsten Gespräch mit Lazaris fragte ich ihn nach Bellas Wahlkampfchancen. Seine Antwort war eindeutig.

»Sie sollte nicht kandidieren«, sagte er. »Es würde einen enorm hohen Einsatz fordern, und außerdem würde sie verlieren.«

Ich überbrachte Bella die Nachricht.

»Was versteht der schon davon?« meinte sie. »Einer, der noch nicht mal einen Körper gehabt hat.«

Achtzehntes Kapitel

In der Woche vor unserer Abreise nach Peru verbrachte ich zehn Stunden pro Tag in einem Mineralbad.

Wir drehten die Szene meiner außerkörperlichen Erfahrung, die die aufwendige und millimetergenaue Präzisionsarbeit der Trickkamera erforderte. Eine Fünf-Minuten-Einstellung begann mit einer sehr langsamen Kamerafahrt von hoch oben über der Dekoration nach unten, dann schwenkte die Kamera und näherte sich meinem Gesicht, bis sie mein Auge bildfüllend erfaßte. Ich durfte den Kopf nicht bewegen, durfte nicht einmal blinzeln. Niemand wußte, daß ich einmal beim Optiker im Stuhl umgekippt war, als mir Kontaktlinsen angepaßt wurden. Diese Szene war also nicht nach meinem Geschmack.

Nach jedem Drehtag hatten John und ich eine Haut wie Dörrpflaumen. Es war die Woche, in der *Peter der Große* und *Sins* ausgestrahlt wurden. Ich kam abends erschöpft nach Hause, aß Pralinen, Kuchen und Schokolade und sah mir beide Serien gleichzeitig an. Zwischen Joan Collins und Peter, dem russischen Tyrannen, blendete ich mich kurz in die Nachrichten ein. Während der Wahlen auf den Philippinen kam es zu gewaltsamen Ausschreitungen, auf Haiti gab es eine gewaltsame Revolution, die Explosion der Raumfähre *Challenger* war gewaltsam, und der Terrorismus im Mittleren Osten war gewaltsam. Wieder starben zwei meiner Freunde an AIDS, und im pazifischen Ozean gab es ein Erdbeben. Ich aß noch mehr Pralinen.

Die Flutwellen an der kalifornischen Küste waren ungewöhnlich hoch, und ich beschloß wegen meiner bevorstehenden Reise nach Peru einige meiner Sachen aus der Wohnung in Malibu in die Stadt zu schaffen. Dabei fragte ich mich, ob ich durch meine Ängstlichkeit Unglück an mich ziehen könnte. Ach, zum Teufel damit. Es gab ein paar Dinge, die ich auf keinen Fall verlieren wollte.

Und nun stand ich vor der Entscheidung, was ist mir wichtig und was nicht.

Ich wußte, je mehr ich fortgab, desto mehr zog ich an. Ich überlegte, wie mein Leben aussehen würde, wenn ich mich von *allem* Besitz trennen würde. Wäre es nicht einfacher, »nur« sieben Kleider zu besitzen? Für jeden Wochentag eins? Wieso bereitete mir der Besitz eigentlich so viel Freude? Einmal stellte vieles davon einen großen Andenkenwert für mich dar. Machte ihn das zum Liebesersatz, wie viele Psychologen behaupteten?

Am Abend vor meinem Abflug nach Peru versenkte ich mich in Meditation. Ich spürte, wie ich mit meinem höheren Selbst in Verbindung trat. Es verständigte sich mit mir wie immer in Worten. Da ich in Einklang mit mir selbst war, kam die Stimme klar und artikuliert. Sie sagte mir, ich sei im Begriff, meine alte Energie umzuwandeln, und ich begänne zu begreifen, daß ich über mein Schicksal in jeder Form bestimmen könne, indem ich Passives in Aktives umsetze. Meine Arbeit finde nun nicht mehr von Person zu Person statt, sondern von Mensch zu Menschheit. Für mich sei es nun wichtig, vollkommene Eigenverantwortung zu übernehmen und mir über das, was um mich herum geschehe klarzuwerden, ohne Angst davor zu haben. Nun würde ich meine »Vergangenheiten« sichten, und deshalb würde ich meinen Besitz auslagern.

Ich würde erkennen, daß ich mich seit langem auf unsere Reise nach Peru vorbereitete, daß ich bereits in meiner ersten Reise eine Suche nach der Vision gesehen hätte. Und schon damals hätte ich gewußt, daß ich das Buch schreiben würde und daß nach diesem Buch dann der Film gemacht würde, der mich in dieses Land zurückführen würde.

Mein höheres Selbst sagte, es sei wichtig, in Peru zu drehen, wegen der dort herrschenden Energie; die Crew würde mich auf meiner Suche begleiten, würde sich von mir anleiten und motivieren lassen und subtile, aber tiefgreifende Veränderungen erleben;

die wahre Reise würde zwischen den Dreharbeiten stattfinden: sie würde sich im Innern der Beteiligten abspielen.

Wir alle, meinte die Stimme, würden Peru für unser inneres Wachstum nutzen, einen schwierigen und erhabenen Vorgang, und wir würden erkennen, daß der Weg zum Ziel wichtiger sei als das Ziel selbst. Ich fragte das höhere Selbst, ob wir Ufos sehen würden. Es antwortete, eine Begegnung mit Ufos sei nicht wichtig, ob es dazu käme, würde jedoch vom kollektiven Bewußtsein des Teams abhängen. Doch das individuelle Wachstum sei von weit größerer Bedeutung als ein solches Erlebnis. Ich hakte nach: Was es für einen Sinn habe, wenn wir Ufos sehen und filmen könnten, das Team aber ausflippen würde? Das höhere Selbst erwiderte, einige seien für eine derartige Begegnung bereit, viele jedoch nicht. Das kollektive Bewußtsein könne jedoch nur so rasch voranschreiten, wie es das unterschiedliche Tempo der einzelnen erlaube.

Die Stimme ließ mich wissen, daß wir an manchen Drehorten seltsame und dennoch vertraute Empfindungen haben würden; einige von uns würden Atlantische Schwingungen verspüren, die sich in schöner, trauriger Sehnsucht äußerten; andere würden Lemurische Schwingungen verspüren, die ruhiger und friedlicher verliefen.

Die Stimme wiederholte, was McPherson und John bereits gesagt hatten: wir müßten auf Feuchtigkeit in der Kameraausrüstung achten und uns an Sicherheitsvorkehrungen halten.

Schließlich befragte ich das höhere Selbst über das Weltgeschehen. Es erklärte mir, der Grund, warum unsere Zeit uns so negativ erschiene, liege darin, daß die Tragödie einen persönlicheren Charakter angenommen habe. Die Verbrechen von heute seien pervertierter als je zuvor, und diese Tendenz würde sich fortsetzen. Tragödie sei heute kein Massenereignis mehr, sie habe sich zum persönlichen Ereignis gewandelt, da wir begreifen müßten, daß jedes Menschenleben von großem Wert ist. Mein Schmerzempfinden sei eine Mahnung, daß ein anderer Mensch an einem anderen Ort ständig leide; spirituelles Wissen habe nur dann Sinn, wenn es dazu beitrage, den Schmerz der Verkörperung zu lindern.

Schließlich gab mir mein höheres Selbst mit folgender Äußerung Zuversicht: »Die moderne Menschheit wird begreifen, daß es gilt, die Schönheiten dieser Welt zu bewahren, die sie erschaffen hat – oder die ›Gott‹ erschaffen hat, wie manche sagen würden. Doch das macht keinen Unterschied. Es führen viele Wege zur Vollkommenheit. Das Leben bedeutet Streben nach ›Gott‹. Ein erreichbares Ziel. Das ist das New Age.«

Mit dieser Zukunftsaussicht schlief ich ein und am nächsten Morgen ging es ab nach Peru.

Zuvor jedoch hatten sich einige Teammitglieder über das in Peru herrschende Kriegsrecht geäußert. Manche wollten gar nicht erst mitkommen. Stan verkündete also vor versammelter Mannschaft, er habe sich mit dem U. S. Außenministerium und unserer Botschaft in Peru in Verbindung gesetzt. Beide Behörden hätten ihm versichert, daß das Kriegsrecht, die Organisation Leuchtender Pfad und der Terrorismus alle zusammen weniger beängstigend seien als das Problem des Taschendiebstahls.

Als Colin und ich schließlich in der Maschine der Aeroperu saßen, plauderten wir darüber, wieso wir uns diesen Traum erschaffen hatten. Wir dösten, lasen, redeten, aßen, schliefen, lasen wieder und aßen abermals. John, der hinter uns saß, beugte sich in 12000 Metern Höhe vor und steckte mir einen Zettel zu, auf dem stand: *Vom Schreibtisch Gottes. Das Glück wird landen.*

Wir landeten um drei Uhr früh peruanischer Zeit. Beim Verlassen der Maschine dachte ich an meine Ankunft vor Jahren, erinnerte mich, wie einsam ich mich gefühlt hatte und wie erwartungsvoll ich gewesen war.

Diesmal nahm uns eine Abordnung der Alan-Garcia-Regierung in Empfang, die uns eröffnete, wir hätten die Genehmigung der Militärbehörden, uns in der Stadt unter Kriegsrecht frei zu bewegen.

Die Regierungsvertreter bemühten sich eifrig um mich und Stan, ohne Notiz von John Heard zu nehmen, der wie alle anderen auf sein Gepäck warten mußte. Der Flug hatte zwölf Stunden gedauert, nach vierstündigem Aufenthalt in Lima war der Weiterflug nach Cuzco, unserer Operationsbasis, geplant.

Plötzlich fehlte John. In der südamerikanischen Umgebung fand seine besondere Ausstrahlung keine Beachtung. Die Leute, die ich losschickte, um ihn zu suchen, dachten, er sei John Hurt und gratulierten ihm zu seiner glänzenden Darstellung in *Elephant Man*. John wünschte, wir hätten ihn in Ruhe gelassen.

Die feuchte, schweigende Nacht einer Stadt, in der Kriegsrecht herrschte, machte uns frösteln. Lima war wie ausgestorben. Die einzigen Fahrzeuge in den Straßen waren Panzer, flankiert von Soldaten mit Maschinengewehren im Anschlag.

Unsere Gruppe wurde in Autos und Kleinbusse verfrachtet, und der Konvoi bewegte sich Richtung Sheraton, wo uns, wie ich hoffte, eine Dusche und ein paar Stunden Ruhe bis zum Weiterflug erwarten würden.

An jeder größeren Straßenkreuzung waren Panzer mit Soldaten aufgefahren. Es waren junge, draufgängerische Burschen, deren geladene und entsicherte MPs lässig an Schulterriemen baumelten.

Nur ein paar streunende Hunde ließen ein normales Leben vermuten.

Ansonsten war Lima so, wie ich es in Erinnerung hatte: grau und deprimierend. Über der scheintoten Stadt hing ein dünner giftiger Smogschleier.

Colin, Simo und ich saßen zusammen im Fond der Regierungslimousine. Simo begleitete mich nach Peru, um auf mich aufzupassen. Der Anblick der vermutlich schießfreudigen Soldatenmachos gefiel ihm gar nicht.

Wir redeten nicht sehr viel, waren einerseits müde, zugleich aber hellwach. An der ersten Panzerkontrolle wurde unser Wagen gestoppt. Der Passierschein, mit dem unser Fahrer wedelte, schien wenig Wirkung zu haben. Ich gab mir Mühe, das peruanische Spanisch zu verstehen. Die Soldaten richteten ihre Waffen auf uns. Ob Simo und Colin mir Seitenblicke zuwarfen, weil ich ein berühmter Filmstar war, den die Soldaten vermutlich nicht so ohne weiteres abknallen würden, oder weil sie gehört hatten, daß ich schon manch andere lebensbedrohliche Situationen überstanden hatte, konnte ich nicht genau sagen. Wie auch immer, ich tätschelte die Hände meiner Begleiter in nervöser Zuversicht, ohne zu wissen, was eigentlich verdammt noch mal los war.

Der Passierschein machte keinen Eindruck auf die Soldaten; sie trafen keine Anstalten, uns durchzulassen. Ich dachte an die vielen »Vermißten« in lateinamerikanischen Staaten, über die Filmdokumentationen berichteten. Die Kerle scherten sich doch einen Dreck um uns, wenn sie nicht wußten, wer wir waen.

Da hörte ich, wie unser Fahrer meine Namen nannte und *Irma la Douce* erwähnte. Die Soldaten stecken die Köpfe zum Fenster herein und beäugten mich auf dem Rücksitz. Ich versuchte ein Lächeln, obwohl es mir bereits schwerfällt, bei Sicherheitskontrollen auf dem Flughafen höflich zu bleiben. Vermutlich machte ich nur ein leeres Gesicht. Sie stellten unserem Fahrer noch einige Fragen. Er erzählte ihnen, ich sei nach Peru gekommen, um einen Film hier zu drehen. Und nun begann ihnen unter viel Geschrei ein Licht aufzugehen.

Ich glaube, meine Rolle als lustige Nutte brachte das Eis schließlich zum Schmelzen. Sie winkten uns durch, und unser Fahrer schaffte es gerade noch zu sagen, daß die folgenden siebzig Leute auch zu uns gehörten. Das hielten sie wohl für normal, da in südamerikanischen Ländern jegliche politische Prominenz nur mit großem Gefolge zu reisen pflegt. Außerdem waren wir die einzigen Zivilfahrzeuge....

Leider wurden wir noch mindestens fünf weitere Male angehalten, um jedesmal die gleiche Prozedur über uns ergehen zu lassen. Mich hätte nur interessiert, welche Vorstellung die jeweiligen Wachtposten sich davon machten, wie wir die vorherige Kontrolle passiert hatten. Auf alle Fälle war ich stinksauer, verhielt mich aber ganz still und horchte nur auf meine Angstgefühle, die in meiner Magengegend rumorten und mir einen gelegentlichen Stich verpaßten.

Aber wir kamen wohlbehalten im Hotel an.

An der Rezeption sollten wir aus Sicherheitsgründen die Pässe abgeben. Dem widersetzte ich mich und gab zu verstehen, daß mein Paß bei mir am sichersten sei. Man warf mir Blicke zu, die besagten: »Laßt euch bloß nicht mit der ein« – und ließ mich in Ruhe. Der Paß in einem fremden Land ist ebenso wichtig wie die rechte Hand.

Wir zogen uns in unsere Zimmer zurück und konnten tun und lassen, was wir wollten – bis sieben Uhr früh. Die Sicherheitsbeamten durchsuchten mein Zimmer, schauten unter das Bett und verschwanden.

Ich nahm eine heiße Dusche, machte ein paar Yoga-Übungen, aß in Honig geröstete Erdnüsse und etwas Obst. Dann las ich in einem Reiseprospekt über Lima, bis ich mit dem Reisepaß in der Hand in einen unruhigen Schlaf fiel.

Mit dem telefonischen Weckruf brachte ein Kellner frisches Obst, Kaffeebrühe und ein Körbchen mit Toast und Brötchen.

In der Halle versammelte sich unsere tapfere Truppe der Illusionsmacher unausgeschlafen, übellaunig und säuerlich. John war natürlich auch hier Vorreiter, da er grundsätzlich jede Situation intensiver erlebte. Ich erinnerte ihn daran, daß er ein unbekannter, kleiner New Yorker Theaterschauspieler sei, der den Kampf liebte. Er entgegnete: »Nein, das ist John Hurt.« John gehörte zu den Typen, die man gern in die Arme schließt, während man ihnen gleichzeitig einen Tritt in den Hintern versetzen möchte.

Wir lungerten in der Halle herum, bis die Sicherheitsbehörden uns gehen ließen. Dann bestiegen wir einen Bus und jeder paßte auf sein Handgepäck und seine Wertsachen auf.

Der Flughafen erschien uns im hellen Tageslicht wie eine andere Welt. Lange Menschenschlangen warteten auf Meldungen über Abflugzeiten. Das Flugpersonal wirkte völlig desorientiert und hilflos.

An einem Zeitungsstand entdeckte ich die *International Herald Tribune* – ein Lebensretter, in meinen Augen die beste Zeitung der Welt, die mich auch in den entlegensten Winkeln Anteil am Weltgeschehen nehmen läßt.

Mit einem Nachrichtenmagazin oder einer Zeitung kann ich in jeder chaotischen Situation abschalten. Daher kaufte ich alle Zeitungen, die ich kriegen konnte. Colin und Simo unterhielten sich.

Drei Stunden später entschloß sich die Maschine zum Start nach Cuszco. Man hatte tatsächlich den Eindruck, das Flugzeug würde eigenständig handeln, da dem hoffnungslos desorganisierten Flughafenpersonal eine solche Entscheidung nicht zuzutrauen war.

Wir blickten auf das herrliche Land Peru hinab. Die schneebedeckte Pracht der Anden wirkte anmutig weiblich auf mich. Die Anden sind ja das Tor weiblicher Energie auf unserem Planet, während der Himalaja das Tor männlicher Energie ist. Meine früheren Jagdgründe waren im Himalaja gewesen, in Bhutan, Sikkim, Kalimpong und Nepal. Rückblickend wird mir deutlich, daß es mir damals mehr entsprochen hatte, männliche Eigenschaften zu aktivieren und zu manifestieren. Ich lehnte mich gegen die Obrigkeit auf, ging mit meinen politischen Überzeugungen auf die Barrikaden, reagierte auf Ungerechtigkeit verärgert und zornentbrannt und rechnete mir voll Aggression aus, wie ich die Gesellschaft, in der ich lebte, mit Gewalt verändern könne. Ich wendete Yang-Energie an und bediente mich genau der Machtstrukturen, die ich verurteilte. Ich bediente mich der Techniken des Establishments, die ich verabscheute. Aber all das war Vergangenheit.

Die neue Zeit würde klüger sein, ruhiger, wirkungsvoller und – wie ich glaubte – fruchtbarer für die Entwicklung meiner Persönlichkeit. Denn ich hatte zu begreifen begonnen, daß ich mir die Unrast meiner früheren Realität in Eigenverantwortung erschaffen hatte als Spiegel meines Selbst. Nun war ich bereit und gewillt, mich der Harmonie zu öffnen. Hoffentlich hatte ich es bald nicht mehr nötig, tiefe, unterdrückte Wut oder flammenden Zorn zu verspüren, denn diese Sequenz meines Szenarios hatte ich bereits durchlebt. Wutanfälle würde es immer wieder geben, sie würden jedoch meist an der Oberfläche bleiben. Ich würde mich allmählich weiterentwickeln und schließlich würde ich sie gar nicht mehr brauchen.

Das war die Weisheit, die ich immer deutlicher spürte.

Die Anden, die sich unter mir hinzogen, waren also das symbolische Tor zu den tiefgreifenden weiblichen Aspekten in mir, denen ich bislang noch kein Vertrauen geschenkt hatte.

Ich legte meine Hand auf die Marien-Ikone in meiner Tasche.

Kurz vor meiner Abreise aus Amerika hatte meine Bekannte mir eine kleine Kopie der Ikone vorbeigebracht, die dem Original näherkam als die Fotografie. Der Mönch aus Kanada hatte sie ihr geschickt, um sie an mich weiterzureichen. Ich stellte sie neben mein Bett, denn sie war für mich ein Symbol der weiblichen Energie, der ich mich immer mehr öffnen würde.

Bei der Landung in Cuzco hatten wir herrliches Wetter. Die Stadt liegt 3467 Meter über dem Meeresspiegel.

Das Produktionsteam war in zwei Hotels untergebracht. Schauspieler, Schreiber, Produzenten, etc. wohnten im Libertador, Kameracrew und Beleuchter im Savoy. Keines von beiden war das Ritz, doch es ließ sich darin leben.

Mein Zimmer im alten Libertador lag neben dem von Simo, der die Telefonate und jeden, der auf ein Schwätzchen reinschauen wollte, abblocken konnte. Simos Zimmer hatte das Format einer Streichholzschachtel. Aber er stellte eine Heizplatte auf und eröffnete eine Suppenküche, um es gemütlicher zu machen. Neben meinem Zimmer war ein winziger Salon, der sich ohne die Sitzmöbel als Raum für meine Yoga-Übungen eignete und in den ich auch den Massagetisch stellen lassen konnte.

Eine medizinische Masseuse hatten wir mitgebracht. Nach Drehschluß würde sich so mancher auf eine Massage freuen.

Da das Hotel nun für mindestens einen Monat unser Zuhause sein sollte, wollten die Leute verständlicherweise gute Zimmer. Ich war mit meinem zufrieden: Teppich und Bettüberwurf waren sauber. Nur der Anblick des blutüberströmten Jesus am Kreuz störte mich ein wenig. Das Zimmermädchen entfernte das Kruzifix und brachte mir statt dessen das Bild zweier Männer unter einem Sombrero.

Ich machte mich mit Colin auf, sein Zimmer zu inspizieren. Wir öffneten die Tür und blickten auf einen Berg Schmutzwäsche und vierundzwanzig alte Matratzen.

»Was soll mir damit wohl zu verstehen gegeben werden?« grübelte er. Man hatte ihm eine falsche Zimmernummer gegeben.

Nachdem Colin untergebracht war, machten wir uns auf die Suche nach John Heard. Er war unüberhörbar. Bei offener Zimmertür ließ er sich lautstark über seine Sehnsucht nach der Freiheitsstatue und den Straßen Manhattans aus. Im gleichen Atemzug gab er zu verstehen, daß er den »Scheißverkehr ums Verrecken« nicht aushalte. Also bekam er das Zimmer neben meinem. John schaffte es wieder einmal, wie immer, alles im Extrem zu erleben. Oder war es göttliche Vorsehung? Vielleicht waren beide Kräfte ein und dasselbe, und im Verlauf der weiteren Entwicklungen wurde es für mich immer offensichtlicher, daß ihm vermutlich alles zurecht geschah...

Diese Nacht verbrachte ich ohne eine Minute Schlaf. Die Leute von der Baubühne, die schon seit Wochen hier waren, beschlossen eine Party zu feiern, und zwar in einem kleinen Speiseraum direkt unter meinem Bett. Wände und Fußbäden des alten Hauses waren nicht unbedingt schalldicht, und ich bekam jeden Trinkspruch mit, jedes Zuprosten, jeden Witz, jede krawallige Tanznummer – begleitet von einem Schlagzeugsolo, das einer Parade zum Unabhängigkeitstag alle Ehre gemacht hätte.

Es war die Nacht, in der wir eigentlich Schlaf nachholen sollten. Die Produktion hatte uns geraten, frühzeitig schlafen zu gehen, damit wir am nächsten Morgen ausgeruht wären.

Ich drehte meine Schallmaschine auf volle Lautstärke. Gottlob war sie auf die richtige Stromspannung eingestellt. Aber es half nichts. Der Untergang von Atlantis hätte sich nicht lärmender vollziehen können.

Gegen Mitternacht begab Simo sich ins Produktionsbüro, um sich zu beschweren. Die amerikanische Sekretärin, die die Aktennotizen mit dem guten Rat, früh schlafen zu gehen, getippt hatte, sagte: »Tja, wenn sie schlafen will, muß sie uns das sagen.«

Simo vermerkte ihren Namen in seinem kleinen, schwarzen Buch und wandte sich schließlich an den Hotelmanager.

Ein amerikanisches Filmteam läßt sich von beinahe niemandem etwas sagen, und so fügte ich mich in mein Schicksal, so gut ich konnte. Was ich nicht wissen konnte, war, daß das Stromnetz von Cuzco manchmal überlastet war und deshalb die Sicherung mancher Elektrogeräte durchbrannte. Interessanterweise brannte bei mir die Sicherung nicht durch. Ich saß im Bett und sagte mir: Es geschieht alles aus einem bestimmten Grund, und alles wird sich regeln. Um fünf Uhr früh schlief ich ein.

Um sechs Uhr rief ein Fanfarenstoß die Soldaten der nahegelegenen Kaserne zum Appell, später begleitete ein schmissiger Marsch, gespielt von einer Militärkapelle, die Truppen zum Manöver. Zuvor exerzierten die Jungs aber bis gegen sieben auf dem Kasernenhof. Daher schlief ich von sieben bis elf.

Beim Aufstehen sagte ich mir: das alles ist schon einmal geschehen. Es ist ein Abenteuer, das ich lediglich noch einmal erlebe: alles hat schon früher einmal stattgefunden.

Doch Simo schickte einen Notruf nach Los Angeles und bestellte zwei weitere Geräuschmaschinen. Ich konnte mich nicht auf alternative Realitäten verlassen, um den Film zu überstehen.

Später gingen wir aus, um uns die alte Inkastadt anzusehen, die uns nun vier Wochen beherbergen sollte.

Kein Mensch weiß, wie alt Cuzco wirklich ist. Wie bei allen Kulturen vor der spanischen Eroberung herrscht darüber Unklarheit, da es in dieser Zeit nur mündliche Überlieferung gab. Heute gehen Archäologen jedoch davon aus, daß Cuzco breits von unerforschten Prä-Inka-Kulturen erbaut worden war. Das Ketschuawort *Inka* war die Bezeichnung für einen einzelnen Menschen – den Herrscher selbst. Ketschua ist bis heute die Sprache der Inka. Der Mythologie zufolge ist Cuzco folgendermaßen entstanden:

Zu Anbeginn lebten dumpfe, barbarische Kreaturen in einem Land der Finsternis. Der große Sonnengott sandte seinen Sohn Manco Capac zur Erde, um ihr Erleuchtung und Kultur zu bringen. Die große Mondgöttin gab ihm ihre Tochter Mama Occlo zur

Braut mit. Das Paar tauchte aus den Fluten des Titicaca-Sees und begab sich auf eine lange gemeinsame Wanderschaft, die im fruchtbaren Tal von Cuzco endete. Hier steckte Manco Capac seinen goldenen Stab in die Erde, wie der Sonnengott es ihm geraten hatte. Als dieser einsank und verschwand, wußte der Sohn des Sonnengottes, daß er sich »am Nabel der Erde« befand, und er gründete an dieser Stelle sein Reich. Cuzco war also nicht nur die Hauptstadt des Inka-Reiches, sie war eine heilige Stadt, ein Pilgerort, der für die Ketschuas eine ebenso große Bedeutung hatte wie Mekka für die Moslems.

Die Inkas erbauten ihre Stadt auf dem Grundriß eines Puma. Innerhalb der Form dieses Raubtiers spazierte ich nun umher und bewunderte den Sonnentempel, die Plaza de Armas, den Klageplatz, die Kathedralen und den Palast des Pachacuti.

Die winkligen Kopfsteinpflastergassen von Cuzco empfingen uns mit fremdländischer Farbenpracht und Geräuschkulisse. An jeder Ecke begegneten uns Zeugen uralter Geschichte. Die Inkabauten hatten die vielen Erdbeben relativ unbeschadet überstanden. In Kunstgewerbeläden wurden Teppiche, Körbe, Taschen, Schmuck, Strickwaren, Gold und Malereien angeboten.

Später besichtigten Colin und ich einige Drehorte, die für uns ausgesucht worden waren. Meine wirklichen Erlebnisse in Peru hatten sich in Huancayo abgespielt, einer ganz anderen Gegend; doch dort konnten wir unser Produktionsquartier wegen fehlender Unterkünfte nicht aufschlagen. Der Filmarchitekt und sein Ausstatter waren sehr um meine Anerkennung bemüht, da sie wußten, daß die Originalschauplätze anders aussahen. Im großen und ganzen hatten sie ihre Sache gut gemacht und Motive ausgesucht, die den im Buch geschilderten Schauplätzen ähnelten; nur mit dem »Hotel« hatten sie einen Mißgriff getan.

Das Hotel, in dem ich damals gewohnt hatte, war wesentlich primitiver als die Filmversion. Ich hatte in einer Lehmhütte gehaust, die sich »Hotel« nannte, einem fensterlosen Gebäude mit festgetretenem Lehmboden. Es gab kein fließendes Wasser, keinen Ofen, gar nichts.

Das konnten sie offenbar nicht glauben. Statt sich an das zu halten, was im Buch stand, suchten sie ein wirklich hübsches Hotel aus – geradezu europäisch anmutend und umgeben von einer bunten Blumenpracht. Zsa Zsa Gabor hätte hier sicher gerne ihre Flitterwochen verbracht. Dem Hotelbesitzer wurde erklärt, man müsse einige Veränderungen vornehmen. Ungläubig verfolgte der Mann nun, was diese Amerikaner mit seinem Schmuckkästchen anstellten. Lastwagenweise wurde Dreck und Schlamm auf seine Blumenbeete gekippt, Mauern und Innenwände wurden mit Lehm verschmiert und sogar auf die Fußböden im Haus geschaufelt. Er hatte schon immer den Verdacht gehabt, die in Hollywood seien verrückt. Jetzt hatte er den Beweis.

Trotz großer Bemühungen gelang es der Ausstattung nicht, den primitiven Zustand glaubhaft herzustellen. Die Produktion bezahlte den Mann, versetzte Haus und Garten wieder in den Originalzustand, und die Suche nach einer Ausgabe des besagten »Hotels« begann von neuem. Ich hoffte nur, daß der Hotelbesitzer sich durch solch chaotisches Verhalten nicht auf den Arm genommen fühlte. Nach außen hin wirkte er erstaunlich gelassen.

Die Innenaufnahmen der Mineralbadsequenzen hatten wir bereits im Studio in Hollywood gedreht, die Außenschüsse sollten nun in Peru stattfinden. Zu diesem Zweck war ein riesiges Wasserloch vonnöten, außerdem mußte ein Naturphänomen künstlich hergestellt werden, das es in Cuzco nicht gab: Das Wasser mußte sprudeln und dampfen.

Das erste Problem war schnell gelöst. Neben dem Urubambafluß gab es bereits ein genügend großes Wasserloch.

Jemand sagte, der Bürgermeister von Coija habe einen geheizten Swimmingpool mit gechlortem Wasser. Chlor hiel man für notwendig, da John und ich uns tagelang darin aufhalten würden.

Der Filmarchitekt wandte sich an den Bürgermeister mit der Bitte, ob *ich* das Wasser seines Swimmingpools für meine Filmaufnahmen benutzen dürfe. Der Mann war einverstanden.

Als es dann soweit war und der Tankwagen der Feuerwehr anrollte, um den Pool des Bürgermeisters leerzupumpen, hatte er das

Wasser bereits abgelassen, um zu gegebener Zeit frisches, kühles, ungechlortes Wasser für mich aufzufüllen. Der Filmarchitekt versuchte ihm zu erklären, daß wir nicht sein Schwimmbad benutzen wollten, sondern lediglich sein *Wasser*. Nun wurde die Gemeindefeuerwehr, die in Besitz eines Tankwagens war, eingeschaltet. Irgendwann hörten die Männer auf mitzuzählen, wie oft der Lkw die Runde machte, um unser Loch mit 80 000 Gallonen Wasser zu füllen, das anschließend erwärmt und in künstlicher Natürlichkeit mit Felsbrocken umgeben werden mußte, damit das Ganze nicht aussah wie ein Steingarten im San Fernando Valley.

Sobald das Becken von der Gemeindefeuerwehr aufgefüllt war, bekam es einen Sprung. Fünfzigtausend Gallonen Wasser sickerten in den Urubamba.

Das Leck wurde mit Flüssigmasse abgedichtet, der Pool wieder aufgefüllt. Anschließend wurden die Heizgeräte in den Pool versenkt. Die riesigen Tauchsieder brachten die Abdichtungsmasse zum Schmelzen, die in weißen Flocken zur Wasseroberfläche aufstieg.

Jemand machte den Vorschlag, Trockeneis ins Wasser zu werfen, der Dampf, der dabei entstünde, würde die Flocken verdecken.

Das klappte zwar, doch John und ich hätten unsere Dialoge etwas gehetzt sprechen müssen, um den Mund nicht zu lange offen zu halten. Aus naheliegenden Gründen wurde die Szene im Mineralbad auf einen späteren Zeitpunkt verschoben. Die Ausstattungsabteilung leistete Übermenschliches in der Wildnis von Peru. Das führte soweit, daß der Filmarchitekt wegen Höhenkrankheit und Überarbeitung die Heimreise antreten mußte.

Ein paar kurze Anmerkungen zum Allgemeinbefinden in nahezu viertausend Metern Höhe. Da sind einmal ständige, hartnäckige Kopfschmerzen und Schwierigkeiten mit der Verdauung. Der herabgesetzte Sauerstoffgehalt im Blut führt zu Schwindelgefühlen und Herzrasen. Es treten jedoch auch deutlich spürbare mentale, psychische und seelische Nebenerscheinungen auf.

Bereits nach eineinhalb Tagen hatte ich Träume und mentale Assoziationen wie nie zuvor.

Ich nehme an, dieser Zustand erklärt sich aus einem Zusammenspiel der großen Höhe und der Energie der Anden. Später erfuhr ich von beinahe allen Teammitgliedern, welch seltsame Dinge in ihren Köpfen vorgingen.

Wir hatten lebhaftere, deutlichere und realistischere Träume als sonst. Mir wurde mehr denn je vor Augen geführt, daß wir auf zwei oder drei Realitätsebenen gleichzeitig lebten.

Am Tag vor Beginn der Dreharbeiten kauften Colin, Simo und ich auf dem Markt ein. Die Peruaner sind geschickte Kunsthandwerker. Es gab handgewebe Schultertaschen in vielen Farben, Pullover aus weicher Baby-Alpakawolle in märchenhaft bunten Mustern, Alpakafelle, die man gut als Bettüberwurf verwenden konnte. Ich erledigte in Cuzco all meine Weihnachtseinkäufe fürs kommende Jahr.

Unser Magen begann sich allmählich gegen die Nahrung aufzulehnen, obwohl wir nur Suppe und Brot zu uns genommen hatten. Später sollten wir feststellen, daß wir besser dabei geblieben wären.

Ich hatte ein großes Glas Erdnußbutter mitgebracht und eine Packung Kekse. Im Notfall konnte ich damit überleben.

Unmittelbar vor Drehbeginn stellte sich heraus, daß meine Gummistiefel gestohlen worden waren (Stiefel, die ich in bereits gedrehten Anschlußszenen getragen hatte). Schlimmer noch, aus dem Produktionsbüro war der gesamte Alkoholvorrat verschwunden.

Joie, unsere Kostümbildnerin, hatte in weiser Voraussicht Reservestiefel mitgenommen, doch für den geklauten Schnaps hatte unser Produktionsleiter keinen Ersatz.

Wir begannen mit einer Szene auf der Plaza von Cuzco. Es bildete sich eine gaffende Menschenmenge. Das Team war gut vorbereitet, arbeitete professionell und rasch. Gegen das grelle Licht, das in meine blauen Augen stach (die Andenbewohner haben alle dunkle Augen), ließ Brad einen großen Schirm aus feinem Tüll über unsere Köpfe spannen, um weichere Kontraste zu erhalten.

Aus produktionstechnischen Gründen hatte Stan einen der dramatischen Höhepunkte des Drehbuchs für den ersten Drehtag disponiert. Ich war der Ansicht, John und ich seien noch nicht genügend auf die große Höhe eingestellt und würden mit dem lauten, aufgewühlten Dialog in Schwierigkeiten geraten. John war bester Laune und freundete sich in seinem neu erworbenen Spanisch mit den Einheimischen an. Auf meine Frage, was er davon hielte, die große Plazaszene gleich am ersten Tag in Angriff zu nehmen, war er gleich Feuer und Flamme. Allem Anschein nach reizten ihn die Schwierigkeiten. Im Anschluß daran war die Szene mit meiner Ankunft geplant, da wir nur für diesen speziellen Tag eine Drehgenehmigung im Flughafengebäude bekommen konnten. Und am Nachmittag sollten wir nach Machu Picchu fahren.

Wir schafften das Pensum am Vormittag, obwohl die Flughafenszene unverhältnismäßig lange dauerte. Anschließend fuhren wir in die Stadt zurück, und nach der Mittagspause wurde das Team, das Gepäck, John, die technische Ausrüstung und der nötige Kleinkram irgendwie zum Bahnhof geschafft. Schließlich saßen wir alle im Zug nach Machu Picchu.

Laut Fahrplan sollte die Zugfahrt drei Stunden dauern. Nach sieben Stunden kamen wir in Machu Picchu an.

Die Landschaft, die sich uns auf der Fahrt darbot, war die Reise wert. Der Urubamba stürzt aus paradiesischen Andenhöhen herab und fließt dann die Zugstrecke entlang – direkt an den Schienen, so nah, daß die Gischt unsere Hände besprühte, wenn wir sie aus dem Fenster hielten. Dichter Dschungelwuchs, ein Baumbestand von solchem Artenreichtum wie im Bilderbuch und riesige Felsbrocken glitten vorüber, schienen sich mit dem Fluß zu bewegen, der schneller dahinbrauste als unser Zug. Handgezimmerte Brükken, mit Hanffasern und wilden Weinranken umflochten, waren die einzigen Anzeichen menschlichen Lebens.

Wir ernährten uns aus den Picknickkartons des Hotelrestaurants. Und an den kleinen Bahnhöfen verschenkten immer mehr Teammitglieder ihre Kartons. Bäuerinnen in bunten Serapes, das schwarze Haar zu dicken Zöpfen geflochten, nahmen das Essen würdevoll für ihre Kinder entgegen. Die Frauen standen aufgereiht an den Gleisen, wenn der Zug in den Bahnhof rollte. Viele versuchten, uns handgearbeitete Halsketten und Taschen zu verkaufen.

Tina und Julie, die Mädchen für die Körperschminke, beklagten die Armut, in der die Menschen hier lebten. John trat ans Fenster. Beim Anblick der ausgestreckten Hände mußte er sich abwenden. Er konnte den Anblick nicht ertragen. Dann kramte er alle Münzen aus seiner Hosentasche und warf sie hinaus, ohne hinzusehen wo sie landeten.

Für mich gehörte dieser kurze Augenblick zu den stärksten Eindrücken dieser Perureise.

Der schöne Tag verfinsterte sich im Laufe unserer Fahrt. Da es im Zug nur Milch gab, hatte sich die Crew mit Bierkästen eingedeckt; und John begann, sein Mitgefühl zu ertränken, denn er trank gern mit den Jungs. Wir erzählten uns Geschichten aus anderen Produktionen. Einem Filmteam ist nichts heilig, wenn es mal in Fahrt kommt.

Wir hingen aus den Fenstern, Regen und Sprühnebel des Urubamba klatschten uns ins Gesicht.

Um zwei Uhr morgens fuhr der Zug schließlich im Bahnhof von Machu Picchu ein. Wie nicht anders zu erwarten, regnete es.

Wir bestiegen einen Bus, der uns die Serpentinenstraße hinauf zur Ruinenstadt brachte. In drei Stunden sollte es hell werden; dann würden wir mit den Dreharbeiten beginnen, vorausgesetzt, das Wetter spielte mit.

»Hört mal«, sagte Brad aufmunternd. »Das ist wie im Krieg – wenn wir alle an einem Strick ziehen, klappt es schon.«

So also kehrte ich zu den geheimnisvollen Ruinen von Machu Picchu zurück, die mein Herz vor zehn Jahren gefangengenommen hatten.

Machu Picchu galt als die Verschollene Stadt der Inkas und wurde erst 1911 von dem Amerikaner Hiram Bingham entdeckt, der später Gouverneur und Senator von Connecticut und Professor für Südamerikanische Studien in Harvard werden sollte.

Selbst die Indianer hatten nichts von der Existenz der Ruinen gewußt, die auf einem unwegsamen Berggipfel ohne Zufahrtsmöglichkeit liegen. Wie und warum die Stadt erbaut worden war, weiß man bis heute nicht.

Ich stieg aus dem Bus in den Nieselregen. Das alte Hotel gab es noch. Ich hob den Kopf und sah die verhangenen Umrisse der alten Gesteinsmassen. In diesem Augenblick tauchte aus den Nebelschwaden ein riesiges Alpaca auf. Es stand da, als würde es die Ruinen bewachen, bis der Morgen kam. Ich stieg die Stufen zur Hotelveranda hinauf. Seit dieser Ort mich zum ersten Mal in seinen Bann gezogen hatte, waren Millionen Touristen hier gewesen. In der Zwischenzeit war mit mir so viel geschehen, ich hatte eine Menge gelernt und würde noch viel lernen müssen.

Wir wurden zu zweit in einem Zimmer untergebracht, da es nicht genügend Unterkünfte gab. Colin und ich teilten uns ein Zimmer. Obwohl der Regen eine beruhigende Wirkung hatte, stellte ich meine Beschallungsmaschine auf und schaltete sie ein.

»Damit schläfst du also«, sagte Colin.

»Ja«, antwortete ich. »Und du wirst ebenfalls weg sein, bevor du dir darüber Gedanken machten kannst, was Peru morgen für dich auf Lager hat.«

Neunzehntes Kapitel

Beim Aufwachen hatte Colin etwas auf Lager, worauf ich nicht gefaßt war. Da es noch immer regnete und unser Drehbeginn sich verzögerte, hielt Colin Zeit und Ort für gegeben, mich über eine Sache aufzuklären, die mir neu war. Es handelte sich um die Dialogpassagen in Machu Picchu.

»Ich hatte ein Gespräch mit dem für Machu Picchu zuständigen Kulturreferenten«, begann er.

»Aha? Was ist er für ein Typ?«

Colin zog ein Gesicht. »Könnte einem Costa-Gavras-Film entsprungen sein.«

Das war kein gutes Zeichen. »Ja und?« fragte ich neugierig.

»Er sagt, wenn wir die Hinweise auf Außerirdische nicht streichen, dürfen wir hier nicht drehen.«

Ich sah Colin verständnislos an. Ich war daran gewöhnt, daß man sich über meine Ansichten über außerirdisches Leben lustig machte, doch das hier klang ernst.

»Wieso?« fragte ich. »Was hat er denn dagegen einzuwenden?«

»Hm«, meinte Colin. »Seiner Meinung nach verbreitet eine Neo-Nazi-Bewegung weltweit das Gerücht, daß Kulturen der Dritten Welt zu rückständig und unintelligent seien, um solche Monumentalbauten wie Machu Picchu ohne Hilfe von Außerirdischen zu errichten.«

Davon war mir noch nie etwas zu Ohren gekommen.

»Willst du damit sagen, dieser Typ hält den Gedanken, Außerirdische könnten am Bau von Machu Picchu mitgeholfen haben, für eine Idee von Neo-Nazis?«

Colin nickte.

»Ja, dieser Mann behauptet das. David darf also keine Vermutungen darüber anstellen, daß so etwas möglich sein könnte.«

Ich dachte einen Moment nach.

»Na schön«, sagte ich. »Dann wird Shirley *ihn* fragen, ob ETs mitgeholfen haben. John antwortet nichts darauf, zuckt nur vielsagend mit den Schultern. Damit erreichen wir denselben Effekt, aber auf dem Papier steht lediglich *David antwortet nicht.*

Colin lächelte sein Harold-Lächeln – das Lächeln, das im Film über Harolds Gesichtszüge huscht, kurz bevor er sich an einer Wäscheleine aufknüpft, nur um seine Mutter zu ärgern.

»Gut«, sagte er. »Das wär's. Shirley fragt, und David zuckt die Achseln.«

»Genau«, stimmte ich zu. »Und in der Pressekonferenz sage ich, daß die ETs wahrscheinlich deshalb geholfen haben, weil die Inkas das einzig wirkliche Kulturvolk waren, das ihre Absichten verstanden hat.«

»Du solltest in die Politik gehen«, meinte Colin.

»Danke«, antwortete ich. »Mir reicht die Politik des Geistes.«

In einem feuchtkalten Hotelzimmer in Machu Picchu schien alles so einfach. Wir würden eine Textzeile ändern, punktum. Doch der Kulturreferent berief an diesem Tag eine Pressekonferenz für Journalisten aus dem In- und Ausland ein, legte seine Thesen dar und beschuldigte mich, eine Anhängerin der Neo-Nazis zu sein. Die Journalisten reagierten teils betroffen, teils erheitert. Die peruanischen Reporter kannten den Mann als publicitygeil, und die internationale Auslandspresse witterte eine gute Story. Da ich mich verpflichtet hatte, vor Beendigung der Dreharbeiten keine Interviews zu geben, konnte und wollte ich dazu nicht Stellung beziehen.

Somit konnte man der Weltpresse wieder einmal entnehmen, ich hätte mich neuerlich auf abstruse weltanschauliche Irrwege begeben. Zumindest orientierte die Presse sich in zunehmendem Maße an kosmischen Zusammenhängen.

Als Colin und ich in die Halle kamen, empfing uns hektische Betriebsamkeit; Silberkoffer, Kisten und Ausrüstung wurden wieder in die Busse verladen. Ich stellte Stan zur Rede.

»Wir brechen ab«, meinte er kategorisch. »Das war der teuerste Arbeitstag meines Lebens. Die Leute sind auf Überstunden. Dieser Betriebsausflug kostet mich ein Vermögen. Die Crew ist todmüde. Wenn einer auf den glitschigen Felsen ausrutscht und sich verletzt, bin ich dran. Einen Tag haben wir schon verloren; die Drehgenehmigung gilt aber nur für einen Tag, und das Hotel kann uns heute nacht nicht unterbringen. Sie sind belegt. Also haben wir uns dafür entschieden, abzubrechen und später wiederzukommen.«

»Wie wollen wir wissen, daß es beim nächsten Mal nicht regnet, Stan?« fragte ich – nicht ganz zu Unrecht, wie mir schien.

»Weil *du* dafür sorgst, daß es nicht regnen wird«, sagte Stan bestimmt. »Du wirst zeigen, wie positives Denken funktioniert.«

O Mann. Laß Taten sprechen und so. Wenn das Zeug, von dem du redest, stimmt, dann zeig es uns doch. Er hatte völlig recht.

Hastig trat ich den Rückzug an und sagte, ich wolle noch einmal kurz zu den Ruinen hochsteigen. Stan fand das in Ordnung.

In Gummistiefeln und Regenmantel begann ich die Steinstufen zu den Ruinen hinaufzusteigen. Nebelschwaden trieben an den Berghängen entlang. Ich stieg die glitschigen, aus den Felsen gehauenen Stufen hinauf. Mir fiel die Geschichte von dem Inka-Geist im Glockenturm ein, der häufig erscheint und sagt, daß er niemanden sehen will. Vielleicht regnete es deshalb? Ich dachte daran, daß manche Archäologen der Meinung sind, daß die Verschollene Stadt ausschließlich für Inkaprinzessinnen erbaut worden war. Ich blickte über die Ruinen hinweg und stellte mir vor, wie schwebende Raumschiffe die riesigen Steinquader aus den in der Ferne sichtbaren Steinbrüchen holten und sie per Levitation durch die Luft quer über das Tal hierherschafften. Das war noch die plausibelste Erklärung dafür, wie die Inkas die Zwanzig-Tonnen-Blöcke hier heraufgeschafft haben mochten.

Einen Augenblick blieb ich stehen und horchte in die stille Einsamkeit, versuchte mir die Gefühle von meinem ersten Aufenthalt zurückzurufen, als ich noch gar nicht wirklich begriffen hatte, an welchem Ort ich mich befand.

Ich hatte nie das Gefühl gehabt, daß ich in einem vergangenen Leben schon einmal hiergewesen sein könnte. Andererseits spürte ich, daß ich mit einer Energie vertraut war, die zu jener Zeit gehörte, einer hochentwickelten Bewußtseinstechnologie, die unserem heutigen Wissensstand weit überlegen war. Ich hatte beinahe das Gefühl, daß wir in mancher Hinsicht rückschrittlich waren, fixiert auf Prioritäten, die weder weise noch nützlich waren, auf Zielstrebigkeiten, die schließlich sogar unser Ende bedeuten konnten.

Traurig machte ich mich an den Abstieg zurück zum Hotel. Das Alpaka, das ich in der Nacht zuvor gesehen hatte, stand hoheitsvoll im Nebel und äugte zu mir herüber. Ich hätte gerne gewußt, ob beim nächsten Mal die Sonne scheinen würde.

Als ich die Halle wieder betrat, saß John Heard biertrinkend mit Michael und Cowboy zusammen, die beide auf ihn aufpassen sollten.

Stan nahm mich beiseite und bot mir eine Tasse Kaffee an. Er setzte sich zu mir, und dann sagte er mir etwas, das ich kaum glauben konnte.

»Hör mal«, fing er an. »Ich finde, du solltest das wissen. Drei Leute sind zu mir gekommen und haben gemeint, unser Pech hätte nach deiner Szene mit John begonnen, in der du sagst *›Ich bin Gott‹*. Sie glauben, Gott strafe uns jetzt dafür.«

Ich starrte Stan an.

»Meinst du das ernst?« fragte ich.

»Vollkommen ernst«, sagte er.

»Aber Stan. Ich finde gar nicht, daß wir bisher Pech gehabt haben. Ich meine, alle waren so hilfsbereit. Bisher hat doch immer alles geklappt. Und das mit dem Wetter jetzt – na ja, das gehört doch zu den Dingen, die man gleich zu Anfang lernt. Die Natur folgt dem Bewußtsein. Die Natur reinigt, was sie zu reinigen hat.«

»Tja«, meinte Stan, »das wissen die drei bloß nicht. Sie glauben, Gott straft uns.«

»Mann!« sagte ich wirklich erschrocken. Plötzlich war eine

Kluft zwischen dem Team und mir, auch wenn nur drei so dachten. Ich hätte gern gewußt, wer die drei waren, wollte aber nicht fragen. Ich wollte keinen religiösen Konflikt heraufbeschwören, sondern nur versuchen, ihnen meine Sicht der Dinge zu erläutern, die mir friedlicher und hilfreicher erschien als die Vorstellung, Gott sei ein zorniger, rachsüchtiger Herrscher, der jeden vernichtet, der sich ihm nicht unterwarf. Würde Gott mich wegen Gotteslästerung strafen? Nein, ich glaubte, es sei sein Wille, daß jeder Mensch Gott in sich selbst wahrnahm und dafür die Verantwortung trug. Jeder Mensch ist Gott. Ich war überzeugt davon, daß Gott an dieser Szene Gefallen gefunden hätte. Die Worte »Ich bin Gott« anzusprechen bedeutete nichts anderes, als seine Liebe für uns zu respektieren und zu erwidern, da wir alle dieser Göttlichkeit angehörten.

»Tja«, sagte ich zu Stan, »vielleicht haben diese drei Leute Angst vor sich selbst.«

Stan setzte seine Kaffeetasse ab.

»Ich wollte es dir bloß sagen.«

Ich nickte seufzend.

»Dankeschön, daß du das ernst nimmst, was sie sagten, Stan. Wir werden kein Pech haben. Uns stehen vielleicht schwere Zeiten bevor, aber wir werden bestimmt kein Pech haben.«

Stan blickte mir tief in die Augen. Er war ein bemerkenswert offener und angenehmer Mann. Ich war froh, daß er der Produzent meiner Serie war.

Ich stand auf und trat auf die Veranda. Seltsamerweise mußte ich an die Relativität des Begriffes Zeit denken – demnach wurde unsere Serie bereits gesendet. Jetzt war das persönliche Wachstum wichtig und die Verwandlung aller daran Beteiligten. Meiner Ansicht nach bezogen sich die Einwände gegen den Satz »Ich bin Gott« weniger auf den Inhalt; in ihnen drückte sich die Angst der Menschen vor der Eigenverantwortung aus. Denn in dieser Szene wurde ja zum Ausdruck gebracht, daß wir unsere eigene göttliche Energie anerkennen mußten. Schuldzuweisungen an Gott waren so einfach. Mir fiel in diesem Zusammenhang ein Satz ein, den ich einmal irgendwo gelesen hatte: »*Gott braucht uns, weil wir eine Form sind, durch die er sich auszudrücken vermag.*«

Unterdessen erwartete die Welt, daß wir weitermachten... Wir stiegen wieder in den Bus. Aus irgendeinem Grund murmelte John wortreich etwas in sich hinein über Jesus Christus und den Judaskuß. Ich konnte dem Gebrumm nicht entnehmen, ob er sich als Verräter oder als Verratener ansah. Wahrscheinlich eher als Verratener, und sicher hatte das Ganze etwas mit dem Regen zu tun. John besaß die Gabe, jede Situation auf sich persönlich zu beziehen – einer der Gründe, warum er ein so fabelhafter Schauspieler war.

Er plumpste in den Sitz neben mir.

»Weißt du eigentlich, daß ich total in dich verschossen bin?« fragte er.

Während ich versuchte, mir darauf einen Reim zu machen, steckte er sich die Kopfhörer in die Ohren. Jetzt war er außer Hörweite. Er wiegte sich und trommelte den Takt zu der Musik, die nur er hörte.

»Kennst du das größte Liebeslied, das je geschrieben wurde?« fragte er.

»Nein. Welches?« fragte ich. Er sah mich ausdruckslos an. Ich schüttelte den Kopf.

»Da singt einer, er möchte noch ein Löffelchen Liebe von seinem Baby. Der Typ, der den Text schrieb, hat seine Mutter erschossen.«

Ich wollte etwas sagen, öffnete aber nur stumm die Lippen. John warf den Kopf nach hinten und wieherte.

Ich hätte gern etwas zu seinem Irrsinn beigetragen, konnte aber an nichts anderes denken, als daß er nach Vanille roch.

Auf der Busfahrt ins Tal gab es eine beliebte Touristenattraktion. Zwei Buben machten sich zur gleichen Zeit mit dem Bus an den Abstieg. Sie schlitterten Steilhänge neben Wasserfällen und Schluchten auf schmalen, wilden Pfaden hinunter. Unten angekommen legten sie sich in einer Kurve auf die Lauer und warteten auf den Bus, der erst nach einer Weile auftauchte. Für Cowboy, der ein wenig abergläubisch war, grenzten ihre Fähigkeiten an Hexerei. Am Fuß des Berges belohnte er die Jungen mit einem großzügigen Trinkgeld. Auf diese Weise verdienten sie sich ihren Lebensunterhalt.

Am Bahnhof stiegen wir in den Zug, Gepäck und Ausrüstung wurde verladen, und wir fragten uns, was uns wohl beim nächsten Mal erwarten würde. Während der Zugfahrt redete ich mit einigen Teammitgliedern über ihre Probleme mit Angehörigen, die nur das glaubten, was sie sehen und messen konnten, und sich vor Dimensionen fürchteten, deren Existenz sie zwar spürten, aber nicht erklären konnten. Nicht, daß sie sich darüber lustig machten – sie hielten solche Gedanken für gefährlich. Sie befürchteten, die Toten könnten zurückkehren und ihnen ihre »sichere« Realität zerstören. Interessanterweise verstanden die Gesprächsteilnehmer die Opposition ihrer Angehörigen als einen Aspekt ihrer eigenen Person, über den sie sich selbst noch nicht im klaren waren.

Die Bahnfahrt wurde mit jeder Meile aufschlußreicher. Tina und Julie warfen mittlerweile in bester Laune Münzen für die Kinder der Armen aus dem Fenster.

»Oh, sieh mal, wie niedlich das Kleine dort drüben ist!« sagte Tina etwa und warf dem Kind eine Münze zu. Sie freuten sich, einem Menschen helfen zu können, dem es schlechter ging als ihnen. Ich blickte in die andere Richtung, warum, wußte ich selbst nicht.

Johns Anteilnahme am Leid der Armen wirkte auf mich unvergleichlich viel echter. Ihm wurde buchstäblich schlecht, er konnte nichts mehr essen. Ich fragte mich, wie er wohl sei, wenn er wirklich jemanden liebte.

Am Ende der Zugfahrt bestiegen Colin, Simo und ich den Wagen, der uns ins Hotel nach Cuzco zurückbringen sollte; diese Fahrt sollte noch einmal zwei Stunden dauern.

Wir durchquerten das Heilige Tal der Inkas. Von diesem Moment an veränderte sich mein Bewußtseinszustand für den restlichen Tag. Ich sollte noch oft an unsere Außenaufnahmen in Peru zurückdenken und daran, daß die Dreharbeiten nicht der Hauptgrund meines Aufenthalts in Peru waren.

Ich verspürte gelegentlich ein Empfinden, bestimmte Orte von früher her zu kennen. Ein solches Gefühl konnte mich in einer Stadt oder in der Wildnis überkommen: ein Gespür, das mich anfangs wie ein sanfter Windhauch umspielt, bevor sich die Erinnerung wie ein beklemmender Mantel um mich legt, an mir zerrt und zupft, bis ich mir entweder eingestehen muß, daß die Erinnerung noch zu warten hat bis in eine fernere Zukunft, oder ich mich an die Erinnerung heranzutasten beginne. Dieses Gefühl überkam mich in Ollantaitambo, einer Inkraruine, die sich über dem verzauberten Heiligen Tal der Inkas an der Stelle erhebt, wo der Urubamba als reißendes Wildwasser durch eine smaragdgrüne Landschaft strömt. Terrassenförmige Berghänge ziehen sich unter einem Himmel hin, der aussieht wie ein türkisfarbener Bühnenhintergrund mit duftigweißen Wolkentupfern; wer diese Landschaft erlebt, verspürt tief im Herzen ihre Helligkeit.

Ollantaitambo hatte es mir angetan. Ich sah, wie die anderen Produktionsfahrzeuge Richtung Cuzco abbogen, doch wie von einer unsichtbaren Macht bezwungen, bat ich unseren Fahrer, anzuhalten. Er erzählte uns etwas über den historischen Hintergrund der Ruinen, die sich an einem Engpaß des Heiligen Tals befinden, wo der Urubamba sich dem Amazonas zu in die Tiefe stürzt. Ollantaitambo war eine Festung, die die Stadt Cuzco gegen feindliche Übergriffe von Dschungelbewohnern aus dem Norden schützen sollte. Die Ruine wurde später nach einem Häuptling benannt, den eine heimliche Liebesaffäre mit der Tochter seines Herrschers Pachacuti verband. Er zettelte einen Aufstand an, der niedergeschlagen wurde. Während der Rebellion des Manco Inka war die Festung heiß umkämpft. Die Spanier konnten sie erst nach langer Belagerung einnehmen.

Soweit der geschichtliche Hintergrund, über den unser Fahrer uns aufklärte, der auch als Touristenführer arbeitete. Doch ich empfand noch etwas anderes.

Ein unsichtbarer Arm zog mich vom Wagen fort. Colin und Simo stiegen ebenfalls aus. Ich mußte allein durch die zerfallenen Steinquader der Geschichte wandern, die mir etwas sagen wollten.

Ich ging auf die Bergruine zu. Der Wind trieb Nebelschwaden vor sich her, und da war das Gefühl wieder. Ich begann die Steinstufen hinaufzuklettern, von dem unsichtbaren Arm gestützt. Ich sah, wie Colin und Simo mit dem Fahrer sprachen und sich gleichfalls vom Wagen entfernten. Ich stieg die zweihundert Stufen hinauf und blickte gelegentlich zu den beiden Männern hinunter. Und plötzlich wußte ich, daß ich ganz hinauf zum Gipfel der Ruine klettern mußte. Irgend etwas zwang mich dazu. Es gab kein Geländer – nur gelegentlich Felsvorsprünge. Aber irgendwie wußte ich, wo mein Fuß hintreten mußte. Ich spürte, daß ich diesen Weg schon einmal gegangen war. Damals hatte ich Sandalen getragen und eine Art Federschmuck um den Hals. Es war das lebhafteste, eindringlichste Gefühl dieser Art seit langem, und es unterschied sich vollkommen von den Rückführungen in vergangene Leben, die ich mit den Akupunkturnadeln erlebt hatte. Die Erinnerungen stiegen in mir ganz von selbst hoch, ohne Stimulierung, einfach unter dem Eindruck der Umgebung, in der ich mich befand. Ich setzte meinen Aufstieg fort. Der Berg war extrem steil. Ich wußte, ich kletterte auf den Aussichtsturm, wo ich viel Zeit verbracht hatte. Das Atmen fiel mir jetzt in der großen Höhe sehr schwer. Dann beschloß ich, mich auf diese Höhe einzustellen, als lebte ich in der Vergangenheit, an die ich mich erinnerte. Ich vollführte eine Art mentale und gymnastische Konzentrationsübung; dann spürte ich, wie mein Körper sich straffte, wie eine Kraft durch meine Schenkel strömte, als müsse bei einem solchen Aufstieg der Druck in den Beinen gehalten werden und nicht im Solarplexus.

Dann erlebte ich wieder einmal die Überlegenheit des Geistes gegenüber der Materie. Plötzlich fiel mir das Atmen nicht mehr schwer. Ich fühlte mich unbeschwert, da ich *wußte*, es gab keinen Grund zu irgendwelcher Besorgnis. Ich kletterte weiter. Dann hielt ich wieder Ausschau nach Colin und Simo. Ich sah nur noch Colin. Simo war verschwunden. Ich kletterte schneller weiter. Die

Sonne war schon im Sinken begriffen, und ich wollte den Abstieg noch bei Tageslicht machen. Schmale, von Tieren ausgetretene Pfade, wanden sich durch die Hochgebirgsvegetation, die mit zunehmender Höhe karger wurde. Der Wind fuhr mich in starken Böen an. Über dem Heiligen Tal begannen sich Wolkenmassen aufzutürmen. Oben auf dem Berg fing es an zu regnen. Ich blickte mich um, atmete tief und lächelte. Ich fühlte mich bis ins Innerste meines Herzens vollkommen glücklich. Ich kam mir vor wie im Himmel. Nein, dachte ich, meine Erinnerung an diesen Ort hat nichts mit Kampf und Krieg und Krankheit und Töten zu tun. Meine Erinnerungen haben etwas mit der Ehrfurcht vor der Erhabenheit der Natur zu tun. Ich wußte, daß ich am Abhang dieses Berges auf Sonnenaufgänge gewartet hatte, daß ich in Feierstunden gemeinsam mit Tausenden von Menschen Chorgesänge angestimmt und meine Handflächen der Sonne entgegengehalten hatte. Ich wußte, daß wir an der einen Seite des Berges die aufgehende Sonne und auf der anderen Seite die untergehende Sonne angebetet hatten. Wieder blickte ich nach oben. Ich mußte den Gipfel des Berges erreichen, um zu erfahren, welche Assoziationen ich dort oben haben würde. Dann sah ich unter mir einen Menschen mit gesenktem Kopf um eine Ecke der Bergruine biegen. Er kletterte schnell, um mich zu erreichen. Bei näherem Hinsehen erkannte ich Simo, dessen braune Locken im Wind flogen.

»Warte auf mich«, rief er. »Das ist einfach unglaublich.«

Ich blieb stehen und wischte mir den Schweiß vom Gesicht. Ich machte eine Kniebeuge, um die Kraft in meinen Knien zu spüren.

Simo atmete beinahe normal, als er bei mir angelangt war.

»Ist das nicht ein Wetter, wie in unserem Haus in den Bergen?« fragte er. »Es kommt mir alles so bekannt vor.«

Da kam mir ein Gedanke, als ich ihn im Nieselregen dastehen sah.

»Wie meinst du das – bekannt?« fragte ich.

»Na ja. Ich mußte diesen Berg einfach hochklettern und ich mußte es tun, weil ich sah, daß du hochkletterst. Irgendwie habe ich das Gefühl, daß wir schon mal hier raufgestiegen sind.«

Ich sah ihn an.

»Ist das wahr?«

»Ja«, antwortete er freimütig.

»Mir geht es ebenso«, antwortete ich. »Ich weiß, daß ich schon einmal hier war, und wenn du die gleiche Empfindung hast, dann waren wir wohl gemeinsam hier – und vielleicht ist das einer der Gründe, warum wir diesmal zusammenarbeiten, besonders jetzt in Peru; vielleicht kennen wir uns von diesem Ort hier.«

»Vielleicht geht das weiter zurück als bis zur Inkazeit«, sagte Simo. »Alles ist so geheimnisvoll, als solle niemand etwas davon wissen.«

Ja, dachte ich. Vielleicht stimmte das. Vielleicht bezogen sich meine Assoziationen kollektiver Meditation auf eine Zeit, die weit vor der der Inkas lag. Viele Anthropologen gehen davon aus, daß die Inkas eine Reihe von Erkenntnissen in der Staatsführung und der Landwirtschaft von einer wesentlich älteren Kultur übernommen haben.

»Kommst du mit zum Gipfel?« fragte ich. »Ich muß hinauf.«

Simo begann wieder zu klettern.

»Ja«, sagte er über die Schulter. »Deshalb sind wir hier.«

Es gab nun keinen Weg mehr. Wahrscheinlich waren weder Touristen noch Führer bis hierher gekommen. In der Ferne konnte ich Reste alter Inka-Fußpfade erkennen. Wieder spürte ich, wie ich auf ihnen entlanggeeilt war, wobei meine Füße kaum den Boden berührten.

Die Sonne stand nun ziemlich tief. Sie tauchte die Stämme der Hochgebirgsbäume in goldenes Licht. Zwischen den Bäumen huschten die Schatten vorüber, als seien sie lebendig. Simo und ich kletterten immer höher, wie von einer unsichtbaren Macht getrieben. Wir schauten hoch zum letzten Felsvorsprung. Darüber ragte eine Art Tempelturm auf. Vorsichtig bahnten wir uns einen Weg durch Kakteen und Dornengestrüpp. Vor uns sprang eine Bergziege auf, versperrte uns den Weg und äugte uns herausfordernd an, als wolle sie uns nach unserem Begehr fragen.

»Es ist wie zu Hause«, sagte Simo.

Die Ziege machte sich daran, an einem Dornenbusch zu knabbern. Wir gingen an ihr vorbei und kletterten über den letzten Felsvorsprung. Auf dem Gipfel empfing uns ein starker Windstoß. Da stand der schmale Tempelturm, karg und unverwüstlich, ein Denkmal aus großer Zeit. Er befand sich am Rande einer windgepeitschten freien Fläche, von Steinquadern umgeben, in die in Hüfthöhe Nischen eingehauen waren. Ähnliche Nischenformen kannte ich aus Ägypten. Doch als ich sie jetzt wiedersah, glaubte ich zu wissen, wozu sie dienten. Zielstrebig ging ich zu einer der Nischen und lehnte meinen Oberkörper hinein. Dann begann ich zu summen. Die von den Mauern wiedergegebenen Schwingungen strömten durch meinen Kopf und meinen Körper. Ich vermutete, daß die Nischen für eine Art Klangtherapie benutzt worden waren.

Ich sang die Tonleiter mit der Silbe OM. Mit jedem ansteigenden Ton spürte ich eine andere Schwingungsfrequenz in meinem Körper, die sich bis in meine innere Organe fortsetzte.

Simo stellte sich in eine andere Nische und begann ebenfalls zu summen. Alsbald sangen wir gemeinsam dieselben Noten. Trotz des Sturmes gab es einen Widerhall, der sich erneut brach und zurückgeworfen wurde und sich zu einem vielfachen Echo vereinigte. Es war eine ungeheuer wohltuende Erfahrung.

Ich trat aus der Nische und registrierte meine Umgebung auf neue Weise. Auf einer anderen Bewußtseinsebene formten sich Bilder um mich her, materialisierten aus dem Nichts. Ich sah Frauen in Gewändern aus kristallähnlichem Stoff mit buntem Federschmuck. Ihre Haut war goldbraunorange. Anmutig schmiegten sie sich in die Nischen, beugten den Oberkörper vor und begannen zu singen. Diese Übung versetzte sie augenscheinlich in eine Art harmonischen Traumzustand. Sie lächelten sanft, kommunizierten weniger über Sprache als über mentale Bilder. Mir war, als hätte auch ich mich früher einmal darauf verstanden, auf solche Weise zu kommunizieren.

Ich verließ den Nischenhof und trat hinaus an den Tempelturm, einem schlichten Bauwerk mit Ausgucklöchern an allen vier Seiten. Ich kletterte in den Turm und blickte ins Tal. In meinem veränderten Bewußtseinszustand sah ich zu, wie die zwanzig Tonnen schweren Steinquader aus den meilenweit entfernten Steinbrüchen herbeitransportiert wurden.

Im Tal sah ich Priester in langen Reihen im Abstand von etwa vier Metern. In weiße, kristallähnliche Gewänder gehüllt, saßen sie friedlich in Lotosposition und meditierten im Kollektiv. Über der langen Reihe der Priester schwebten riesige monolithische Steinquader auf den Berg zu, gelenkt von der meditativen Kraft des Geistes der Priester. Ich sah diese erstaunlichen Bilder und wußte gleichzeitig, daß sie aus einem alternativen Parallelbewußtsein rührten, das ich damals besaß und das ich auch heute noch besitze. Ich würde es nutzen können, wenn ich es schaffen würde, mir selbst nicht im Wege zu stehen, um diese Dimension meines Daseins zur freien Entfaltung zu bringen. Was ich da sah, machte mir keine Angst. Es war, als beobachte ich eine andere Wahrheit, eingeschlossen in einer Luftblase der Zeit, und in dieser Luftblase sah ich mich, die das alles sah.

Simo verließ nun ebenfalls den Hof und trat zu mir an den Tempelturm. Ich sagte ihm nichts von meiner Vision.

»Ich habe nicht das Gefühl, daß dies eine Festung war«, sagte er. »Ich spüre keinen Krieg. Ich spüre eine sehr fortschrittliche Gesellschaftsform. Auch wenn ich mich nicht daran erinnere, was ich damals fühlte, so weiß ich, daß dieser Ort noch heute heilig ist.«

Der Sturm peitschte auf uns ein.

Simo fuhr fort: »Ich sehe Priester und rituelle Feiern, in denen die Sonne, der Mond und Gott gepriesen werden. Ich sehe alle Menschen in völligem Einklang mit der Natur.«

Ich erzählte nichts von den Bildern, die ich gesehen hatte und die seinen so sehr glichen.

»Ich bin froh«, sagte ich statt dessen, »daß wir hier zusammen sind. Ich bin froh, daß du dich entschlossen hast, hier heraufzukommen.«

Simo sah mich an und berührte meinen Arm.

»Nichts ist Zufall«, sagte er sanft. »Wir sind uns aus einem bestimmten Grund begegnet, aber das wissen wir ja schon seit langem, nicht wahr?«

Ich drückte Simos Hand und kehrte dem Tempelturm den Rükken, stellte mich an den Felsrand und breitete die Arme aus. Ich hatte das Bedürfnis, ein Versprechen abzulegen. Eine Art Gelöbnis. Ich spürte, wie eine unsichtbare Gegenwart hinter mir sich entspannte. Und ich spürte die Gegenwart anderer Wesen um mich herum.

Ich hob mein Gesicht in den kühlen Wind.

»An alle unsichtbaren Lehrer und Meister und Götter, die Ihr mich umgebt«, rief ich mit lauter Stimme. »Ich weiß, daß Ihr da seid, und ich weiß, daß ich mir von Euch nicht genügend helfen lasse und daß ich mich Eurer Liebe nicht genügend öffne. Das werde ich ändern; ich werde mich öffnen, um Eure Liebe und Hilfe zu empfangen. Denn das bedeutet es, eine Frau zu sein.«

Ich ließ die Arme sinken. Das war alles, was ich zu sagen hatte.

Zwanzigstes Kapitel

Die für den nächsten Tag angesetzte Szene spielte in einem uralten, klapprigen Omnibus. Das bedeutete, Hühner, Schweine und Ziegen sollten unsere Reisegefährten sein. Um der Wahrheit möglichst nahe zu kommen, hatten wir ein Schwein in die Szene eingebaut, das ein Fahrgast über Shirley hinweg einem anderen reicht, während sie ein Sandwich ißt. Nach achtzehn Wiederholungen des Schweinweiterreichens hatten wir endlich den richtigen Sonneneinfall für den »Hintergrund«. Warum in einer Szene, in der ein Schwein von einem zum anderen gereicht wird, der Hintergrund so wichtig ist, gehört zu den klassischen Konflikten zwischen den Leuten hinter der Kamera und denen, die vor der Kamera stehen. In den vielen Jahren, in denen ich in dieser Branche tätig bin, ist mir nie klargeworden, was nun wichtiger ist. Man sollte annehmen, die Reaktionen der Schauspieler auf das Schwein seien bedeutsamer. Wenn aber andererseits der Hintergrund zu dunkel war, paßte die Totale nicht zu den später zu drehenden Nahaufnahmen.

Wie dem auch sei, trotz Johns guter Morgenlaune und meinem sonnigen Gemüt dauerte es nicht lange, bis das Ganze in den normalen Filmwahnsinn ausartete. Dem Schwein wurde übel und es übergab sich auf meinen Schoß. Die Ziege nahm mir das Sandwich weg und verzehrte es. Die Hühner scherten sich nicht um die Hintergrundregie, streckten ihre Hintern aus dem Käfig und erleichterten sich auf meinem peruanischen Poncho, für den wir keinen Ersatz hatten, da er das Originalstück war, das ich vor zehn Jahren tatsächlich getragen hatte. Ahmte das Leben die Kunst nach oder ahmte die Kunst das Leben nach? Ich weiß es nicht – mir war zu schlecht, um darüber nachzudenken. Ich vertrage das Autofahren nicht sonderlich gut, gerade Strecken sind mir lieber als kurvige, und ästhetische Gerüche sind mir sehr wichtig. In diesem Fall hatte ich keines von beidem. Auch diese Realität war gewiß ein Lernprozeß – wenigstens versuchte ich mir das einzureden.

John schottete sich ab und begab sich in einen seiner lächelnden Abwesenheitszustände. Ich versuchte es mit jeder erdenklichen metaphysischen Visualisierung, um mich nicht auch noch auf mein Kostüm zu übergeben. Um die Situation noch ein wenig spannender zu machen, entschied eine zahnlose Frau, die im Bildvordergrund saß, daß der Zeitpunkt gekommen sei, ihr Kind zu stillen. Sie holte eine schöne, stramme Brust hervor, steckte sie dem Baby in den Mund begann mitten in unseren Dialog hinein zu singen. Butler brüllte: »Cut«.

Die Frau, die natürlich nur Ketschua sprach und verstand, ließ sich nicht beirren und fuhr fort, ihr Kind zu stillen und dabei zu singen. Die Kameras stoppten, der Ton stoppte, der Bus stoppte, das Scriptgirl sprang in den Straßengraben und übergab sich, das Schwein übergab sich noch einmal in den Bus, die Ziege machte sich über meinen Hut her, und die Hühner streckten ihre Hinterteile noch weiter aus den Holzgittern ihrer Käfige. Das Baby jedoch nuckelte selbstvergessen an der Mutterbrust. Einer der Beleuchter ließ sich die Bustür öffnen, stürmte die Stufen hinunter und schaffte es gerade noch rechtzeitig. John lächelte sein geheimnisvolles Abwesenheitslächeln, und Butler verzog schmerzlich das Gesicht. Das nuckelnde Baby konnte er auf keinen Fall gebrauchen. Er beschloß, die Sache irgendwie in die Hand zu nehmen. In seinem besten Beverly-Hills-Fernsehjargon schrie er eine Frau hinten im Bus an: »Hör mal, Kindchen, schwenk mal diesen Gemüsekorb 'n Tuck höher! Klar?«

Die Frau starrte ihn an. Ich starrte ihn an. Das Team starrte ihn an. Die Frau sprach nicht nur kein Wort Englisch, sie sprach auch kein Spanisch – sie sprach nut Ketschua. Das schien Butler nicht im geringsten zu stören. Er wiederholte seine Regieanweisung in blindem Vertrauen, während wir anderen dasaßen und beteten, daß es regnen möge.

Zwei Stunden später hatten wir die Szene im Kasten *und* den

Regen. Das bedeutete, daß wir gezwungen waren, zu Fuß zu gehen, und bis zu den Knöcheln im peruanischen Schlamm versanken. Diese Übung wurde uns für den Rest der Dreharbeiten zur lieben Gewohnheit. McPherson hatte uns nur vor dem Regen gewarnt. Ich vermute aber, daß Schlamm ihm entweder zu irdisch und daher nicht erwähnenswert erschien – oder daß aus seiner sphärischen Sicht alles Licht war.

Da ein Filmteam in seiner Struktur als Kleinstgesellschaft bezeichnet werden kann, war es nicht verwunderlich, daß eine Mini-Revolution ausbrach, und zwar unter den peruanischen und amerikanischen Arbeitern. Die Peruaner hatten das Gefühl, nicht genug zu essen zu bekommen. Die Amerikaner bekamen zwar zu essen, aber sie wollten nicht vor ihren Kollegen essen, die genauso schwer in Regen und Dreck gearbeitet hatten wie sie. Also waren alle hungrig und aufgebracht.

Der Konflikt landete bei Yudi, der Regie-Assistentin. Sie wandte sich an mich mit der Bitte, etwas gegen die »knausrigen Halsabschneider von ABC« zu unternehmen. Ich war völlig ihrer Meinung und riet ihr, den Fahrer ins Hotel zu schicken und einen der Herrn von der Produktion aus dem geheizten, trockenen Speisesaal zum Drehort zu bringen.

Der Fahrer entschied eigenmächtig, den Herren von ABC zu sagen, es sei ratsam, sich möglichst rasch an den Drehort zu begeben, da ich die Absicht hätte, auszusteigen. Vermutlich gehörte er zu denen, die nichts zu essen bekamen. Im Handumdrehen tauchten sie bei uns auf. Wenn der Star die Arbeit verweigert oder hinschmeißt, kapieren sie, daß die Sache wirklich ernst ist.

Boss Nummer Eins sprach als erster.

»Es ist alles in Butter.«

Yudi hatte keine Lust, sich weiteren Blödsinn anzuhören.

»Nun hören Sie mal zu. Seit Beginn der Dreharbeiten habe ich die Produktion mindestens fünfmal darauf angesprochen, daß die Peruaner mehr zu essen bekommen sollen – und nichts ist geschehen. *Ihr* hockt den ganzen Tag im Hotel. *Wir* müssen den ganzen Tag mit den Leuten arbeiten.«

»Na ja«, sagte Boss Nummer Zwei, »Sie wissen ja, wie das ist, wir Amerikaner sind hier in der Gegend nicht gerade beliebt.«

Die Logik seiner Rede konnte ich nicht nachvollziehen.

Boss Nummer Eins meldete sich wieder zu Wort.

»Was wir essen, mögen die sowieso nicht. Die sind da ziemlich eigen.«

Eine dieser »Eigenheiten« war es wohl, Hunger schweigend zu ertragen, dachte ich.

Beide redeten nun gleichzeitig, fielen einander ins Wort. »Es ist abgesprochen, daß die Leute ihr eigenes Essen mitbringen. Vielleicht haben unsere Leute mehr peruanische Hilfskräfte ohne unser Wissen angeheuert, und deshalb reicht das Essen nicht. Die verdienen hier bei uns an einem Tag mehr als normalerweise in einem Monat. Das wissen die Leute genau. Und unsere Gewohnheiten nehmen *die* doch nicht an.«

Alle sahen mich an.

»Nun hören Sie mal zu«, begann ich, »unser amerikanisches Team ist stocksauer über euer mieses Verhalten. Sie und die Peruaner stehen den ganzen Tag bis zu den Knöcheln in Schlamm und Scheiße. Sie kaufen ihren Arbeitskollegen das Essen aus der eigenen Tasche. Ich erwarte, daß ihr das zur Zufriedenheit aller regelt. Ist das klar? Ihr benehmt euch wie die typischen häßlichen Amerikaner, und wir wollen einen spirituellen Film machen.«

Die Herren erröteten. Natürlich ging es ihnen nur darum, Geld einzusparen – das gehörte ja auch zu ihrem Job. Vielleicht war es nur eins der vielen Kommunikationsprobleme, die so oft bei Außenaufnahmen im Ausland entstanden. Vielleicht hatte auch die peruanische Firma, die die peruanische Crew angeheuert hatte, den Leuten nicht mitgeteilt, daß sie für ihre Verpflegung selbst zu sorgen hätten. Und nun hatten wir den Salat.

»Wir können nicht erwarten«, schloß ich meine Rede, »daß die Leute sich unseren Gewohnheiten anpassen. Sie müssen essen. Wie wär's denn, wenn ihr von der Catering-Firma peruanisches Essen kommen laßt?«

Mit einem herablassenden Nicken erhoben sich die Herren.

Später erfuhr ich, daß Yudi sich die Typen später noch einmal im kleinen Kreis vorgenommen hatte: »Unser Regisseur spricht unverständliches Ferhsehkauderwelsch, dem gesamten Team ist speiübel, das Schwein kotzt die Hauptdarstellerin an, die Hühner haben Durchfall, die Ziegen fressen Requisiten, und eine Komparsin stillt mitten in der Aufnahme ihr Kind, der Bus bleibt im Schlamm stecken, und eine peruanische Revolte bricht aus – aber den Drehplan sollen wir einhalten. Ihr entschuldigt euch beim gesamten Team, und ich möchte von keinem von euch hören, daß ich Unruhe stifte.«

Die Herren der Produktion gaben klein bei. Kunst und Geschäft waren nicht leicht unter einen Hut zu kriegen, da beide Seiten so verschiedene Interessen verfolgten. Ich war sehr stolz auf Yudi.

Unterdessen meldete der verbohrte Kulturreferent sich telefonisch bei Stan und sagte: »Keine Ufos und keine Leute, die mit einem Neo-Nazi-Plot die Dritte Welt diskriminieren.«

Colin meinte: »Man könnte es doch so sehen: da sagt einer, ›die Brooklyn Bridge wurde von einem New Yorker Architekten erbaut‹, und ein anderer sagt: ›Nein, sie wurde von einem Außerirdischen erbaut.‹ Wieso sollte man dem Mann den Spaß nicht gönnen. Das ist Redefreiheit. Das ist Demokratie.«

»Nein, Colin«, sagte Stan. »Ich finde es besser, wenn John eine seiner berühmten ›Da-ist-alles-drin‹-Gesten macht. Der Kerl wird nicht wissen, was er damit anfangen soll.«

Ich betrat Johns Wohnwagen. Er lächelte heiter. Unannehmlichkeiten bereiteten ihm Freude, da sie ihm halfen, seine Identität zu definieren. Cowboy, Johns Assistent, briet Frühstücksfleisch aus der Büchse über einer Gasflamme.

»Ißt du dieses Zeug auch noch gebraten?« fragte ich.

John lächelte. »Natürlich. Das Sodbrennen hinterher tut so gut. Ich muß mich ein wenig quälen, weil alle so nett zu mir sind.«

Wow, dachte ich. »Du bist eigentlich gar kein Katholik, John. Du bist ein prüder Protestant, weil du ständig einen Zwang zu überwinden hast.«

John biß in das gebratene Frühstücksfleisch.

»Deswegen mag ich Cowboy. Er besitzt die menschliche Größe, mir Fehler nachzusehen.«

Das Drama des Arbeiteraufstandes lieferte Redestoff für drei Tage. Schon in meinen Anfängen beim Film hatte ich gelernt, daß es wichtig war, bei den Dreharbeiten eine Person zu hassen; es mußte jemanden geben, der bei allen unbeliebt war. Es ist nun leider wahr, daß ein gemeinsamer Feind die Menschen einander näherbringt, was zumindest den Vorteil hat, daß sie nicht übereinander herfallen. Frustrationen werden am »Prügelknaben« abreagiert, und die Gruppe als solche kann harmonisch zusammenarbeiten. In unserem Fall übernahm die ABC-Produktionsspitze diese Rolle in selbstloser Weise. Stan wußte, daß er der »Gute« sein mußte, derjenige, den jeder liebte und achtete. Ich mußte die »Kreative« sein, die verrückt genug war, die ganze Sache überhaupt anzukurbeln. Und John? Er war unser Lehrer und unser einziges Vergnügen, denn es gab kein Fernsehen, und unsere Gauchos-Pralinen, die *See's*-Schokolade und die *Nutter-Butter*-Kekse hatte uns der Zoll abgenommen.

Die Dreharbeiten schritten unabhängig vom Wetter voran. Einen Film zu drehen, könnte man mit einer militärischen Operation vergleichen. Menschlicher Individualismus muß hinter dem Gesamtprojekt zurückstehen, andererseits gäbe es ohne den eigenständigen Einsatz jedes einzelnen kein erfolgreiches gemeinsames »Kriegsspiel«. In der unbedingten Präzision der Zusammenarbeit liegt eine mathematische Logik, die sich zusammensetzt aus menschlicher Selbstlosigkeit, dem Wunsch zu gefallen, und der Angst, dem Verantwortlichen zu mißfallen – beim Spielfilm ist dies der Regisseur, beim amerikanischen Fernsehen der Produzent.

Die Landschaft, in der wir drehten, war von atemberaubender Schönheit. In der dünnen Höhenluft erlebten wir die Stunden unseres Wachseins ebenso intensiv wie die Stunden des Schlafs. Alle hatten wir lebhafte, expressive Träume. Manchmal waren es Alpträume, manchmal wunderschöne Bilder, manchmal idealisiert-romantische. Es war, als würden wir uns in einem Magnetkraftfeld befinden, das unsere Erlebnisfähigkeit erhöhte und verstärkte.

Nachts konnten wir nie sehr lange schlafen, doch die wenigen Stunden des Schlafes waren sehr intensiv.

Es regnete mehrmals täglich, doch wenn es irgend möglich war, drehten wir trotzdem und holten uns dabei eiskalte Füße. Wir konnten getrost bis zu den Knöcheln im Dreck stehen, denn die Kamera erfaßte uns nur von der Hüfte aufwärts. Ich dachte an McPhersons Warnungen. So simple Genüsse wie heißer Kaffee und die begehrten *Nutter-Butter*-Kekse, die der Zoll schließlich doch noch herausrückte, gaben uns das Gefühl, im Luxus zu schwelgen. Wir reagierten kindlich-elementar auf alle Wechselfälle. Wenn die Sonne strahlte, sprühten wir vor Witz, wenn wir im Schlamm wateten, war Latrinenhumor angesagt.

Die peruanische Crew und die Komparserie bemühten sich redlich zu verstehen, wieso wir in ihr Land eingedrungen waren und wieso man ihnen so sonderbare Anweisungen gab – wie etwa »Achte auf dein Zeichen« oder »Das macht ihr jetzt noch mal, aber mit mehr Schwung« und ähnliches. Für Yudi und Butler war die Verständigung mit den Komparsen äußerst schwierig, weil es in Ketschua *keine* Wörter für *Kino, Kamera, noch mal* gibt. Nicht einmal das Wort *danke* existiert. Einmal frage ich einen peruanischen Arbeiter, ob Ketschua eine schwierige Sprache sei. Er antwortete, um gut sprechen zu können, müsse man hier geboren sein. Kurz darauf wollte ich von ihm wissen, wie stark der *chi-chi*, ein einheimischer Most, sei. »Ein Schluck *chi-chi*«, antwortete er, »und du sprichst fließend Ketschua.«

Brad May war bemüht, seine künstlerische Ambition mit Effizienz und Schnelligkeit zu kombinieren. Sein Wunsch, einen *Emmy* für die Kameraführung zu erhalten, lag in unser aller Interesse. Als guter Produzent sagte Stan, wir alle – einschließlich der phantastischen Landschaft – würden ihn unterstützen, doch wir müßten schneller arbeiten. Brad wußte, daß ich in der Sonne blinzelte, also nahm er sich die Zeit, einen Baldachin aus dünner Seide über meinen Kopf spannen zu lassen. »Wir drehen hier einen Film über die Erlebnisse dieser Dame, keinen Lehrfilm darüber, daß sie in der Sonne blinzelt«, sagte er stur. »Außerdem kann ich die Verantwortung nicht dafür übernehmen, wenn Shirley plötzlich ins Charakterfach überwechselt.« Und im Tagesbericht wurden wieder einige Arbeitsstunden auf Brads Konto vermerkt.

Butler versprach, mehr Landschafts-Totalen zu drehen und sich nicht der Fernsehnorm zu unterwerfen, wonach jede Szene mit einer Nahaufnahme zu enden hat.

»Scheußlich«, pflegte er zu sagen. »Die Scheußlichkeit des Gewohnheitsverbrechens.«

Yudi, die den Produktionsablauf zu organisieren hatte, damit die Dreharbeiten zügig und reibungslos vonstatten gingen, hatte es mit Komparsen zu tun, die keine Ahnung hatten, warum sie herumgeschubst wurden, und denen sie sich kaum verständlich machen konnte. Und da es aufgrund des launischen Wetters immer wieder zu Unterbrechungen kam, wußten sie meistens nie, welche Szene als nächste drankam.

Doch alle Probleme verblaßten, als John Heard mich in das sogenannte Mineralbad tauchte. Ich schluckte Wasser, in dem die Bühnenarbeiter nicht mal ihre Füße gewaschen hätten.

Selbstverständlich waren meine Frisur und mein Make-up ruiniert. Ich war fassungslos. Das Team zog sich in geschlossener Formation in eine Schlammpfütze zurück und wartete verdattert auf meine Reaktion. Ich wußte selbst nicht, wie ich reagieren sollte. Als ich wieder auftauchte, stand John einfach da und grinste mich an. Ich hatte absolut keine Ahnung, was in seinem verdammten Schädel vorging. Andererseits wurde durch diesen Akt alles andere in eine normale Perspektive gerückt. Er handelte so spontan, daß ich es schon wieder komisch fand.

Unerhört, aber komisch. Ich schüttelte also das schmutzige Wasser ab und sagte dann (mir fiel nichts besseres ein): »Ich kann einfach nicht glauben, daß du das getan hast.«

Das Team wußte, daß es sich auf eine ausgedehnte Kaffeepause einrichten konnte. Ich zog mich in den Wohnwagen zurück. Heißes Wasser gab es nicht, also holte mir jemand Regenwasser, womit ich mir die Haare wusch. Schlamm und Wimperntusche liefen mir über das Gesicht. Tina legte neues Make-up auf.

Stan trat ein.

»Wie oft sagen wir, das ist der letzte Film, den wir machen, stimmt's? Und wenn alles vorbei ist, sind auch die ekelhaftesten Zwischenfälle vergessen.«

Ich nickte, innerlich beinahe amüsiert.

»Hat was von einer Kindsgeburt, nicht wahr?« bemerkte ich.

Düster blickte ich in den Behelfsspiegel und fragte mich, ob John einen Sturz in den Urubambafluß überleben würde.

Wie Tom McPherson vorausgesagt hatte, begannen einige der Teammitglieder aufgrund der harten Arbeit in der ungewohnten Höhe unter Herzrhythmusstörungen zu leiden. Nahezu jeder hatte Magen-Darmbeschwerden und verlor Gewicht. Jeder reagierte aufbrausend auf die kleinste Kleinigkeit, etwa wenn die Telefonzentrale im Hotel mitten in der Nacht die Zimmernummern verwechselte.

Unser Tonmeister wurde ernsthaft krank. Als alter Kämpfer an vielen Fronten stellte er die eigene Gesundheit hinter die Interessen der Produktion. Doch es bestand die akute Gefahr eines Herzstillstandes. Stan nahm ihn sich vor und sagte, er *müsse* nach Hause fliegen. Kein Film sei es wert, daß man sein Leben riskiere.

Am Tag seines Abflugs schalteten wir die Kameras ab und winkten dem kleinen Flugzeug nach, das über unseren Köpfen kreiste, bevor es abdrehte. »Der Glückspilz«, sagte einer. Ein anderer warf ihm einen Blick zu und meinte: »Was ist denn los? Das, was du hier über dich lernst, ist wohl zu viel für dich, wie?«

Da jeder von uns mit seinen eigenen Schwierigkeiten auf seine eigene Weise fertig werden mußte, so hatte auch jeder andere Lehren zu ziehen und andere Probleme der Selbsteinschätzung zu lösen. Überall hörte ich das Wort *Karma*, wenn die Stürme emotionaler Konflikte an den zwischenmenschlichen Beziehungen rüttelten. Der Satz »Was im Kreis geht, kehrt wieder« war in aller Munde. Die Gesetzmäßigkeiten der karmischen Harmonie wurden für alle immer offensichtlicher. Hatte sich jemand um zehn Uhr rücksichtslos gegenüber anderen verhalten, so konnte er spätestens bis elf Uhr mit der gleichen Behandlung rechnen.

»Früher dauerte es mindestens drei Monate, bis mein Karma zu mir zurückkam«, hörte ich jemand sagen. »Jetzt passiert es in zwanzig Minuten.«

Manchmal überraschte uns der Regen in Sturzbächen und durchnäßte uns in Sekundenschnelle bis auf die Haut, bevor wir uns unterstellen konnten. Es gab eine Menge »Fahrtaufnahmen«, in denen John und ich im offenen Jeep saßen, wobei die Kamera entweder auf der Kühlerhaube oder an Seitenauslegern befestigt waren. Die Kameraleute hatten sich in gelbe Regenumhänge gehüllt und saßen zusammengepfercht auf einem offenen Lastwagen. Manchmal sangen sie zwischen sturmgepeitschten Regengüssen; manchmal klapperten sie nur stumm mit den Zähnen. Kein Mensch konnte sagen, wie die jeweiligen Einstellungen aussahen. Im Jeep war kein Platz für Brad, und Butler kauerte auf der Rückbank, ohne uns sehen zu können. Muster sahen wir nie, wir drehten also buchstäblich blind drauflos. Die einzige Bestätigung war eine weit entfernte, anonyme Stimme im Schneideraum in Los Angeles, die meinte, das Material sei okay. Die Leute dort machten sich keine Vorstellung davon, was es hieß, jeden Morgen Lkws aus dem Dreck zu ziehen und sich dabei von Keksen mit Erdnußbutter zu ernähren. Unsere Füße in den Gummistiefeln waren eiskalt, und in unseren Eingeweiden rumorte die peruanische Ruhr. Die Peruaner standen in Sandalen und nackten Füßen im kalten, strömenden Regen mit gelassener Langmut da und schienen sich zu fragen, ob die Eindringlinge aus dem nordamerikanischen Hollywood nicht doch von einem anderen Stern kamen.

Hin und wieder brachte jemand Lollipops an den Drehort. Die hühnenhaften Bühnenarbeiter stürzten sich förmlich darauf, und während sie den Kamerawagen aus dem Dreck zerrten, lutschten sie selig an einem Früchtebonbon.

Lamas und Alpacas, die an den aufgeweichten Berghängen weideten, blinzelten gelegentlich unter ihren unglaublich langen Wimpern zu uns herüber. Sie sahen unserem verrückten Treiben mit tadelnd geschürzten Lippen zu, um dann wieder zufrieden in die Harmonie mit der Natur einzutauchen.

Wann immer es mir möglich war, zog ich mich in meinen Garderobenwagen zurück, einen ausrangierten, ausgeschlachteten Omnibus, der geräumig und äußerst bequem war. Zu gern hätte ich Leute vom Team zu mir eingeladen, aber wo hätte ich anfangen sollen?

Sorgsam hortete ich jeden Becher Vanillepuddig, den ich in der Bäckerei an der Plaza in Cuzco entdeckten konnte. Manchmal gab es Licht in meinem Wohnwagen, manchmal nicht. Den Peruanern zufolge waren die Götter von Machu Picchu für die gesamte Stromversorgung im Land verantwortlich.

Am Ende eines jeden Drehtages freute ich mich auf das heiße Bad in meinem Hotel. Der Stöpsel für die Badewanne fehlte, daher hielt ich meine Ferse in das Abflußloch, um das Wasser am Ablaufen zu hindern. Ich schlief ohne Bettzeug mit der Wolldecke auf der nackten Haut, weil es so wärmer war. Und wenn ich mir überlegte, wie ich das, was wir hier durchmachten, jemals zu Papier bringen könnte, holte ich meinen Notizblock hervor und schrieb alles auf, was mir durch den Kopf ging. So verging ein Tag nach dem anderen, doch die Zeit schien stehengeblieben zu sein.

Einundzwanzigstes Kapitel

Der zweite Vorstoß auf Machu Picchu näherte sich rasch, ebenso wie der Zorn des Kulturbeauftragten rasch den Siedepunkt erreichte. Er hatte mich in aller Öffentlichkeit eine Anhängerin der Neo-Nazis genannt, hatte nicht nur die Inlandspresse, sondern auch die Auslandspresse verständigt und sie auf dieses Problem aufmerksam gemacht. Er drohte damit, die Dreharbeiten abbrechen zu lassen, falls ich die Szene in Machu Picchu nicht umschreiben würde.

Ich hatte unterdessen eine Frau kennengelernt, die ihn und seine Familie gut kannte. Sie erzählte mir, sein Sohn sei ein Mystiker, der sich intensiv im Esoterik befasse und nach eigenen Angaben des öfteren unbekannte Flugobjekte gesehen habe. »Wenn man in Cuzco lebt, ist das eigentlich selbstverständlich«, fügte sie hinzu. Auch dieser Mann habe Vermutungen darüber angestellt, daß die Bauwerke der Inkas nicht von »Einheimischen« errichtet worden sein konnten.

Im Jahr zuvor hatte ein Seminar von Archäologen und Anthropologen stattgefunden, in dem verschiedene Studiengruppen den Versuch unternahmen, dem Geheimnis der Inka-Zivilisation in Peru auf die Spur zu kommen. Eine Studiengruppe vertrat die Meinung, daß es irgendeine Form von außerirdischer Unterstützung gegeben haben mußte. Sie wiesen darauf hin, daß im Verlauf der Jahrhunderte immer wieder unbekannte Flugobjekte gesichtet worden seien. Dieser Theorie wurde von einer anderen, politisch orientierten Gruppe heftig widersprochen. Sie unterstellte, diese Behauptung sei von einer Neo-Nazi-Bewegung in die Welt gesetzt worden, der es darum ginge, die Intelligenz der Bewohner der Dritten Welt in Frage zu stellen. Diese Gruppe hatte eine Menge Anhänger. Der für uns zuständige Kulturbeauftragte hatte sich, aus welchen Gründen auch immer, diese Haltung zu eigen gemacht und war bestrebt, sie möglichst publik zu machen. Einige Nachrichtenagenturen hatten die Sache aufgegriffen und berichteten, daß unsere Dreharbeiten bereits unterbunden worden seien. Das alles war inszeniert, um mich dazu zu bringen, die Passagen über Außerirdische aus dem Script zu streichen. Ich war offen gestanden mehr daran interessiert, ob am nächsten Tag die Sonne scheinen würde – denn die Szene, die dem Mann augenscheinlich Kummer bereitete, war bereits in Los Angeles gedreht worden. Doch davon wußte er nichts.

Die Argentinierin Esther Ventura arbeitete für die Außenstelle der Produktionsgesellschaft, die unsere Mannschaft in Peru anheuerte. Diese kultivierte, sensible Frau mit dunklen Augen und einer imposanten Afro-Look-Frisur hatte großes Interesse für mein Drehbuch, da auch sie sich auf einem Weg der spirituellen Suche befand. Sie kannte meine Besorgnis wegen des Wetters und wußte, daß wir nur noch eine Chance hatten, in Machu Picchu zu drehen.

»Ich kann Ihnen einen Broujo vorbeischicken«, sagte sie mit ihrer rauchigen Stimme. »Er wird Ihnen helfen, das Wetter günstig zu beeinflussen.«

Ich hatte bei meinen metaphysischen Studien bereits einiges über Broujos erfahren, war aber noch keinem begegnet. Der Gedanke, ihn wegen des Wetters zu Rate zu ziehen, reizte mich, vor allem auch deshalb, weil sich so viele negative Energie über den Dreharbeiten in Machu Picchu zusammenzubrauen schien.

»Benito« war als Hoherpriester der Anden in Cuzco und Machu Picchu anerkannt. Den Gesetzen der Inkas zufolge brauchten wir seinen Segen ohnehin. Das Zeremoniell, das wir arrangierten, war also nicht nur ein okkultes Abenteuer.

Während eines Nachtdrehs brachte Esther Benito zu mir in den Wohnwagen. Es war eine besonders kalte und dunkle Nacht. Benito fuhr mit einem Toyota vor. Ich erwartete einen älteren Mann mit dem traditionellen Poncho, doch zu meiner Überraschung trug Benito einen Tweedanzug mit Weste und einen braunen Schlapphut. Er wurde von seiner Frau begleitet, die einen langen Rock mit Stola trug.

Simo führte das Paar zu mir herein und bot Kekse, Schnaps, Kaffee und *See's*-Schokolade an. Obwohl Benito kaum noch Vorderzähne besaß, verdrückte er in der ersten halben Stunde unseres Gesprächs bei Kerzenschein beinahe unseren gesamten Vorrat an Schokoladenkeksen. Sein gütiges, weises Gesicht gefiel mir auf Anhieb. Und ich bedauerte ihn doppelt, als ich feststellte, daß er unter starkem Emphysem litt und seine arthritischen Finger kaum bewegen konnte.

Ein Beutel mit Kokablättern schien sein wertvollster Besitz zu sein. Aus der Art, wie die Blätter fielen, wenn er sie mischte und durcheinanderwarf, las er Vergangenheit, Zukunft und Gegenwart. In den Kokablättern sollen alle Geheimnisse des Universums enthalten sein.

Ich mußte sofort an eine Verhaftung wegen Rauschgift denken, die sich unlängst in New York ereignet hatte. Ein Mann war zu einer längeren Gefängnisstrafe verurteilt worden, weil er einen Beutel Kokablätter als Souvenir durch den Zoll schmuggeln wollte. Was die Beamten wohl mit Benito angestellt hätten?

Keuchend und mit bedächtiger Behutsamkeit legte Benito ein kleines mit einer Schnur verknotetes Filzpaket auf eine Holzkiste, die ich vor ihn hingestellt hatte. Einen Moment lang schien es so, als wolle er mit seinen feuchtbraunen Augen den Stoff durchdringen. Dann entknotete er mit arthritischer Umständlichkeit das Paket und brachte etwa ein Dutzend winziger, glänzender Dinge zum Vorschein. Bei näherem Hinsehen erkannte ich die Darstellungen eines Sterns, eines Lamas, einer Ziege, Bilder von Tierkreiszeichen und Zahlen.

Benito nahm die kleinen Bilder aus Silberblech in die Hand. Plötzlich fiel ihm eines durch die Finger. Er sah mich an und keuchte noch lauter. Ich wußte nicht, was geschehen war.

»Sehr ungewöhnlich«, sagte er in Ketschua zu Esther. »Ist mir noch nie passiert – versteh' ich nicht.«

Ich betrachtete mir den Gegenstand, der heruntergefallen war. Es war ein kleiner Silberstern.

»Und was bedeutet das?« fragte ich. Esther übersetzte.

»Das werden wir in den kommenden Tagen erfahren«, antwortete er schweratmend. Dann schaute er mir tief in die Augen. Mir war es, als stünde der heruntergefallene Stern für ein Desaster (*disastrado* bedeutet: von den Sternen abgetrennt). Ob das Wetter in Machu Picchu so schlecht sein würde, daß wir die Szene nicht drehen konnten?

Dann hatte ich plötzlich das Gefühl, daß jemand gestorben sei. Ich konnte mir nicht erklären, warum.

Benito hielt das Sternchen ein paar Minuten in seiner Handfläche, als wolle er sich einstimmen auf das, was der Gegenstand ihm mitzuteilen hatte. Und dann blickte er mich wieder an mit einem traurigen Lächeln im Gesicht, bevor er den Gedanken fortwischte.

Anscheinend hatte er den anderen Gegenständen das, was er wissen wollte, entnommen; er packte sie wieder zusammen und steckte sie in die Tasche seiner Anzugjacke. Dann winkte er seiner Frau, die neben seinem Stuhl stand und sich leise über ihm hin- und herwiegte. Sie gab ihm ein unförmiges Etwas, das in Zeitungspapier eingewickelt war. Er legte sich das Bündel auf die Knie und begann den Inhalt auszuwickeln.

Seine deformierten Finger legten folgende Gegenstände auf das Tagesbett neben uns: einen Maiskolben, einen Klumpen Tierfett, einige Samenkörner, einen Bergkristall, eine Münze aus Silber und Gold, ein winziges Buch aus Silber- und Goldpapier, ein paar Seemuscheln, einen Schwamm, ein paar Marzipanbonbons, einen Teil eines Lamafötus und eine Kondorfeder. Alle Gegenstände bestreute er mit Zucker und besprenkelte sie mit Anislikör.

Ich dachte, was für ein interessantes Muster dies auf der Tagesdecke abgeben würde, doch diese Handgriffe gehörten offenbar zu einem Zeremoniell.

In diesem Augenblick klopfte es an der Tür meines Wagens. Es war einer der Regieassistenten. »Kommen Sie bitte, wir können drehen«, sagte er.

Ich stand auf und erklärte, daß ich zurückkommen würde, wenn die Einstellung gedreht sei. Esther übersetzte und Benito nickte.

Ich trat in die feuchtkalte Nacht, und der Assistent fragte: »Was macht ihr denn für Voodoo-Zauberkunststückchen da drin?« Lachend erklärte ich ihm, das geschehe alles nur, damit wir morgen in Machu Picchu schönes Wetter bekämen.

Wir mußten nur eine kurze Szene mit John und mir im Jeep drehen. John saß düster hinter dem Steuer und sagte nicht viel. Ich war froh – auf diese Weise hatte ich den Schuß schnell hinter mir und konnte in den Wohnwagen zurück.

Benito wartete bereits auf mich. Als ich mich setzte, machte er das Kreuzzeichen und hielt den Kopf lange Zeit in stummer Meditation gesenkt. Danach sagte er: »Ich spreche mit den Hohepriestern der Inka in Machu Picchu. Sie bestimmen über das Wetter. Du hast sieben spirituelle Titularmeister, die dich leiten. Es ist dir ernst mit deiner Suche, aber du mußt den Hohepriestern der Inka in einer Feier huldigen.«

»Gut«, sagte ich. »Was soll ich tun?«

Benito tat meine Worte mit einer Handbewegung ab, hob einen Gegenstand nach dem anderen hoch und meditierte über jeden einzelnen.

Esther flüsterte mir zu: »Er sagte mir, jeder dieser Gegenstände symbolisiere ein Lebenselement in Machu Picchu, dem gehuldigt werden muß.«

Einige Zeit später wurde wieder an die Tür geklopft. Benito ließ sich in seiner Meditation nicht stören.

»Ich bin wieder dran«, sagte ich. »Tut mir leid, aber die Arbeit geht vor.«

Ich ließ meine Gäste wieder allein und ging an den Set. Man tuschelte bereits und bedachte mich mit Seitenblicken.

»Sie macht eine ihrer außerkörperlichen Astralreisen, weißt du«, hörte ich jemanden sagen.

Wir drehten die Einstellung, und ich ging wieder in meinen Wagen.

Ich wurde noch fünfmal an diesem Abend zum Drehen geholt

und verließ meinen Wagen jedesmal so schnell wie möglich. Ich tat dies ganz bewußt, da ich befürchtete, daß das eintreten würde, was dann auch tatsächlich eintraf.

In der Zeit, in der ich nicht gebraucht wurde, führte Benito mit großem Ernst sein Zeremoniell durch und sprach mit mir über mein Leben. Er hatte mittlerweile einen großen Beutel Kokablätter auf der Liege entleert, strich über die einzelnen Blätter und meditierte darüber, als erzähle jedes Blatt eine Geschichte. Ich wußte, daß Tarotkarten oder Teeblätter oder Handlesen oder I-Ging dem paranormal Begabten nur als Instrument dienten, um sich auf eine höhere Bewußtseinsebene einzustimmen. Dieses Bewußtsein steht uns allen zur Verfügung, denn es ist nur der Kontakt mit dem allwissenden höheren Selbst, das direkt mit der göttlichen Quelle aller Energie in Verbindung steht. Paranormal begabte Menschen haben lediglich mehr Übung, sich auf diesen Energiebereich einzustimmen, und besitzen eine höhere Bereitschaft ihm zu vertrauen.

Während Benito sich meditativ in die Kokablätter versenkte, konnte ich sehen, wie sein spiritueller Verstand in Räume eintauchte, die ihm tiefere Einblicke gewährten.

»Du mußtest viele Hindernisse in deinem Leben überwinden.«

Ich nickte.

»Aber du hast es geschafft. In Zukunft wirst du dich an deine sieben Lehrer wenden, die dich durch dein Projekt geleiten.«

Er hielt einen Augenblick inne.

»Warum interessierst du dich für die Leben, die du in der Vergangenheit geführt hast?«

Ich zuckte die Achseln.

»Laß das sein. Dein gegenwärtiges Leben ist interessanter.«

Er hielt einen Moment die Luft an. Dann sprach er weiter.

»Du bist getrennt von einem Menschen, weil du ein großes Tor geöffnet hast, das ihm fremd blieb.«

Ich sagte nichts, dachte aber an Gerry. Benito sah mich wieder traurig an, ohne weiterzusprechen. Dann wandte er sich gegenwärtigen Belangen zu.

»Du mußt in Machu Picchu um gutes Wetter bitten. Der Hohepriester der Inkas erklärt sich bereit, dir zu helfen, wenn du deinen Teil dazu beiträgst. Alles kommt aus deinem Innern. Du wirst das ausdrücken, was du aufrichtig glaubst. Verscheuche Zweifel, Angst und Mißtrauen. Das, woran du glaubst, wird eintreffen.«

Daraufhin goß Benito Anislikör in ein Glas und reichte es an seine Frau, Esther, Simo und mich weiter.

»Nicht der Likör ist wichtig«, sagte er, »sondern daß wir ihn miteinander teilen.«

Jeder trank einen Schluck und reichte das Glas weiter.

Zweieinhalb Stunden waren vergangen. Man sah deutlich, wie die Anstrengungen an den Kräften des kranken Mannes zehrten. Das Zeremoniell ging dem Ende zu. Nachdem er jedes Kokablatt gesegnet hatte, sammelte er sie in seine große Tasche und legte sie beiseite. Sodann legte er alle anderen Gegenstände auf ein Häufchen, packte sie ein, verschnürte sie und segnete sie, bevor er sie mir reichte.

»Trage dieses Bündel zur höchsten Stelle in Machu Picchu«, wies er mich an, »wende dich nach Osten und zünde das Paket an. Während es verbrennt, denke nur an das gute Wetter, das du dir wünschst, und dein Wunsch wird in Erfüllung gehen. Zweifle nicht an der Erfüllung deines Wunsches.«

Ich gab das Paket an Simo weiter. Hoffentlich würden sich das Tierfett und der Lamafötus bis zum nächsten Tag halten. Benito holte ein kleines Paket aus seiner Jackentasche.

»Das ist Kräutertee«, sagt er. »Möglicherweise wird dich während der Zeremonie Übelkeit überkommen. In diesem Fall brühe dir diesen Tee auf.«

Ich nahm das Teepäckchen an mich. Benito stand auf. Die Kerzen waren weit heruntergebrannt. Das Team war bereits verschwunden. Kalter Regen rieselte leise auf das Dach des Busses. Benito hustete trocken auf.

»Sie müssen zum Arzt gehen«, sagte ich. »Sie haben mir sehr geholfen. Ich möchte Ihnen auch helfen.«

Esther übersetzte. Er nickte und sagte etwas zu ihr.

»Er sagt, er habe gehört, Sie seien eine berühmte Frau. Er möchte nur ein Bild von Ihnen.«

»Selbstverständlich«, sagte ich, und nahm mir vor, den Produktionsarzt so bald wie möglich bei ihm vorbeizuschicken.

»Danke Benito«, sagte ich. »Wie heißen Sie übrigens mit Familiennamen?«

Esther übersetzte meine Frage. Er blickte mich triumphierend an.

»Mein Name bedeutet ›Goldener Kondor‹.«

Mit diesen Worten verneigte er sich, verließ mit seiner Frau den Wohnwagen und bestieg seinen Toyota – den er sich, wie ich später erfuhr, nur gemietet hatte, um ich besuchen zu können. Ich winkte im Nieselregen hinter ihm her. Dann blickte ich in den Nachthimmel, von dem der Regen strömte. Ich sprach ein leises Gebet, in dem ich darum flehte, daß Benitos Päckchen seine Wirkung tun möge. In meinem Egoismus sprach ich kein Gebet für ihn.

Simo weckte mich um vier Uhr am nächsten Morgen. Der große Tag war da. Überall in Cuzco erwachten Leute, die zu unserem Team gehörten, und fragten sich, ob sich diesmal die beschwerliche Reise lohnen würde.

Ich machte ein paar Yoga-Übungen in meinem kalten Zimmer, aß eine Scheibe Toast, die ich mir im Toaster neben meinem Bett röstete, und beschloß, daß an diesem Tag alles klappen würde.

Das Wetter sah nicht sehr vielversprechend aus.

Allein die Autofahrt nach Machu Picchu würde einige Stunden dauern, da die Sichtweite praktisch null betrug. Der dichte Nebel zwang uns zu einem Kriechtempo, das jede Schnecke zum Überholen gereizt hätte. Ich fragte mich, wie der Kamera-Lkw mit der ganzen Ausrüstung es rechtzeitig schaffen sollte, die ja obendrein noch in den Zug umgeladen werden mußte. Wird schon schief gehen, dachte ich und tätschelte Simos Arm, der Benitos »Wetterpaket« hielt.

»Ach, übrigens«, meinte Peter, unser Fahrer, »das sollten Sie vielleicht wissen – der Typ, der nachts den Kamera-Lkw bewacht, hat sich heute nacht anscheinend besoffen, und keiner weiß, wo er steckt. Dummerweise hat er aber den einzigen Schlüssel für den Lkw bei sich. Wenn die Jungs die Kamera-Ausrüstung nicht irgendwie in den Zug schaffen können, wie wollt ihr dann eigentlich drehen?«

Meine Hände klammerten sich krampfhaft um meinen Magen; ich spürte förmlich, wie er sich umdrehte. Ich brachte kein Wort heraus, sondern starrte nur entgeistert aus dem Fenster in den Nebel hinein.

Simo räusperte sich.

»Woher wissen Sie das?« fragte er Peter.

»Weil die im Produktionsbüro beinahe durchgedreht haben, als ich losfuhr. Aber von den großen Bossen weiß es noch keiner.«

»Ich weiß es«, sagte ich, als ich meine Stimme wiederfand.

»Ja, Madam«, antwortete er.

Na gut. Wie heißt es so schön? Man muß versuchen, in allem das Gute zu sehen. Das war meine große Chance. Der Nachtwächter besäuft sich, verbringt die Nacht bei einer Nutte, die ihm hinterher die Kohle plus Autoschlüssel abnimmt – wahrscheinlich, weil es ihm bestimmt war, etwas zu lernen. Und was war mit mir und dem restlichen Team? Was zum Teufel ging hier eigentlich vor? Ich versuchte, ruhig zu bleiben. Wenn der Kamera-Lkw den Zug nicht schaffte, hatte es gar keinen Sinn, daß wir durch die Gegend fuhren. Zuweilen kam ich bei den mir zugemuteten Lernzielen nicht mehr mit.

Wir krochen weiterhin durch den Nebel und überholten den Bus mit den Kameraleuten, die keine Ahnung hatten, daß wir keine Kamera zum Drehen hatten. Was sie wohl daraus lernen sollten?

Während wir uns weiter durch Regen und Nebel tasteten, begriff ich, daß die Lehre für mich vermutlich lautete: »Hör auf, den Teufel an die Wand zu malen. Irgendwie wird schon alles glatt gehen.« Diese Haltung war schon immer das sicherste Mittel, um mich zu verärgern. Sie war für mich verantwortungslos idealistisch, unprofessionell, hoffnungslos undiszipliniert, leichtfertig und kindisch, kurzum: »ausgeflippt«.

Diesmal blieb mir jedoch keine andere Wahl, als die Situation so hinzunehmen, wie sie war. Ich konnte nicht das Geringste daran ändern, also konnte ich ebensogut glauben, daß alles aus *gutem* Grund geschah.

Etwas positiver gestimmt – besser gesagt, resigniert – lehnte ich mich in die Polster zurück. Na ja, zumindest sprang ich nicht zeternd und kreischend aus dem fahrenden Wagen.

Wir kamen am Bahnhof an. Dean und Stan saßen bereits im Abteil bei einer Tasse Kaffee.

»Na prima«, sagte ich vorwurfsvoll, »was sollen wir jetzt tun? Wird der Zug warten?«

»Worauf denn warten?« fragte Stan.

»Auf den Kamera-Lkw«, gab ich zur Antwort.

»Der Kamera-Lkw wird jede Minute hier sein«, sagte er zuversichtlich.

»Ach wirklich? Wie hast du denn das geschafft? Läßt du ihn einfliegen?«

»Was soll das denn?«

»Der Typ mit dem Lkw-Schlüssel schläft irgendwo seinen Rausch aus. Und keiner weiß wo. Der Kamera-Lkw steht noch am Hotel. Es gibt nämlich keinen Reserveschlüssel.«

Stan und Dean erbleichten und sprangen von ihren Sitzen hoch. Ich sah nicht, wohin sie gingen, mit wem sie sprachen. Aber die Luft im Abteil war plötzlich so stickig, daß ich ins Freie mußte. Mit einem Regenschirm bewaffnet, den Simo mir in die Hand drückte, stapfte ich hinunter zum Urubambafluß, starrte düster in seine Fluten und überlegte mir, wohin er mich tragen würde, wenn ich hineinspränge.

Drei Stunden später war der Kamera-Lkw da. Irgend jemand hatte doch noch einen Reserveschlüssel. Der Wachmann hatte sich nicht blicken lassen, aber der Zug nach Machu Picchu wartete. Die Lehre daraus? Die Erkenntis, daß wir drei Stunden damit vergeudeten, uns *Sorgen* zu machen.

Die Bahnfahrt erschien uns kürzer und weniger trübsinnig als beim ersten Mal.

Die Crew war relativ guter Stimmung, denn nach der Machu Picchu-Sequenz lagen nur noch wenige Tage des Peru-Außendrehs vor uns; für die Leute war also Land in Sicht. Da Colin ein paar Tage zuvor nach L. A. abgereist war, waren jetzt Stan und ich allein für das »Kreative« verantwortlich.

Als der Zug in den Bahnhof direkt unter den Ruinen von Machu Picchu einrollte, blickten wir mit stummen Gebeten im Herzen in den Himmel. Vielleicht war der Nieselregen ja nicht so wild. Ich schloß die Augen und versuchte, mich auf meinen Wunsch zu konzentrieren. Auch Simo hob sein Gesicht zu den Wolken. Vielleicht hatte die dreistündige Verspätung uns noch schlechteres Wetter erspart. Esther tätschelte zuversichtlich meinen Arm.

Wir stiegen in den Bus und ließen uns mit mulmigen Gefühlen die Serpentinenstraße zum Gipfel hinauffahren.

Eine Viertelstunde später bestätigten sich unsere schlimmsten Befürchtungen. Dichter Nebel, begleitet von kaltem Nieselregen hüllte die Verschollene Stadt ein. Machu Picchu war überhaupt nicht zu sehen.

Ich nahm Benitos »Wetterpaket« aus meiner Tasche. Simo hatte ein Reisigbündel zum Feuermachen gesammelt, das er sorgfältig vor der Nässe schützte. Ich überlegte, wie lange bei diesem Regen ein Feuer überhaupt brennen würde.

Stan war nirgends zu sehen. Esther bot sich an, ihn in dem Gedränge der ausladenden Teammitglieder zu suchen. Ich beobachtete, wie einer nach dem anderen erst in den Himmel, dann in die Runde blickte und in Gelächter ausbrach.

»Soll das ein Witz sein oder was?« sagte einer und schlug den Kragen seines Regenmantels hoch. »In dieser Milchsuppe sieht man ja nicht mal die Hand vor Augen. Wie sollen wir denn da drehen?«

»Komm«, sagte ich zu Simo. »Wir klettern hinauf. Wenn es jemals für mich notwendig war, meine eigene Realität zu erschaffen, dann jetzt.«

Esther kam mit Stan im Schlepp zurück.

»Was gibt's?« fragte er.

Ich erklärte alles, was Benito gesagt hatte. Er reagierte weder verächtlich noch spöttisch. Ganz im Gegenteil.

»Na, dann wollen wir mal«, sagte er. »Wir müssen uns ganz schön anstrengen, wenn wir diesen Drehtag retten wollen. Im übrigen ist es der *einzige*, der uns für diesen Ort zur Verfügung steht.«

Die Crew bedachte uns mit schiefen Blicken, als wir vier – Stan, Esther, Simo und ich – in Nebel und Regen hineintrotteten und alsbald ihren Blicken entschwanden.

Den Gipfel von Machu Picchu zu erklimmen, ist kein Sonntagsspaziergang. Wie die Jungs die Kameraausrüstung hier hinaufschleppen wollten, war mir ein Rätsel. Nun, das war eben Showbusiness. Wir kletterten etwa eine Viertelstunde im Nieselregen mit dem Reisigbündel und dem Paket die steilen, schmalen Stufen hinauf. Zwischendurch blieben wir stehen, holten tief Luft und drehten uns um. Und sahen nichts. Es war, als seien wir in einen wabernden Nebelhimmel aufgestiegen und hätten die Erde für immer unter uns gelassen. Vereinzelte Stimmen drangen zu uns herauf wie entfernte Erinnerungen an jene Zweifler, die keinen Glauben an die Macht der Erwartung hatten. Wunder sind Ereignisse, die Erwartungen übertreffen.

Wir lächelten einander zu und kletterten weiter. In der Nähe des Gipfels erspähten wir ein Felsplateau, das aussah, als seien hier Rituale abgehalten worden. Wir kletterten darauf zu, und dann standen wir auf dem Felsplateau mit einem Rundblick in graue Nebelmassen. In diesem Augenblick materialisierte über den verschleierten Felsen ein riesiges Alpaca – ohne Zweifel das Tier, von dem man behauptet, es bewache die Ruinenstätte – und schwebte – so wahr mir Gott helfe! – auf uns zu. Wir rührten uns nicht. Das Alpaca verharrte und blickte uns an, wobei es grüblerisch widerkäute. Und als würde das Tier uns seine Genehmigung erteilen, wandte es sich majestätisch ab und verschwand in seinem verhangenen Königreich. Ein Schauder der Verwunderung kroch meine

Wirbelsäule entlang. Ich hatte gelernt, auf diese Schauder zu achten. Sie verhießen zumeist, daß das, was ich dachte oder sagte, eintreffen würde.

Wir wußten, wo Osten lag, und legten das Paket in Richtung der hinter den Nebelschwaden höher steigenden Sonne nieder. Wir verharrten einen Augenblick, um uns zu sammeln, und konzentrierten unsere Gedanken auf die Sonne, die sich über uns befand, mochte sie auch in diesem Augenblick unsichtbar für uns sein.

Dann legte Simo das Reisigbündel unter das nasse Paket. Wir alle holten Kleenex aus den Taschen, bückten uns und entzündeten sie. Allmählich begann das Reisig zu rauchen. Dann wurde ein dünnes Flämmchen sichtbar.

Wir richteten uns auf, blickten nach Osten und begannen unsere Visualisierungen.

»Stelle dir das Wetter vor, das du haben möchtest«, hatte Benito gesagt. »Das Bildnis in deinem Kopf wird Gestalt annehmen, wenn du Vertrauen dazu hast.«

Regenvögel tschilpten durch den Nebel. Stan begann zu sprechen. »Als Produzent, der in den verschiedensten Ländern der Erde um gutes Wetter gebetet hat, wage ich nicht um mehr Sonne zu bitten, als wir unbedingt brauchen!«

»Okay«, sagte ich. »Ich visualisiere eine Dunstschicht, durch die die Sonne bricht. Ich mag einzelne Wolken am Himmel.« Nachdem wir vier uns durch kurze Blicke verständigt hatten, tat jeder von uns sein Bestes, um Machu Picchu zu verschönern.

Leise begann das »Wetterpaket« zu kokeln, dann schlugen knisternd höhere Flammen hoch. Wir hielten einander an den Händen, und jeder stellte sich unseren kollektiven Wetterwunsch vor. Ich fragte mich dabei, wie andere Menschen ihre Wunschprojektionen handhabten. Reagierte ihr Verstand schneller als meiner auf das, was sie sich wünschten? Ich dachte an die vielen Geschichten über Lourdes und seine Wunder. »Das passiert doch nur in der Einbildung der Leute«, war die herabmindernde Meinung, die ich häufig gehört hatte. Ja, dachte ich, ist das nicht der Sinn der Sache? Sollte der Patient nicht stets gleichberchtigt mit dem Arzt zusammenarbeiten? Wenn man daran glaubt, daß es einem gut geht, fühlt man sich gut und umgekehrt. Der Körper unterwirft sich dem bewußten Glauben. Am besten, man läßt Zweifel nie als Realität gelten.

Mit geschlossenen Augen stellte ich mir vor, wie die Sonne durch Wolkenballungen brach. Ich spürte, wie die Angst vor dem Scheitern in mir hochkroch. Ich schob sie beiseite, öffnete die Augen und beobachtete Stan, Simo und Esther. Alle meditierten mit geschlossenen Augen.

Es vergingen etwa fünf Minuten. Über dem Reisigbündel kringelte sich spiralenförmiger Rauch. Da plötzlich kam ein Mann die Steinstufen zu uns herauf. Er trug einen uniformähnlichen Regenmantel mit Regenhut, und am Ärmel hatte er eine Dienstmarke, die ihn als den Feuerwächter der alten Ruinenstätte auszeichnete.

Wild gestikulierend begann er auf Spanisch loszubrüllen und schreckte uns so aus unserer tiefen Sammlung auf. Doch keiner von uns sagte etwas. Und plötzlich drehten wir vier uns gleichzeitig nach ihm um, als seien wir Marionetten an den Schnüren eines Puppenspielers. Der Feuerwehrmann unterbrach abrupt seinen Redeschwall. Er hörte auf zu gestikulieren. Kein Wort wurde gewechselt. Wie von einer unsichtbaren Macht gezwungen, wandte er den Kopf und begann in eine völlig andere Richtung weiterzugehen, bis er außer Sicht war. Eine irreale, traumhafte Begegnung.

Esther blickte mich an und blinzelte. Wir versenkten uns wieder in unsere Nebelmeditation. Die Regenvögel begannen wieder ihr klagendes Lied. Durch meinen Körper strömte ein starker Energiefluß, und ein tiefer Friede senkte sich über mich. Ich konnte beinahe hören, wie die Wolken durch den Nebel trieben. Die sieben Ratgeber, von denen Benito gesprochen hatte, schwebten in mein Bewußtsein. Ich meditierte über sie. Sie hatten keine wirkliche Form. Ich erkannte lediglich ihre Gegenwart und bat sie um Hilfe. Ich visualisierte Machu Picchu so, wie ich es aussehen lassen wollte. Die anderen meditierten in gleicher Intensität.

So verging etwa eine halbe Stunde. Dann, wie auf Stichwort, beendeten wir alle vier unsere Meditation. Das »Wetterpaket« war zu Asche verkohlt. Lediglich ein dünner Rauchschleier schwebte über der Stätte unseres mystischen Rituals. Wir reckten und streckten uns, gewissermaßen um die Zeremonie abzuschließen, und dann umarmten wir einander. Es gab nichts mehr zu sagen oder zu tun – abgesehen von einem sehr starken Gefühl. Ich sprach es laut aus.

»In etwa einer Stunde wird die Sonne scheinen«, verkündete ich und war mir meiner Worte vollkommen sicher. Die anderen nickten zustimmend. »Ich geh' jetzt runter ins Hotel in die Maske und in die Garderobe, damit wir ohne Verzögerungen anfangen können.«

Als ich im Nebel die Felsenstufen hinabstieg, überkam mich ein leichtes Schwindelgefühl. Plötzlich verspürte ich ein starkes Übelkeitsgefühl im Magen und konnte mich kaum aufrecht halten. Ich machte die extreme Höhe dafür verantwortlich; vielleicht war es auch das Marmeladenplätzchen, das ich im Zug gegessen hatte. Ich ging weiter. Das Übelkeitsgefühl verstärkte sich. Was war denn los? Dann fiel mir das kleine Kräuterpäckchen ein, das Benito mir gegeben hatte. »Dir wird schlecht werden von der Energie, die dich durchströmt. Gieße dir Tee aus diesen Kräutern auf.« Aber ich wußte nicht mehr, was ich mit dem Kräuterpäckchen gemacht hatte. Ich ging weiter. Unten angekommen, begegnete ich einigen von unseren Leuten. Ich konnte kaum sprechen, so schlecht war mir. Sie redeten auf mich ein.

»Was treibt ihr denn da oben? Wollt ihr noch mehr Regen machen?« – »Wann fahren wir denn wieder? Das kriegen wir doch heute nie rein...«

Ich konnte nicht antworten und lächelte nur. Auf meinem Körper lastete ein starker Druck, eine Empfindung, die ich nie zuvor gehabt hatte. Ich schaffte es bis in mein Zimmer und legte mich auf das Bett. Nach wenigen Minuten zwang mich etwas, unverzüglich in Tinas Zimmer zu gehen, das sie als Maskenraum umfunktioniert hatte. Ich setzte mich vor den Spiegel. Sie sagte, ich sei furchtbar blaß und meinte, ob es denn überhaupt einen Sinn habe, mich bei diesem Sauwetter zu schminken. Ich atmete flach und stoßweise, um mich überhaupt aufrecht zu halten. Während sie mich schminkte, hatte ich die ganze Zeit dieses Übelkeits- und Schwindelgefühl. Danach schlüpfte ich in mein Kostüm, das sich völlig fremd anfühlte. Und auch mein Körper fühlte sich an, als gehöre er gar nicht zu mir. Draußen war eine aufgeregte Stimme zu hören. Es kostete mich große Anstrengung ans Fenster zu treten. Ich sah, daß sich die Wolken lichteten und der Nieselregen aufgehört hatte. Die Crew war dabei, die Kameraausrüstung auf den Berg zu schleppen.

»Hey«, rief Tina. »Sieh dir das an. Was habt ihr denn da oben gemacht?«

Ich brachte kein Wort heraus und schleppte mich ins Freie. Simo bemerkte, wie schlecht ich mich fühlte und trat neben mich.

»Laß uns jetzt hinaufgehen«, sagte ich. »Ich möchte oben sein, wenn die Sonne durchkommt.«

John war verständigt worden, also würde auch er drehfertig sein.

Beim Aufstieg hatte ich das Gefühl, daß mir meine Beine nicht richtig gehorchten. Auch in den Knien hatte ich keine Kraft. Steifbeinig schob ich mich, auf Simos Arm gestützt, von Stufe zu Stufe. Gott zum Glück ist er ein kräftiger Mann. Die Übelkeit verstärkte sich, wurde unerträglich. Ich begriff nicht, was mit mir geschah. Es war, als dringe ein kraftvolles Energiefeld mit unerhört starken Schwingungen in mein Innerstes. Ich hob den Kopf. Die Sonne brach durch die Wolken. Einige Teammitglieder applaudierten. Ich stieg weiter an, hätte mich bei jedem Schritt am liebsten übergeben und konnte es doch nicht. Simo, der mir beim Aufstieg half, wirkte beinahe wie eine Batterie – ich brauchte den körperlichen Kontakt mit seinem Arm.

Die Kameras waren aufgebaut. Oben angelangt, eilten ein paar Leute herbei, um mir zu helfen. Ich erklärte, ich könne die große Höhe schlecht vertragen, das Übelkeitsgefühl käme vom Absinken des Blutzuckers. Das schien sie zufriedenzustellen, doch einige, die mich besser kannten, wußten, daß das nicht die ganze Wahrheit sein konnte.

John war drehfertig. Das Scriptgirl hielt mir das Drehbuch unter die Nase. Ich warf einen schnellen Blick auf meinen Text, holte tief Luft und war bereit.

»Bist du okay?« fragte John.

»Klar«, antwortete ich.

»Vermutlich wird einem eben schlecht, wenn man das Wetter behext, wie?«

Der Junge war wirklich bemerkenswert.

»Hmhm«, machte ich lediglich ohne weiteren Kommentar, da ich keine Lust hatte, für irgend etwas außerhalb der Szene Energie zu verschwenden.

Ich blickte mich um. Die Wolken hatten die Sonne nun ganz freigegeben. Sie sandte ihre Strahlen wie einen Glorienschein auf Ruinen und Bäume und verbreitete eine mystische, unwirkliche Stimmung. Das Bild, das sich mir darbot, wirkte viel ausdrucksvoller als in meiner Visualisierung. »Sehr schön«, sagte John, »hat sich gelohnt.«

Mehr wurde nicht gesagt. Die Kameras begannen zu laufen. In dieser Szene mußte ich an den Rand des Felsens treten, nach unten blicken und dabei meinen Text sprechen. John sah, daß ich kaum gehen konnte und half mir. Ich spürte, wie ich die Beine viel höher hob als nötig, so unsicher fühlte ich mich. Wir drehten die Szene.

In Windeseile wurde die Kameraposition verändert. Die nächste Einstellung schafften wir ebenfalls. Ich mußte mich sehr zusammennehmen, um mich nicht zu übergeben. Mein Gesicht war weiß, meine Haut klamm, und ich wünschte mir nichts sehnlicher, als daß alles bald vorbei wäre. Ich brauchte dringend Zucker, um mich zu stabilisieren, und bat um eine Flasche Coca Cola. Jemand rannte den Berg hinunter und kam mit einer Cola aus dem Hotel wieder. Ich trank die Flasche in einem Zug leer.

Wir drehten zweieinhalb Stunden. Mir war noch immer speiübel. Das Team wollte Mittagspause machen.

»Bitte«, sagte ich zu Yudi, »frag die Leute, ob wir nicht durcharbeiten können. Ich kann diese Energie nicht mehr lange halten, und wenn ich nachgebe, regnet es in Strömen. Da bin ich mir ganz sicher.«

Yudi redete mit den Leuten. Sie erklärten sich einverstanden.

Esther kam zu mir.

»Sie machen jetzt einen zusätzlichen Reinigungsprozeß durch«, sagte sie mit großer Zuversicht in der Stimme.

Ich fing augenblicklich an zu weinen. Was für einen Reinigungsprozeß? Ich wußte es nicht. Doch mir war klar, daß sie recht hatte. Seit den frühen Morgenstunden hatte ich nichts gegessen, doch der Gedanke an Essen war mir zuwider. Außerdem hatte ich den ganzen Vormittag nicht geraucht, was sehr ungewöhnlich für mich war. Mir wurde bewußt, daß ich plötzlich die Nähe der Raucher im Team mied.

Die Dreharbeiten gingen weiter. Wir filmten die Ruinen von Machu Picchu aus jedem erdenklichen Blickwinkel, damit wir genügend Schnittmaterial hatten. Ich stand, ging oder saß mit angespannter Steifheit, um dieses Energiefeld oder was immer es sein mochte, halten zu können.

Endlich hatten wir die letzte Einstellung im Kasten. Das Team applaudierte. Ich entspannte mich. Wir hoben die Köpfe. So wahr mir Gott helfe – in diesem Augenblick schob sich eine Wolke vor die Sonne. Es sah beinahe so aus, als würden die Wolkenbildungen aus dem Nichts entstehen.

»Schnell. Schnell«, trieb Yudi die Leute an. »Wir wollen noch ein Gruppenfoto von uns allen machen. Kommt alle her und stellt euch auf.«

Der Standfotograf baute das Stativ auf, stellte die Schärfe ein, schützte seine Kamera mit einem Plastiküberzug, während wir alle gehorsam Aufstellung nahmen und der feuchte Nebel bereits wieder hochzusteigen begann. Hastige Regieanweisungen wurden gegeben. Und was dann geschah, werde ich mein ganzes Leben nicht vergessen. Der Fotograf machte etwa fünf Aufnahmen von der gesamten Mannschaft. Wir lächelten und redeten durcheinander. Dann sagte der Fotograf: »Das wär's – ich habe keinen Film mehr.« Und wie auf das Zeichen eines unsichtbaren Regisseurs begann der Himmel über uns den Regen förmlich *auszuschütten*. In einer Minute waren wir alle bis auf die Haut durchnäßt. Wir lachten über diesen unwahrscheinlichen Zufall. Alles drehte sich nach mir um, und im selben Augenblick waren Übelkeit und Schwäche verschwunden. Wäre mir das nicht persönlich widerfahren, ich hätte es nicht für möglich gehalten. Irgendwie war der Druck gewichen, der das Energiefeld in mir gehalten hatte, und ich fühlte mich wieder völlig normal.

Ich rannte die schmalen Stufen der Ruine hinunter. Im Hotel sank ich aufs Bett und schlief drei Stunden, während das Kamerateam Landschaftszwischenschnitte drehte und die Ausrüstung schließlich in den Zug verlud.

Im Schlaf hatte ich mehrere Visionen (Träume, Bilder, Erscheinungen – jedes Wort ist zutreffend). Zuerst sah ich Gerry. Das war deshalb seltsam, da ich seit unserem Zusammentreffen in London kaum je an ihn gedacht hatte. Aber jetzt war er da – schien über mir zu schweben, neugierig und irgendwie darauf bedacht, Kontakt aufzunehmen.

Dann hatte ich eine merkwürdige Vision, die mich sehr stark beeindruckte und deren Wirkung auf mich bis zum heutigen Tag angehalten hat.

Ich war eigentlich nie eine starke Raucherin gewesen; meine Zigarettenmenge lag bei einer Schachtel pro Tag. Ich habe niemals inhaliert, sondern immer nur gepafft. Es war eine Gewohnheit, keine Sucht, gab meinen Händen Beschäftigung und versetzte mich in einen gewissen Entspannungszustand. Dennoch hielt ich mich an eine Marke: ich rauchte stets Vantage 100.

In meiner Vision sah ich eine riesige Schachtel Vantage 100. Ich kletterte an den Seiten der Packung hoch und blickte ins Innere. Die Schachtel war leer. Und als ich in die leere Packung starrte, ertönte eine Stimme: »Sieh zu, daß sie leer bleibt.«

Die Vision brachte mich zum Lachen. Ich wachte auf. Es war, als hätte mein höheres Selbst mir ein so plakatives Bild geboten, damit ich die Botschaft auch ja nicht vergaß.

Heute gehöre ich zu den Millionen Menschen, die diese üble Gewohnheit abgelegt haben. Seit dieser ungewöhnlichen Vision habe ich keinen einzigen Zug getan. Ich bin aber nicht sicher, ob ich meine Methode, sich das Rauchen abzugewöhnen, anderen weiterempfehlen kann.

Während der Rückfahrt blickte ich aus dem Zugfenster auf den wilden Urubamba, dessen Fluten über die Felsen tosten, und dachte an meine erste Reise in die Anden, an jenes Abenteuer, das mich dazu inspiriert hatte, *Zwischenleben* zu schreiben – so wie der Konflikt mit Gerry mich dazu geführt hatte, mehr über die Bedeutung des Lebens zu erfahren. Und Gerry war immer noch ein Teil von mir, eine Figur, die sich immer wieder in das Drama meines Lebens drängte, auch wenn dies nur im Traum geschah.

Aber was war das – ein Traum? War das Leben ein Traum, oder war das Leben Theater? Wo endete das eine, und wo begann das andere? Gab es da eigentlich einen Unterschied?

Nach unserer Ankunft in Cuzco hatte es sich bald herumgesprochen, daß ich in Machu Picchu Regen in strahlenden Sonnenschein verwandelt hatte. Wenig später erschienen peruanische Zeitungsartikel, die mir unterstellten, ich würde glauben, die Reinkarnation einer Inka-Prinzessin zu sein. Einige Zeitungen schrieben auch, ich würde behaupten, Machu Picchu erbaut zu haben.

Zweiundzwanzigtes Kapitel

Der nächste Drehtag auf dem Marktplatz von Chincero begann höchst angenehm. Der Bürgermeister der Stadt hieß mich mit einer kleinen Feier willkommen und überreichte mir ein antikes Stück Stoff in den traditionellen Farben der Stadt. Bob Butler erhielt einen antiken Pflug, das Symbol der Arbeit.

Einige Leute vom Team meinten, sie würden nach Drehschluß gerne noch bleiben, da ihnen die schlichte, natürliche Art der Menschen so gut gefalle.

Während einer Einstellung stolperte ich und fiel in den Dreck.

An einem Zeitungsstand las ich ein paar spanische Filmzeitschriften.

Ich hatte ein seltsames Gefühl der Zusammenhanglosigkeit. Den ganzen Tag war eine sehnsüchtige Einsamkeit in mir, als würde mir etwas fehlen, das ich nicht erreichen konnte. Ich versuchte dieses Gefühl zu vertreiben, aber es war wie ein leiser, nagender Schmerz, den ich nicht ignorieren konnte.

Ständig dachte ich an Gerry; ich hatte das Gefühl, ich müsse ihn anrufen, mit ihm in Verbindung treten.

Am Ende des Drehtages freute ich mich auf ein heißes Bad mit meiner Ferse im Abflußloch.

Eben als ich mich ausgezogen hatte, klingelte das Telefon. Ich nahm den Hörer ab, hörte die atmosphärischen Geräusche eines Ferngesprächs und dann Bellas Stimme.

»Seit zwei Tagen versuch' ich dich anzurufen«, sagte sie. »Du scheinst dich am Ende der Welt rumzutreiben.«

»Man hat mir nichts ausgerichtet.«

»Ich weiß«, sagte sie stockend.

»Wieso?« fragte ich.

»Ich wollte nicht diejenige sein, die es dir sagt...«

Ich hatte keine Ahnung, wovon sie sprach.

Wenn es etwas mit meiner Tochter oder mit Mom und Dad zu tun gehabt hätte, wäre jetzt nicht Bella am Apparat gewesen.

»Sag, was ist?«

»Es ist wegen Gerry.«

»Gerry?«

»Ja«, sagte sie, stockte wieder. »Ein Autounfall im Urlaub in Südfrankreich.«

Meine Gedanken an ihn waren wieder da – die Sehnsucht, das Gefühl, daß etwas fehlte. Dann wußte ich es.

»Er ist tot, nicht wahr?« fragte ich.

Ich hörte ein unterdrücktes Schluchzen.

»Ja, mein Schatz. Es tut mir so leid.«

Ich sagte nichts. Sie redete weiter.

»Merkwürdig. Du drehst einen Film über ihn. Aber ich bin im Theaterstück deines wirklichen Lebens diejenige, die dir sagt, daß er gegangen ist.«

Ich wußte nicht, was ich sagen sollte.

»Ich wollte es dir einfach nicht sagen. Deshalb habe ich keine Nachricht hinterlassen.«

»Ja«, sagte ich und verstand, wie ihr zumute war.

Mir fiel der kleine silberne Stern ein, der durch Benitos Finger gerutscht war, und wie traurig er darauf reagiert hatte.

»Wann ist es genau passiert, Bella?« fragte ich.

Sie nannte mir Tag und Uhrzeit. Ich überschlug die Zeitverschiebung, obwohl ich bereits Bescheid wußte. Die Zeit stimmte genau mit Benitos Besuch bei mir überein.

»Wie hast du es erfahren?« fragte ich.

»Zuerst durch die englischen Zeitungen, dann kam auch bei uns eine Meldung. Dann habe ich mich ans Telefon gehängt.«

»Wie geht es seiner Frau?«

»Vollkommen zerstört.«

»Gibt es ein offizielles Begräbnis?« fragte ich und überlegte, ob die Dreharbeiten bis dahin beendet sein würden und ich nach England fliegen konnte.

»Ich weiß es nicht«, sagte Bella. »Aber wenn ja, würde ich an deiner Stelle nicht in London auftauchen. Damit wäre niemandem gedient.«

Ich konnte mich nicht konzentrieren, mußte die ganze Zeit an unsere letzte Begegnung denken.

Ich legte die Hand über die Augen und versuchte mich zu konzentrieren, versuchte, die karmischen Teilstücke zusammenzufügen. War mir auf irgendeiner Ebene bewußt gewesen, daß dies geschehen würde? Hatte ich deshalb noch einmal Kontakt mit ihm aufgenommen? Hatte er gewußt, daß er gehen würde? Wußte nicht jeder von uns in seinem tiefsten Innern, wann und warum er gehen würde? War dies ein Akt unseres freien Willens? Aber warum war er gegangen?

»Bist du okay?« sagte Bella schließlich.

»Warum hat er das getan, Bellitschka?« fragte ich.

Sie zögerte, da sie wußte, daß das Gespräch jetzt eine metaphysisch-spirituelle Wendung genommen hatte, daß wir in Bereiche vordrangen, die unser beider Verständnis überstiegen. Vielleicht war das der Grund, warum sie nicht diejenige sein wollte, die mir die Nachricht überbrachte.

»Meinst du, warum er starb?« fragte sie.

»Ich meine, warum er die *Entscheidung traf*, jetzt zu sterben? Er hatte doch noch soviel zu erwarten, soviel zu erfüllen. Es gab so vieles, worüber wir reden wollten. Wieso hat er seine Meinung geändert?« fragte ich, ohne eine Antwort zu erwarten.

»Nun«, meinte sie, »es war nicht seine Entscheidung. Ich sagte doch, es war ein Unfall. Niemand trifft die Entscheidung zu sterben. Es geschieht einfach.«

»Nein«, sagte ich. »Nein. So einfach ist das nicht. Da besteht ein *Zusammenhang*, Bella.«

Ich spürte, wie meine Stimme versagte, während meine Gedanken zu wandern begannen. Mir war nicht nach Weinen zumute. Aber ich sehnte mich verzweifelt danach, an irgendeinen Ort zu gehen, an dem ich für mich sein konnte. Meine emotionalen Bindungen gegenüber Gerry waren nicht mehr so intensiv, daß mich sein Verlust im persönlichen Bereich so stark getroffen hätte. Aber während der letzten paar Tage hatte ich mich durch irgend etwas belastet gefühlt. Hatte ich aus diesem Grund in Machu Picchu und heute an ihn denken müssen? War er jetzt bei mir? Versuchte seine Energie jetzt Kontakt zu mir zu finden, da er keinen Körper mehr besaß? Und da begriff ich, daß ich ihn nie mehr sehen würde. Und sofort hatte ich das Bild von unserer letzten Begegnung vor Augen, als er vor seinem Bücherregal auf und ab gewandert war. Und dann kam mir ein seltsamer Gedanke – wie so häufig in Streßsituationen denkt man an Nebensächlichkeiten...

Bellas Telefonstimme sagte: »Bist du noch da, mein Schatz? Bist du okay?«

»Ich bin okay. Hör mal, Bella. Was passiert, wenn sie meine Liebesbriefe finden, die er hinter seinen Büchern versteckt hat? Wer kümmert sich denn um seine persönlichen Dinge?«

»Gott, das weiß ich nicht«, sagte sie. »Aber ich bin sicher, daß man seine Privatsphäre aus mancherlei Gründen schützen wird.«

Ja, das werden sie sicher tun, dachte ich.

»Spielt Mr. Dance mich gut?« wollte er damals in London wissen. Fast hätte ich geantwortet: »Geradezu unverschämt gut; mit aller spirituellen Kurzsichtigkeit, die er aufbringen kann.« Doch ich hatte mich zurückgehalten. Denn Gerry steckte noch im finstersten Mittelalter seines spirituellen Selbst, während er in intellektueller Hinsicht auf allen Zylindern röhrte. Wenigstens hatte ich gelernt, ihn in Frieden zu lassen. Ich ließ ihm seine eigene Realität und sein eigenes Tempo im Leben.

Und nun war er nicht mehr in diesem empirisch beweisbaren Körper. Nun befand er sich plötzlich in Regionen, deren Existenz er stets abgelehnt hatte. Jetzt war er nur eine Seele. War er heimgekehrt, ohne dies zu erkennen? Spürte ich deshalb seine Gegenwart, weil er Anleitung brauchte und niemand hatte, den er um Rat fragen konnte?

»Ich spüre ihn in meiner Nähe, Bella«, sagte ich schließlich.

»Wovon sprichst du eigentlich?«

»Seit ein paar Tagen muß ich ständig an ihn denken, ohne daß es dafür einen konkreten Grund gäbe. Jetzt verstehe ich warum. Vielleicht nimmt er jetzt Kontakt mit mir auf, da ich weiß, wo er ist.«

»Aha«, meinte Bella. »Wie gesagt, mein Schatz, das alles klingt für mich zu sehr nach Pirandello. Ich komme mir vor wie im falschen Theaterstück. Warum mußte gerade ich dir diese Nachricht überbringen?«

»Weißt du, Bella, das letzte Mal, als ich ihn sah, spürte ich ganz stark, daß er die Menschen mit seiner intellektuellen Überheblichkeit zu sehr unter Druck setzt und nicht genügend spirituell denkt. Beinahe war ich versucht, ihm zu sagen, er müsse diese spirituelle Seite in sich entwickeln, sonst würde er in Schwierigkeiten geraten.«

»Ja. Das hast du mir erzählt. Hast du mit ihm auch darüber gesprochen?«

»Nein«, sagte ich. »Ich konnte nicht. Es wirkte auf mich so entmutigend, wie sehr er von sich selbst eingenommen war, wie er Leute herumkommandierte und so. Aber, mein Gott, ich fand ihn immer noch attraktiv. Ich hatte wirklich das Gefühl, wir würden noch ein paar Runden zusammen im Ring stehen.«

»Ja. Ich erinnere mich, daß du davon sprachst.«

»Also muß er wohl seine Gründe gehabt haben, jetzt zu gehen.«

»Du glaubst das wirklich, nicht wahr?« fragte sie ganz ernst.

»Ja, das glaube ich wirklich. Das würde ich auch sagen, wenn Sachi, du oder sonst jemand ginge, jemand, den ich wirklich sehr ungern verlieren würde.«

»Du glaubst also, jeder entscheidet darüber, *wann* er gehen möchte?« fragte sie in dem Versuch, sich über meine Worte klar zu werden.

»Ja, sicher. Nicht nur *wann*, sondern auch *wie*.«

»Ich verstehe«, sagte Bella nur.

»Aus meinem Buch weiß er, daß er mir als Katalysator für meine eigene spirituelle Suche diente. Das war die Rolle, die er in meinem Leben spielte und die er nun auf dem Bildschirm spielen wird. Er weiß, daß er einer der wichtigsten Menschen in meinem

Leben war, denn er hat mir geholfen zu verstehen, daß intellektueller Pragmatismus allein nicht ausreicht.«

»Meinst du, daß er das auch weiß?«

»Ja – weil er jetzt auf der anderen Seite ist, wo Verstand und Pragmatismus keine so große Rolle spielen.«

»Glaubst du wirklich, er ist da drüben, oder besser gesagt, er schwebt irgendwo über dir herum?«

»Ja«, sagte ich. »Ich weiß es. Ich spüre es. Und jetzt möchte ich *es* verstehen.«

»Und wie wirst du ihm helfen?« fragte sie.

Ich dachte einen Augenblick nach.

»Ich weiß es nicht.«

»Ja also«, meinte Bella, »wie gesagt, es tut mir aufrichtig leid, mein Schatz. Laß es mich wissen, wenn ich dir helfen kann.«

»Ja danke«, antwortete ich. »Aber ich denke, daß *er* jetzt Hilfe braucht, nicht ich. Ich glaube, er ist sicher sehr erschrocken darüber festzustellen, daß der Tod nicht das Ende bedeutet. Ich muß ihm über das Problem dieser Erkenntnis hinweghelfen – und vielleicht auch darüber, daß er nun keinen Körper hat.«

»Wie du meinst«, sagte Bella. »Ich kann einfach nicht so denken. Manchmal wünschte ich, ich könnte es. Aber ich schaffe es nicht. Ich ruf dich in ein paar Tagen wieder an.«

»Danke Bella. Wie geht es Martin?«

»Er drückt dir sein Beileid aus. Er sagt, das Kapitel Gerry hättest du in deinem Leben abgeschlossen – aber wie man sieht, geht das Stück weiter und ich spiele immer noch die gleiche Rolle.«

Wir legten auf.

Ich brauchte jetzt Bewegung, daher zog ich mich an und verließ das Hotel. Allein schlenderte ich durch die Bazare von Cuzco, kaufte einen Alpacapullover und Ohrringe, um meine Gedanken abzulenken. Ich blieb stehen, horchte auf Kirchenglocken, auf eine alte Elvis-Presley-Nummer, die aus einer Musikbox quäkte. Dann hörte ich den Refrain eines Liedes, das Gerry und ich geliebt hatten. Ich wanderte durch mein eigenes Drama und beobachtete mich dabei.

Der Traum von dem Gorilla fiel mir ein – der Traum, in dem der Riesenaffe mich an den Rand eines Abgrund jagte und ich drehte mich um und fragte ihn: »Was soll ich jetzt tun?« und er antwortete: »Ich weiß nicht, Kind – es ist dein Traum.« Mir war, als sei mein Leben ein Traum, eine Illusion – so wie es Buddhisten und Hindus behaupteten. Wenn wir unsere Träume des nachts aus dem Stoff unbewußter oder überbewußter Bewußtseinsbereiche erschufen, dann machten wir das möglicherweise auch am Tage. Vielleicht konnten wir alles, was wir uns wünschten, aus unseren Tagträumen machen – es kam nur darauf an, welche Lehre wir daraus ziehen wollten oder mußten, »um uns aus dem Morast der Irrtümer des Lebens zu erheben«, wie die Hindus in den Weden, den heiligen Schriften des alten Indiens, sagen. Das Leben war Traum, Illusion, Theaterstück, Irrglaube und Unterhaltung. Manche von uns ließen sich in Form von Gewalt unterhalten, manche durch die Tragödie, andere durch die Komödie oder das Abenteuer. Und wieder andere hatten genug von der ganzen Unterhaltung. Menschen, denen das geschah, trafen die Entscheidung, den Traum zu beenden, den Vorhang über dem Zauberspiel fallen zu lassen, das sie sich selbst erschaffen hatten.

Die Frage erhob sich: Hatte ich vor Gerry den Vorhang zugezogen? Oder hatte Gerry den Vorhang vor mir zugezogen?

Von dem Augenblick an, in dem ich erfuhr, daß Gerry seinen Körper verlassen hatte, änderte sich alles für mich. Ich spürte ihn ständig in meiner Nähe. Es war eine ungewöhnliche, aber tröstliche Erfahrung, die mich nicht irritierte, sondern ermutigte, da ich ohnehin an die ewigwährende Seele glaubte. Ich fragte mich mitunter, ob ich mir die Empfindung seiner Gegenwart als Bestätigung meiner Glaubenssätze erschuf. Doch alles war ganz anders. Es gab kein nächtliches Poltern und auch keine Erscheinung, die in grellem Licht am Fußende meines Bettes aufgetaucht wäre. Kein wie immer geartetes Ektoplasma, das mich in unerwarteten Augenblicken heimsuchte, und keinerlei unerklärliche Klopfzeichen auf Tischplatten. Nichts von dem, was ich je über paranormale

Wahrnehmungen gelesen hatte, geschah mit mir. Ich empfand nur einen ständigen sanften Druck, so als würde Gerry mich um Rat bitten. Ich *spürte* förmlich seine Fragen, die mir deutlich machten, daß er in irgendeiner Dimension zwischen der irdischen Lebensform und der höheren Wahrheit seines nächsten Abenteuers festsaß. Ich spürte, daß er nach seinem Fortgang völlig die Orientierung verloren hatte und jetzt nahezu unfähig war, die Erfahrung mit diesem »Leben nach dem Tode« mit seinen bisherigen Überzeugungen in Einklang zu bringen. Und dies war der Punkt, der mich betraf. Der entscheidende Punkt, der den Konflikt in unserer Beziehung ausgelöst hatte, war Überzeugung, daß der Mensch grundsätzlich ein spirituelles Wesen ist, sich jedoch in dem Irrtum befindet, er sei grundsätzlich ein Wesen mit Körper und Geist. Gerry war überzeugter Atheist, der die Rolle von Gott und Kirche für die Kultur einer fortschrittlichen Zivilisation öffentlich ablehnte. Als überzeugter und intelligenter Sozialist dachte er in politisch-gesellschaftlichen Kategorien und stellte die Friedensfrage in den Mittelpunkt seiner humanitären Überzeugungen.

Er glaubte, die Grundübel der Menschheit seien im wesentlichen wirtschaftlicher Natur, ich hingegen glaubte, die Konflikte zwischen einer armen und einer reichen Welt entstünden grundsätzlich durch spirituelle Unwissenheit. Immer wenn ich ihn darauf hinwies, daß es bei den meisten Kriegen auf unserem Planeten noch heute um Fragen der Auslegung des Gottesbegriffes ginge (Araber gegen Juden, Hindus gegen Moslems, Protestanten gegen Katholiken, kommunistische Atheisten gegen kapitalistische Christen), hielt er mir entgegen, sie würden in Wirklichkeit wegen wirtschaftlicher Ungerechtigkeiten geführt. Wenn ich anführte, der Glaube an Gott vermittle den Menschen eine Hoffnung, die sie buchstäblich am Leben erhalte, sagte er, ein solcher Mythos müsse zwangsläufig aufrechterhalten werden, um die Tragödie der Armut zu ertragen.

Wenn ich sagte, ich sei überzeugt, jeder von uns trage die Gotteskraft in sich, sie sei nicht außerhalb oder über uns in einer rosa

Wolke inmitten von harfeschlagenden Engelscharen zu suchen, erwiderte er, der Glaube, Gott sei in uns, würde den Menschen einen Freibrief zu Selbstherrlichkeit und willkürlichem Machtmißbrauch verschaffen. Dann hielt ich ihm entgegen, daß diejenigen, die sich zum Atheismus bekannten mehr Machtmißbrauch betrieben als alle anderen Menschen.

Er erklärte ständig, daß wir uns in einem Zeitalter wirtschaftlicher Unausgewogenheit befänden, und ich entgegnete, wir befänden uns in einem Zeitalter spiritueller Unwissenheit. Und diese Unwissenheit sei verantwortlich für eine besonders zerstörerische Form des Fundamentalismus, für eine Denkweise, die jeder religiösen und ideologischen Gruppierung eigen sei und sich bei jeder Gruppe in der militant verfochtenen Überzeugung äußere, *ihr* Gott sei der einzig wahre und kein anderer dürfe neben ihm bestehen (ganz zu schweigen von der Erkenntnis, daß Gott in uns allen sei).

Und so ging es ständig hin und her. Keiner von uns rang sich je dazu durch, einzugestehen, daß unsere Denkkonzepte einander nicht zwangsläufig ausschlossen.

Gerry war ein glänzender, pragmatisch ausgerichteter Wirtschafts- und Sozialpolitiker, dessen geistige Höhenflüge mich faszinierten. Um so mehr erstaunte es mich, daß er sich spirituellen Dingen gegenüber so hartnäckig verschloß. Für mich war es eine unwiderstehliche und faszinierende Herausforderung, diese Blokkade zu durchdringen, den Grund herauszufinden, wieso dieser brillante Denker sich dem Thema Gott und Seele so ängstlich verschloß.

Natürlich sträubte er sich deshalb dagegen, über solche Dimensionen nachzudenken, weil es keinen »Beweis« für ihre Existenz gab. Aber ich hatte immer das Gefühl, daß ihn etwas anderes daran störte: wenn er alternative Realitäten anerkannt hätte, wäre das zugleich ein Eingeständnis gewesen, daß nicht alles – im Sinne seines pragmatischen Denkens – »machbar« war. Diese Einsicht hätte Gerry völlig aus dem Konzept gebracht, denn das Gefühl der Autonomie war für ihn von entscheidender Bedeutung.

Der zweite Grund für seine engstirnige, vom Intellekt bestimmte Haltung war komplizierter; sie hing mit seiner Vorstellung von Selbstachtung zusammen – seinem zwanghaften Glauben, er müsse für das Leben, das er führte, völlige Verantwortung übernehmen. In seinem hartnäckigen Pragmatismus bezog er dies auf seine Handlungsweise und nicht auf sein Dasein. Man sollte annehmen, solcher intellektuellen Arroganz müsse eine überhebliche Meinung von sich selbst zugrunde liegen; doch das war nicht der Fall. Einmal hatte er mir gesagt, er genieße Bewunderung, jedoch nicht von Menschen, die ihm viel bedeuteten. Und da begriff ich, daß er davon ausging, er müsse täglich erneut darum bemüht sein, eine solche Bewunderung auch zu verdienen. Er wußte, daß die Frage nach der spirituellen Identität in ihm weiterbohren würde, wenn er einmal anfing, sich tiefgehender mit ihr zu beschäftigen. Er begriff, daß die Menschen ohne eine unsichtbare Dimension, die ihnen Hoffnung gab, nicht existieren konnten, doch wenn er mit seinen bewundernswert vernünftigen Einsichten das Weltgeschehen betrachtete, konnte er nicht erkennen, woher zum Teufel diese Hoffnung kam. Da erschien es ihm doch empfehlenswerter, die Voraussetzung einer solchen Hoffnung abzulehnen und in pragmatischen Begriffen das Bestmögliche für die große, unsichtbare, unpersönliche Masse zu tun. Doch tief in seinem Wesen wußte Gerry, daß er sowohl den anderen als auch sich selbst Unrecht tat. Irgendwo, im tiefsten Innern, war ihm bewußt, daß sein Intellektualismus arrogant war und daß er im Grunde genommen Angst davor hatte, einzugestehen, daß er ebenso wie jeder andere Mensch auf das Göttliche eingestimmt und ausgerichtet war – ob er nun zur Kirche ging und die Existenz einer Seele akzeptierte oder nicht.

Erkannte er nun, daß seine verneinende Haltung gegenüber der Dimension des Göttlichen ein tiefer Irrtum gewesen war und war dieser Erkenntnisprozeß der Grund dafür, daß ich seine Nähe und etwas wie eine Bitte um Hilfe so intensiv spürte? Würde ich einen Weg finden, ihm zu helfen?

Unterdessen gingen die Dreharbeiten ihrem Ende zu. Einige unserer Leute litten so sehr unter verschiedenen Formen der Ruhr, der Schlaflosigkeit und anderer Störungen ihres Lebensrhythmus, daß sie nur noch stur und routinemäßig ihre Arbeit verrichteten und den Tag herbeisehnten, an dem sie zu *McDonald's* oder *Love's Barbecue Ribs* gehen oder mit Familie und Freunden bei einem Bier vor dem Fernseher sitzen konnten, um die simplen Freuden des »american way of life« zu genießen, die nur zu oft als selbstverständlich hingenommen werden. Andere hatten nach den überstandenen Prüfungen, die das primitive Leben in den Anden mit sich gebracht hatte, das Gefühl, daß sie von nun an überall leben und glücklich sein konnten. Beide Einstellungen bedeuteten jedoch nicht unbedingt einen Fortschritt. Viele von denen, die sich pudelwohl fühlten, waren um kein Stück in ihrem eigenen Wachstum weitergekommen; und viele von denen, die gut schlafen konnten, deren Organismus sich problemlos angepaßt hatte, traten lediglich auf der Stelle, da sie sich entschieden hatten, den Blick in ihr Inneres nicht zu tun, um nicht mit unverarbeiteten Konflikten konfrontiert zu werden. Manche, die sich besonders schlecht fühlten, hatten riesige Schritte auf dem Weg ihrer Selbsterkenntnis unternommen, da sie das Wagnis auf sich genommen hatten, ihre persönlichen Konflikte wahrzunehmen, und die unangenehmen Reaktionen ihres Organismus auf die primitiven Lebensbedingungen in Kauf nahmen.

Eines war jedenfalls sicher: Jeder begann das Leben und seine Arbeitsbedingungen mit eigenen Augen zu sehen, anstatt alles als objektive Realität hinzunehmen. Und so erkannten sie, daß es von ihrem eigenen Blickwinkel abhing, in welcher Weise sie die Außenaufnahmen erlebten. Wir waren keine Opfer des Drehortes, den wir erlebten; wir waren Opfer der Art und Weise, wie wir den Drehort erlebten.

Für mich war es ein Lernprozeß besonderer Art. Und das hatte etwas mit dem Problem des Machtmißbrauchs zu tun. Als nach Abschluß der Dreharbeiten die Sondervergütungen verteilt wurden, erfuhr ich, daß ABC sich weigerte, Esther einen Bonus zu geben, da »sie keinen guten Einfluß« auf mich ausgeübt habe. Verärgert verlangte ich eine Unterredung mit den Produktionsbossen. Boss Nummer Eins ließ sich herbei, und wir trafen uns in der Hotelbar, in der einige Teammitglieder in Hörweite saßen. Ich nahm kein Blatt vor den Mund und fragte, was zum Teufel eigentlich los sei, wieso Esther keinen Bonus bekäme?

»Weil sie diesen Voodoo-Hexer in deinen Wohnwagen gebracht hat. Er hat dich so abgelenkt, daß du den Produktionsablauf verzögert hast und nicht rechtzeitig an den Set gekommen bist.«

Das war mir völlig neu. Ich wußte genau, daß ich mich stets unverzüglich an den Set begeben hatte, wenn ich gerufen wurde.

»Hör mal«, sagte ich. »Ich weiß nicht, woher du das hast. Eben *weil* ich nicht wollte, daß man mir so etwas anhängt, habe ich mich immer besonders beeilt.«

»Laut Tagesbericht ist der Sachverhalt völlig anders. Und nur danach habe ich mich zu richten«, antwortete er.

»Was in diesem Scheiß-Tagesbericht steht, ist falsch!« schrie ich. »Und außerdem, selbst wenn ich die Produktion verzögert hätte – was nicht der Fall war –, so verdanken wir es doch immerhin diesem ›Voodoo-Hexer‹, daß wir in Machu Picchu gutes Wetter hatten.«

»Jaaa«, sagte er. »Und von diesem Ritual wurde dir schlecht.«

»Na und?« zeterte ich. »Was zum Teufel interessiert *dich* das denn? Die Sonne kam heraus und wir konnten drehen, oder? Dir ist es doch vollkommen egal, wie wir das geschafft haben und wie ich mich dabei fühlte.«

Er schaute mich völlig verdattert an. Möglicherweise war es ihm doch nicht so egal. An diesem Punkt begriff ich, daß es bei diesem Gespräch gar nicht um Produktionsprobleme ging – sondern um die spirituelle Dimension. Boss Nummer Eins setzte meine Übelkeit und die angebliche Verspätung als Argumente ein, um etwas anzugreifen, was ihm als metaphysisches »Wunder« erschien und mit dem er nicht zurechtkam.

Ich haßte solche Versteckspiele. Warum konnte er nicht direkt damit rausrücken, daß er diesen Voodoo-Zauber für Blödsinn hielt? Erneut packte mich die Wut, und ich ging wieder auf ihn los. Ich beschuldigte ihn der Bespitzelung, warf ihm Unehrlichkeit vor, brachte die Schweinerei mit der Verpflegung für die peruanische Crew noch einmal aufs Tapet, bezichtigte ihn des Machtmißbrauchs – bis ich schließlich meine Schimpfkanonade abrupt unterbrach, weil ich entsetzt erkannte, daß ich genau mit denselben Mitteln arbeitete wie er. Betroffen über meinen Wutausbruch und diese unerfreuliche Erkenntnis über mich selbst, jedoch nicht zu Zugeständnissen bereit, erhob ich mich, zischte so etwas wie »Mir reicht's!« und stolzierte hinaus. Ich hatte nicht die Größe, mich zu entschuldigen.

Wieder einmal hatte ich versagt, hatte mit starkem Negativismus auf eine Situation reagiert, die mit Vernunft und Verständnis hätte bereinigt werden können. Hätte ich die Rolle, die ich in diesem Interessenskonflikt spielte, mit etwas Abstand betrachtet, wäre es mir vielleicht gelungen, meinem Zorn die Schärfe zu nehmen.

Nachdem ich begriffen hatte, worum es wirklich ging, veränderte sich auch etwas an meiner Ausstrahlung. Während unserer letzten Drehtage suchten zahlreiche Menschen meine Nähe, die zuvor keine enge Beziehung zu mir gehabt hatten, da ich nicht offen für sie gewesen war. Ich war zu sehr mit der schauspielerischen Umsetzung der Emotionen von damals beschäftigt gewesen.

Gerry war stets bei mir. Er schien über mir zu schweben und voller Neugierde wahrzunehmen, was in meinem Leben geschah. Im irdischen Dasein hätte er über diese Vorkommnisse verächtlich gelacht. »Verwirrungen des Geistes« hätte er manches genannt. Aber jetzt war er vielleicht aufgeschlossener; wahrscheinlich hatte er sogar festgestellt, daß eine solche Offenheit für ihn von elementarer Bedeutung war, wenn er sich selbst weiterentwickeln wollte.

Auf mich warteten andere Fragen, die mich zu einer Höherentwicklung meines Selbst führen sollten.

Dreiundzwanzigstes Kapitel

Mr. Anton Ponce de Leon ist ein Kultur-Anthropologe, der sich mit Ufo-Meldungen in Cuzco beschäftigt. Er ist ein sanfter, bescheidener Mann mit bewundernswerter Geduld und unnachgiebiger Neugier. Bei der Vielzahl der Ufo-Meldungen ist er ein vielbeschäftigter Mann.

»Ich habe die Berichte zu diesem Thema eigentlich erst richtig begriffen, als ich selbst ein Ufo gesehen hatte«, sagte er. Und dann erzählte er mir von einem Erlebnis, das er an einem Bergsee in der Nähe von Cuzco hatte.

Er befand sich spät nachts auf der Heimfahrt auf einer Paßstraße, als ihm über dem ansonsten dunklen See eine Lichterkette auffiel. Er hielt an und stieg aus dem Wagen, um sich das Phänomen näher anzusehen. Es war ganz still, nur die Frösche quakten. Dann plötzlich begann die Lichterkette sich zu bewegen, bis die beiden Enden sich verbanden und einen Kreis bildeten. Er konnte nicht sehen, ob die Lichter mit einem Schiff auf dem See verbunden waren oder nicht. Dann sah er in entgegengesetzter Richtung ein Licht über der Stadt Cuzco, das sich alsbald auf den Lichterkreis über dem See zubewegte und dabei immer größer wurde. Schließlich schwebte es über der Lichterkette; und jetzt, da es von unten beleuchtet war, erkannte Anton, daß es ein riesiges Raumschiff war. Er beobachtete, wie das Objekt sich mit den Lichtern über dem See verband.

»Es hatte den Anschein, als würden die Lichter das Raumschiff mit Energie versorgen«, sagte Anton. »Ich beobachtete die Vorgänge dreieinhalb Stunden lang, bis es mir zu kalt wurde.«

»Und was war es?« fragte ich.

Er sah mich an, unsicher, ob er fortfahren sollte.

»Ich weiß nicht«, sagte er. »Das war mein Erlebnis. Seither

habe ich niemanden mehr für verrückt erklärt, der mir erzählte, er habe Ufos gesehen. Und diejenigen, die mich jetzt für verrückt halten, werden ihre Meinung ändern, wenn sie selbst einmal ein solches Erlebnis haben.«

Anton hatte *Zwischenleben* nicht gelesen und wußte nichts von der Geschichte, die wir verfilmten. Man hatte ihm lediglich gesagt, daß ich an Phänomenen außerirdischer Herkunft interessiert sei. Eines Tages machten wir einen langen Spaziergang und ich war sehr daran interessiert, mehr von seinen Erfahrungen und Erlebnissen zu hören.

Er berichtete, daß er eine Frau getroffen habe, die sein Leben mit ihrer Philosophie und ihrem spirituellem Wissen verändert habe. Anfangs dachte ich mir nicht viel dabei, doch dann kam mir der Gedanke, daß er von einer Person sprechen könnte, von der ich früher schon einmal gehört hatte.

»Über welche Themen sprach sie?« wollte ich wissen.

Anton scheute sich, zu sehr ins Detail zu gehen; er meinte nur, sie habe mit ihm über die Weltsituation diskutiert, habe gesagt, wie sehr negatives Denken menschliche Beziehungen zerstöre und daß ein tiefer innerer, spiritueller Glaube in den Gott in jedem von uns der rettende Menschheitsgedanke sei – gerade jetzt, im Angesicht einer nuklearen Weltkatastrophe. Sie sprach über etwas, das sie »spirituelle Bewußtseinstechnologie« nannte, erläuterte Energiestrukturen und elektromagnetische Schwingungsfrequenzen, die ein in sich ruhender, friedlicher Mensch ausstrahle, und verglich sie mit der Energie, die von einem belasteten, gequälten Menschen ausginge. Sie sagte, der innere Friede sei der wertvollste Seinszustand im Kosmos.

»Und wer war die Frau?« wollte ich wissen.

Er zuckte die Schultern. »Sie hatte nur *einen* Namen.«

Mehr sagte er nicht.

»Wie sah sie aus?« bohrte ich weiter.

»Sie war klein, hatte dunkles Haar und dunkle, mandelförmige, aber nicht eigentlich orientalisch geschnittene Augen. Augen wie ihre habe ich nie zuvor gesehen. Sie war wunderschön. Es war, als könne sie in meine Seele blicken, und wenn sie ging, schien sie zu schweben.«

»Woher kam sie?« fragte ich.

Anton wischte ein Stäubchen von seinem Mantel und zuckte wieder die Achseln.

»Ich möchte Ihnen etwas erzählen«, sagte ich.

Und dann schilderte ich Mayan, das außerirdische Wesen aus *Zwischenleben*, die David gekannt hatte.

»Ihre Beschreibung trifft genau auf dieses Wesen zu. Sie nannte sich Mayan«, schloß ich meinen Bericht.

Antons Augen leuchteten wie Diamanten.

»So hieß die Frau, die ich kannte. Und sie arbeitete mit einem ›Kommandanten‹ zusammen. Auch ihn lernte ich kennen.«

Ich dachte an Davids Beschreibung von dem Kommandanten des Raumschiffs, das er besucht hatte. Laut David hatte er wie ein Mensch ausgesehen, war aber von sehr geringem Wuchs gewesen und hatte enganliegende Ohren gehabt, aber weder Augenlider noch Wimpern.

»Wie sah denn Ihr ›Kommandant‹ aus?« fragte ich Anton.

»Er war sehr klein, nicht größer als einen Meter fünfzig. Er sah eigentlich aus wie ein Mensch, hatte aber keine Augenlider und runde Ohren, die an seinem Kopf angewachsen zu sein schienen. Seine Augen waren wimpernlos.«

Kein Zweifel – das war bestes Material für einen kosmischen Comic Strip. Doch hier ging es nicht um einen Comic Strip, sondern um Begebenheiten, die sich wirklich zugetragen hatten. In meinem Buch hatte ich Davids Fahrt im Raumschiff unerwähnt gelassen, da mein Verlag der Meinung war, der Leser würde diese Episode für unglaubwürdig halten. Daher enthielt das Buch keine der von Anton so exakt wiedergegebenen Schilderungen. Er mußte diese Dinge also wirklich selbst erlebt haben.

»Kann es sein, Anton, daß Sie und mein Freund David Kontakt mit demselben außerirdischen weiblichen Wesen hatten, das Ihnen Kenntnisse vermittelte, die nichts mit unserer Schulweisheit zu tun haben?«

Anton nickte. »Das halte ich für möglich, ja. Ich kenne einen Mann in Lima, einen Jugoslawen, der ebenfalls solche Erlebnisse hatte und mehrere Bücher darüber geschrieben hat. Und er war auch an Bord der Raumschiffe. Ich gebe Ihnen seine Adresse und Telefonnummer. Sie müssen ihn unbedingt in Lima besuchen.«

Anton Ponce de Leon und ich machten stundenlange Spaziergänge und sprachen über die Vorstellung, daß sich außerirdische Wesen auf unserer Erde bewegten.

Er berichtete mir von einer Begebenheit in Cuzco, die seit vielen Generationen überliefert wird. Vor Tausenden von Jahren soll ein Wesen aus dem Weltall vor den Toren der alten Stadt gelandet sein, um die Bewohner von Cuzco in Selbstausdruck, Kunst, Wissenschaft und Politik zu unterrichten. Ein Steinmonumet aus unbestimmbarer Zeit erinnert heute noch an seinen Aufenthalt.

Als Anton und ich Abschied voneinander nahmen, wußte ich, daß dies für mich nur der Beginn von Forschungen über dieses Thema sein konnte.

An diesem Abend führte Esther mich in Benitos Haus. Ich wollte ihm von unserem gelungenem Wetterexperiment in Machu Picchu berichten. Benito hauste in einer Wellblechhütte mit Lehmboden, in der nur eine elektrische Glühbirne von der Decke baumelte. Es wimmelte von Hunden, Katzen, Hühnern und Flöhen. Obwohl es Nacht war, konnte er wegen seiner großen Atembeschwerden keinen Schlaf finden. Ich trat mit meinem signierten Foto und einem neuen Pullover, in den ich einige Geldscheine gesteckt hatte, an sein Bett. Er aber hatte nur Augen für den Strauß wilder Blumen, den ich in der Hand hielt. Mit großer Anstrengung richtete er sich im Bett auf, berührte schwer keuchend eine Blume nach der anderen und sprach ein Gebet über sie.

Dann sank er auf das schmutzige Kissen zurück. Er trug ein Hemd und einen braunen Pullover mit hellem Lamamuster.

Ich war in Begleitung des Produktionsarztes gekommen, der sich nun an Benitos Bett setzte, wobei er sich sicherlich fragte, ob er sich nicht ein paar Flöhe einhandelte. Doch er hörte Benitos Herz und seine Lunge ab, tastete seinen Unterbauch ab und so weiter.

»Lungenemphysem, Verdacht auf Lungenentzündung oder TB, Herzerweiterung, Ödem«, sagte er. »Der Mann ist über achtzig und braucht dringende ärztliche Versorgung. Ich schicke einen Wagen vorbei, der ihn in die Klinik bringen wird.«

Ich schaute mich in der Hütte um. Alte Kochtöpfe hingen an den rostigen Nägeln in den Lehmwänden, auf einer Orangenkiste lag Benitos Anzug und die Weste zusammen mit seinem braunen Schlapphut. Ich wandte mich wieder zu Benito.

Wie konnte das sein? Der Mann, der mir die Geheimnisse der Veränderung des Wetters anvertraut hatte, war nicht in der Lage sich zu ernähren, weil er so arm war. War es die Armut allein? War es nicht vielmehr Mangel an Erziehung? Benito wußte nicht, daß sein Körper Proteine brauchte, das Thema Sauberkeit und Hygiene kümmerte ihn nicht, und während er krank im Bett lag, gab es für ihn nichts Wichtigeres als das Gebet.

Ach Gerry, dachte ich. War es möglich, daß sein spiritueller Glaube ihn dieses armselige, entbehrungsreiche Leben leichter ertragen ließ? Half ihm nicht seine Spiritualität, diese Last zu ertragen? Wäre er ohne die Gabe dieser unsichtbaren Kräfte nicht längst gestorben? Ich spürte Gerrys Gegenwart. Die widersprüchlichsten Gedanken schwirrten in meinem Kopf herum.

Ich beugte mich über Benito und berührte seine Schulter. »Danke für alles, was du für uns getan hast«, sagte ich. »Du hast uns die Dreharbeiten in Machu Picchu ermöglicht.«

Er schaute zu mir hoch. Meinen Dank hielt er für unwichtig und überflüssig. Dann reichte er mir den Blumenstrauß.

»Gib ihn meiner Frau«, sagte er. »Und sag ihr, sie soll Gott ein Opfer bringen.«

Ich trat vom Bett zurück und spürte dabei, daß Gerry mich begleitete. Ich wollte ihn über die Schulter hinweg anstubsen, um ihn darauf aufmerksam zu machen, daß der Tanz der Gegensätze zwischen Spiritualität und Materialismus weiterging.

Ich befaßte mich mit der Szene, in der John (David) mir (Shirley) von Mayan erzählt, und ständig war Gerry bei mir. Die Totale für diese Szene hatten wir vor einer Woche gedreht. Damals mußten wir wegen eines Regengusses abbrechen. Es würde nicht leicht sein, sich noch einmal in die gleiche Stimmung zu versetzen.

Wir standen also beide wieder neben dem Jeep, prägten uns unsere Markierungen ein, probten die Szene durch, um uns an den Bewegungsablauf und die Stimmung der eine Woche zuvor gedrehten Szenen anzuknüpfen. Selbst das Wetter paßte sich dem Mastershot an: Es war windig, nebelig, irgendwie unwirklich – wie geschaffen für ein Stimmungsbild.

Drei Kameras liefen zur gleichen Zeit, da wir Zeit sparen wollten. John begann seinen langen Monolog, der auch unter Idealbedingungen kein leichtes Unterfangen gewesen wäre. Zunächst ging alles gut. Dann stolperte das Scriptgirl und zog sich eine Zerrung am Knöchel zu; unvermutet fielen zwei Kamera-Akkus aus, und plötzlich kam ein Sturm auf. Es war, als würde eine unsichtbare Macht uns zu verstehen geben, daß wir die Szene so nicht drehen dürften. John stampfte mit den Füßen in den Lehmmatsch. Ich klopfte ihm beruhigend auf die Schulter, murmelte etwas wie »Es geschieht alles aus gutem Grund« und ging in meinen Wohnwagen, um mein Kostüm vor dem Regen zu schützen. Dort setzte ich mich an den Schminkspiegel und prüfte mein Make-up. Der Regen trommelte auf das Busdach.

Irgend etwas stimmte nicht. Ich beugte mich vor und betrachtete eingehend mein Spiegelbild. Und plötzlich wußte ich es: die Ohrringe fehlten. Ich hatte vergessen, sie nach dem Mittagessen wieder anzulegen. Ein furchtbarer Anschlußfehler in den Nahaufnahmen, der uns wohl erst in Los Angeles aufgefallen wäre!

Ich holte die Ohrringe aus meiner Tasche und legte sie an. Sofort hörte der Sturm auf, der Regen ließ nach, und als ich aus dem Fenster blickte, wehte wieder dieser seltsam unwirkliche Dunst zu uns herüber.

Innerhalb weniger Minuten klopfte einer der Assistenten an meine Tür und sagte, daß alles wieder drehbereit sei.

Beinahe hätte ich gesagt: »Seid ihr auch bereit für die Frage ›warum?‹ «

Auf dem Weg zum Set hob ich den Kopf und sagte zu dem unsichtbaren Gerry: »Siehst du dir das alles genau an?«

Ich erzählte den Kameraleuten von meinen Ohrringen. Sie schauten auf meine Ohren. Dann schauten sie zum Himmel empor, und schließlich schauten sie sich gegenseitig an und zuckten mit den Achseln. Dann drehten wir die Einstellung. Hinterher sagte John Heard: »Was hat das eigentlich auf sich mit dir und deinen ›Ratgebern‹?«

Das Scriptgirl verspürte keine Schmerzen mehr im Knöchel, und die Kamera-Akkus waren wieder geladen.

Die Stadt Lima erlebten wir bei unserer Rückkehr anders als bei unserer Ankunft aus den Vereinigten Staaten. Erst jetzt erfuhren wir, daß die amerikanische Botschaft bombardiert worden war. Das milde tropische Klima, das uns hier empfing, ließ uns beinahe vergessen, daß über der Stadt eine Ausgangssperre verhängt war. Wir wohnten im Hotel El Condado im Stadtteil Miraflores, wo von Unruhen nichts zu spüren war.

Ich bekam eine schöne Suite mit Fernseher und Whirlpool-Anlage. Jetzt erst wurde mir bewußt, in welcher Weltabgeschiedenheit wir die letzten Wochen verbracht hatten.

Ich erlebte es als ein wahres Geschenk, endlich wieder unbeschwert atmen zu können. Das Herz schlug wieder normal, und die ständigen Kopfschmerzen waren verschwunden. Statt dessen verschlimmerten sich meine Halsschmerzen zu einer regelrechten Erkältung. Aber ich vertrug zwei Pisco Sours, ohne mich betrunken zu fühlen, und den ganzen Tag schien die Sonne.

Die Stimmung im Team veränderte sich. Einerseits fühlten sich alle wohler, auf der anderen Seite erschreckte es sie, wie schnell sie in die Gewohnheiten des Großstadtlebens zurückfielen: zuviel Alkohol, zu fettes Essen, Konsumzwänge und Alltagshektik vertrieben bald den inneren Frieden, den sie in den Bergen gefunden zu haben glaubten. Bis zur endgültigen Rückreise in die Staaten war nur ein eineinhalbtägiger Aufenthalt geplant; daher beschlossen einige von unseren Leuten, noch etwas länger zu bleiben. Man kaufte ein, ging ins Gold-Museum, saß in Terrassencafés und betrachtete das peruanische Großstadtleben; jeder war mit seinen eigenen Gedanken beschäftigt, was wir aus der hinter uns liegenden Zeit gelernt hatten oder was wir versäumt hatten zu lernen. Jedes Teammitglied hatte sein eigenes Drama, einen in sich abgeschlossenen Roman erlebt, dessen Lehren noch nicht ganz klar waren. Daher vermieden wir Gespräche zu solchen Themen, wenn wir einander in Kaufhäusern oder im Restaurant begegneten.

An Johns vierzigstem Geburtstag veranstalteten wir eine große Party mit Tanz in einem schicken Dinner Club. Er wirkte sehr lieb, sehr verlegen und sehr nüchtern. Wir beschenkten ihn, und ich bedankte mich herzlich für seine wunderbare Interpretation des David. Daraufhin bedankte er sich bei mir, weil ich ihn gezwungen hätte, die Rolle zu spielen.

Ich gab eine Pressekonferenz zu der Auseinandersetzung über die Ufos und Machu Picchu. Rundheraus erklärte ich, ich fände es bedauerlich, daß mich jemand in diesem schönen Land für eine Nazi-Anhängerin halten würde. Man habe mir eine Menge Unfug angedichtet, aber so etwas hätte ich noch nicht erlebt. Und dann machte ich einige Bemerkungen über außerirdische Wesen.

»Die Außerirdischen hätten wohl kaum ihre Perlen vor die Säue geworfen. Sie hätten ihr höheres Wissen an eine Zivilisation wie die Inkas weitergegeben, die es verstanden hätte, Nutzen daraus zu ziehen.«

Den Presseleuten schien das irgendwie einzuleuchten. Außerdem interessierten sie sich weit mehr dafür, ob ich mich für eine reinkarnierte Inka-Prinzessin hielte. Ich entgegnete: »Warum nicht? Ich habe schon so viele Rollen gespielt.«

Ich ging an den Strand, in einen Nachtclub und in so viele Restaurants, wie ich in zwei Tagen unterbringen konnte. Manchmal schloß ich mich den Leuten von der Produktion an und ließ mir den neuesten Filmklatsch erzählen. Doch die meiste Zeit war ich mit Gerrys Fortgang beschäftigt. Ich versuchte Bella anzurufen, konnte sie jedoch nicht erreichen.

Und bevor ich mich versah, befanden sich alle, die an der Interpretation meiner Lebensgeschichte beteiligt gewesen waren, auf dem Rückweg in den Heimathafen ihres Berufes – eines Berufes, der sie das nächste Mal wieder in irgendeinen abgelegenen Winkel der Erde führen würde. Dort würde das Spiel von vorne beginnen – mit einem anderen Menschen, der glaubte, er müsse eine Botschaft vermitteln.

Simo und ich blieben. Ich wollte noch mit einigen Menschen über »Unidentifizierte Fliegende Objekte« sprechen. Es sollte jedoch nicht lange dauern, bis ich überzeugt war, daß man sie in Ifos umbenennen müsse: »Identifizierte Fliegende Objekte«.

Vierundzwanzigstes Kapitel

Einer der interessantesten Menschen, die Kontakt mit Außerirdischen hatten, war für mich Vitko Novi, ein jugoslawischer Gentleman von etwa fünfundsiebzig Jahren – ein Geschäftsmann im Ruhestand, der noch täglich in sein Büro ging und sich außerdem damit beschäftigte, über seine Erlebnisse mit Ufos zu schreiben.

Er besuchte mich in meinem Hotelzimmer und brachte Dias und spanische Übersetzungen seiner Bücher mit. An unserem Gespräch nahm auch die Schauspielerin Jenny Gago teil, die die Maria (das Medium) in meinem Film spielt. Jenny übersetzte und schien keineswegs erstaunt zu sein über das, was Vitko erzählte. Ich zeichnete seinen Bericht auf Tonband auf.

»Meine erste Begegnung fand am 10. März 1960 statt«, sagte er. »Damals arbeitete ich in einem Elektrizitätswerk hoch oben in der Cordillera Blanca, als wir plötzlich eines Nachts Stromausfall hatten. Ich ging ans Fenster und blickte hinaus. Die Nacht war trotz des Stromausfalls taghell erleuchtet. Ich ging nach draußen. Über dem Elektrizitätswerk schwebte ein längliches Objekt, das ein so grelles Licht ausstrahlte, daß ich nicht lange hinsehen konnte. Mit mir war ein Arbeiter ins Freie getreten, der erzählte, er habe schon häufig solche Objekte gesehen, und mir damit die Angst nahm. Gemeinsam beobachteten wir, wie das Objekt lautlos nach unten schwebte und landete. Ich stand wie gebannt, als zwei menschenähnliche Gestalten von geringem Wuchs und mit stark abfallenden Schultern das Objekt verließen. Sie trugen enganliegende Anzüge aus glänzendem Material, vergleichbar etwa mit nassem Seehundfell. Die Anzüge bestanden aus einem Stück und bedeckten auch die Füße der Gestalten, die ansonsten keine Fußbekleidung trugen.

Ihre Gesichtszüge vereinten Merkmale der verschiedensten

Rassen. Die beiden Gestalten kamen friedlich auf mich zu, setzten sich und materialisierten ein Feuer, das uns in der kalten Nacht wärmte!«

Vitko redete ruhig und sachlich. So viele Geschichten dieser Art ich auch gehört hatte, sie versetzten mich immer wieder in Erstaunen. Ich nahm sie mit einem leichten Argwohn auf, vermischt mit ein wenig Neid, da ich so etwas nie erlebt hatte. Vitko schilderte mir, wie er ins Feuer gestarrt hatte und um seine Fassung rang, während die beiden Wesen aus dem Weltall neben ihm saßen, als sei dies das Selbstverständlichste von der Welt. Er habe weder Angst verspürt, noch das Bedürfnis zu fliehen; er sei nur von ungläubigem Staunen erfüllt gewesen. Und dann begann eine der Gestalten in Vitkos Muttersprache zu reden. Vitko zitierte seine Worte, und Jenny übersetzte sie für mich.

»Deiner Zellstruktur entnehmen wir, daß du uns ablehnst«, sagte das Wesen. »Das ist dein gutes Recht. Doch unser Gruß an dich lautet ›Alles für andere‹.«

Vitko wußte nicht, was das zu bedeuten hatte.

»Das heißt«, fuhr das Wesen fort, »daß wir nichts für uns selbst wollen. Dort, wo wir herkommen, ist das unser Credo. Wir tun alles für andere.«

Plötzlich berührten die beiden Gestalten etwas an ihren hautengen Anzügen und Vitko sah, wie sie in der Luft zu schweben begannen und sich dabei in verschiedene Richtungen bewegten. Er sagte, er sei sich vorgekommen wie in einem James-Bond-Film. Die Wesen erklärten, daß sie die Schwerkraft aufheben könnten, indem sie die positiven Ionen in der Atmosphäre in der unmittelbaren Nähe ihrer Raumanzüge umwandelten.

Vitko sagte, die beiden Gestalten hätten ihm einen trefflichen Anschauungsunterricht ihn Aufhebung von Schwerkraft gegeben und sich dann wieder zu ihm ans Feuer gesetzt. Weiter meinte Vitko, er sei nahe daran gewesen zu glauben, er sei verrückt geworden, doch sein Arbeitskollege habe ihn lachend beruhigt und erkärt, er habe so etwas schon häufig erlebt.

Während Vitkos Schilderung dachte ich an die Figur des David in meinem Buch und im Film – diese Kombination aus verschiedenen Personen, die ihre eigenen Erlebnisse mit Wesen aus dem Weltraum hatten. Wie viele solcher Begebenheiten gab es tatsächlich? Entsprachen sie der Wahrheit oder waren sie Produkte der Phantasie? Vitko schaltete den Projektor ein und warf Farbdias an die weiße Wand meines Hotelzimmers. Ein scheibenförmiges Objekt schwebte über den Bergen über einer Elektrizitätsanlage. Waren die Bilder echt oder gefälscht? Waren diese Flugobjekte tatsächlich bemannt? Es gab so viele Menschen, die solche Geschichten erzählten. Was hatte das zu bedeuten? Dachten diese Leute sich das alles bloß aus?

Vitko schilderte mir, die Gestalten behaupteten, sie kämen von einem Stern namens Apu und würden die Anden seit Jahrhunderten besuchen. Die Menschen hätten sie jahrhundertelang als »Engel« verehrt, da sie Regen machen könnten (durch die Manipulation der negativen Ionen in der Atmosphäre), außerdem seien sie große Heilkundige.

»Die Apunischen Engel sind häufig mit ihrem Raumschiff gelandet und haben die Kranken und Gebrechlichen an Bord genommen«, erläuterte Vitko. »Alle von ihnen behandelten Patienten kehrten geheilt in ihre Häuser zurück.«

»Und wie machten sie das?« wollte ich wissen. »Erklären Sie mir das bitte.«

»Sie sagten, sie entfernten die von Krankheit befallenen Zellstrukturen, um sie angefüllt mit göttlicher Energie wieder einzusetzen. Als es ihnen gelungen war, das Atom in seine Bestandteile zu zerlegen, konnten sie gleichzeitig die atomare Körperstruktur erforschen. Sie sagten, wir alle seien dazu in der Lage, wenn wir die Bestandteile des Atoms erfassen und uns nutzbar machen könnten. Dazu sei jedoch das Wissen um die Gottesenergie, das Verständnis der physischen Beschaffenheit der Seele erforderlich sowie die Bereitschaft zu akzeptieren, daß jedes Wesen im Kosmos aus dieser Energie beschaffen ist. Er sagte, solange wir Gefühle wie Haß oder Angst uns und anderen gegenüber empfänden, würden wir dazu nicht in der Lage sein.«

Dies gehörte in den Bereich der spirituellen Bewußtseinstechnologie, von dem ich in der letzten Zeit immer mehr erfahren hatte. Vielleicht standen wir an der Schwelle der Erkenntnis, daß der Erfolg äußerer Technologie vom Erfolg des Verständnisses unserer inneren Technologie abhing. Mir war, als würden wir Menschen uns spiralenförmig der Mitte unserer eigenen Energieumwandlung nähern, sofern wir uns nur öffnen konnten, um dieses Potential zu erkennen. Wir standen im Begriff, eine Metamorphose zu vollziehen, da wir unsere alte Form des Bewußtseins ausgeschöpft hatten. Die Stürme der Veränderung umbrausten uns, das spürte jeder. Warum sollte dieser Sturm uns nicht Wesen einer höheren Bewußtseinsebene zuführen, die uns halfen, unser Bewußtsein auf eine höhere Stufe zu heben und uns dem uns innewohnenden, unbegrenzten Potential näherzubringen?

Einige dieser Wesen besaßen physische Körper und besuchten uns in Raumfahrzeugen verschiedener Art; andere besaßen keine physischen Körper und benutzten menschliche Instrumente, um mit uns in Verbindung zu treten. Beide Arten von Wesen schienen jedoch die gleiche Botschaft an uns zu richten. Wir definierten uns durch unsere Grenzen und Ängste; wir hatten noch nicht begriffen, daß wir ein Recht auf Wohlstand haben. Die Fähigkeit, Wohlstand zu erschaffen, lag innerhalb der Möglichkeiten unseres Bewußtseins. Sie konnte, wenn wir alle es wirklich wollten, realisiert werden. Wir erschufen die Kriege, das Töten und die Habgier aus einer tiefen Angst heraus, viele Dinge könnten uns vorenthalten werden: Nahrung, Freiheit – und vieles mehr. Als Folge der Angst, die unser Bewußtsein präge, fließe ein Großteil unserer Energie in destruktive Aktivitäten.

Vielleicht hätte ich in früheren Phasen meines Lebens über Vitkos Erzählung gelacht. Heute jedoch wünschte ich mir selbst mehr denn je, eine solche Begegnung selbst zu erleben.

»Die Gestalten fragten mich, ob ich an Bord ihres Raumschiffs kommen wolle«, fuhr Vitko fort. »Das tat ich auch. Um die Wahrheit zu sagen, ich dachte ursprünglich, die Typen seien irgendwelche Spione. Und ich war ebenso neugierig wie ängstlich.«

Vitko und sein Arbeitskollege folgten den beiden Gestalten in das Raumschiff.

»Mir fiel auf, daß sie das Gras nicht zertraten, als sie vor uns hergingen. Ich sprach sie darauf an, und sie antworteten mir, sie wollten nichts auf unserer Erde beschädigen, und es koste sie eine ziemlich große Anstrengung, diese Schwerelosigkeit beizubehalten.«

Vitko erzählte, daß sie einen Raum betreten hätten, der völlig rund gewesen sei. Als Sitzgelegenheiten dienten runde weiche Sofas. »Sofort nach dem Eintreten hatte ich das seltsame Gefühl der Schwerelosigkeit. Ich spürte das Gewicht meines Körpers, aber irgend etwas in mir war leichter. Und dann stellte ich fest, daß sich überall Bildschirme befanden. Die beiden Wesen fragten, ob ich den Verlauf meines Lebens ansehen wollte. Ich wußte nicht, was sie damit meinten. Gleich darauf sah ich auf den mich umgebenden Bildschirmen meine Lebensgeschichte. Ich sah alles: meine Geburt, meine Kindheit, Erlebnisse, die mich tief beeindruckt hatten. Es war unglaublich: Ich sah, wie ich Ereignisse erlebte, die tatsächlich in meinem Leben stattgefunden hatten. Auch alle meine *Gedanken* erschienen auf dem Bildschirm. Ich sah mein Leben im emotionalen Drei-D-Verfahren.«

Vitko hörte auf zu reden und sah mich an.

»Ich empfand das als äußerst beunruhigend«, fuhr er fort, »ich begriff nichts und war immer noch davon überzeugt, daß es sich um hochspezialisierte russische Spione handelte. Ich ging zur Polizei und meldete dem Kommissar alles, was ich erlebt hatte – auch meinen Verdacht, daß es sich bei dem Flugobjekt und seiner Besatzung um Spione einer feindlichen Macht gehandelt hätte. Der Kommissar erklärte mich für verrückt und empfahl mir einen Besuch beim Psychiater. Von nun an wußte ich, daß ich meine Nachforschungen auf eigene Faust betreiben mußte.«

Vitko erzählte, daß er eine Reihe weiterer Begegnungen dieser Art erlebt hatte.

Im Jahr darauf hatte er mehrere Erlebnisse dieser Art. Am 4. Juni 1960 wanderte er allein durch die Sierras und wurde abermals Zeuge der Landung dieses Raumschiffs. Er hatte Angst, da er eine polizeiliche Meldung gemacht hatte. Doch die Wesen waren nicht im geringsten verärgert.

»Du mußt deine Wahrheit auf deine eigene Weise verfolgen«, sagten sie. Und wieder luden sie ihn in ihr Raumschiff ein, in dem sich Bücher, Zeitschriften, Pflanzen, Heilkräuter und verschiedene andere Dinge des täglichen Lebens befanden, unter anderem auch eine Mütze aus Kaninchenfell. Einer der Außerirdischen hielt die Mütze hoch und sagte, traurig den Kopf schüttelnd: »Ihr tötet noch immer andere Lebewesen.« Vitko berichtete, das sei ihm sehr peinlich gewesen. Er setzte sich auf eines der runden Sofas. Die Bildschirme begannen sich wieder zu beleben. Diesmal sah er einen Rückblick auf frühgeschichtliche Erdumformationen, die in diesem Teil unseres Planeten stattgefunden haben. Er sagte, er habe gesehen, wie die Anden sich formierten, wie die Stadt Cuzco in ihrer ursprünglichen Gestalt entstanden sei. Sie sei von den Bewohnern Apus erbaut worden, die sich dabei der Techniken zur Aufhebung der Schwerkraft bedient hätten, um die riesigen Steinquader hochzuheben und zu transportieren. Der ursprüngliche Grundriß der Stadt sei ein fliegender Schmetterling gewesen, in dem es keine rechten Winkel gegeben habe.

Daraufhin sah er die Zerstörung Cuzcos durch eine Erdumwälzung, die einen Großteil der Anden vernichtete und neu formte. Die Auswirkungen dieser gewaltigen Naturkatastrophe erstreckten sich bis in die Atmosphäre und erschwerten die Landung von Weltraumschiffen erheblich.

Vitko war mittlerweile von der Echtheit der Bilder überzeugt. Voller Angst verließ er das Raumschiff.

Zwei Monate später, am 21. August 1960, hatte er eine weitere Begegnung mit dem Raumschiff. Die Wesen luden ihn erneut ein und sprachen über ihre vergangenen Inkarnationen. Eines von ihnen hatte 504 Inkarnationen erlebt. Sie erläuterten, daß der Begriff »Familie« auf Apu nicht existiere. Ein Kind würde von ALLEN geboren; ALLE liebten und nährten es gleichzeitig. Auch der Begriff »Besitzanspruch« existiere nicht. Das Gespräch über das

Thema Familie führte zu einem Problem, das Vitko mit seiner Tochter hatte.

»Dein Verhältnis zu deiner Tochter ist zu besitzergreifend«, schalten ihn die Wesen mit mildem Vorwurf. »Du hast natürlich ein Recht auf solche Gedanken und Gefühle, aber es wäre besser für dich, die Liebe mit allen Geschöpfen zu teilen – dies ist die edle Pflicht, die du mit deiner Geburt empfangen hast.«

Vitko verließ die Besatzung des Raumschiffs mit dem Vorsatz, die Beziehungen zu seiner Familie zu verbessern.

Die nächste Begegnung war für ihn sehr verblüffend. Auf den Bildschirmen sah er die schöne Bergstadt Yungay, die er sehr liebte. Im Anschluß daran wurde ihm die Zerstörung von Yungay vorgeführt, ein Ereignis, das zehn Jahre später tatsächlich eintrat. Die Wesen zeigten Vitko deshalb die in der Zukunft liegende Zerstörung, um ihm die Möglichkeit zu geben, bei den Behörden ein Gesuch einzureichen, damit die 20000 Einwohner der Stadt evakuiert würden. Der Bürgermeister der Stadt warf Vitko Wichtigtuerei und Panikmache vor und empfahl ihm ebenfalls einen Besuch beim Psychiater. Vitko schilderte, er sei, nachdem er das Büro des Bürgermeisters verlassen hatte, so lange durch die Natur gewandert, bis er einem seiner fremdartigen Freunde begegnete, der ihn getröstet habe: »Du hast dein Bestes getan. Aber Hohn und Spott sind schwer zu ertragen, nicht wahr?«

Bei anderer Gelegenheit besuchte Vitko das Raumschiff mit drei Frauen aus den Bergen. Jeder von ihnen wurde ein Ausschnitt aus früheren Inkarnationen auf den Bildschirmen gezeigt.

»Wir führen euch die Aspekte eures Wesens vor, die ihr begreifen müßt«, sagten die Wesen. »Es ist nicht notwendig, daß ihr das seht, was ihr bereits versteht.«

Wieder ein anderes Mal lernte er eine Frau kennen, die auf unserer Erde geboren und nach Apu gebracht worden war, damit sie das ihr innewohnende Kraftpotential kennenlernen konnte. Sie sagte, die einjährige Schulung auf Apu habe bei ihr geistige Kräfte aktiviert, die sie bislang nicht in sich vermutet hätte. Sie entschied sich, bei den Apuniern zu bleiben.

Einmal besuchte Vitko eine Stadt, die von einer großen Dürre heimgesucht war. Die Bewohner beteten inbrünstig um den Besuch eines Raumschiffs – und es kam. Es schwebte hoch über der Erde und transformierte die positiv geladenen Ionen der Atmosphäre. Durch die veränderten Schwingungsfrequenzen der positiv geladenen Ionen bildeten sich Regenwolken, und über die Stadt ergoß sich der langersehnte Gewitterregen.

Zahlreiche Begegnungen mit Wesen aus dem Weltall waren es, von denen Vitko zu berichten wußte. Und alle lehrten sie ihn eines: daß die gesamte Menschheit und jedes Einzelwesen auf unserem Planet ein Meisterwerk spirituellen Potentials sei und daß die Erde ein Lernzentrum sei, in dem ein Zusammenspiel zwischen Geist und Materie stattfinden konnte. Unsere physikalische Welt war nur das Ergebnis der Willensentscheidungen des Bewußtseins, und wenn wir unser Bewußtsein veränderten, konnten wir die Welt verändern. Die Wesen berichteten, außerhalb des physikalischen Spektrums unserer Erde gäbe es verwandte Intelligenzsysteme nichtphysikalischer Helfer und Ratgeber, auch physikalische Helfer, die in ständigem Kontakt mit uns und mit jeder anderen Lebensform auf der Erde stünden, auch wenn wir uns dessen nicht bewußt seien. Sie alle trügen die spirituelle Absicht unserer Erde in ihrem Bewußtsein, da wir alle Brüder und Schwestern im Kosmos seien. Viele unserer Vorväter seien ihre Vorväter, sie seien also karmisch mit der Menschheit verbunden.

Vitko erläuterte, seine Freunde hätten ihm gesagt, daß wir mit den Manifestationen des Lebens nur deshalb so achtlos umgingen, weil wir nicht erkennen würden, daß jede von ihnen ein Teil von uns selbst sei. Sie erklärten, daß ein ständiger bewußter Energieaustausch zwischen allen Lebensbereichen auf unserem Planet bestünde; es gebe keine Lebensform, die nicht in irgendeiner Weise die Wirkung eines jeden Gedankens verspüre, die das menschliche Bewußtsein ausstrahle. Solange wir uns jedoch der Macht, die wir besäßen, nicht bewußt seien, würden wir sie unbewußt mißbrauchen – was uns zum Nachteil gereiche und möglicherweise zu unserer Vernichtung führen könne.

Jegliche Zerstörung auf unserem Planet habe ihren Ursprung in spiritueller Unwissenheit – Unwissenheit darüber, daß wir mit allen Bereichen des Lebens interagieren. Die Wesen aus dem Weltraum und die nichtkörperlichen Wesen hätten die Aufgabe, uns zur Erweiterung unseres Bewußtseins zu verhelfen.

Im Verlauf von wenigen Tagen zog ich aus Vitkos Erlebnissen große Erkenntnisse. Ob seine Berichte »echt« waren oder nicht, war mir unwichtig. Mir ging es um die Botschaft, daß eine spirituelle Bewußtseinsveränderung für die Menschheit lebensnotwendig sei.

Als Simo und ich Abschied von Vitko nahmen, verspürte ich den Wunsch, die Bergstadt Huarás hoch oben in der Gebirgskette der Cordillera Blanca, von der er mir erzählt hatte, zu besuchen.

Vitko zeichnete uns den Weg auf und wünschte uns viel Glück.

Eins wurde mir klar. Unser Verständnis für die Dimension des Weltalls würde sich nur in dem Maße weiterentwickeln, in dem wir unser eigenes Selbst verstehen lernten.

Fünfundzwanzigstes Kapitel

Am nächsten Morgen um halb sechs bestiegen Simo und ich den Lieferwagen einer Frau, die ein staatliches Hotel in einem Außenbezirk von Huarás leitete. Sie hieß Suzie, war Deutsche und mit einem zwanzig Jahre jüngeren Peruaner verheiratet. Die Ehe war allem Anschein nach glücklich, auch wenn ihre Familie die Verbindung mißbilligte.

Als ich Suzie auf Empfehlung von einer Bekannten anrief, sagte sie, sie habe gewußt, daß ich mich bei ihr melden würde. Sie hatte an Weihnachten *Zwischenleben* gelesen und »wußte«, daß wir uns innerhalb eines Jahres kennenlernen würden. Und nun fuhren wir auf einem einsamen Wüsten-Highway von Lima in Richtung Cordillera Blanca unserem 6000 Meter hoch gelegenen Bestimmungsort entgegen.

Bereits zwei Stunden hinter Lima bekam ich wieder Atembeschwerden. Trotzdem war mir die dünne Hochgebirgsluft lieber als die verpestete Großstadtluft.

Während der sechsstündigen Fahrt veränderte sich die Landschaft in Entsprechung zu der zunehmenden Höhe. Das karstige Vorgebirge wirkte wie die Mahnung an eine vor Urzeiten stattgefundene Nuklearkatastrophe. Je höher wir kamen, desto üppiger und grüner wurde die Landschaft, und auch die Aussicht wurde immer imposanter.

Die enge Bergstraße schlängelte sich in Serpentinenwindungen ins Hochgebirge. Unser Lieferwagen schien jedesmal einen Schreck zu kriegen, wenn ihm ein Fahrzeug entgegenkam.

Wir fuhren an verfallenen Lehmhütten vorbei, an Kartoffelbauern, Zuckerrohrfeldern, an weitem von Kakteen bewachsenem Ödland, Schafherden und Kühen. Es kam mir vor, als ob hier alles Leben in abgeschlossenen Luftblasen dahindriftete, in denen der

Zeitbegriff ohne Bedeutung war. Über hektische Betriebsamkeit hätten diese trägen Bergbewohner nur gelacht. Wenn ein Bauer auf dem Weg zum Markt neben seiner Kuh hintrottete, war es ihm gleichgültig, ob er heute oder morgen ankam.

Die Frauen mußten mit Tongefäßen auf dem Kopf fünf Meilen zum Santa-Fluß zurücklegen, um Wasser für ihre Familien zu holen. Ein linearer Zeitbegriff existierte für diese Menschen nicht. Sie lebten völlig in der Gegenwart. Diese Einstellung spiegelte sich in ihrem Verhalten wider: sie waren friedlich, bescheiden und unkompliziert.

Rote Pfefferbäume wiegten sich in dem blauen Sonnenlicht an den Bergkämmen. Die weiten gelben Felder erinnerten mich an Schottland.

Als wir am Spätnachmittag in Suzies Berghotel in Monterrey ankamen, waren wir müde und aufgeregt zugleich – und ich wußte, ich war genau dort angelangt, wo ich sein sollte. Ich blickte über das Hochgebirgstal. Rauchwölkchen kräuselten sich über Berghütten, in der Ferne erhoben sich die schneebedeckten Gipfel der Cordillera und über mir blinkten schon vereinzelte Sterne, die in dieser großen Höhe nachts wie Kristallkugeln strahlten.

Warum war ich hierhergekommen?

Ich wußte nur eins: Ich war gekommen, um das zu erleben, was hier geschehen sollte.

Suzie quartierte Simo und mich in zwei kleine Gästehäuser ein. Gleich nebenan lag das Häuschen, in dem sie mit ihrem Ehemann Jorge wohnte.

Jorge war ein junger Bauer mit dunklem Haar und Augen, die wie schwarze Seen wirkten. Einen größeren Kontrast zu der kräftigen, blonden und blauäugigen Suzie hätte man sich kaum vorstellen können. Die beiden machten einen sehr glücklichen Eindruck. Sie hatten schnell herausgefunden, daß ich allein sein wollte.

Nach dem Auspacken begab ich mich in das Thermalbadehaus, wo ich mich entspannen und den Luxus genießen wollte, nichts zu tun und nur zu *sein.*

Das Abendessen nahmen wir zu viert in Suzies kleinem Gästehaus ein. Es bestand aus frischen Tomaten mit Zwiebeln, Omelett und hausgemachtem Brot. In dieser Höhe empfiehlt sich einfache Kost. Wir redeten über Metaphysik und die Parallelitäten, die im Leben verschiedener Menschen auftraten.

»Man spürt es einfach, wenn bestimmte Dinge geschehen müssen«, sagte Suzie. »Ihnen ist es im Moment bestimmt, hier zu sein.«

Sie und ihr Mann hatten viele Ufos gesehen und kannten natürlich alle Geschichten der Bergbauern, die behaupteten, daß sie viel von den Insassen solcher Flugobjekte gelernt hätten. Suzie und Jorge kannten einen Mann, der eng mit Präsident Alan Garcia befreundet war. Sie sagten, Garcia würde sich sehr viel mit Metaphysik beschäftigen und sei Freimaurer; welchen Rang er in der Freimaurerloge einnahm, wußten sie nicht.

Später, nachdem ich zu Bett gegangen war, begann ich darüber nachzudenken, warum meine spirituelle Bewußtseinserweiterung in Peru begonnen hatte. Vor meiner ersten Reise in dieses Hochgebirgsland hatte ich mich nur am Rande für spirituelle Zusammenhänge interessiert. Die Energie der Anden hatte mich dann in einer Weise inspiriert und berührt, wie das im Himalaja nie der Fall gewesen war.

Wieder kam mir der Gedanke in den Sinn, daß die Anden auf der Erde die weiblichen Schwingungen repräsentierten, während der Himalaja für die männliche Energie stand. Da nun die weiblichen Schwingungen verstärkt in den Vordergrund zu treten begannen, hatte ich vielleicht lediglich die Energieströme verspürt, die meinen so ähnlich waren.

Und nun spürte ich, daß ich in die Anden zurückgekommen war, um mehr Erkenntnisse als je zuvor zu gewinnen und sie in mein tägliches Leben zu *integrieren*. Und dann hatte es etwas mit Gerry zu tun – doch was, wußte ich nicht zu sagen.

Nachts wälzte ich mich schlaflos im Bett herum. Die große Höhe machte mir wieder zu schaffen; Übelkeit, Schwindelgefühl und Kopfschmerzen plagten mich. Doch da war noch etwas anderes. Ich hatte das sichere Gefühl, daß etwas oder jemand versuchte, mit mir in Verbindung zu treten. Ich verließ das Bett und ging im Zimmer auf und ab; dann ging ich wieder ins Bett und wälzte mich erneut ruhelos von einer Seite zur anderen. Es gelang mir nicht, mich zu entspannen und offen zu sein für das, was auf mich zukam.

Ich verbrachte eine ziemlich unangenehme Nacht. Doch das war gut so, denn dadurch wurde mein Widerstand geschwächt. So war ich offen für das, was sich am nächsten Tag ereignen sollte.

Suzie zeigte Simo und mir den »Lost Horizon«, den wir erreicht zu haben glaubten.

An einer Stelle über dem Santa Valley mit Blick auf das Dorf Mantacatto hatte ich den Wunsch, ein Stück Land zu kaufen, mit der Absicht, hier einmal ein spirituelles Zentrum zu errichten, in dem Menschen aus aller Welt sich zu gemeinsamer Meditation treffen würden. Ich wurde von diesem starken, positiven Drang erfüllt, als ich zu den weißen Gipfelzacken der Cordillera Blanca hinüberblickte. Und wieder spürte ich die Gegenwart einer Energie, die ich mir nicht erklären konnte. Gerry war ständig bei mir. Dabei hatte er immer behauptet, *ich* sei hartnäckig!

Wir fuhren weiter und besichtigten den Bergrutsch von Yungay. Ich dachte an die Prophezeiung der Außerirdischen, von der Vitko mir erzählt hatte. Wie hatten die Wesen aus dem Weltall das im Voraus wissen können? Und wieso hatten sie nicht die Katastrophe verhindern können, wenn ihr Interesse angeblich der Rettung der Menschheit galt? Erschien es nicht wie kalter Hohn, das kollektive Bewußtsein der Menschen für eine Katastrophe von so verheerendem Ausmaß für soviel menschliches Leid verantwortlich zu machen? Ebenso wie es widersinnig erschien, daß so viele ihr tägliches Soll an Tragödie in ihrem Leben hinnahmen und dennoch an die Liebe eines allmächtigen Gottes glaubten, den sie in einer ihnen fremden Dimension vermuteten. Das ergab keinen Sinn. Das konnte erst dann Sinn ergeben, wenn die Menschheit bereit war, die volle Verantwortung für ihr eigenes Schicksal zu übernehmen, und die spirituelle Dimension in ihr Denken einbezog.

Nach einem Mittagessen, das aus Weizenkeimsuppe und frischem Gemüse bestand, machte Suzie mit uns eine Bergwanderung. Nach einem einstündigen, strapazenreichen Marsch erreichten wir einen türkisgrünen See, der in selbstversunkener Majestät vor uns lag, umgeben von Bergen, die wie steinerne Wächter wirkten. Der kühle Hochgebirgswind fuhr mir durchs Haar. Ich entfernte mich von den anderen, mußte allein sein. Wieder spürte ich die eindringliche Energie und dann, als ich den Kopf hob, sah ich den schneebedeckten Berg, den ich von einem der Bilder Vitkos her kannte. Die Einheimischen nennen ihn »den ruhenden Hindu«, denn er sieht aus wie ein ruhender Körper, in weißes Leinen gehüllt. Doch auf Vitkos Foto hing ein Raumschiff über diesem Bergmassiv. Mir bot sich nur die meditative Herrlichkeit, die die Ruhe dieses verschneiten Berges ausstrahlte – doch mir genügte dieses Wunder an Schönheit.

Ich ging auf den Berg zu und holte einen Apfel aus meiner Tasche.

So hatte es für mich vor etwa zehn Jahren begonnen: versunken in den Anblick eines Berges. In dieser majestätischen Gebirgswelt hatte ich damals jenes bislang unbekannte Drängen verspürt. Aus dem Traumschlaf der Bewußtlosigkeit erwachend, wurde mir klar, daß ich und jeder einzelne Mensch mehr war als wir schienen. Diese Erkenntnis hatte mich blitzartig durchdrungen. In meinem Herzen angeklungen war sie allerdings schon einige Zeit zuvor. Doch erst hier hatte ich ihre lyrische Musik vernommen, die mich seither nie mehr verlassen hat. Sie half mir, die Stürme der Niederlagen und der Verzweiflung zu überstehen, und ihre köstlichen Schwingungen verstärkten sich mit jeder Bestätigung ihrer Existenz. Sie war das Göttliche in mir – Gott und ich waren eins. Ich konnte alles sein, was ich sein wollte, wenn ich dieser Musik vertraute, diesem Lied, dieser Schwingung Gottes, die in meinem Innern war.

Und als ich meinen Apfel aß und meine Arme in den Bergwind ausstreckte, spürte ich, wie ich Verbindung zu einer anderen Energie, einer anderen Melodie aufnahm. Ich setzte mich, schloß die

Augen, um mich zu entspannen und das geschehen zu lassen, was mich durchströmte. Ein strahlendes Licht begann in meinem Kopf zu entstehen. Es wuchs und breitete sich aus, bis das Bildnis von Gerry über mir erschien. Und doch geschah dies alles in meinem Kopf. Ich hielt dieses Bild, das vor meinem geistigen Auge stand, fest, versuchte zu ergründen, was es bedeutete.

Gerry schien verwirrt und beinahe verzweifelt im Licht zu schweben. Dann fing er an zu sprechen.

»Ich begreife nicht, was geschehen ist«, sagte er. »Wo bin ich?«

Ich zögerte etwas mit meiner Antwort. Er wirkte so echt, als ob er noch ein eigenständiges Wesen aus Fleisch und Blut gewesen wäre. Dann sagte ich – so als ob ich in Gedanken mit mir reden würde: »Du bist heimgegangen.«

Ich sah die Reaktion in seinem Gesicht ganz deutlich.

»War es das, von dem du die ganze Zeit gesprochen hast?« fragte er. »Hast du das gemeint, als du sagtest, wir seien nur Seelen, die in Körpern lebten und die Körper dann wieder verließen?«

Ich nickte.

»Ich habe versucht, mit dir Kontakt aufzunehmen«, fuhr er fort. »Aber du hattest zu viel zu tun. Ich bin seit Tagen bei dir.«

»Ich weiß, Gerry«, sagte ich. »Ich habe dich gespürt. Warum hast du das getan? Warum bist du jetzt gegangen?«

Gerry schien hin- und hergerissen zwischen dem, was er getan hatte und dem, was es für ihn bedeuten würde.

»Ich weiß nicht«, sagte er. »Ich weiß nicht, wo ich bin.«

»Du bist zu Hause, Gerry. Du bist im Licht und erlebst die Gottesenergie, an die du nicht glauben konntest.«

Ich spürte, wie er meine Worte in sich aufnahm. »Wahrscheinlich mußte ich das noch einmal hören«, meinte er.

»Ja«, sagte ich. »Vermutlich.«

»Es gab sonst niemand, der mir das hätte erklären können«, sagte er. »Jetzt muß ich ausruhen. Ich bin so müde.«

Ich beobachtete ihn im Licht vor meinem inneren Auge. Dann bemerkte ich einen Lichtstrahl, der von ihm zu mir führte. Dieser Strahl wurde heller und heller.

»Wir sind eins«, sagte er.

»Wie meinst du das?« fragte ich.

»Ich bin bei dir«, sagte er.

»Wie meinst du das?« wiederholte ich.

Doch Gerry begann fortzuschweben, sein Licht wurde schwächer.

»Du hast mir geholfen, und ich werde dir helfen. Wir sind eins«, sagte er wie aus weiter Ferne.

Dann war er verschwunden – verschwunden im Schleier meines Geistes. Ich schaute ihm nach. Doch er und sein Licht waren nicht mehr zu sehen.

Ich öffnete die Augen und schüttelte den Kopf. Ich atmete die kühle, frische Gebirgsluft ein. Was war geschehen? Hatte ich mir das alles nur eingebildet, oder hatte Gerry mich wirklich besucht? Sein Gesicht war so deutlich gewesen, seine Gesichtszüge hatten so aufrichtig verwirrt gewirkt. Wenn er aber nur noch eine Seele war, wie konnte er dann Gestalt annehmen? Vielleicht weil ich ihn nur als Gestalt erkennen konnte? Viele Menschen, die von Besuchen verstorbener Angehöriger berichteten, hatten sie als Lichtgestalten geschildert; manchen waren sie auch in ihren Körperformen erschienen.

So etwas hatte ich noch nie erlebt. Vielleicht, weil ich mich dagegen gewehrt hatte, es zuzulassen. Andererseits hatte ich bisher noch keinen geliebten Menschen verloren.

Ich stand auf und streckte mich. Diese Szene hätte ich gerne in meine Serie eingebaut, denn Gerry war eine Persönlichkeit in meinem Leben, die mir bewies, daß es möglich war, zwei Ebenen des Bewußtseins gleichzeitig zu erfassen: die irdisch-physische Ebene, die so real wirkte wie der Schmerz, wie Freud und Leid – und die spirituelle Ebene, die in ihrer unendlichen Weisheit und Liebe uns die Gewähr lieferte, daß *sie* die Realität war und alles andere eine Illusion. Und beide Ebenen wurden von uns erschaffen.

Auf dem Heimweg war ich sehr schweigsam. Etwas hatte sich für mich verändert. Vor langer Zeit hatte ich begriffen, daß die wertvollste Erkenntnis jene war, die wir aus der *Erfahrung* gewannen. Denn die Erfahrung veränderte alles.

Vermutlich hatte ich vor dem Tod ebenso große Angst wie jeder andere Mensch, der mir im Laufe meines Lebens begegnet war. Diese ewige, schwarze Leere des Nichts, wie nüchterne Pragmatiger sie sahen, wirkte wahrhaftig furchterregend. Diese Verfechter der Sachlichkeit glaubten zwangsläufig, das physische Leben sei das einzige Leben, und der Tod sei Vergessen, die »natürliche« Form des Vergehens. »Natürlich« deshalb, weil das, was wir mit unseren Augen sehen, als das einzig Wirkliche angesehen wurde. Doch diese Einstellung begann sich zu wandeln.

Noch vor wenigen tausend Jahren waren Denkkapazität, Vorstellungskraft und die Fähigkeit der Menschen, Gedankengebäude zu errichten, relativ unentwickelt. Ihr Glaube an ein Leben über den Tod hinaus bezog sich nur auf primitive Gottheiten, die Verkörperungen von Wind, Sonne und Fruchtbarkeit, deren Kraft sie deutlich spürten. Der Ursprung des Lebens und lebenserhaltende Elemente waren heilig. Auch wenn die Menschen der damaligen Zeit die Interdependenz allen Lebens nicht wirklich erkannten, so behandelten sie das, was ihnen auf dieser Erde heilig war, mit Ehrfurcht – und überließen es ihren Gottheiten, sich um den Rest zu kümmern.

Als das »Leben nach dem Tode« durch die offiziellen Religionen symbolisch überhöht wurde, wurde dieser Begriff zu etwas Abstraktem. Dogmatische Schriftgelehrte erfanden ein »gutes« und ein »schlechtes« Leben nach dem Tod – Paradies und Hölle – und benutzten das stark ausgeprägte Bedürfnis der Menschheit, an *irgend etwas* nach diesem Leben zu glauben, für den Mißbrauch von Macht.

Der intellektuelle Atheismus lehnte diese Form der Macht ab und schüttete das Kind mit dem Bade aus, da er Freiheit des Geistes mit Glaubenslosigkeit gleichsetzte.

Die Bereiche unserer psychischen und geistigen Fähigkeiten sind heute wesentlich größer, als sie es in einer weit zurückliegenden Vergangenheit waren. Darin manifestiert sich der spirituelle und geistige Fortschritt der Menschheit. Unser Verstand ist heute in der Lage, weit komplexere Ideen zu erfassen. Die Fortschritte in Technologie und Wissenschaft belegen diese Evolution des menschlichen Geistes. Aber auch die *innere* Technologie unserer unbegrenzten Gedankenwelt hat sich weiterentwickelt. Wenn wir alle unsere eigene Realität erschufen, dann war das Potential kreativer Technologie logischerweise ebenfalls unbegrenzt. Die kreative Technologie, alternative Realitäten wahrzunehmen, war ein Quantensprung in der Menschheitsentwicklung.

In der Vergangenheit gehörten der Tod und das Leben danach in den Zuständigkeitsbereich eines außenstehenden, unbekannten »Gottes«: der mythologische Garten paradiesischen Weiterlebens, unberührbar und unerkannt von Sterblichen, die sich danach sehnten, sein Versprechen, sein Geheimnis zu ergründen – und zu erfahren, ob so etwas überhaupt existierte.

In letzter Zeit behaupteten immer mehr Menschen, das »Licht« gesehen zu haben, dieses gleißende, unbeschreiblich liebevolle Licht, das sie für den »Himmel« hielten. »Gott ist Licht«, sagten sie nach solchen außerkörperlichen Erfahrungen. »Ich starb, um zu leben, um darüber zu berichten«, sagten sie. Und ein Bericht folgte dem anderen. Es hatte beinahe den Anschein, als mehre sich die Anzahl derer, die das Licht als Beweis für die wachsende Empfänglichkeit und Aufgeschlossenheit eines stetig sich erweiternden Bewußtseins sahen. Die Kluft zwischen Himmel und Erde wird schmaler und niemand verwundert sich darüber.

Jetzt erwarten wir das *Licht.* Es war immer da, doch wir beginnen in zunehmendem Maße zu erkennen, daß *wir* das Licht sind, daß es sich in uns befindet. Wir müssen uns dieser Erkenntnis nur öffnen. Sobald wir das Licht in uns erkennen, wird uns bewußt, daß wir das verborgene Geheimnis des Lebens gefunden haben. Wir waren uns selbst Geheimnis. Denn uns fehlte das Licht, das in uns selbst ist. *Wir sind das Licht.*

Als ich an diesem Abend einzuschlafen versuchte, empfand ich deutlich, daß ich auf etwas wartete. Ich wußte nicht genau, was es war. Ruhelos ging ich im Zimmer auf und ab. Gerry spürte ich nicht mehr. Es erleichterte mich, daß ich dieses Problem gelöst hatte. Ich legte mich ins Bett und schloß die Augen. Dann spürte ich, wie eine seltsame und kraftvolle Energie mich durchströmte, ähnlich der, die ich in Machu Picchu verspürt hatte. Dann bekam ich Kopfschmerzen, gefolgt von der gleichen Übelkeit, nur nicht so stark wie damals. Ich öffnete die Augen. Was ging mit mir vor? Ich schloß die Augen. Vielleicht würde dieser Zustand ja vorübergehen.

Aber mir war, als versuche erneut jemand, Verbindung mit mir aufzunehmen.

Ich lag mit geschlossenen Augen da und spürte, wie ich in einen Zustand driftete, den die Wissenschaftler das Alphastadium nennen – es ist der schmale Grat zwischen Wachen und Schlaf. Dieser Zustand erfaßte mit unwiderstehlicher Macht mein Empfinden und Denken. Ich hatte keinen Einfluß auf das, was geschah, vermochte nur zuzusehen. Und dann hatte ich ein sehr seltsames Erlebnis.

Es war, als blickte ich durch das Dach des Gästehauses. Und was sah ich? Ein großes, rundes, graues Metallobjekt – einen riesigen Flugkörper. Und zu meinem Erstaunen war er keineswegs schön, sondern eben grau und metallig. Ich blickte voller Ehrfurcht zu ihm auf.

Dann stürmten blitzartig Gefühle in einer fremden Sprache auf mich ein. Ich konnte die Botschaft nicht entschlüsseln. Die Kopfschmerzen verstärkten sich. Ich wußte, daß ich nicht schlief, aber auch nicht wach war. Und ich wußte, daß ich das alles wirklich sah, ohne zu begreifen, wieso. Ich befand mich nicht im Freien, und dennoch sah ich in den Himmel, so als ob das Dach des Gästehauses aus Glas war.

Ich wollte meine Eindrücke aufschreiben, doch ich konnte mich aus meinem Bewußtseinszustand nicht lösen. Ich wollte es auch gar nicht.

Und dann wurde mir eine Botschaft übermittelt – nicht durch Worte, sondern auf der Ebene von Gefühlen. Ich spürte, daß ich mich an einem Höhepunkt der Zeit befand, wo es keine irgendwie gearteten Meßwerte gab. Es war, als stünde ich am Scheideweg der Umformung, wo Zeit und Materie aufhörten, wo es weder Wunsch, Erfolg noch Versagen gab. Es gab nur Wahrheit und *Sein*. Dann sah ich, wie die Zahl 9 sich in der Mitte des Scheidewegs bildete. Ich wußte nicht, was das bedeutete, dennoch sprang das Wort *Vollendung* vor mein inneres Auge. Und sobald ich *Vollendung* spürte, verschwand das Flugobjekt.

An seiner Stelle breitete sich ein kristallisch schimmerndes Meer vor mir aus. Ich starrte es eine Weile verzaubert an, und dann spürte ich, wie ich mich auf dieses Wasser hinauswagte. Ich tanzte auf der wogenden, kristallisch schimmernden Flüssigkeit. Es war ein wunderbares Gefühl. Ich drehte Pirouetten, schwebte, sprang und glitt in überschwenglicher Freude über das glitzernde Gebilde.

Ich tanzte auf dem Wasser. Die symbolische Bedeutung dieses Vorgangs entging mir keineswegs. In all meiner freudigen Selbstvergessenheit wollte ich dabei von niemandem beobachtet werden. Und dann erinnerte ich mich...

Die Menschen, die nach höchster Erleuchtung strebten, erlebten Christus in sich selbst. Das Wissen, daß uns allen eine so machtvolle Energie innewohnte, die wir tatsächlich in physikalische Kraft umzusetzen vermochten, konnte, wenn es ins kollektive Bewußtsein drang, den Weg der Menschheit verändern. Die Macht und die Realität lagen nicht offen vor unseren Augen, sie waren verborgen – sie lagen in unserem Innern. *Wir* sind dafür verantwortlich, alles zu erschaffen. Und nun mußten wir uns bewußt auf die Göttliche Absicht im Universum einstellen, um zu erreichen, daß unsere Kräfte zusammenwirkten.

Das Bild meines Tanzes auf dem kristallinen Wasser mochte aus einer anderen Zeit, von einem anderen Ort stammen, doch die Aussage dieses Bildes war unveränderlich und ewig. Ich wußte, alles war möglich, wenn wir es nur wollten.

Wir mußten erkennen, daß wir alle teilhatten an der Göttlichen Absicht, ob wir es wahrnahmen oder nicht. Bisher hatten wir uns mit der Realität identifiziert, als existierte sie lediglich als objektiver Faktor, außerhalb unseres Zugriffs. Wir mußten zu einem höheren Verständnis gelangen, mußten begreifen, daß die Realität Gottes und Göttlicher Absicht in uns ihren Anfang nahmen. Wenn wir das Göttliche nur außerhalb unseres Selbst begriffen, entfernten wir uns von unseren Mitmenschen und von der Natur. Wir mußten begreifen, daß wir und die Gotteskraft ein und dasselbe waren. Dieses neue Verständnis von uns selbst beinhaltete, daß wir die Kraft von Liebe, Weisheit, Verantwortung und Macht bewußt *verinnerlichten*.

Während ich im Bett lag und nachdachte, wurde mir klar, daß jede einzelne Seele auf diesem Planet ihren eigenen Prozeß der Umwandlung selbst vollzog – oder *nicht* vollzog. Aus diesem Grund befanden sich so viele Leben in Aufruhr. Wir alle, die wir auf diesem Planeten lebten, befanden uns im Wandel – und nicht im Vorfeld einer Katastrophe. Jeder von uns hatte seine eigenen Lehren zu ziehen, jeder erlebte seine eigene Läuterung.

Gerry hatte erreicht, was er diesmal erreichen wollte. Jeder meiner Bekannten war in seinem eigenen Wandel, seinem eigenen Wachstum begriffen. Und jeder von uns war mit einer gewaltigen Menge Schwingungsenergie aufgeladen. Dies war offensichtlich: Schließlich spürten wir negative Vibration, sobald wir ihr begegneten – und wir wußten, daß ein negativer Mensch einen weiteren Weg zu gehen hatte, daß dieser Mensch jedoch als Spiegel für unser eigenes Wachstum diente und daher nicht zu verurteilen war.

Ich begann die Kräfte des Physikalischen und die Kräfte des Nichtphysikalischen in meinem Verständnis zu vereinen. Sie existierten nun in meiner Realität gleichzeitig. Ich lernte aus beiden. Ich liebte beide. Ich *war* beides.

Ich würde weiterhin meine Rolle im Leben spielen, die ich für mich geschrieben hatte. Die Welt würde weiterhin meine Bühne sein, auf der die Figuren erschienen und wieder abtraten.

Aus diesem ganzen komplizierten Melodram, der antiken Komödie und der verzweifelten Tragödie, trat eine klare, unmißverständliche Wahrheit zutage. Das Stück war der Schulungsraum, in dem wir vollständig und bewußt begriffen, daß *wir* die uns innewohnende Göttliche Absicht waren und daß diese Erkenntnis ein strahlendes Licht in die Welt aussenden würde. Schauspieler und Rolle waren eins. Das Stück und die Darstellung waren eins. Gott und Mensch waren eins. Eine wahrhaft Göttliche Komödie.

L• ZAUBERSPIEL• ZAUBERSPIEL• ZAUBERSPI
BERSPIEL• ZAUBERSPIEL• ZAUBERSPIEL• ZAU
IEL• SPIEL• ZAUBERSPIEL• ZAUBERS
UBER ZAUBERSPIEL• SPIEL• Z
PIEL• ZAUBERSPIEL• ZAUBER ZAUBERS
AUBERSPIEL• SPIEL• ZAUBERSPIEL•
SPIEL• ZAUBER SPIEL• ZAUBER
ZAUBERSPIEL• ZAUBER ZAUBERSPIEL•
SPIEL• ZAUBERSPIEL• ZAUBERSPIEL• ZAUBE
ZAUBERSPIEL• ZAUBERSPIEL• SPIEL
SPIEL• ZAUBERSPIEL• ZAUBER
ZAUBERSPIEL• ZAUBERSPIEL• ZAUBERSPIE
SPIEL• ZAUBERSPIEL• ZAUBERSPIEL•
ZAUBERSPIEL• ZAUBERSPIEL• ZAUBER
BERSPIEL• ZAUBERSPIEL• SPIEL• ZA
ZAUBERSPIEL• ZAUBER ZAUBERS
UBERSPIEL• SPIEL• ZAUBERSPIEL• Z
PIEL• ZAUBER SPIEL•
AUBERSPIEL• ZAUBER ZAUBER
SPIEL• ZAUBERSPIEL• ZAUBERSPIEL• ZAUBE
ZAUBERSPIEL• ZAUBERSPIEL• SPIEL•
RSPIEL• ZAUBERSPIEL• ZAUBER
ZAUBERSPIEL• ZAUBERSPIEL• ZAUBERSPIE
SPIEL• ZAUBERSPIEL• ZAUBERSPIEL•
ZAUBERSPIEL• ZAUBERSPIEL• ZAUBERSPI
BERSPIEL• ZAUBERSPIEL• SPIEL•
ZAUBERSPIEL• ZAUBER ZAUBER
UBERSPIEL• SPIEL• ZAUBERSPIEL• Z
PIEL• ZAUBER SPIEL•
AUBERSPIEL• ZAUBER ZAUBER
SPIEL• ZAUBERSPIEL• ZAUBERSPIEL•
SPIEL• ZAUBERSPIEL•
ZAUBERSPIEL• ZAUBERSPIEL• ZAUBE
ZAUBERSPIEL• ZAUBERSPIEL• ZAUBERSPIEL
SPIEL• ZAUBERSPIEL• ZAUBERSPIEL•
L• ZAUBERSPIEL• ZAUBERSPIEL• ZAUBER
SPIEL• ZAUBERSPIEL• SPIEL• ZAU
ZAUBERSPIEL• ZAUBER ZAUBERSPI
BERSPIEL• SPIEL• ZAUBERSPIEL• ZAU
IEL• ZAUBER SPIEL• ZAUBERS
UBERSPIEL• ZAUBER ZAUBERSPIEL• Z
PIEL• ZAUBERSPIEL• ZAUBERSPIEL•
SPIEL• ZAUBERSPIEL•
ZAUBERSPIEL• ZAUBERSPIEL• ZAUBER
ZAUBERSPIEL• ZAUBERSPIEL• ZAUBERSPIEL•
SPIEL• ZAUBERSPIEL• ZAUBERSPIEL•
SPIEL• ZAUBERSPIEL• ZAUBER